KB068626

간추린
행정법
요론

김기진

박영사

머리말

이 책은 방대하고 학설의 대립이 심하여 이해하기 어려운 행정법총론을 정리하여 펴낸 것이다.

천학비재한 저자가 이러한 작업을 한다는 것이 무리라고 생각하지만 '무식하면 용감하다'기에 감히 조금이라도 쉽게 말하고자 용기를 내었다.

독일어 법률용어를 영어로 갈음하였으며, 주요판례를 교과서 내용 순으로 그리고 대법원 전원합의체 판례와 행정법과 관련있는 헌법재판소 결정을 수록하였고, 판례는 뜻을 해치지 않는 범위 내에서 긴 문장을 짧게 분해하였다.

요즘 같이 어려운 시절에 우리는 청춘의 눈물을 보고 청춘의 긴 한숨소리를 듣는다.
그러나 우리는 말한다.
노산 이은상 님이 노래한 대로 '고지가 바로 저긴데 예서 말 수는 없다'고.

출간을 위해 노력해 주신 손길과
팔순이 넘으신 연세에도 말없이 지켜봐 주시는 아버님과
많은 고생을 감내하고 있는 아내와
착하게 자라주고 있는 '그 분'의 선물, 민석과 소연에게도 감사한다.

함께 더불어 같이 잘 살아가는 이 땅 이 나라가 되기를 그리워하며...

Never despair!	절망하지 말라!
But if you do,	그러나 비록 절망하더라도
work on in despair.	절망 속에서 계속 노력하라.

2018. 2.
남양주 우거에서

행정법의 공부 방법론

1 기본원리의 파악과 체계적 이해에의 노력

방대한 행정법규의 집적을 관통하고 있는 기본적 원리를 파악하여 개개의 행정법규를 체계적으로 이해하는 방법으로 공부하여야 할 것이다.

2 살아있는 현실의 사회생활 속에서의 이해

행정법은 우리의 사회생활과 밀접한 관련이 있으므로 구체적인 사례를 생각해 보면서 책을 읽어나가도록 하여야 한다. 매일 매일의 신문 속에서 행정법의 사례문제를 찾아 행정법의 원리를 적용해보는 것도 하나의 방법일 수 있다.

3 인접 타법학과의 관련

헌법·민법·형법·민사소송법·형사소송법 등과 밀접히 관련되어 있다.

1) 헌법과의 관련

프리츠 베르너의 '헌법의 구체화법으로서의 행정법'이라는 말과 같이 행정법을 공부함에 있어서는 헌법과의 관계에 유념하지 않으면 안 된다.

2) 민법과의 관련

원래 행정법학은 민법학의 체계로부터 많은 영향을 받았다. 따라서 행정법학을 공부함에 있어서는 민법학의 지식이 필요불가결하며, 적어도 민법총칙·사무관리·부당이득 및 불법행위에 관한 공부를 먼저하고 행정법학의 공부를 하는 것이 좋다. 행정법학에 있어서 비중이 가장 높은 행정행위 편은 민법의 법률행위론의 특별법으로서의 색채가 강하다.

3) 형법·형사소송법과의 관련

행정형벌에 있어서 형법 제8조에서 행정법규에서 특별한 규정을 두고 있지 아니한 때에는 형법총칙을 적용하도록 함으로써 행정법학을 공부함에 있어서는 형법총칙의 일부의 공부가 선행되지 않으면 안 된다. 행정벌 편은 형법 및 형사소송법과 관련이 있다.

4) 민사소송법과의 관련

현행 행정소송법 제8조 제2항은 '행정소송에 관하여 이 법에 특별한 규정이 없는 사항에 대하여는 법원조직법과 민사소송법 및 민사집행법의 규정을 준용 한다'고 함으로써 민사소송법의 규정에 의하여 보충하여야 하므로 행정법학을 특히 행정소송을 공부하기 위하여 민사소송법의 지식이 있어야 한다. 행정 강제 및 행정소송법 편은 민사소송법과 관련이 깊다. 따라서 행정법학을 공부함에 있어서는 모름지기 교과서와 더불어 법전과 법률학사전을 두고 때에 따라 필요한 항목을 찾아보아야 할 것이다.

4 판례에 대한 관심

행정법학의 여러 학설 가운데 어느 가치체계를 행정실정법으로 선택해서 이를 행정법질서 속에서 실현해 가는 것은 전적으로 판례가 맡고 있으며 따라서 행정법질서를 형성하는 작업 중에서 판례가 학설보다 중요한 역할을 담당하고, 역으로 판례가 학설에 영향을 미치게 되므로 행정법을 공부함에 있어서는 판례에 유의하는 것이 중요하다. 또한 행정법학을 공부함에 있어서 헌법재판소의 행정법관련 판례에 유의하여야 한다.

5 기본지식의 함양 필요

어려운 문장을 부담 없이 읽어 내려갈 수 있는 독해력, 그것을 자기의 것으로 만들 수 있는 사고력과 한자실력이 필요하다. 특히 법률용어는 한자로 되어 있으므로 한문공부를 할 필요가 있다.

6 기존의 통설의 숙지 필요

새로운 유력한 학설이나 새로운 이론 내지 법리에 많은 비중을 두는 경향이 있는 것으로 보이는데, 이러한 자세는 그 결과 문제의 본질을 파악하는 데 그릇될 수 있으므로 바람직한 태도는 아니라고 본다.

차 례

/ PART 02 / **행정작용법**   · 67

/ PART 05 / 행정구제법 · 239

행 정

제1절 행정의 의의

1. 권력분립(separation of powers)과 행정

행정 관념의 성립은 일찍이 아리스토텔레스가 심의기관·집행관제도·사법기관 등으로 분류한 이래 본격적으로는 존 로크나 몽테스퀴에의 권력분립주의에 따라 입법이나 사법으로부터 분립되어 행해지게 된 근대국가의 탄생과 그 성립시기를 같이한다. 처음에는 절대군주체제에 대항하여 자유주의적 국가관에 입각한 야경국가를 추구하다가 이에 따른 부조리, 즉 부익부 빈익빈현상이 만연하고 인간다운 생활과 거리가 먼 생활을 하는 계층이 나타나게 되었다. 이에 제1차 세계대전 이후 바이마르헌법 이래로 이러한 소극적인 야경국가에서 시장의 실패(market failure)로 말미암아 현대에 이르러 적극적인 사회국가 내지 복지국가 또는 적극국가로 전환되었다. 그리고 현재는 정부의 실패(government failure)로 말미암아 작은 정부(small government) 등을 내용으로 하는 신자유주의를 둘러싼 찬반논쟁이 있다고 할 수 있다.

2. 행정의 의의

(1) 실질적 의미의 행정

1) 학설

① 긍정설

㉮ 적극설로서 국가목적 실현설(국가목적 내지 공익의 실현작용(오토마이어))과 결과실현설
(양태설)(행정은 공익상 필요한 결과를 실현하는 작용)이 있다.

㉯ 소극설(공제설)

국가작용 중 입법과 사법을 제외한 나머지(독일에서의 우세설, 오토 마이어의 견해도 소
극설로 분류하는 학설 있다)로 본다. 일본과 우리나라의 유력설이다.

② 부정설(기관양태설)

행정은 상하복종관계에 있는 기관에 의한 법집행작용이며, 사법은 상호 독립하여 병렬
관계에 있는 기관에 의한 법집행작용이라고 설명한다(켈젠).

③ 행정의 징표(특징, 요소)설

포르스트호프는 '행정은 정의할 수 없고 단지 서술할 수밖에 없다'고 한 바 있다.

분설하면,

㉮ 사회형성작용이다.

㉯ 공익(public interest)의 실현작용이다. 행정이 이처럼 공익실현작용이라는 점에서 행
정에 인정되는 공법상 특권의 궁극적 근거를 찾을 수 있다.

㉰ 행정주체의 활동이다.

㉱ 적극적·미래지향적 형성작용이다.

㉲ 개별적·구체적 작용이다.

㉳ 포괄적 통제하에 놓이나, 자유활동영역(재량 등)도 인정된다.

㉴ 다양한 형식으로 이루어진다.

등이 그 내용이다.

2) 행정의 실질적 개념과 입법·사법

① 입법과의 구별

입법은 일반적·추상적 법규범의 제정작용이나 행정은 구체적 집행으로 국가목적 실현
작용이다. 입법은 법제정작용이고 행정은 법집행작용이다.

② 사법과의 구별

사법은 쟁송제기를 전제로 정당한 법을 선언함으로써 법질서를 유지함을 목적으로 하는

법목적적 작용이다. 수동적 사후적인 사법에 비해 행정은 적극적·계속적 작용이다. 사법은 법선언작용이고 행정은 법집행작용이다.

③ 기타 국가작용과의 구별

명확한 구별이 어려운 국가작용(처분법, 감사원의 감사, 옴부즈만 등)이 있다.

④ 실정법상의 구별

헌법 제40조(입법부), 제66조 제4항(행정부), 제101조 제1항(법원)으로 권력분립하여 상호간의 견제와 균형(checks and balances) 등을 규정하고 있다.

(2) 형식적 의미의 행정

행정부가 행하는 모든 작용이 행정이라는 것이다. 제도상 내지 실정법에 의해 행정부에 부여되어 있는 작용으로 행정심판이나 행정입법 등 성질상 입법, 사법의 작용도 포함한다. 입법, 사법과 성질상의 차이를 설명하지 못한다.

(3) 행정법의 대상으로서의 행정

우리나라의 일반적 경향은 행정법의 대상이 되는 행정을 실질적 의미의 행정뿐만 아니라 행정입법, 행정심판 등 형식적 의미의 행정도 그 대상으로 하고 사법에 속하는 행정소송도 그 대상으로 하고 있다.

제2절   통치행위

1. 개념

사법심사의 대상이 되지 않는 고도의 정치적 행위로서 국가최고기관의 행위이다. 판결이 있는 경우에도 집행이 곤란하다. 즉, 통치행위는 법적 구속을 받지 아니한다는 것과 재판대상에서 제외된다는 것(nonreviewability)을 그 특징으로 한다. 법치주의와 공권력에 대한 사법적 통제가 발달해 있을 것을 요한다.

2. 이론적 근거

(1) 긍정설

1) 내재적 한계설(권력분립설)

정치문제는 법원이 심사하기에는 부적합하며 정치문제에 관한 최종적인 판단은 정치기관인 행정부나 국회에 의하여 해결하는 것이 적당하다고 한다.

2) 재량행위설(합목적성설)

통치행위는 정치행위로서 집권자의 자유재량이므로 사법심사의 대상에서 제외된다는 학설이다. 비판으로는 재량은 남용, 유월될 경우 사법심사를 받으나 통치행위는 남용, 유월의 경우에도 사법심사를 제외한다는 점이다.

3) 사법자제설(self-restraint)

사법의 정치화를 막기 위하여 법원이 정치문제에 관여하는 것을 스스로 억제하기 때문이라고 보는 견해이다. 비판으로는 사법심사의 포기는 어느 한쪽의 정치적 입장을 대변하는 결과를 초래한다는 것이다.

4) 대권행위설

통치행위는 국사행위 또는 고도의 정치성을 갖는 대권행위(prerogative)이기에 사법심사의 대상이 되지 않는다는 학설로 영국에서 보편화되어 있는 학설이다.

(2) 부정설

모든 행정작용은 사법심사의 대상이 된다고 보며 우리 헌법이 행정소송에서 개괄주의를 취하고 있다는 점(헌법 제107조 제2항)을 그 근거로 한다. 기본권의 보장에 관한 한 통치행위의 이론은 부인되어야 한다는 견해도 있다.

3. 외국의 통치행위

(1) 프랑스

국사원의 판례에서 인정하나 범위가 축소(정부대 의회간의 행위 및 외교 등 국가의 대외작용)되고 있다. 근거로서 합법성의 문제가 아니라 합목적성의 문제라고 설명한다. 사법자제설로 설명하기도 한다.

(2) 독일

제2차 세계대전 이후 행정소송의 대상을 한정하지 아니하는 개괄주의를 택함으로써 행정소송의 대상에서 제외될 통치행위의 관념을 인정할 것인가가 활발하게 논의되었다. 주로 학설을 통해 인정한다. 대상은 수상의 선거, 국회해산, 조약의 비준 등이 예이다.

(3) 영국

인정한다. 의회특권과 국왕의 대권(prerogative)행위가 국가행위(act of state)라 하여 그

대상이다. 근거로서 국왕의 대권은 의회 내지 국민의 정치적 통제사항으로 본다. 대권행위설로 설명하기도 한다.

(4) 미국

인정한다. 권력분립주의가 근거로서 외교, 군사작용 등 정치문제(political question)가 주된 대상이다. 권력분립설이라고도 한다. Luther v. Boden 사건(반란으로 수립된 정부와 종래의 정부 중 어느 정부가 합법정부인가가 문제되었을 때 정치적 문제이므로 법원이 판단할 사항이 아니라고 판시한 사건) 등이 있다.

(5) 일본

긍정설이 다수설 및 판례이다. 미일안보조약과 중의원(국회) 해산 등의 사건에서 논란되었다.

4. 우리나라

(1) 헌법규정

헌법 제64조 제4항(국회의원의 자격심사)에서만 규정하고 있다.

(2) 학설

부정설도 있으나 통설은 긍정한다. 근거는 내재적 한계설 내지 권력분립설이 다수설이다.

(3) 범위

대통령의 국민투표부의권, 법률안거부권, 외교행위, 사면권행사, 영전수여, 긴급명령권, 계엄선포, 국무총리 등의 임면 등 주로 대통령의 국가원수 내지 행정부수반으로서의 행위가 통치행위로서 인정되고 있으며 국회의원의 자격심사 등 국회의 행위가 이에 해당한다.

(4) 판례

대통령의 계엄선포(통치행위이나, 계엄선포에 따른 집행행위나 포고령 등은 사법심사대상이 된다), 대통령의 긴급조치, 긴급재정경제명령의 발령, 특별사면, 대통령의 선거일 불공고행위, 국군의 이라크파병결정 등이 그 예이다. 그리고 헌법재판소는 이른바 통치행위도 국민의 기본권침해와 직접 관련되는 경우에는 당연히 헌법재판소의 심판대상이 된다고 판시한 바 있다(헌재 1996. 2. 29, 93헌마186). 대법원은 2004년 남북정상회담개최에 따른 대북송금행위 등이 사법심사의 대상이 된다고 판시하였다(가분이론(可分理論)).

(5) 한계

통치행위도 헌법에 근거하여 행사되는 것인 이상 헌법상의 기본원칙에 위배될 수 없고 사법권의 정치적 중립성과 독립성에 필요한 최소한의 범위 내에서 극히 한정적으로 인정해야 할 것이다. 즉, 인정의 타당성은 있으나 선험적으로 결정되는 것은 아니고 실정법을 바탕으로 판단하여야 하며 이를 절대적 통치행위(법규정이 없고 기본권과 관련이 없는 것)와 상대적 통치행위(법규정이 있거나 기본권에 중대한 영향을 미치는 경우)로 나누는 견해는 음미할 가치가 있다.

그리고 나아가 통치행위의 예를 예시적으로나마 명문화하는 입법적 해결도 도움이 되리라 생각한다. 정치적 법률분쟁은 법원의 심사대상이 되어야 한다(신행정수도의건설을위한특별조치법에서의 사법심사인정판례). 그리고 그 범위가 축소되어가는 것이 세계적 추세이다.

제3절   행정의 분류

1. 주체에 의한 분류

(1) 국가행정

국가는 행정에 관한 권리의무가 귀속되는 본래적(시원적) 행정주체이다.

(2) 자치행정

지방의 행정은 주민이 지방자치단체를 설립하여 자치적으로 행함을 원칙으로 한다(헌법 제117조). 서울특별시·광역시·도(광역지방자치단체), 시·군 및 자치구(기초지방자치단체) 등이 있다.

(3) 위임행정

행정주체가 다른 단체나 사인(공무수탁사인)에게 위임하여 행하는 경우이다.

2. 임무 또는 목적에 의한 분류

(1) 질서행정(경찰행정; police administration)

공공의 안녕과 질서를 유지하기 위한 행정이다. 경찰, 보건, 위생행정 등이 그 예이다.

(2) 급부행정

1) 의의

행정주체가 급부수단을 통하여 개인 내지 단체를 돌보며 그의 이익추구를 촉진시켜 주는 활동으로서 현대국가가 사회국가 내지 복리국가를 지향함에 따라 그 폭이 넓어지고 있다. 다시 말하자면 국민의 생활조건을 보장하고 개선하는 행정을 말한다.

2) 급부행정의 기본원칙

① 행정법의 일반원칙과 중복되는 것(보충성의 원칙, 평등의 원칙, 비례의 원칙 등)은 생략하고 그 외의 것을 살피기로 한다.

② 사회국가의 원리

사회국가라 함은 모든 국민에게 그 생활의 기본적 수요를 충족시킴으로써 건강하고 문화적인 생활을 영위할 수 있도록 하는 것이 국가의 책임이면서, 그것에 대한 요구가 국민의 권리로서 인정되어 있는 국가를 말한다.

③ 법률적합성의 원칙

법률적합성의 원칙이란 소극적 의미의 법률적합성의 원칙인 법률우위의 원칙과 적극적 의미의 법률적합성의 원칙인 법률의 유보의 원칙으로 구성된다. 그런데 급부행정의 영역에서 법률의 우위의 원칙이 적용된다고 함에는 이론이 없으나, 법률의 유보의 원칙이 적용되는가에 대하여는 견해가 갈린다.

(3) 유도행정

국민의 생활을 일정한 방향으로 유도하며 촉진시키는 활동이다. 각종의 계획, 자금조성 등이 그 예이다.

(4) 공과행정

행정을 위해 필요한 자금을 조달하는 활동이다. 세금의 부과가 그 예이다.

(5) 조달행정(procurement administration)

행정에 필요한 인적 물적 수단(컴퓨터의 구입 등)을 확보하며 관리하는 활동이다.

(6) 보장행정

종래 공적 부문(국가, 지방자치단체, 입법권, 행정권 등)이 담당해 왔던 임무를 사적 부문(사인, 사기업, 민간단체 등)에게 이전, 위탁하고 이전, 위탁된 임무 또는 사업이 본래의 목적대로 잘 수행되게 할 책임(보장책임)을 국가 등이 책임짐을 핵심적 내용으로 한다고 할 수 있다. 이는 오늘날 대부분의 국가에서 볼 수 있는 현상이라 할 수 있다.

3. 수단에 의한 분류

(1) 권력행정

공권력을 발휘하여 일방적으로 '명령'하고 '강제'하는 작용을 말한다. 경찰처분, 조세부과, 공용부담 등이 그 예이다.

(2) 비권력행정

1) 관리행정

공익목적을 위하여 재산 또는 사업을 경영하고 관리하는 작용이다. 원칙적으로 사법(私法)의 적용을 받으며 행정목적 달성에 필요한 한도 내에서만 공법이 적용된다. 행정주체가 공권력 주체로서가 아니라 공기업, 공물 등의 경영, 관리주체로서 국민과 대등한 지위에서 행하는 작용이다.

2) 국고행정(fiskus)

행정주체가 사법상의 재산권의 주체로서 행하는 작용으로 사법의 적용을 받는 행정이다. 행정에 필요한 물품을 구매하는 것, 국유재산을 임대, 매각하는 것 등이 그 예이다. 오늘날에는 일정한 경우 공법적 규율을 받게 하는 행정사법의 개념이 대두하고 있다.

4. 성질에 의한 분류

(1) 입법적 행정

행정입법의 정립작용이다. 실질적 의미의 행정은 아니다.

(2) 집행적 행정

국가의사를 현실적이며 구체적으로 실현하는 행위를 말하는데 각종 허가, 인가 및 하명 등이 이에 속한다.

(3) 사법(司法)적 행정

행정청이 행정심판의 재결(소송상의 판결과 유사한 것)같이 일정한 결정을 내리는 행위이다.

5. 법적 효과에 의한 분류

(1) 침익(侵益)적 행정(불이익 행정)

이익을 침해하는 행정. 즉, 명령(하명) 내지 강제하는 행정이다.

(2) 수익(授益)적 행정(이익행정)

이익을 주는 행정으로 자원의 제공, 인가, 허가, 특허 등이 주요수단이다.

(3) 복효(複效)적 행정

일방에게는 이익을 일방에게는 불이익을 주는 행정이 복효적(이중효과적)행정 내지 제3자효 행정이다. 복효적 행정행위도 이중의 효과가 동일인에게 귀속하는 경우를 혼효적 행위라 하고, 상이한 자에게 분리되는 경우를 제3자효 행정행위라고 한다.

(4) 구별실익

법률의 유보에 있어 수익적 행위는 침익적 행위보다 엄격하지 않으며 수익적 행위의 취소는 침익적 행위의 취소에 비하여 용이하지 않다.

행정법

제1절 행정법의 의의

1. 개설

행정의 조직, 작용, 절차 및 구제에 관한 국내공법이다.

2. 행정법의 개념규정

(1) 행정에 관한 법

1) 헌법·입법법·사법법과의 구별

헌법 아래서 행정의 조직, 작용에 관해 구체적으로 정하는 것으로서 입법법(국회법, 국회사무처법 등)과 사법법(법원조직법, 민사소송법, 형사소송법 등)과 구별된다.

2) 행정법의 범위

① 실질적 의미의 행정

② 형식적 의미의 행정(행정입법, 행정심판)

③ 행정소송

④ 공공단체의 작용

(2) 공법

1) 공법의 관념 및 사법과의 구별

행정상의 법률관계에는

① 권력관계 내지 지배관계

② 공적 관리관계

③ 사경제활동관계 내지 국고관계 등이 있으며 이들 중 전2자를 규율하는 법이다.

2) 행정사법

급부행정의 분야에 있어 사법상의 계약 등이 행정활동의 수단으로서 대량 등장하였다. 이에 적용되는 사법을 행정사법이라 하며, 여기에 행정법의 법리를 적용하여 법치주의에 의한 제약을 가하는 등의 행정법학적 재음미가 요청되고 있다.

(3) 국내공법

국제법은 행정법에서 제외되나 국제조약 등은 국제법인 동시에 국내법으로서의 효력을 가지므로 그 한도에서 행정법의 일부를 구성하며, 헌법 제6조 제1항에도 이를 명시하고 있다. 국제화에 따라 행정법학의 대상을 국내법에만 한정하지 아니하고 국제법에까지 확대하는 경향에 있다.

제2절 행정법의 성립과 유형

1. 행정법의 성립

(1) 법치국가사상의 대두와 확립

국민주권주의와 자유주의를 기초로 국민대표제와 권력분립제가 제도적으로 확립되었다.

(2) 행정제도의 발달

행정제도란 행정관리(공무원)는 통상법원의 통제와 일반 법률에 복종하지 않고 집행권에 속하는 상사의 감독을 받으며 특정한 법령에 의해 규율받는 것이다. 즉 '행정에 특유한 법체계의 형성'과 사법부의 불신에서 비롯한 일반 사법재판소로부터 '독립된 행정재판제도의 존재'를 그 요소로 하고 있다. 프랑스에서는 행정법의 발달이 촉진되어 행정법의 모국이라는 칭호를 얻게 되었다. 독일의 경우도 프랑스를 모방하여 행정법원이 설립되고 행정제도를 가지게 되었다. 이러한 의미의 행정제도를 갖는 국가를 행정국가(administrative state)라고 한다.

(3) 행정법의 발전

영·미의 경우 1930년대에 이르러 행정법이 발달하였다. 법의 지배의 원칙을 계승하고 보통법의 지배를 받는다. 정부도 사인과 같이 일반법원의 재판을 받는다는 의미에서 사법국가(judicial state)라고 불린다. 종래의 대륙법계 행정법과 다른 '새로운 행정법'이 성장하고 있으므로 학문적으로 검토할 필요성이 있다.

2. 행정법의 유형과 한국행정법

(1) 대륙법계의 유형

1) 프랑스

사법부에 대한 불신에서 사법권의 행정권에의 개입을 배제하려는 의도에서 1799년에 생긴 국사원(Conseil d'État)과 각 도의 도참사원의 행정판례를 통해 발전된 행정배상책임법, 행정계약법, 월권소송제도 등이 그 독특한 내용이다. 프랑스 행정법은 판례법을 중심으로 발달하였다. 행정법원의 판례법은 기본적인 법원칙을 전개함으로써 19세기 말에 일반행정법이라는 독자적 법체계를 창조하였다. 참고로 1873년 2월 8일의 블랑코(Blanco)판결은 공공역무과실의 이론에 의하여 국가배상책임이 공법적 책임이라는 것과 행정재판소의 관할로 인정함은 물론 공공역무(service public)의 개념을 중심으로 행정법의 범위와 행정재판소의 관할을 결정한 획기적 의의가 있는 판결이다.

이는 Blanco라는 소녀가 국영담배운반수레에 치어 부상을 입고 관할쟁의가 되어 관할재판소의 판단을 받게 되자 관할재판소는 이 사건을 공공역무라 하여 행정재판소의 관할로 판결하였다. 현재 프랑스 행정법학자들은 이 판결을 행정법의 독자성을 최초로 선언한 판례로 보고 있다.

2) 독일

2차대전 후 행정소송사항에 있어 개괄주의를 채택하고, 연방행정법원이 설치되었으며, 행정절차법을 제정, 실시하고 있다. 그러나 독일행정법에서는 권력작용이 여전히 중심관념을 이루고 있다. 그러한 점에서 독일행정법의 범위는 공공역무를 중심으로 하는 프랑스에 비하여 좁다고 할 수 있다.

(2) 영·미법계의 유형

처음에는 행정법이 없었으나 20세기에 들어 행정절차의 중시경향, 제정법의 출현, 행정위원회(administrative boards/commission/committee)의 발달 등으로 행정법의 체계가 성립, 발전되었다. 그러나 영미행정법도 행정의 조직과 권한에 관한(국가배상, 행정절차, 공무원제도, 공공기업, 지방행정 등을 포함) 하나의 포괄적인 법체계를 이루어 가고 있다. 즉 영국에서도 법의 공법화의 진행과 더불어 행정사건의 분쟁해결에 있어서는 사법법원 이외에 행정법원이 설치되어 행정적 절차에 의한 해결의 방식이 발달하였다. 미국행정법도 행정위원회의 조직·권한 및 분쟁해결절차 등에 관한 법을 중심으로 생성하였다.

(3) 일본 행정법

명치유신 때 독일식의 헌정제도를 도입하였다(행정국가형). 일례로 이토 히로부미가 쉬타인에게 가서 배워왔다. 당시 일본의 국정과 가장 유사한 상황에 있었던 것이 프로이센이었기 때문이다. 그리고 1890년대 행정재판소가 성립되었다. 2차대전 후 행정재판소가 폐지되어 미국식 사법국가형을 취하나 행정사건소송법이 제정되어 소송절차의 면에서는 종래의 체제가 존속되고 있다. 2005년 개정된 행정소송법이 시행되었다. 일본에 있어 행정지도가 크게 활용되고 있다.

(4) 우리나라 행정법

우리나라의 행정법은 일본의 식민지행정법으로 체계화되고 발달하였다. 따라서 일본 행정법의 특색이 우리나라에 적용되었다. 정부수립부터 새로운 행정법체계를 위한 노력을 기울였다. 여기에는 영미법의 행정법을 도입하려는 입장, 시민적·법치국가적 의식에 입각하여 종전의 이론을 비판하고 수정하려는 입장, 복리국가 주의적 입장 등으로 대별할 수 있다. 그리고 몇 차례에 걸친 헌법의 개정(현재 제6공화국)에 따라 적극적 복리행정을 지지하는 방향으로 행정법이론이 전환되었다.

즉, 일본 행정법을 계수하였으나 해방 후 헌법 제107조 제2항의 규정에 의해 사법국가형을 취하고 있다. 행정법원의 설치 등으로 일본보다 공법으로서의 행정법의 특수성을 강조하고 있다. 향후 통일에 대비한 행정법학의 연구가 이루어져야 할 것이며, 유구한 역사와 전통을 자랑하는 국가답게 선현들의 행정법이론(예컨대 경국대전 등에서의 이론)을 연구하여 현재의 우리 실상의 거울이 되어야 한다고 여겨진다.

제3절 법치행정(administration by law)

1. 개설

법치주의는 행정법의 근원인 동시에 그 기본원리가 되고 있다. 행정이 법률에 의해 행해지며 행정구제가 정비되어 있어야 함을 의미한다. 행정의 자의(恣意)를 방지하고 미래에 대한 예측가능성과 국민의 기본권을 보장하기 위한 것이다. 헌법의 권력분립규정(제40조, 제66조 제4항, 제101조), 기본권보장(제10조 이하), 사법심사에 관한 규정(제107조 등) 등이 그 근거이다.

2. 대륙법계 국가와 영미법계 국가에서의 법치주의

(1) 대륙법계 국가(특히 독일)에서의 법치주의

독일에서는 형식적 법치주의(행정부에 대한 입법부의 우위를 전제로 하여 법률의 내용과는 관계없이 그 절차와 형식이 적합하다면 행정부는 이를 집행해야 한다는 이론)에 의한 지배를 의미하다가 실질적 법치주의(헌법이념에 적합한 법률 즉 그 '내용'도 정의나 인간의 존엄성에 의한 적합한 법률의 지배)로 변화하였다.

(2) 영·미법계 국가에서의 법의 지배(rule of law)

처음부터 실질적 법치주의였다. 영국에서의 법의 지배에서의 그 법은 주로 판례법을 의미한다. '법의 지배'를 이론적으로 체계화한 다이시(A. Dicey)는

① 보통법(common law)의 절대적 우위(행정법의 성립을 인정하지 않음)

② 법적 평등(모든 사람이 보통법에 복종하고 보통재판소의 재판을 받아야 함)

③ 인권에 관한 헌법원칙을 개인권리의 원천이 아니라 판례를 통하여 형성된 보통법의 산물이라는 것 등을 들고 있다.

미국에서의 법의 지배도 개인의 기본권 보장을 이념으로 하는 실질적 법치주의에 입각하고 있다. 성문의 경성헌법에 기본권을 보장하고 입법권에 대한 헌법의 우위를 인정하며 이를 보장하기 위하여 연방대법원에 의한 위헌법률심사제도를 채택하고 있다.

(3) 양자의 융합경향

양자의 차이는 전자의 경우 공법과 사법이 철저히 구분되고 행정법원이 설치되어 있으나 후자의 경우는 원칙적으로 구별이 부인되며 행정사건도 일반법원에서 심사한다. 그러나 영미에서도 행정에 관한 법률이 제정되고, 독일의 경우 실질적 법치주의가 확립되며 특히

영국은 EU의 통합에 따른 유럽행정법이 발전되어 감에 따라 서로 융합되어 가고 있다. 다만 영국은 최근 유럽연합에서 탈퇴하여(Brexit) 그 정도는 약화되었다고 할 수 있다.

3. 행정의 법률적합성

(1) 법률의 법규창조력

의회에서 제정한 '법률'만이 법규로서의 구속력을 갖는다는 것이다. 우리 헌법상 입법권은 원칙적으로 국회에 있고(제40조), 행정부는 법률의 구체적 수권이 있는 경우에만 법규명령을 제정할 수 있으며, 예외적으로 엄격한 요건 하에서만 대통령의 긴급명령이 인정된다.

그리고 지방자치법 제22조 단서(주민의 권리제한, 의무부과에 관한 조례의 제정에는 법률의 위임이 있도록 한 규정)는 지방자치단체의 자치입법권을 제약한 것이라는 비판이 있다.

(2) 법률우위의 원칙

법률이 행정 및 행정에 관한 규율(명령 등)에 우선한다. 행정은 법률에 위반되어서는 아니되고 행정이 법을 위반한 경우 효력이 부인되며 책임을 지게 된다. 즉 모든 국가기관은 특정사실이 법률의 구성요건에 해당하는 경우에는 법률을 적용하여야 한다는 것과 집행기관은 법률에 위반되어서는 아니된다는 것을 그 내용으로 한다.

(3) 법률유보의 원칙

행정은 법률에 근거하거나 법률의 수권(授權)에 의하여 행하여져야 한다. 즉, 법률의 근거가 없는 행정활동이 금지된다는 것을 말한다.

1) 침해(규제)유보설

행정이 개인의 자유와 권리를 규제·제한하는 경우에만 법률의 수권을 필요로 하고, 그 밖의 영역(특별권력관계를 포함한 국가 내부의 영역)에는 법률유보원칙이 적용되지 않는다는 견해이다. 19C 후반 독일에서 확립되었다. 자유권적 기본권과 관련된다. 생존권적 기본권이 강조되고 급부행정이 등장한 현대복리국가에서는 불충분한 견해이다.

2) 전부유보설

행정의 모든 영역에 법률유보의 원칙이 적용되어야 한다는 견해이다. 국민주권주의와 의회민주주의만을 강조하고 권력분립주의를 등한시한다. 탄력적이고 신속한 행정활동을 저해하고 행정부를 단순히 입법부의 도구로 전락시킬 우려가 있다. 예쉬(G. Jesch)와 오스트리아 연방헌법 제18조 제1항(모든 국가행정은 법률의 근거에 의해서만 행하여질 수 있다)은 전부유보설을 따른다.

3) 사회(급부행정)유보설

침해행정 외에 급부행정의 영역에도 법률유보원칙이 적용되어야 한다는 견해이다. 급부행정이 강조되는 현대에 있어 공정한 급부나 배려의 확보가 중요하다. 법률이 제정되어 있지 않은 경우에 행정권이 조직법이나 예산에 근거하여 급부적 활동을 수행할 수 있으므로 급부행정의 영역에 있어 법률유보가 필수적인 것만은 아니라는 비판이 있다.

4) 권력행정유보설

당해 행정작용이 침익적인가 수익적인가를 가리지 않고 행정권의 일방적 의사에 의하여 국민의 권리의무를 결정하게 되는 모든 권력적 행정작용에는 법률의 근거가 필요하다는 견해이다. 기본적으로 침해유보설의 입장이라고 할 수 있을 것이다.

5) 중요사항유보설(본질성설)

독일 연방헌법재판소 판례(칼카르결정, 1978. 8. 8: 원자력발전소의 설치에 관한 판결)에 의하여 정립된 것으로서 본질적 사항은 법률의 근거를 요하지만, 비본질적 사항에 대하여는 법률의 근거 없이도 행정권을 발동할 수 있다는 견해이다. 의회유보설(법률유보설은 행정권에의 위임을 인정하는 데 대하여, 의회유보설은 일정한 사항은 의회 스스로가 정해야 하며 타 기관에 위임해서는 안된다는 점을 강조하는 점에서 양설이 차이가 있다)과 유사한 견해이다. 난점은 본질적인 것과 비본질적인 것의 구별기준이 제시되어야 한다는 점이다. 우리나라 헌법재판소의 판례이기도 하다.

6) 신침해유보설

오센빌의 견해이다. 침해유보설과 유사하나 특별권력관계에 있어서도 구성원의 자유와 권리를 침해하기 위하여는 법률의 근거를 필요로 한다는 점에서 전통적 침해유보설과 차이가 있다.

7) 결어

다각적인 관점에서 개별·구체적으로 검토되어야 할 것이다.

(4) 행정구제

실질적 법치주의의 한 내용이다. 행정상의 손해전보(손해배상, 손실보상)와 행정쟁송제도(행정심판, 행정소송)가 그 내용이다. 실정법의 결함을 메꾸기 위한 이론(수용유사·수용적 침해이론, 결과제거청구권, 희생보상청구권 등)의 연구가 활발하다.

(5) 법치주의의 완화와 확대의 이율배반

행정의 특수성을 고려하여 행정명령의 제정권을 인정하고, 재량과 판단여지 등을 인정하며 행정지도 및 행정계획에 의한 행정이 확대되어 법치주의가 완화되어간다. 한편 종래 법에서 자유로운 행정으로 불리었던 통치행위, 특별권력관계, 자유재량행위 및 행정사법에 대한 법적 구속으로 법에 의한 기속영역이 확대되어 가기도 한다.

제4절 행정법의 특성

1. 개설

통일적인 단일법전은 없으나(최근 1994년에 네덜란드에서 일반행정법이 시행되었다) 통일적인 법체계를 형성하고 있다. mosaic법이라고 불리기도 한다.

2. 형식상의 특성

(1) 성문성

예측가능성과 법적안전성의 보장을 위하여 원칙적으로 성문법의 형식을 취한다.

(2) 형식의 다양성

법률에 의하는 것이 원칙이나, 행정명령 내지 행정규칙, 지방자치단체의 조례 및 규칙 그리고 훈령, 예규 등의 형식이 있다. 이는 행정작용의 규율대상이 광범위하고 또 각 분야가 전문적 성격을 띠고 있는 경우가 많기 때문이다.

3. 성질상의 특성

(1) 획일·강제성

사적자치를 원칙으로 하는 사법과 비교하여 볼 때, 다수를 상대로 공공의 견지에서 개개인의 의사를 묻지 않고 획일·강행적으로 규율하는 특색을 지닌다.

(2) 기술성·수단성

행정법은 보통 행정목적을 합목적적으로 공정하게 실현하기 위한 수단을 정한 것으로서 기술성을 가진다. 독일 행정법의 아버지라고 불리는 오토마이어(Otto Mayer, 1846~1924)는 '헌법은 변하나 행정법은 존속한다'라는 표현으로 행정법의 기술성을 잘 말해주고 있다. 그러나 프리츠 베르너(F. Werner)의 언급대로 '구체화된 헌법'의 성격도 가짐에 유의하여야 한다.

(3) 집단성·평등성

행정법은 불특정다수인을 동시에 단일의 규율대상으로 하므로 집단성이 있으며 그 규율대상인 다수인간에는 평등이 유지되도록 한다.

(4) 명령성

행정법의 법 내용은 사실상의 의무를 명하는 것이 원칙이다. 행정법은 명령규정(단속규정)을 주로 하며 명령규정에 대한 제재는 처벌이 원칙이다. 사법은 능력규정(효력규정)을 주로 하고 위반한 행위는 효력이 부인된다.

4. 내용상의 특성

(1) 행정주체의 우위성

행정주체의 우위성은 행정주체에 고유한 본래의 성질이 아니라, 행정의 실효성을 위하여 법률이 행정에 부여한 것에 불과하다.

1) 행정주체의 지배권

행정법은 행정주체가 일방적으로 명령·강제하거나 법률관계를 형성·변경하는 힘을 가진다. 법률에 근거하는 범위 내에서만 가능하지만, 법률 스스로가 이 같은 지배권을 승인하고 있다.

2) 행정행위의 공정력

행정행위가 법률에 위반할 경우에도 그 하자가 중대, 명백하여 당연무효가 아닌 한, 권한 있는 기관에 의해 취소될 때까지 가지는 구속력이다.

3) 행정권의 자력강제권

행정권이 스스로 즉, 법원의 힘을 빌리지 아니하고 상대방의 의무이행을 강제하고(행정상의 강제집행), 행정상 필요한 상태를 실현할 수 있는(행정상의 직접시행) 권능을 법에 의해 부여받는다.

(2) 공익우선성

사익과의 조화를 통한 공익 내지 공공복리의 추구가 특성의 하나이다.

제5절 우리나라 행정법의 기본원리

1. 헌법의 구체화법

모든 법이 헌법의 집행법의 성질을 지니고 있지만 행정법이 가장 밀접하게 관련된다. 프리츠 베르너는 '구체화된 헌법'으로 행정법을 파악하였다.

2. 민주행정주의

(1) 직업공무원제도

헌법 제7조 제1항, 국가공무원법, 공직자윤리법 등에서 규정하고 있다. 공무원이 특정 정파의 이익을 대변하는 폐단을 방지하고 정치적 중립을 지키기 위한 것이다.

(2) 책임행정

주권자인 국민은 대통령을 직접 선출하여 5년만 재직하도록 하고 탄핵소추 등을 통하여 책임을 물을 수 있다.

(3) 행정작용의 민주화

행정부가 국정을 주도하는 것이 현실임을 볼 때, 국민의 행정에의 참가를 통한 행정의 민주화가 이루어져야 할 것이다. 우리나라도 행정절차법이 1996년 12월 31일 제정되었다. 또한 이를 위해 행정의 공개·투명화가 중요한바 우리나라도 '공공기관의 정보공개에관한법률'이 1996. 12. 30. 제정되었다.

(4) 행정조직의 민주화

행정기관의 법정주의, 지방자치, 공무원의 국민에 대한 봉사적 지위 등을 통하여 행정조직에 국민의 의사가 반영되도록 하고 있다.

3. 법치국가주의

전술한 바와 같이 우리나라의 행정법은 '법률은 그 내용도 정의 관념이나 인간의 존엄성에 어긋나서는 아니 된다'는 실질적 법치국가원리를 채택하고 있다. 이는 행정의 합법성을 보장하기 위한 위헌법률심사제도, 손해전보제도, 행정소송의 개괄주의 및 청원 등 행정구제가 인정되고 있는 점에서도 잘 알 수 있다.

4. 복리국가주의

　모든 사람이 인간다운 생활을 할 수 있는 경제적·사회적 정의를 실현하는 것을 지향하는 국가체제이다. 헌법 제34조와 제9장의 경제헌법조항이 근거가 된다. 국가의 의무이며 현재 많은 사회보장에 관한 법률을 제정하였다. 토지공개념도 중요하다. 국가와 국민의 연대성과 우애성을 필요로 한다. 사회국가원리의 한 요소로서 보충성의 원칙을 드는 것도 이러한 이유 때문이다. 공행정주체에게 사회질서를 사회적 정의(국민에게 인간다운 생활을 보장하고 적정수준의 경제적·문화적 수요를 충족시켜 주는 상태)에 따라 형성할 권능과 의무를 부여함을 의미한다. 인간의 생존에 관한 사항이 선순위에 있음을 인정하여야 한다. 생활능력이 없는 자에 대한 국가의 보호의무가 필요하다. 헌법상 생존권을 구체화하는 것이 필요하다.

5. 지방분권주의

　우리 헌법은 지방자치를 보장함으로써(헌법 제8장, 지방자치법), 전국적인 이해관계에 직접 관계되지 않는 주민의 복리에 관한 사무는 당해 지방에서 스스로 처리할 수 있도록 하는 지방분권주의를 채택하고 있다. 이를 위해 지방자치단체에는 여러 자치고권(자치조직권, 자치인사권, 자치입법권, 자치행정권)을 인정하고 있다. 지방자치는 풀뿌리 민주주의(grassroots democracy) 또는 민주주의의 학교라고도 불리어진다.

6. 사법(司法)국가주의

　우리나라는 행정사건도 일반법원에서 관할하는 사법국가주의를 채택하고 있다. 다만 행정소송의 특수성을 감안하여 행정법원을 제1심법원으로 하고 임의적 행정심판전치주의를 채택하였고 직권증거조사나 사정판결을 인정하는 등 민사소송과는 다른 특례를 인정하고 있다.

─────
제6절　행정법의 법원(法源; source of law)

1. 개설
(1) 법원(法源)의 의의
　법의 존재형식으로서의 법원과 법의 인식근거로서의 법원이 있다. 행정법의 법원은 한편에서는 행위규범으로 다른 한편으로는 재판규범으로서 기능한다.

(2) 법원과 법규범·법규

① 광의의 법원

행정규칙 등 내부법을 포함하여 일체의 법규범을 의미한다.

② 협의의 법원

행정주체와 국민과의 관계에서 구속력을 가지는 법, 즉 법규 내지 외부법이다. 국가와 국민간의 외부관계에 관한 법규이다.

③ 양자는 행정규칙의 법원성 내지 법규성과 관련하여 의미를 지닌다.

(3) 행정법의 성문법주의

1) 필요성

국민의 권리구제와 예측가능성 및 법적 안정성, 행정작용의 공정성 학보, 국가적 급부활동의 계속성 보장의 요청, 국민의 권익보호 등에 도움이 된다.

2) 법적 근거 및 한계

근거로는 법률유보조항과 행정조직법정주의 규정 등이며, 한계로는 현대행정의 다양성과 유동성으로 인해 불문법의 보충적 적용이 필요하다는 점이다.

(4) 행정법의 법전화

통일법전이 없는 이유는 대상이 광범위하고 유동적이며 변화가 빈번하여 특수한 전문성과 기술성을 지니고 역사의 일천함 등 때문이다. 그러나 단일법전화의 노력이 이루어지고 있다. 1977년 시행된 독일 행정절차법과 각국의 행정절차법 그리고 1994년 시행된 네덜란드 일반행정법전 등이 그 예이다.

2. 행정법의 성문법원(written/codified law)

상위법우선의 원칙이 적용된다. 참고로 특별법우선의 원칙과 신법우선의 원칙이 있다.

(1) 헌법(constitution)

오토 마이어의 '헌법은 사라져도 행정법은 존속한다'는 표현(행정법의 기술법적 성격강조)과 프리츠 베르너의 '구체화된 헌법'이라는 표현(헌법의 집행법의 성격강조)에 나타난 성격을 모두 지니고 있으며, 근래에는 헌법의 집행법으로서의 면이 강조되나 행정법의 법적 독자성이 경시되어서는 안 될 것이다.

(2) 법률(statute/act/law)

국회의 심의절차를 거쳐 제정된 법형식이다. 신법우선의 원칙과 특별법우선의 원칙이 적용된다.

(3) 조약(treaty, convention, pact, agreement) 및 국제법규

국가와 국가사이의 문서에 의한 합의를 말한다. 헌법 제6조 제1항에서 규정하고 있으며, '학교급식에 있어서 국산농산물의 이용을 강제하는 전라북도 조례는 GATT에 위반된다'는 이유로 해당조례에 대해 무효선언을 한 판례가 있다. 국제법에는 성문의 국제법과 불문의 국제법이 있다.

(4) 명령(행정입법)

행정권에 의하여 제정되는 법형식이다. 법규명령과 행정규칙으로 대별된다. 법규명령에는 대통령령, 총리령 그리고 부령이 있다. 보통 대통령령을 시행령, 총리령이나 부령은 시행규칙으로 불린다.

(5) 자치법규

지방자치단체에서 제정하는 조례(지방의회의 의결을 거침)와 장이 제정하는 규칙이 있고 교육감이 정하는 교육규칙이 있다.

3. 행정법의 불문법원(uncodified/unwritten law)

(1) 관습법(customary law)

1) 의의

오랜 행정관행이 법적 확신을 얻어 법규범으로 승인받은 것이다. 관습법의 법원성에 대해 인정하는 것이 통설·판례이다. 법규범으로 승인될 정도에 이르지 않은 '사실인 관습'(conventional usage, de facto custom)과 구별하여야 한다.

2) 성립요건

① 객관적 요건: 장기적 관행의 존재가 필요하다.

② 주관적 요건: 국민 일반의 법적 확신이 있어야 한다.

③ 국가에 의한 승인 여부에 대하여는 긍정설(국가승인설)과 부정설(법적 확신설, 법력 내재설)이 있으나 부정설이 통설·판례(대판 1985. 3. 12, 84누398)이다.

3) 종류

① 행정선례법

행정청의 선례가 국민의 법적 확신을 얻은 것이다. 국세기본법 제18조 제3항이 그 예이다.

② 지방적·민중적 관습법

공법관계의 관행이 민중에게 일반적으로 인식·존중되는 관습법이다. 예를 들면 공물이용관계, 공유수면이용 및 인수·배수권, 관습상의 하천용수권 및 유지사용권 등이다. 하천용수권에 관한 관습은 판례도 인정한다.

4) 효력

성문법 우위의 효력설과 보충적 효력설(통설·판례)로 나뉜다.

5) 행정관습법 부정의 경향

현대는 유동적·다원적 사회이므로 같은 사실이 관행으로 반복되기 어렵다는 점, 일반국민의 법적 확신을 얻기 어렵다는 점 등 관습법 성립의 요건을 충족하기가 어려워진다는 견해가 있다. 그리고 법률의 유보의 원칙상 침익적 관습법은 인정하기 어렵다.

(2) 판례법(case/judge-made law)

영미법계국가의 경우에는 판례법주의에 입각하고 있고 선례구속력의 원칙(doctrine of stare decisis)이 엄격하게 적용된다. 따라서 상급법원의 판결은 하급법원을 법적으로 구속하므로 판례가 행정법의 법원이 된다고 할 수 있다.

우리나라에서는 법원조직법 제8조에서 '당해 사건'에 한하여 하급심을 기속한다고 규정하고 있다. 그러나 현실적 구속력은 무시할 수 없다(대법원장 포함 14인의 대법관 중 3분의 2이상의 전원합의체에서 과반수의 찬성으로만 판례변경가능하다). 추정적 구속력이라 한다. 하급법원이나 행정기관이 대법원의 판례에서 벗어난 법률의 해석·적용을 하려고 하면, 그것을 정당화시킬 수 있는 이유를 제시할 의무를 부담하게 된다. 판례법 형성영역의 하나는 성문법이 결여되어 있는 경우이고 그 둘은 일반조항(불확정개념)을 사용하는 경우이다.

헌법재판소의 위헌결정이 있으면 당해 법률조항은 효력을 상실하고 법원 기타 국가기관을 기속하므로(헌법재판소법 제47조 제1항, 제2항) 헌법재판소 결정도 법원성을 갖는다고 할 수 있다.

(3) 조리(법의 일반원칙, sound reasoning, nature of things)

사물의 본성 또는 반드시 그러하여야 할 것이라고 인정되는 것이다. 사물의 합리적, 본질적 법칙으로서 최후의 보충적 법원으로서 유래가 다양하다. 헌법차원의 원칙이다. 행정법의 일반원칙으로 설명하는 것이 보통이다. 이러한 조리는 법해석의 기본원리로서 그리고 성문법, 관습법, 판례법이 모두 없는 경우에 최후의 보충적 법원으로서 중요하다.

제7절   행정법의 일반원칙(general principles)

1. 개설

행정법의 모든 분야에 적용되고 지배하는 일반적 원리이다. 헌법차원의 원칙이라 할 수 있다. 학자에 따라 견해가 다르나 대체로 다음과 같다.

2. 과잉(조치)금지(prohibition of excessiveness)의 원칙(광의의 비례원칙)

(1) 의의

행정주체가 구체적인 행정목적을 실현함에 있어서 그 목적 실현과 수단사이에 합리적인 비례관계가 유지되어야 한다는 것으로서 헌법차원의 법원칙으로서의 성질과 효력을 가진다.

(2) 근거

독일의 경찰법상의 판례법으로 발전되었으나 현재 각주의 경찰법에 명시되어 법원칙으로 되어 있다. 우리나라의 경찰관직무집행법 제1조 제2항(이 법에 규정된 경찰관의 직권은 그 직무수행에 필요한 최소한도 내에서 행사되어야 하며 이를 남용하여서는 아니된다)과 헌법 제37조 제2항에 명시되어 있다.

(3) 적용범위

급부행정에 적용되는 원칙으로서 과잉급부금지의 원칙으로 소개되었으나 행정의 전 영역에 적용될 수 있는 원칙이다. 예를 들어 재량권행사의 한계, 부관의 한계, 취소 · 철회의 제한, 사정판결, 경찰권발동의 한계, 급부행정의 한계, 공용침해의 한계로서 공공필요의 요건 충족의 기준 등의 원칙으로 적용된다.

(4) 내용

1) 적합성의 원칙

행정기관이 행한 조치가 목적달성에 적합하여야 한다는 원칙이다. 적합성여부가 불확실할 경우 적합성여부가 심사되었다면 요건을 충족한다. 사후에 부적합하다고 판단되었을 때에는 중지하고, 원상회복에 노력하여야 하며, 원상회복이 어려울 때에는 결과를 완화하도록 노력하여야 한다. 또한 선택된 수단은 사실상 · 법률상 가능한 것이어야 한다.

2) 필요성의 원칙(최소 침해의 원칙)

행정조치는 목적 실현을 위해 필요한 한도이상으로 행해져서는 안 된다는 원칙이다. 예를 들어 위법건물에 대해 개수(改修)명령으로 목적을 달성할 수 있을 때, 철거명령을 발하는 것은 필요성의 원칙에 반한다.

3) 상당성의 원칙(협의의 비례 원칙; principle of proportionality)

행정조치를 취함에 따른 불이익이 초래되는 이익보다 큰 경우에는 당해 행정조치를 취해서는 안 된다는 원칙이다. '참새를 잡으려 대포를 쏘아서는 안 된다'는 말로 비유되고 우리나라의 속담의 '빈대 잡으려 초가삼간 태우랴'도 같은 취지의 말이라고 본다. 독일의 많은 주의 경찰법에서 규정하고 있다. 예를 들면 한 건물이 건축법 등을 위반한 경우 공익을 심히 해치지 않는 이상 철거해서는 안 된다. 독일판례(OVG Münster 1980, S.874)는 보도에 주차하였으므로 법을 어겼지만 통행에 지장을 주는 것이 아니었다면, 견인하는 것은 협의의 비례원칙위반으로서 위법하다고 판시하였다.

4) 헌법재판소의 입장

헌법 제37조 제2항에서 '필요한'이란 표현은 비례의 원칙을 나타낸 것이다. 헌법재판소는 비례의 원칙을 목적의 정당성, 수단의 적합성, 피해의 최소성, 법익의 균형성을 들고 있으나 목적의 정당성을 제외하면 대체로 같은 내용이라 할 수 있다.

5) 단계구조

위 3원칙은 단계구조를 이룬다. 즉, 적합성의 원칙에 어긋나면 필요성, 상당성의 원칙을 고려할 필요가 없고, 필요성의 원칙에 어긋나면 상당성의 원칙을 고려할 필요가 없다.

(5) 위반의 효과

1) 위법성

동 원칙위반의 행정작용은 위법하다. 판례도 공무원이 요정에 단 1회 출입하였다는 사실만으로 파면한 처분은 위법하다고 하여 재량권의 남용에 있어 동 원칙을 적용하였다.

2) 권리구제

행정쟁송, 국가배상, 행정상 결과제거청구권 등으로 구제가능하다.

3. 신뢰보호의 원칙(principle of protection of trust)

(1) 의의

국민이 행정기관의 결정에 대하여 신뢰한 경우 보호받을 가치가 있는 한, 그 신뢰를 보호해 주어야 한다는 원칙이다. 행정의 전 영역에 걸쳐 적용된다.

(2) 근거

1) 이론적 근거

① 신의칙설

사법에서 발달한 신의성실의 원칙에서 구하는 견해이다. 독일연방행정법원의 미망인 사건(통일 전 동베를린 공무원의 과부가 서베를린으로 이주할 경우 과부연금을 받을 수 있는가를 문의하여 관계행정청에서 가능하다고 하였고 이에 이주하였으나 너무 늦게 이주하여 연금청구권이 없는 상태에 있었으나 법원은 신뢰보호사상을 원용하여 원고의 청구를 인용하였다)에서 적용되었다. 금반언(禁反言; estoppel)의 원칙이라고도 할 수 있다(The officials must be a gentleman; 공무원은 신사이어야 한다). 이에 대한 비판으로는 사법상의 원칙으로서 구체적 관계의 존재를 전제로 하는 것인데, 그렇지 않은 행정작용에는 적용이 어렵다는 것과 일반조항에의 도피라는 것이 있다.

② 법적 안정설설

법치국가원리 및 그의 요소로서의 법적 안정성으로부터 도출하는 견해이다. 오늘날 독일의 판례(신의칙설을 취하는 판례도 있음) 및 문헌에서 지지받고 있다.

이에 대한 비판으로는 행정행위의 취소의 논거를 법치국가의 요소인 행정의 법률적합성원칙에 두고, 또한 신뢰보호를 위한 행정행위의 취소권제한의 논거 역시 법치국가원리의 요소인 법적 안정성에 두는 것은 일종의 이율배반성을 초래하고, 이익형량을 통한 신뢰보호 인정여부는 법적 불안정성을 초래할 수도 있다는 것이다. 오늘날의 통설이다.

③ 기타

사회국가원리에서 찾는 견해(사회국가원리설 – 헌법상의 사회국가원리에서 신뢰보호의 근거를 구하는 견해이다), 기본권에서 찾는 견해(독일 기본법 제2조의 인격권, 또는 동 제14조의 재산권의 특수한 형태로서 구성), 논란이 분분하므로 독립한 비헌법적·보충적 법원칙으로 보자는 견해(독자성설) 등이 있다.

2) 실정법적 근거

국세기본법 제18조 제3항(세법의 해석이나 국세행정의 관행이 일반적으로 납세자에게 받아들여진 후에는 그 해석이나 관행에 의한 행위 또는 계산은 정당한 것으로 보며, 새로운 해석이나 관행에 의하여 소급하여 과세되지 아니한다), 행정절차법 제4조 제2항이 그 근거조항이다.

(3) 요건

① 행정기관의 선행조치(모든 행정작용이며 명시적·적극적 언동에 국한되지 않는다)가 있어야 한다. 판례는 선행조치를 공적인 견해표명에 한정하고 있다.

② 선행조치의 존속에 대한 신뢰가 있어야 한다.

③ 신뢰의 보호가치성이 있어야 한다. 이익형량이 필요하다. 수익자의 귀책사유로서 이루어진 경우와, 위법성을 알았거나 중과실로 알지 못한 경우는 보호가치가 없다(독일 행정절차법 제48조 제2항 참조).

④ 관계자의 처리가 있어야 한다. 예를 들어 금전을 소비하였거나 또는 허가를 믿고 건축에 착수하는 등의 행위가 있어야 한다.

⑤ 선행조치에 반하는 행정작용과 이로 인한 관계자의 이익침해가 있어야 한다.

(4) 판례

대판 1992. 5. 26, 91누10091에서는 '행정상의 법률관계에 있어서 행정청의 행위에 대하여 신뢰보호의 원칙이 적용되기 위하여는

① 행정청이 개인에 대하여 신뢰의 대상이 되는 공적인 견해표명을 하여야 하고

② 행정청의 견해표명이 정당하다고 신뢰한 데 대하여 그 개인에게 귀책사유가 없어야 하고

③ 그 개인이 그 견해표명을 신뢰하고 이에 따라 어떠한 행위를 하였어야 하며

④ 행정청이 위 견해표명에 반하는 처분을 함으로써 그 견해표명을 신뢰한 개인의 이익이 침해되는 결과가 초래되어야 하는 것이며,

이러한 요건을 충족할 때에는 행정청의 처분은 신뢰보호의 원칙에 반하는 행위로서 위법하다고 볼 것이다.'라고 판시하고 있다.

(5) 적용범위

1) 수익적 행정행위의 취소·철회의 제한

위법한 행정행위라 하더라도 수익자가 처분의 존속을 신뢰하였고 그 신뢰가 보호가치 있는 것이라면 그 처분은 취소할 수 없고(독일 행정절차법 제48조 제2항, 제3항) 취소되는 경우에도 신뢰보호를 위하여 취소의 효력은 소급하지 아니한다. 그리고 적법한 행정행위의 경우에도 일정한 사유가 있는 경우에만 철회가 허용되고 철회의 경우 손실보상이 문제된다(동법 제49조).

2) 행정법령 및 행정규칙의 소급효금지

원칙적으로 신뢰보호의 견지에서 불이익한 소급적 변경은 금지된다.

3) 확약

행정청이 상대방에게 확약한 경우에는 신뢰보호의 원칙에 따라 행정청은 그에 구속된다.

4) 실권

행정청이 취소권이나 철회권이 있는 경우에도 장기간 그 권한을 행사하지 아니하고 방치한 경우에 상대방이 그 권한을 행사하지 아니할 것이라는 신뢰를 갖게 된 때에는 취소권이나 철회권은 실권되게 된다. 독일 행정절차법은 그 기간을 1년으로 규정한다.

5) 행정계획보장

행정계획의 변경에서 얻어지는 공익보다 당사자의 계획존속에 대한 신뢰보호의 이익이 큰 경우에는 계획보장청구권의 문제가 생긴다.

6) 불법에 있어서의 평등대우

위법한 행정선례를 신뢰해 온 자가 신뢰보호를 이유로 장래에도 그 선례를 고수해 줄 것을 요구할 수 있는가의 문제이다. 처분청이 합리적인 방법으로 변경하는 것은 신뢰보호의 원칙에 위배되지 않는다는 것이 판례이다.

7) 처분사유의 추가·변경

판례는 취소소송에 있어 당초의 처분사유와 기본적 사실관계에 동일성이 없는 별개의 처분사유를 추가하거나 변경할 수 없는 근거로 행정처분의 상대방인 국민에 대한 신뢰보호를 들고 있다.

(6) 신뢰보호의 한계

1) 법률적합성과 법적 안정성

① 법률적합성우위설

행정행위가 위법한 것임에도 불구하고 상대방의 신뢰보호를 위하여 그 존속성 등을 인정하는 것은 법치국가의 자멸초래가능성이 있다고 본다(포르스트호프, 울레, 가너).

② 동위설

양자는 동위적 내지 동가치적인 것이라고 본다(에릭슨).

③ 이익형량설

오늘날의 지배적 견해이다. 신뢰보호요건이 충족되는 때에는 관계인의 보호이익과 행정처분의 취소 등에 의해 달성되는 공익간의 구체적 형량이 행해지고 이러한 형량의 결과 우월하게 판단되는 이익을 보호해야 한다는 견해이다. 신뢰이익과 취소이익과의 형량이 필요하다. 우리나라의 통설이자 판례이다. 판례는 무효인 처분에는 신뢰보호원칙은 적용될 수 없다고 판시한다.

2) 존속보호와 보상보호

독일 행정절차법 제48조, 제49조는 양자를 절충하였다. 신뢰보호의 요건이 충족되어 있음에도 공익상 이유로 존속보호를 할 수 없는 경우에는 보상을 하는 바 이를 보상보호라고 할 수 있다.

3) 사정변경의 원칙

신뢰의 기초가 된 사실이 변경되고 당사자가 이를 인식할 수 있었던 경우에는 신뢰보호를 주장할 수 없다.

4) 제3자 쟁송

제3자의 쟁송에 의하여 취소되는 경우 신뢰보호는 기속력을 잃는다.

(7) 위반효과

신뢰보호원칙의 적용의 결과 행정기관의 선행조치에 반하는 후행행위는 취소원인인 위법행위로 보아야 하고 무효원인인 경우는 예외적으로만 인정된다.

4. 평등의 원칙(principle of equality)

합리적인 사유가 없는 한 국민을 평등하게 대우해야 한다는 원칙으로 헌법 제11조 제1항에 평등권을 규정하고 있다.

5. 행정의 자기구속의 법리(principle of self-binding)

(1) 의의

행정청이 상대방에 대하여 같은 사안에서 제3자에게 행하였던 것과 같은 결정을 하도록 구속 되는 것을 말한다. 행정의 자기구속은 행정이 스스로 정립한 기준에의 구속이라는 점에서 법률에의 구속과 구별된다. 행정의 자기구속의 법리는 평등원칙을 통하여 행정조직 내부규범인 행정규칙에 대하여 사법적 통제를 가능하게 하는 법규로 전환시키는 전환규범으로서의 기능을 행한다. 즉 행정의 자기구속은 내부구속을 대외적 구속으로 사실상 변화시키는 기능을 한다.

(2) 근거

1) 실정법적 근거

행정절차법 제4조 제2항 및 국세기본법 제18조 제3항을 들 수 있다.

2) 이론적인 근거

① 평등원칙설

평등의 원칙에 따라 재량권의 행사가 인정되는 행정활동 영역일지라도 제3자에 대하여 적용한 것과 다른 재량준칙의 적용을 받는 상대방은 동일한 재량준칙에 의한 수익을 주장할 수 있다.

② 신뢰보호원칙설

행정실무의 존속에 대한 상대방의 신뢰보호에서 행정의 자기구속의 근거를 구하는 입장이다.

③ 판례

헌법재판소는 평등원칙설과 신뢰보호원칙설을 모두 인정한다.

(3) 성립요건

1) 재량영역

행정의 자기구속의 주된 적용영역은 행정의 재량영역이다.

2) 같은 사안

행정의 자기구속은 같은 사안의 행정실무에서만 적용된다.

3) 행정선례의 존재

① 행정선례필요설

행정의 자기구속의 법리가 적용되기 위하여는 동종 사안에 비교의 대상이 될 수 있는 재량준칙이 적용된 행정선례가 존재해야 한다는 견해이다. 행정관행설이라고도 하며 통설이다.

② 행정선례불요설

행정선례가 없는 경우라도 재량준칙은 그 자체에서 자기구속을 예정하고 있는 것이므로 이러한 재량준칙에 위반한 처분은 위법하다고 보는 견해로서 독일판례의 입장이다.

4) 동일기관

동일한 행정기관만이 자기구속을 받는다.

(4) 위반의 효과

행정청이 재량준칙에 위배되는 행정처분을 하는 경우 그 처분은 평등의 원칙이나 신뢰보호원칙 위반으로 위법이 되며 상대방은 행정소송을 제기할 수 있을 것이다.

(5) 한계

다른 결정을 하는 것이 객관적인 이유가 있고, 동종 결정을 해야 하는 법적 안정성보다 중요하고, 신뢰보호의 원칙에 반하지 아니하는 경우에는 종래의 결정과 다른 행정결정도 적법하다.

6. 신의성실(trust and good faith) 및 권리남용금지(prohibition of abuse of rights)의 원칙

국세기본법 제15조(납세자가 그 의무를 이행할 때에는 신의에 따라 성실하게 하여야 한다. 세무공무원이 직무를 수행할 때에도 또한 같다), 행정절차법 제4조 제1항 등에서 규정한다. 신의성실의 원칙과 권리남용금지의 원칙은 표리관계에 있으므로 권리남용금지의 원칙도 인정된다.

7. 부당결부금지의 원칙

행정기관이 조치를 행함에 있어 그것과 실체적인(중요한) 관련이 없는 반대급부와 결부시켜서는 안된다는 원칙이다. 행정의 실효성 확보를 위한 제수단과 관련하여 논의되었던 내용이다. 건축법상의 의무강제를 위해 전기나 수도의 공급을 중단할 수 있는가 등의 논의가 있었다.

대법원은 행정청이 주택사업계획승인을 함에 있어서 그 주택사업과 관련이 없는 토지를 기부하도록 하는 부관을 붙인 경우에 그 부관은 부당결부금지의 원칙에 위반되어 위법하다고 판시하였다.

제1종 특수·대형·보통면허를 가진 자가 트레일러를 운전한 것은 자신이 가지고 있는 면허 중 특수면허만으로써 운전한 것이 되고, 제1종 보통면허나 대형면허는 트레일러 운전과는 아무런 관련이 없는 것이므로 트레일러를 운전하다가 취소사유가 발생한 경우에는 제1종 보통면허나 대형면허에 대한 취소사유는 되지 아니한다는 대판 1997. 5. 16, 97누1310의 판결이 있다.

8. 보충성의 원칙(principle of subsidiarity)

(1) 의의

보충성의 원칙은 공적인 손은 사회적 내지 사적인 힘을 통해 그 목적을 달성할 수 없을 때에만 비로소 개입할 수 있다는 것. 즉, 보다 큰 사회적 기능단위는 보다 작은 사회적 기능단위가 그 기능을 수행하지 못할 때 개입해야 한다는 원칙으로 정의된다. 독일연방헌법재판소는 우선적으로 작은 공동체가 활동해야 하며, 이것이 충분하지 않을 때에 비로소 국가적 수단이 개입할 수 있다는 것이 보충성의 원칙이 의미하는 바라고 판시한 바 있다. 최후수단성을 의미하는 경우도 있다(저항권의 보충성, 헌법소원의 보충성).

(2) 적용범위

1) 사회국가원리의 한계

사회국가라고 하여 국가가 일방적으로 국민생활의 평준화, 일원화를 강요할 수는 없고 경제적, 사회적 문제의 해결은 1차적으로는 개인적 차원에서 이루어지도록 한다. 그리고 개인적 차원에서 해결이 불가능한 경우에 비로소 국가가 개입하여야 한다는 보충성의 원리에 의한 한계가 그 한 가지 내용을 이루고 있다.

2) 급부행정의 기본원리

사인의 생활수단의 확보 기타의 이익추구행위는 1차적으로는 사인 또는 하위의 공동체 단위에 맡겨져야 한다. 그리고 일반 납세자의 조세부담에 의한 행정주체의 급부활동은 그들에 의하여 스스로 충족시킬 수 없는 경우 또는 그들에게 맡기는 것이 부적당한 경우에만 보충적으로 행해져야 한다.

3) 지방자치

국가의 기능은 지방자치단체의 기능에 비하여 보충적이어야 한다. 국가의 사무는 지방자치단체에 의하여 그 업무를 수행하는 경우에 그 사무의 목적을 달성할 수 없는 경우에 한정되어야 한다.

4) 공기업(public enterprise) 등 수익적 경제활동

행정주체는 사인인 사기업에 의해 보다 훌륭하게 경제적으로 수행될 수 없는 경우에만 경제적 활동을 할 수 있다는 것을 의미한다.

5) 행정규제

국가와 지방자치단체는 국민의 자유와 창의를 존중하고 불필요한 행정규제를 하여서는 아니 된다(행정규제기본법 제5조, 제7조 내지 제12조 등).

6) 경찰법

경찰의 개입 없이는 그 권리의 실현이 불가능하거나 현저히 곤란한 경우에만 사법상의 권리와 이익을 보호할 권한이 있다.

7) 행정개입청구권

민사법원에의 제소를 통해 구제받을 수 있는 경우에는 행정권 특히 경찰권을 발동해서는 아니된다.

8) 임시처분의 보충성

행정심판법 제31조 제3항에 의하면 임시처분은 집행정지로 목적을 달성할 수 있는 경우에는 허용되지 아니한다.

9) 인신보호제도의 보충성

인신보호제도는 다른 법률에 구제절차가 있는 경우에는 상당한 기간 내에 그 법률에 따른 구제를 받을 수 없음이 명백하여야 한다(인신보호법 제3조 단서)

10) 행정상 즉시강제의 보충성

즉시강제는 다른 수단으로는 당해 행정목적을 달성할 수 없는 경우에 한하여 할 수 있다.

9. 기타

이밖에도 학자에 따라 공익의 원칙(행정기관이 행정활동을 행함에 있어 공익에 맞게 행사하여야 한다는 원칙으로 헌법재판소는 공익의 개념과 공공복리의 개념을 동일시하고 있다), 공역무에 있어서의 평등의 원칙·계속성의 원칙(공역무는 중단 없이 계속되어야 한다는 원칙)·적응의 원칙(공역무의 상황변화에 따른 질적·양적 개선의 원칙), 효율성의 원칙 등을 드는 경우도 있다. 특히 공역무계속성의 원칙에서 공무원의 파업권 행사의 제한이 도출된다.

제8절 행정법의 효력

1. 시간적 효력

(1) 효력발생시기

원칙적으로 공포 후 20일 경과 후 효력이 발생(헌법 제53조 제7항, 법률 등 공포에 관한 법률 제13조, 지방자치법 제26조 제8항)한다. 공포한 날이란 법령 등을 게재한 관보, 신문이 발행된 날이며 발행된 날의 시점에 대한 논란이 있다. 최초구독가능시설이 통설·판례이다.

(2) 소급효금지의 원칙(prohibition of retroactive laws)

이익을 주는 경우는 무방하나 불이익의 소급적용은 금지된다(진정소급효의 금지). 다만 계속되고 있는 사실에의 신법적용(이른바 부진정소급효)은 무방하다(예: 기존건물에의 개정법률 적용).

(3) 효력의 소멸

한시법이나 상급 내지 동위의 법령에 의한 명시적인 폐지, 그리고 모순·저촉되는 법령의 제정에 의해 효력이 소멸된다.

2. 지역적 효력

(1) 원칙

법률이나 명령은 전 지역에 적용되며, 조례·규칙은 당해 지역에서만 적용된다. 여기서 지역이란 영토뿐만 아니라 영해와 영공까지 포함하는 개념이다.

(2) 예외

① 외교특권(대사관, 영사관)

② 일정지역에만 적용되는 특별법(제주국제자유도시특별법)

③ 타 구역에 적용되는 경우(예: 지방자치단체가 다른 지방자치단체의 구역에 공공시설을 설치한 경우 이 공공시설에 관한 조례가 다른 지방자치단체의 구역에서 적용된다).

3. 대인적 효력

(1) 원칙적 속지주의(territorial principle)

우리나라에서 발생한 사건에 대해서는 우리나라의 법의 적용을 받는다. 그리고 기국주의에 의해 우리나라 선박이나 비행기는 우리나라의 영토로 본다.

(2) 예외적 속인주의(principle of personality)

① 외교특권소유자(외교관계에 관한 비인협정)

② 미군(한미행정협정)

③ 외국인(참정권부인, 외국인 토지법 제3조에 의한 토지소유제한, 국가배상법 제7조에 의한 상호주의의 적용)

④ 여권법과 같이 외국에 거주하는 한국인에게도 효력이 미친다.

제9절 행정법의 해석

1. 해석(interpretation)의 방법

(1) 서론

오늘의 법질서 하에서 타당한 법규범의 의미내용을 탐구하는 것이다.

(2) 해석방법론

문리해석, 체계적 해석, 역사적 해석, 목적론적 해석 등이 있다. 조세부과와 같은 의무부과 등에는 유추해석이나 확대해석이 금지된다(대판 1990. 5. 11, 89누8095: 조세법률주의의 원칙상 유추해석이나 확대해석 금지).

(3) 판례와 학설의 의미

법률생활의 안정성, 예측가능성을 위해 중요하다. 지배적 학설과 판례와 다른 해석을 할 경우에는 합리적 이유를 제시하여야 한다. 학설은 판례의 형성에 간접적인 도움이 된다.

2. 흠결의 보충

(1) 서론

단일법전과 총칙이 없으므로 흠결 내지 공백이 존재한다. 타법 분야의 방법론과 기술을 원용해야 할 필요성이 존재한다.

(2) 유사법령의 준용

기존의 경우 행정법의 흠결이 있을 경우 민법을 준용하였으나, 공법 중 준용할 규정이 있는 경우 그 공법규정이 준용되어야 한다. 사법규정의 준용은 공법규정의 준용을 통해서 메꾸어지지 않는 경우에만 허용된다. 판례도 공법규정의 유추적용을 인정한다(대판 1985. 9. 10, 85다카571: 관세법흠결의 경우 국세기본법준용사건).

(3) 준용법령의 흠결시

지배적 학설과 판례가 중요시된다. 특히 헌법 및 행정법의 기본원리가 흠결의 보충에 있어 지표가 되어야 할 것이다.

행정법 관계

제1절 의 의

행정과 관련된 당사자 간의 권리·의무관계를 행정상 법률관계 즉, 행정법관계라고 할 수 있다. 다시 말하면 당사자의 쌍방 또는 어느 일방이 행정주체인 법률관계를 행정상 법률관계라 한다.

제2절 공법과 사법

1. 개설

과거에는 행정권의 특권적 지위를 보장하려 한 것이었으나, 오늘의 민주사회에서는 법기술적 이유에서 공법의 존립근거를 찾아야 한다. 공법과 사법의 구분이 명확하지 않고 입법기술상 그러한 구분을 행하기가 쉽지 않다. 유럽에 있어서 분야별로 공·사법의 구별하는 것을 시대낙후적인 것으로 여기는 경향이 나타나고 있다고 한다.

2. 공법과 사법의 구별

(1) 구별 필요성

공사법의 구별부인설도 있으나 통설은 구별한다.

1) 실체법상의 필요성

구체적 법률관계에 적용할 법규나 법원칙의 결정을 위해 필요하다.

2) 절차법상의 필요성

행정소송과 민사소송의 쟁송수단의 결정을 위해 필요하다.

3) 행정강제

행정상 강제는 행정법상의 의무위반 또는 불이행에 대해서만 적용되는 것이므로 이 점에서 당해 법률관계가 행정법관계인가 사법관계인가를 구별할 실익이 있다고 한다. 실체법상의 필요성에 포함된다고 본다.

(2) 구별기준

1) 주체설

행정주체를 당사자로 하는 법률관계를 규율하는 법이 공법이고, 사인 상호간의 법률관계를 규율하는 법이 사법이다(구주체설). 행정상 국고관계의 경우 등 사법의 적용을 받는 경우도 있다.

2) 종속설(복종설, 권력설)

상하관계에 적용되는 법이 공법, 대등관계에 적용되는 법이 사법이다. 공법에도 공법계약 같이 대등관계가 존재하며, 사법에도 친자관계와 같이 종속관계가 존재한다. 비권력적 급부행정이 증대되는 오늘날은 종속설에 포섭되지 않는 공법영역이 확대되고 있다.

3) 이익설

로마시대 이후로의 통설로서 공익에 관련된 법이 공법, 사익에 관련된 법이 사법이다.

프랑스에서는 공익 실현작용을 내용으로 하는 공역무관념이 공사법의 구별기준이 되고 있다. 그러나 사법도 공익과 관련(법자체가 공익과 관련)이 있다. 공법법규가 사익도 보호한다(오로지 공익만을 보호하는 법규로부터는 반사적 이익이 나오고, 법규가 공익과 사인의 이익추구를 보호하고 있는 경우에는 공권이 발생한다).

4) 생활설(관계설)

정치적 내지 단체생활관계를 규율하는 법이 공법, 민사적 내지 개인 간의 법률관계를 규율하는 법이 사법이다. 양자의 한계를 설정하기 곤란하다.

5) 귀속설(신주체설, 특별법설)

공권력의 담당자에 대해 권리의무를 귀속시키는 법이 공법, 행정주체를 포함하여 누구에게나 권리의무를 귀속시키는 법이 사법이다. 위의 기준으로 해결되지 않는 경우 사안을 중심으로 공권력의 담당자가 공익을 실천하는 경우에는 공법, 다른 경우에는 사법이 적용된다. 이 설이 현재 독일의 통설이다.

6) 복수기준설(우리나라의 통설)

권력적 공법과 공익적 공법이 공법, 개인 상호간의 사익조절을 목적으로 하는 법이 사법이다.

(3) 결론

1) 행정특별법설

행정의 조직·활동에 관하여 절차, 구제 등에 관하여 특별한 규율을 하고 있을 경우 그들 규정을 모아 공법으로서의 행정법이라 할 수 있다. 행정에 특별한 규율을 하는 이유로는 행정의 실효성 확보, 공익의 실현, 행정의 간소화·명확화·원활화 등이다.

2) 공사법의 관련

① 공법행위에 의한 사법적 효과 발생(예: 광업허가나 어업면허에 의한 광업권이나 어업권의 발생, 토지수용에 의한 토지소유권의 취득·변동 등).

② 공법행위가 사법상 법률행위의 요소가 되는 경우(예: 사업양도에 행정청의 인가를 요하는 경우, 혼인신고, 비영리법인의 설립인가 등).

③ 공법에 의한 사법상의 행위의 제한(예: 각종 영업·건축 등의 법규에 의한 제한·단속).

3) 법문에서의 구별기준

법문에서 행정상 강제집행, 행정벌, 손실보상이나 국가배상, 행정쟁송제도가 규정되어 있다면 공법관계로 보아도 무방할 것이다.

제3절 행정상 법률관계의 종류

1. 행정조직법 관계

(1) 행정조직 내부관계

이들 간의 분쟁은 원칙적으로 법률상의 소송에 해당되지 않으며, 특별규정(지방자치법 제107조 등)이 없는 한 기관소송을 제기할 수 없다.

(2) 행정주체상호간의 관계

행정조직법관계인지 행정작용법관계인가의 이론이 있으나 행정조직법의 고찰대상이다.

2. 행정작용법 관계

(1) 권력관계

행정주체에게 우월한 지위를 인정하는 법률관계이다. 공정력 등 특수 효력을 인정한다. 행정소송사항이다. 국민에게 명령·강제하는 법률관계이다. 군 입대, 운전면허 취소, 주차위반차량의 견인 등을 그 예로 들 수 있다.

(2) 관리관계

행정주체가 사업 내지 재산의 관리주체로서 개인과 맺는 법률관계이다(예: 공물관리, 공기업의 경영, 회계 등). 공공성을 가짐으로서 대등당사자 사이의 관계, 즉 사법관계가 수정·보완된다. 행정사법과 중복되는 면이 있다. 즉, 관리관계는 권력관계와는 달리 대등한 당사자 간의 법률관계이지만 사법관계와는 달리 공익과의 밀접한 관계 때문에 공법관계로 분류되는 행정법관계라는 것이 통설이다.

(3) 행정상의 사법관계(국고관계)

행정주체가 사인과 동등한 지위에서 행하며 특별한 공공성도 띠지 않는 법률관계이다(예: 행정주체가 사인과 물품매매계약, 건물임대차계약, 공사도급계약 등을 체결하거나 국유재산을 관리·매각하는 경우, 금전차입 등). 사인으로서 다른 일반인에게 대하는 경우이므로 '같은 성질의 관계는 같은 법률로 규율되어야 하므로' 민사소송사항이다.

제4절 행정법 관계의 특질

1. 개설

실정법에 의해 부여되며 본질적 내용은 아니다. 즉, 국가와 국민의 관계 또는 지방자치단체와 주민의 관계는 법에 따라 형성되는 법관계이지 법과 관계없이 이루어지는 사실상의 명령, 복종관계는 아니다.

2. 내용

(1) 법적합성

행정법관계는 법치행정의 관점에서 실체법적·절차법적으로 법률에 저촉되어서는 안 된다.

(2) 공정력

행정청의 의사는 당연무효가 아닌 한 권한있는 기관에 의해 취소되기까지는 일응 효력이 있다고 인정되는 효력을 말한다. 여기에서 구성요건적 효력(행정청의 의사가 유효하게 존재하는 한 다른 국가기관은 그 존재를 존중하며 판단의 기초로 삼아야 한다는 효력)이 파생되며 구성요건적 효력이라는 개념을 사용하지 않는 견해도 있다.

(3) 존속력(확정력)

① 불가쟁력(형식적 존속력)

제기기간이 경과하거나 소송을 다 거친 후에는 쟁송으로 다툴 수 없게 되는 효력이다.

② 불가변력(실질적 존속력)

사법에 준하는 행정행위와 같은 일정한 행위에는 행정주체도 그 내용을 임의로 변경할 수 없게 되는 효력을 말한다.

(4) 강제력

① 자력집행력

행정객체가 의무를 이행하지 아니할 때 법원의 힘을 빌리지 아니하고 행정청 자력으로 강제할 수 있는 효력을 말한다.

② 제재력(sanction power)

행정의사에 위반하는 자에게 행정제재를 과할 수 있는 효력을 말한다.

(5) 권리구제수단의 특수성

① 손해전보(損害塡補)

위법한 행정청의 행위에 대하여는 손해배상을 적법한 행정청의 행위에 대하여는 손실보상을 청구할 수 있는바, 양자를 손해전보라 칭한다.

② 행정쟁송

행정심판과 행정소송을 합하여 행정쟁송이라 칭한다.

제5절 행정법 관계의 당사자

1. 행정주체(subject of administration)

(1) 의의

행정권을 행사하고 그 법적 효과가 귀속되는 당사자이다. 행정주체와 행정기관(법적 효과가 기관이 아니라 행정주체에 귀속되며 인격을 가지는 것은 아님)의 구별이 필요하다.

(2) 종류

1) 국가

고유의 행정주체이다.

2) 공공단체

① 지방자치단체(local government)

이론(異論)이 있지만 국가로부터 전래된 권한을 행사한다. 일정한 구역에 대한 지배권을 가지는 지역단체인 점에서 타 공법인과 구별된다. 보통지방자치단체와 특별지방자치단체(지방자치단체조합 등)으로 구별된다.

② 공공조합(공법상의 사단법인)

특정사업을 수행하기 위하여 일정한 자격을 가진 사람(조합원)에 의해 구성된 공법상의 사단법인이다. 예를 들면 농협, 농지개량조합, 의료보험조합, 상공회의소, 변호사회 재건축조합 등이다. 특수한 사업을 수행함을 목적으로 한다.

③ 영조물(public institution)법인

영조물이란 행정주체에 의하여 특정한 공적 목적에 계속적으로 봉사하도록 정해진 인적·물적 수단의 종합체이다. 물적 시설만을 의미하는 공공시설과 구분된다. 영조물에는 이용자는 있으나 구성원이 없는 점에서 영조물의 운영자 내지는 직원은 구성원은 아니며 공공조합과 구분된다. 예를 들면 국립도서관, 한국은행, 한국방송공사, 서울대병원, 적십자병원, 과학기술원, 한국기술검정공단 등이다.

④ 공재단(공법상의 재단)

재단설립자에 의해 출연된 재산을 관리하기 위하여 설립된 공공단체이다(우리나라의 통설은 영조물법인과 공재단을 구분하지 않는다). 예를 들면 한국연구재단, 한국학중앙연구원 등이다. 공법상 재단도 그것을 관리하는 인적 수단이 있기는 하지만 부수적인 것이며 중심적 요소는 아니다.

3) 공무수탁사인(수탁사인)

공행정사무를 처리할 수 있는 권한을 부여받은 사인이다. 예를 들면 사인이 그의 직원으로부터 소득세를 원천징수하는 경우, 사인이 토지수용권을 행사하는 경우, 사인이 체신업무를 수행하는 경우(별정우체국법 제3조), 사립대학이 학위를 수여하는 경우, 선장이 경찰사무 및 호적사무를 집행하는 경우, '민영교도소 등의 설치·운영에 관한 법률'에 의해 교도소를 운영하는 사인 등이다.

부정설(일정한 권한을 부여받은 행정기관에 불과하며 이때 행정주체는 사인에게 권한을 부여한 국가 또는 공공단체라고 하는 견해이다)도 있다. 판례는 대판 1990. 3. 23, 89누4789에서 소득세법상의 원천징수의무자를 비행정주체로 판시하였다. 국가배상법상 공무원에 명시적으로 규정하였다(국가배상법 제2조; 공무를 위탁받은 사인).

2. 행정객체(object of administration)

원칙적으로 일반 국민으로서 공권력행사의 상대방이다. 공법인은 사인과의 관계에서는 행정주체, 타행정주체와의 관계에서는 행정객체가 되는 경우가 있다(공법인의 이중적 지위).

3. 행정주체·행정객체의 협력관계

종전에는 양자를 명령·복종관계로 이해하였으나 행정주체와 행정객체는 서로 협력할 필요가 있다할 것이며 이를 '협력적 민주주의' 내지 '협력적 법치주의'라고 부르는 학자도 있다.

제6절 공권과 공의무(행정법 관계의 내용)

1. 개설

사법상의 법률관계와 같으나 사적자치의 원칙이 인정되지 아니한다. 여기에서 사적자치의 원칙이란 각자가 자기의 법률관계를 자기 의사에 따라 자주적으로 처리할 수 있고 국가나 법질서는 여기에 직접적으로 개입하거나 간섭하면 안 된다는 원칙이다.

2. 공권과 그 특수성

(1) 공권(public right)의 의의

공법관계에 있어서 직접 자기를 위하여 일정한 이익을 주장할 수 있는 법적 힘이다. 법률상 보장되어 있어야 한다. 소송제기가 가능하다.

(2) 공권의 종류

1) 국가적 공권

공권력을 부여받은 자가 개인에 대하여 가지는 권리이다. 목적을 기준으로 조직권, 형벌권, 경찰권, 재정권, 군정권 등으로 분류하며, 내용을 표준으로 명령권, 강제권 등으로 분류한다. 국가적 공권은 행정주체에 대하여 우월한 힘을 인정하는 것이 보통이다.

2) 개인적 공권

공권은 개인적 공권만을 의미하고 국가적 공권은 권력 내지 권능이다. 특히 개인적 공권과 반사적 이익의 구별론과 개인적 공권의 특수성을 과도하게 강조하는 것이 비판의 초점이 되어 있다. 법률에서 개인적 공권이라는 용어를 사용하지는 않는다. 기본권인 개인적 공권과 기본권이 아닌 개인적 공권으로 나누는 견해도 있다. 이 경우 헌법에 의한 개인적 공권과 법률에 의한 개인적 공권으로 나눌 수 있다.

① 공권의 개념

개인이 자기이익을 위하여 행정주체에 대해 요구할 수 있도록 공법에 의해 부여된 힘을 의미한다. 행정소송법 제12조의 규정도 같은 취지이다. 행정심판법 제9조에 대하여는 논란이 있다.

② 유사개념

㉮ 반사적 이익

행정법규가 공익목적만을 위하여 행정주체에 대하여 일정한 작위·부작위 등을 명하고 있는 경우에 그 단순한 반사적인 효과로서 사실상 사인에게 있는 이익을 반사적 이익이라 한다. 간접적으로 이익을 받는 경우이다. 통설에 의하면 행정법규가 오로지 공익의 보호만을 목적으로 하고 있는 경우에는 반사적 이익인 것이고, 개인이익의 보호도 목적으로 하고 있는 경우에는 개인적 공권에 해당한다. 소를 제기할 수 없고 국가배상청구권의 발생도 없다. 예를 들면 허가영업은 반사적 이익이고 특허기업은 공권 내지 법률이 보호하는 이익이다. 개인적 공권과 반사적 이익은 상대적인 것에 지나지 않는다는 견해가 있다. 예를 들어 의료법에서 의사에게 환자를 진료할 의무를 부과함으로써 일반인이 반사적으로 진료를 받게 되는 이익 그리고 공무원의 승진기대권 등이 그 예이다.

㉯ 보호이익

권리와 반사적 이익은 아니지만 행정쟁송을 통하여 구제되어야 할 이익을 의미한다. 공권은 행정법규가 보호하는 이익이 직접 국민을 위한 경우에 성립하나, 보호이익은 행정법규가 공익과 사익보호를 아울러 규정한 경우에 성립한다. 준 권리라고 표현하는 학자도 있다.

이에 대한 비판으로는

㉠ 법률상 보호이익이나 법에 의해 보호되는 이익 등은 권리의 다른 표현에 불과하다.

㉡ 직접 상대방이 가지는 권리와 제3자가 가지는 권리(보호이익, 준 권리)의 구별의 의가 없다.

㉢ 보호이익의 개념없이 공권의 범위를 확대하여 권리구제확대가 가능하다는 점 등을 든다.

㉰ 보호할 가치있는 이익

소송법적 보호이익설(보호할 가치있는 이익이 침해된 경우에도 소송에 의해 구제받을 수 있다)도 있으나 권리란 보호되고 있는 이익이므로 보호될 가치있는 이익은 아직 권리라고 볼 수 없다는 견해도 있다.

③ 공권의 성립요소

공권성립의 3요소로서 Bühler(뷔러)의 이론에 따르면

㉮ 강행법규(작위의무)의 존재(행정주체의 행위가 반드시 하여야만 하는 기속행위이어야 한다)

㉯ 사적이익의 보호(행정법규가 사적이익의 보호도 의욕하여야 한다)

㉰ 의사력 또는 법상의 힘의 존재(소송을 통하여 구제받을 수 있는 힘이 부여되어야 한다)를 든다.

그러나 오늘날은 2요소론(제3요소인 의사력의 존재는 불필요하다. 독일 기본법 제19조 제4항

이 '누구든지 공권력에 의하여 권리를 침해받은 경우에는 제소할 수 있다'라고 규정하여 제3요소는 불필요하다)을 든다. 우리의 경우도 헌법 제27조에서 재판청구권을 규정하고 행정소송의 개괄주의에 의해 제3요소는 불필요하다고 본다. 소수설은 행정소송유형이 불충분함을 이유로 반대한다.

④ 공권의 확대화 경향(재량권의 0으로의 수축)

공권이 성립하려면 행정주체의 행위가 기속행위로서의 성질을 가져야 하는 데 재량행위에도 재량권의 0으로의 수축이론을 통하여 공권의 성립을 인정한다. 공권의 성립에는 행정법규의 목적·취지가 사적이익의 보호를 의욕하여야 하나 가급적 관계법규를 사적 이익의 보호도 목적으로 하는 것으로 해석한다. 연탄공장설치허가사건에서 서울고등법원(서울 고판 1972. 3. 13, 72구558573)은 인접주민에게 반사적 이익에 불과하다고 하였으나 대법원(대판 1975. 5. 13, 73누96·97)은 법률에 의하여 보호되는 이익이라고 하여 원심을 파기하였다.

제3자의 법률상이익의 보호에 있어 경쟁자소송(競爭者訴訟), 경원자소송(競願者訴訟), 인인소송(隣人訴訟) 등이 문제된다.

여기에서 경쟁자소송이란 경쟁관계에 있는 자들 사이에서 특정인에게 주어지는 수익적 행위(보조금 등)가 제3자에게 법률상 불이익을 초래하는 경우에 그 제3자가 자기의 법률상 이익의 침해를 다투는 소송을 말한다.

경원자소송이란 일방에 대한 면허나 인허가 등의 행정처분이 타방에 대한 불면허, 불인가 등으로 귀결될 수밖에 없는 경우(경원관계)에 불허가 등으로 인해 자기의 법률상 이익을 침해당한 자가 허가 등을 받은 자의 처분을 다투는 소송을 말한다.

그리고 인인소송이란 이웃하는 자들 사이에서 특정인에게 주어지는 수익적 행위가 타인에게는 법률상 불이익이 초래되는 경우에 그 타인이 자기의 법률상 이익의 침해를 다투는 소송이다. 가급적 이를 인정하는 방향으로 공권을 확대해 가고 있다.

⑤ 공권과 기본권

헌법상의 기본권규정에 입각한 공권의 성립 내지 기본권에 의한 공권개념의 대체 등이 논의된다. 독일 연방행정법원(BVerwGE 32, 173; 55, 211)은 개인의 권리를 인정하는 개별법규범이 존재하지 않는 경우라도 행정작용으로 침해되는 법익이 중대하다고 인정되는 한 헌법상의 기본권규정을 근거로 적극적 공권이 성립될 수 있다고 판시하였다. 기본권규정을 근거로 방해배제청구권, 평등원칙을 매개로 한 배분청구권 등은 가능하나, 급부(이행)청구권은 원칙적으로 법률의 근거가 필요하다. 원칙적으로 행정법상의 공권이 존재하지 않는 경우 헌법상의 기본권에서 이를 도출해나가야 할 것이다.

3) 특수한 개인적 공권

개인의 행정주체에 대한 새로운 공권이 인정되고 있다.

① 무하자 재량행사청구권

㉮ 의의 및 성질

행정청에 대하여 재량권을 하자없이 행사하도록 청구할 수 있는 절차적 권리(다수설)라고 정의한다.

㉯ 인정여부

무하자 재량행사청구권의 법리는 독일에서 성립·발전되었는데 이를 부정하는 견해와 인정하는 견해로 대립되어 있다.

㉠ 부정설

존재의의(인정 여부)에 대해 부정설은 하자 있는 재량권의 행사는 실체적인 면에서의 권리구제를 인정하면 족하고 무하자 재량행사청구권을 인정할 법적 실익이 없다고 한다.

㉡ 긍정설

실체적 권리와 독립된 형식적 권리로 보는 견해가 있다. 이는 다수설의 견해로서 재량의 영역에서 이 권리의 침해를 이유로 행정소송을 제기할 수 있다. 그리고 재량권을 부여한 수권법규가 법적 근거가 되며, 공권의 성립요건이 인정되어야 하므로 민중소송화할 우려가 없다. 또한 재량권을 행사함에 있어 재량권의 한계를 준수해 줄 것을 사전에 청구할 수 있다는 점 등을 근거로 한다.

㉢ 결론

무하자 재량행사청구권 역시 공권으로 공권의 요건을 심사하여야 하므로 원고적격을 부당히 확대한다는 부정설은 타당하지 않다고 본다.

㉰ 법적 성격 및 성립조건

법적 성질로는 다수설은 절차적 권리로 본다. 적극적으로 일정한 행정결정을 요구할 수 있는 것이 아니라 하자없는 재량행사를 요구할 수 있다는 의미이다. 검사임용거부처분취소사건에 대한 판례에 대하여도 무하자 재량행사청구권을 인정한 것이라는 견해와 부정하는 견해가 대립하고 있다. 성립조건으로 공권성립의 2요소(강행법규성과 사적이익의 보호)가 필요하다.

㉱ 내용 및 구제수단

광의로는 위법한 행정처분의 취소를 구하는 소극적·방어적 공권이고, 협의로는 처분을 해 줄 것을 요구할 수 있는 적극적 공권이다. 재량권이 0으로 수축되는 경우에는 행정개입청구권의 성질을 가지게 된다. 우리는 의무이행심판 및 부작위위법확인소송이 가능하다. 판례는 검사임용거부처분취소소송(대판 1991. 2. 12, 90누5825)에서 동법리를 인정하였다고 할 수 있다.

② 행정개입청구권(행정권발동청구권)

㉮ 개념

자기를 위하여 타자에 대해 행정권을 발동할 것을 요구할 수 있는 공권이다. 자기의 이익을 위하여 자기에 대한 행정권의 발동을 청구할 수 있는 권리는 행정행위발급청구권이라 불린다. 유해물질을 배출하는 기업에 대해 이웃주민이 행정권의 발동을 청구하는 권리가 그 예이다.

㉯ 적용영역

적용영역으로는 독일의 경우 경찰법 내지 질서행정법에서 논의되나 우리는 전 영역에서 인정된다. 그 전형적인 것으로는 경찰개입청구권, 소음·먼지·공기오염행위에 대한 규제권 발동청구권 등을 들 수 있다.

㉰ 법적 성질

법적 성질로는 실체적 권리의 성질 지닌다. 일부학자는 예방적 권리로 보나 사전 예방적 성격과 사후 구제적 성격을 모두 지닌다(다수설, 판례). 무하자 재량행사청구권적 측면이 있다.

㉱ 성립요건

성립요건으로 공권의 일반적 요건이 충족되어야 한다. 즉 개입의무의 발생(재량권의 0으로의 수축이 있는 경우 발생한다)으로서 행정권의 발동이 허용되어야 하고 여기서 민사법으로 구제받을 수 있는 경우에는 발동해서는 안되는 보충성의 원칙이 준수되어야 한다. 청구권자에게 부여된 법익의 종류도 고려대상이 된다. 생명·신체 등이 위협받는 경우에는 개입의무가 예외없이 발생한다(예: 김신조 사건). 그리고 사익보호성으로 관계법규가 사익에 대한 보호규범으로서의 성질을 가져야 한다. 반사적 이익의 공권화 추세에 따라 행정개입청구권도 확대되고 있다.

㉲ 구제방법

청구권의 실행방법으로는 청구에 대해 불응시에는 의무이행심판, 부작위위법확인소송, 손해배상청구가 가능하다.

③ 기타

청문권, 문서열람청구권, 계획보장청구권, 행정과정에의 참가권 등이 절차적 공권으로 등장한다.

(3) 공권의 특수성

1) 국가적 공권의 특수성

일방적인 명령·강제·형성을 내용으로 하며 공정력 등의 효과가 부여된다.

2) 개인적 공권의 특수성

실정법에 의해 근거지어 진다.

① 이전의 제한

압류가 제한·금지된다. 채권적·경제적 성질의 것(손실보상청구권)은 이전가능하다.

② 포기(waiver)의 제한

예를 들면 선거권, 연금청구권, 소권(訴權) 등이다. 권리의 불행사와 구별하여야 한다.

③ 보호의 특수성

행정쟁송법의 적용이 있다.

④ 금전채권의 소멸시효의 특수성

공권상 금전채권의 소멸시효기간은 5년이다.

3. 공의무와 그 특수성

(1) 공의무의 개념 및 분류

공익을 위한 공법상의 의사의 구속이다. 주체에 따라 국가적 공의무·개인적 공의무로, 내용에 따라 작위·부작위·급부·수인의무 등으로 분류된다.

(2) 공의무의 특수성

행정주체의 일방적 행위에 의해 부과되고 불이행이 있을 경우 행정권의 자기집행이 인정된다. 경제적 성질의 것(납부의무)이 아닌 한 이전·포기가 제한되고, 상계금지 등의 제한이 있다.

4. 공권·공의무의 승계(succession)

행정절차법 제10조에서 규정하고 있다. 하천법 제4조, 석유사업법 제9조 제1항 등에서는 승계를 인정한다. 명문규정이 없는 경우에 견해가 대립된다. 개별적 권리·의무 및 지위의 이전·승계는 당해 권리·의무 및 지위의 성질 및 이를 규율하는 법률의 취지 등을 감안하여 개별구체적으로 판단하여야 한다는 견해도 있다.

(1) 승계부정설

일신전속적인 성격을 지니므로 승계될 수 없다는 입장이다.

(2) 승계긍정설

전면적인 승계의 인정이 아니라 일신전속적인 것을 제외한 비전속적인 대물적 성질의 공법상 지위만 승계된다는 입장이다. 다수설이다.

(3) 판례

석유판매업허가가 양도된 경우에 대물적 허가의 성격을 갖는 것으로 보아 양도인의 범법행위를 이유로 양수인에게 제재조치를 취할 수 있다는 대판 2003. 10. 23, 2003두8005의 견해가 있으며 이에 대해 반론도 있다. 행정제재의 사유가 물적 사정에 관련되는 경우에는 그 사유가 승계되는 것으로 보아야 하나 인적 사유인 경우에는 부정되어야 할 것이다. 즉 일신전속적인 공의무는 이전과 승계가 인정되지 않으나(이행강제금 납부의무) 대체적 공의무(유해폐기물의 처리의무)는 원칙적으로 승계가 가능하다.

제7절 행정법 관계에 대한 사법(私法)규정의 적용

1. 개설

민법에 비해 행정법의 역사가 길지 않음으로 그 흠결된 부분이 많은 바 이 경우 사법규정을 어느 정도까지 적용할 것인가의 문제가 제기된다.

2. 명문에 의한 사법규정의 적용

국가배상법 제8조, 국세기본법 제4조, 제54조 제2항 등에서는 명문으로 사법규정의 준용 등을 규정하고 있다.

3. 명문의 규정이 없는 경우

(1) 소극설(공법적용설)

오토 마이어의 견해로 사법규정의 공법관계에의 준용을 철저히 배제한다. 공법과 사법은 각각 분리·독립된 별개의 법체계라고 한다. 현재 이 견해를 취하고 있는 우리나라 학자는 없다.

(2) 적극설(사법적용설)

① 직접적용설(일반적 적용설)

공법관계와 사법관계가 본질적으로 동질의 것이라는 점에서 주장되나 이 견해를 취하는 우리나라 학자는 없다.

② 유추적용설(제한적 적용설)

공법규정이 흠결되어 있을 때에는 사법규정을 유추적용할 수 있다는 견해로서 우리나라의 통설 및 판례(대판 1961. 10. 5, 4292행상6)이다.

③ 개별결정설

개별적으로 당해 법률관계의 내용의 구체적 성격·기능에 따라 보충여부를 결정하여야 한다는 견해이다.

4. 사법규정의 유추적용 및 그의 한계

(1) 일반법원리적 규정·법기술적 규정

유추적용될 수 있다(신의성실·권리남용금지의 원칙, 기간, 시효, 주소, 사무관리, 부당이득, 불법행위, 권리의무의 승계, 물건 등).

(2) 사법의 기타규정

① 권력관계에의 사법의 적용

일반법원리적 규정 외의 사법규정은 원칙적으로 적용하지 않는다.

② 관리관계에의 사법의 적용

특별한 규정이 없는 한 사법의 유추적용을 인정한다.

제8절 공법상 특별권력(특수신분; 특별행정법) 관계

1. 전통적 이론

(1) 의의

권력관계를 일반권력관계(국민이 행정주체의 일반통치권에 복종하는 지위에서 성립되는 법률관계로서 법치주의가 전적으로 적용)와 특별권력관계(특별한 법률원인에 의해 성립되며 행정목적에 필요한 범위 내에서 상대방을 포괄적으로 지배하고 상대방은 이에 복종함을 내용으로 하는 관계로서 법치주의가 배제됨)로 대별한다.

예를 들면 국가와 공무원, 군인, 수형자 그리고 국공립학교·병원·도서관 등(영조물)과 그 이용관계 등이다. 19C 후반의 독일 입헌군주정을 배경으로 생성되어 오토 마이어에 의해 체계화된 것이다.

(2) 특별권력관계의 발전

법치주의 내지 행정의 법률적합성의 원칙을 배제한다. 입헌주의의 발달에 따라 군주에 대하여 법률로부터 자유로운 영역을 확보해 주는 데 이바지한 것이다. 국가 내부에는 법이 침투할 수 없다고 주장한다(라반트, 예리네크).

(3) 내용

① 특별권력관계에서는 행정의 법률적합성의 원칙 내지 법률유보원칙이 적용되지 않는다.
② 기본권보장도 배제될 수 있다.
③ 특별권력관계 내의 제 명령은 일반·추상적인 것은 행정규칙으로, 개별적인 명령은 행정행위와 구별하기 위해 지시 등으로 불린다.
④ 원칙적으로 사법심사의 대상이 되지 않는다.

(4) 전통적 이론의 비판과 동요

2차대전 이후 비판의 십자포화를 받았다.

1) 전통적 이론의 역사성

오늘날의 민주국가에서는 타당성을 상실한다.

2) 법 및 법규개념(불침투설)의 동요

국가내부사항이라도 인격주체상호간의 관계가 존재한다.

3) 개별적 문제점

① 법치주의 원칙을 적용하지 않는 것이 비판받는다.
② 기본권의 비적용(동의는 불법을 조각한다)이론의 비판(기본권은 성질상 포기할 수 없다).
독일연방헌법재판소판결(BVerfGE 33, 1)은 헌법상의 기본권은 수형관계에 있어서도 타당하며 법률의 근거없이는 수형자의 기본권을 제한할 수 없다고 판시하였다. 한 수형자가 교도소 당국을 비난하는 내용의 편지를 발송하려고 하였으나 교도소 내규에 의하여 편지를 압수당하고, 이에 행정법원에 소송을 제기하여 패소, 이에 연방헌법재판소에 제소한 사건이었다.
③ 법률의 수권없이 행정규칙으로 정할 수 있다고 여겨지던 것 가운데 법규로 정해야

한다고 생각되는 사항이 증가되었다(본질사항유보설 등의 등장).

④ 사법심사를 받게되나 그 대상과 범위는 논란이 있다.

2. 특별권력관계의 인정여부

(1) 전면적 긍정설

특별권력관계와 일반권력관계는 본질적인 차이가 있다는 오토 마이어의 견해이다. 오늘날에는 이를 주장하는 학자는 없다.

(2) 제한적 긍정설

필요한 범위 내에서 법치주의가 완화되어 적용된다. 입법권자는 개괄조항에 의해 특별권력관계의 주체에게 자유영역을 부여할 수 있음을 인정한다. 부인설에 대해 성급한 사망선고 내지 잘못된 추도사라고 주장한다.

(3) 부정설

실질적 법치주의의 국가에서는 특별권력관계는 존재할 수 없다는 견해이다. 식물인간에 대한 미련이라고 표현한다.

(4) 결어

완전한 부인은 가능하지 않고, 따라서 일반권력관계와 구별되는 특별행정법관계 내지 특별신분관계를 인정할 수 있을 것이다. 다시 말하면 법률유보와 기본권보장의 이념 아래서 행정상의 특정목적을 달성하기 위한 특별행정법관계의 개념만을 인정할 수 있다 할 것이다.

우리나라 법원과 헌법재판소의 판례는 특별권력관계론을 부정하고 있지 않고 있다. 특별권력관계에 들어온 자는 특별한 법률원인에 의거하여 일반권력관계에서보다는 '강화된 복종'이라는 특수한 지위에 서게 되며, 그 한도 내에서 일반권력관계와는 달리 법치행정원리의 적용이 제한을 받게 된다. 그러나 종래의 특별권력관계론은 행정법규의 법적 규율이 확대됨으로써 서서히 그 막을 내리고 있다는 학자도 있다.

3. 특별권력관계의 성립요인

(1) 법률의 규정(강제적 가입)

군입대, 수형자의 교도소 수감, 법정전염병환자의 강제입원 등이 그 예이다.

(2) 상대방의 동의

① 자유로운 의사에 의한 것

공무원관계의 설정, 국공립학교에의 입학, 국공립도서관의 이용관계 등이 그 예이다.

② 동의가 법률에 의해 강제되어 있는 것

학력아동의 초중등학교 취학이 그 예이다.

4. 종류

① 공법상의 근무관계로서 공무원 근무관계를 들 수 있다.

② 공법상의 영조물이용관계로서 국공립학교 재학관계를 들 수 있다.

③ 공법상의 특별감독관계로서 국가와 공공단체와의 관계를 들 수 있다.

④ 공법상의 사단관계로서 공공조합과 조합원 간의 관계를 들 수 있다.

5. 특별권력관계에서의 권력 및 그 한계

(1) 특별권력

명령권과 징계권이 있다.

(2) 특별권력의 한계

필요한 범위 내에서만 행사되어야 한다. 즉, 과잉금지의 원칙이 적용된다.

6. 특별권력관계와 사법심사

(1) 부정설

특별권력관계의 전면적 긍정설에서 주장하는 이론이다.

(2) 외부관계긍정설

외부관계와 내부관계로 구분하여 외부관계만 인정하는 견해로서 특별권력관계의 제한적 긍정설에서 주장하는 이론이다.

(3) 전면적 긍정설

특별권력관계부정설에서 주장하는 이론이다.

행정법 관계의 변동

제1절 의의 및 종류

1. 의의

법률요건은 법률효과를 발생시키는 사실을 말하며 이러한 법률요건을 이루는 사실을 법률사실이라 한다(법률사실 > 법률요건 > 법률효과).

2. 종류

(1) 행정법상의 사건(자연적 사실)

사람의 정신작용을 요소로 하지 않는 행정법상의 법률사실을 말하며, 사람의 출생, 사망, 시간의 경과, 물건의 점유, 일정한 연령에의 도달, 일정한 장소에의 거주 등이 그에 해당한다.

(2) 행정법상의 용태(정신적 사실)

사람의 정신작용을 요소로 하는 행정법상의 법률사실을 말하며 내부적인 의식(내부적 용태: 고의(intention), 과실(negligence)), 선의, 악의와 외부적인 행위(외부적 용태 – 작위(feasance),

부작위(omission))로 나누어진다.

제2절   행정법상의 사건

1. 공법상의 기간

(1) 기간(period)

민법규정을 준용한다. 기간을 일, 주, 월, 년으로 정한 때에는 기간의 초일(the first day)은 계산에 넣지 아니한다(초일불산입의 원칙). 그러나 그 기간이 오전 영시로부터 시작하는 때에는 그러하지 아니하다(민법 제157조). 연령계산에는 출생일을 산입한다(민법 제158조). 기간을 일, 주, 월, 년으로 정한 때에는 기간말일의 종료로 기간이 만료한다(민법 제159조). 다만 기간의 말일이 공휴일인 때에는 그 익일(翌日; 다음날; the following day)에 만료한다(민법 제161조).

(2) 시효(prescription)

1) 금전채권의 소멸시효(extinctive prescription)

① 다른 규정이 없는 한 권리를 행사할 수 있는 때로부터 5년이다.

② 시효의 중단(interruption of prescription, 소멸시효가 중단되면 그때부터 소멸시효는 새로이 진행하게 된다)·정지(suspension of prescription, 정지에 있어서는 정지사유가 그친 뒤에 일정한 유예기간이 경과하면 시효는 완성하는 것이며 이미 경과한 기간이 없었던 것으로 되지 않는 점에서 중단과 다르다)가 있다. 법령의 규정에 의한 국가의 납입고지는 민법과 달리 시효중단의 효력 보유한다. 시효중단은 법원이 심리할 직권심리사항이다.

③ 소멸시효완성의 효과

절대적 소멸설(소멸시효의 완성으로 권리는 당연히 소멸한다는 견해, 다수설)과 상대적 소멸설(권리가 당연히는 소멸하지 않고 다만 시효의 이익을 받을 자에게 권리의 소멸을 주장할 권리가 생길 뿐이라는 견해)이 있다.

2) 공물의 취득시효(acquisitive prescription)

과거 공물에 대한 민법의 적용에 대해 부정설, 제한적 취득시효설, 긍정설 등의 대립이 있었으나 국유재산법은 국유재산에 대해, 지방재정법은 공유재산에 대해 취득시효를 부인하므로, 이론적 논쟁에 종지부를 찍었다.

(3) 제척기간(preclusive time limit)

제척기간이란 일정한 권리에 대하여 법률이 정한 존속기간을 말한다. 시효와 구별하기 위한 학문상의 개념이다. 행정쟁송의 제기기간, 일정기간의 경과에 의해 토지수용에 관한 사업인정의 효력 소멸 등이 그 예이다. 시효와 달리 중단, 정지제도가 없으며 소송에서 원용이 없어도 고려되어야 한다. 시효와의 구별은 법문에 '시효로 인하여'라는 문구가 있으면 시효이고 그렇지 않으면 제척기간이라는 것이 일반적 견해이다.

(4) 실권(forfeiture)

신뢰보호의 원칙의 적용례로서 VwVfG(독일 행정절차법) 제48조 제4항에 1년으로 규정하였다.

2. 주소 · 거소

(1) 주소(domicile)

행정법상의 주소에 관하여는 주민등록법이 통칙이며 주민등록지를 주소로 본다. 주민등록은 30일 이상 거주할 목적으로 일정한 곳에 주소나 거소를 가지는 경우에 하는 것이며 동법은 이중등록을 금지하므로 주소는 민법과 달리 1개소에 한정된다.

(2) 거소(residence)

거소를 기준으로 법률관계를 규율하기도 한다. 주민등록을 하지 않은 경우에는 생활의 근거지라 하더라도 거소에 불과하다.

제3절 사인의 공법행위

1. 서설

(1) 의의 및 성질

공법관계에서 사인의 행위로서 공법상의 효과를 발생시키는 일체의 행위를 말한다. 즉 공법적 효과를 가져 오는 사인의 행위이다. 사법(私法)행위와 비교해서 정형성을 띠고 있으며 그의 효과도 법규에 의해 정하여지는 것이 보통인 점에 특색이 있다(대판 1978. 7. 25, 76누276: 사인의 공법행위인 재개업 신고는 민법의 법률행위의 규정이 규율하려는 범위 밖에 있다).

(2) 기능

국민의 의사에 바탕을 두고, 국민의 행정에의 참여의 길을 열어주는 것이므로 행정의 민주화에 도움이 된다. ·

2. 종류

① 행정주체의 기관으로서의 행위(투표·서명 등)와 행정객체로서의 행위(신고제출, 행정 쟁송의 제기).

② 단순행위(신고·등록)와 합성행위(선거).

③ 단독행위(개업신고, 건축신고: 자기완결적 공법행위)와 쌍방적 행위(허가신청: 행위요건적 공법행위).

④ 의사표시행위(퇴직원)와 통지행위(출생신고)

⑤ 행정작용의 적법·효력요건행위(동의에 의한 행정행위에 있어서의 사인의 동의)와 존재 요건행위(공법계약에서의 사인의 청약행위).

3. 사인의 공법행위에 대한 적용법규

사인의 공법행위에 관한 일반법은 없다. 특수한 성격에 어긋나지 않는 범위에서 민법상 의 법률행위에 관한 규정이나 법원칙이 적용될 수 있다.

(1) 의사능력(mental competence)과 행위능력(capacity to act)

의사능력(자기행위의 성질이나 결과를 판단할 수 있는 정신능력)이 없는 자의 행위는 민법과 같이 무효이다. 행위능력(유효한 법률적 행위를 단독으로 할 수 있는 능력)은 특별한 규정이 없 는 경우에는 재산상의 행위에서는 민법규정이 유추적용된다.

(2) 대리(agency)

특별한 규정이 없는 경우 그 행위가 사인의 인격적 개성과 직접적 관련을 가지는가의 여부에 의해 판단한다(선거·사직원의 제출 등은 대리부인). 대리를 인정하는 경우는 민법의 준 용이 가능하다.

(3) 행위형식

요식행위는 아니나 서면주의에 의할 것을 요구하는 경우가 많다. 행정절차법은 행정청 에 대하여 어떠한 처분을 구하는 신청은 원칙적으로 문서로 하도록 규정하고 있다(동법 제17 조 제1항).

(4) 효력발생시기

일반적 규정은 없으나 도달주의가 원칙이고 특별히 발신주의(mailbox rule)를 규정하는 예(국세기본법 제5조의2: 우편으로 … 관련서류를 제출한 경우 우편법에 따른 통신일부인이 찍힌 날에 신고된 것으로 본다)도 있다.

(5) 의사의 흠결·하자 있는 의사표시

공법행위의 성질에 반하지 않는 한 민법을 준용한다.

(6) 부관(collateral clause)

사인의 공법행위는 행정법관계에 변동을 가져오는 것이기 때문에 명확성과 신속한 확정을 요한다는 점에서 부관을 붙일 수 없음이 원칙이다.

(7) 행위의 철회·보정

일반적으로 그 법적 효과가 완성할 때까지는 철회·보정할 수 있다(사직원의 철회, 행정심판청구의 취하·보정). 행정절차법 제17조 제8항에서 규정하고 있다. 그러나 합성행위·합동행위 등에 있어서는 그의 집단성·형식성으로 인해 제한받는다.

4. 사인의 공법행위의 효과

(1) 행정청의 처리의무

적법한 사인의 공법행위가 있는 경우에 행정청은 처리기간 내에 처리하여야 할 의무가 발생한다.

(2) 재신청의 가부

선행거부처분이 불가쟁력을 발생하였더라도 그 후 중대한 사정변경이 있으면, 재신청이 가능하다.

(3) 자기 완결적 행위의 효과

사인의 행위만으로 법적 효과가 완성되는 경우이다. 행정절차법 제40조는 자기 완결적 의미의 신고에 관하여 규정하고 있다. 행정청에 대하여 일정한 사항을 통지함으로써 의무가 끝나는 신고에 있어서 적법한 요건을 갖춘 신고가 행정기관에 도달하면 신고의 의무가 이행된 것으로 본다. 따라서 신고에 의하여 법이 정한 신고의 효과가 발생한다. 그 예로 혼인신고나 출생신고를 들 수 있다. 최근 건축신고 반려행위는 항고소송의 대항이 된다고 판시하였다.

(4) 행위요건적 행위의 효과

사인의 행위는 다만 국가나 지방자치단체의 행위의 전제요건이 될 뿐이고 국가나 지방자치단체의 행위에 의해 법적 효과가 완성되는 경우이다.

허가의 신청, 청약 등 행위요건적 행위로서의 사인의 공법행위에 대하여는 행정청은 그 신청에 대하여 원칙적으로 접수할 의무를 지고, 신청이 접수되면 신청에 대하여 심사하여 처리할 의무를 진다. 수리를 요하는 신고라 할 수 있다. 행정절차법의 시행으로 신청에 대한 허가 등이나 그 거부 또는 행정청이 정당한 처리기간 내에 처리하지 아니하면 그 부작위에 대하여 원칙적으로 행정쟁송의 제기가 가능하게 되었다.

(5) 사인의 공법행위의 흠과 행정행위의 효력

1) 통설

사인의 공법행위가 행정행위를 위한 동기(희망의 의사표시)인가 전제요건(필요적 요건)인가로 나누어 전자의 경우에는 행정행위의 효력은 영향받지 않으나 후자의 경우 행정행위는 무효로 된다.

2) 소수설

통설의 견해는 단순한 의사표시와 필요적 요건의 구별 그리고 단순위법과 무효의 구분이 명확치 않다고 주장한다. 그래서 원칙·예외의 체계를 주장한다. 즉, 취소의 원칙(사인의 공법행위에 흠이 있을 경우 행정행위는 취소할 수 있는 것이 원칙이다)과 무효의 예외를 주장한다.

5. 사인의 공법행위로서 신고(report)

(1) 의의

사인이 공법적 효과의 발생을 목적으로 행정주체에 대하여 일정한 사실을 알리는 행위로서 행정청에 의한 실질적 심사를 필요로 하지 '않는' 행위를 말한다. 요즈음 규제완화라는 이름으로 종래의 허가제 등이 많은 경우 신고제로 바뀌고 있다. 사인의 공법행위로서 신고에는 자체완결적 공법행위로서의 신고(수리를 요하지 않는 신고)와 행위요건적 공법행위로서의 신고(수리를 요하는 신고)가 있다.

(2) 자체완결적 공법행위로서의 신고(수리를 요하지 않는 신고)

행정청에 대하여 일정한 사항을 통지하고 도달함으로써 법적 효과가 발생하는 신고를 말한다. 거부시 취소소송의 대상이 되지 않는다. 골프연습장, 당구장의 신고, 건축법상 건축신고를 예로 들 수 있다. 대부분 간단한 행위들이 이에 속한다. 자체완결적 신고의 수리행위나 수리거부행위는 원칙상 항고소송의 대상이 되는 처분이 아니다. 다만 이 중 건축신고 등에서와 같이 신고가 반려될 경우에는 해당 신고의 대상이 되는 행위를 하면 시정명령, 이행강제금, 벌금의 대상이 되는 등 신고인이 법적 불이익을 받을 위험이 있는 경우에는 반려행위는 항고소송의 대상이 된다(대판 2010. 11. 18, 2008두167 전합).

(3) 행위 요건적 공법행위로서의 신고(수리를 요하는 신고, 등록)

행위 요건적 공법행위로서의 신고에 있어서 행정청의 수리는 형식적 심사가 필요한 것이지 실질적 심사가 필요한 것은 아니며 형식적 심사란 법률이 정한 요건의 외관만을 심사하는 것을 말한다.

이와 같이 행정청에 대하여 일정한 사항을 통지하고 행정청이 이를 수리함으로써 법적효과가 발생하는 신고를 행위 요건적 공법행위로서의 신고라 하며 등록이라고 하기도 한다. 수리를 요하는 신고에 있어서의 수리는 준법률행위적 행정행위의 하나로서 처분개념에 해당한다. 수리를 요하는 신고의 경우에는 행정청이 수리함으로써 비로소 신고의 효과가 발생한다. 허가의 요건에 대한 행정청의 심사는 실질적 심사이지만 수리를 요하는 신고에 있어서의 요건에 대한 심사는 형식적 심사이다. 거부시 위법한 거부처분이 되어 소송으로 다툴수 있다. 골프장의 신고, 납골당 설치신고를 예로 들 수 있다. 대부분 복잡한 행위들이 이에속한다.

제4절 행정법상의 채권관계

1. 개설

민법상의 채권·채무관계에 유사한 행정과 국민과의 공법상의 법률관계로서 행정법상의 임치, 사무관리, 부당이득반환청구권 등이 그 전형적 예이다.

2. 행정법상의 임치(deposit)

(1) 의의

행정주체가 일정 물건을 공법에 의거하여 보관하는 것이다. 경찰관직무집행법 제4조 제3항(위험물의 임시영치) 등이 그 예이다.

(2) 공법상 임치의 성립

행정행위와 그에 따른 물건의 인도라는 사실행위를 통하여, 또는 압류·압수·영치와 같은 사실행위에 의해 성립된다고 할 수 있고 공법계약을 통한 임치관계의 설정도 가능하다.

(3) 공법상의 임치의 특색

민법상의 해지권에 대한 규정(제698조) 등은 배제될 수밖에 없고 행정행위의 취소소송 내지 공법상의 결과제거청구권의 행사를 통하여 임치관계의 종료를 시도해야 할 것이다.

(4) 쟁송수단

행정소송 외에 임치에 관한 민법규정 및 민사소송법을 준용한다.

3. 공법상의 사무관리(management of another's affairs)

(1) 의의

의무없이 타인을 위하여 사무를 처리하는 자는 그 사무의 성질에 좇아 가장 본인에게 이익되는 방법으로 이를 관리하여야 한다(민법 제734조).

① 행정주체가 타행정주체를 위하여
② 행정주체가 사인을 위하여
③ 사인이 행정주체를 위하여 하는 경우 등이 있다.

사인과 사인사이에서도 공법상의 사무관리가 존재하는가에 대하여는 견해가 나뉘어져 있다. 공법상의 사무관리인지 사법상의 사무관리인지의 구별기준은 '사무'가 공법상의 것인지의 여부에서 찾아야 한다.

(2) 공법상 사무관리의 가능성과 유형

1) 가능성여부

다수설은 긍정한다.

2) 유형

① 행정주체의 사인을 위한 사무관리는 강제관리와 보호관리(행려병자관리)가 있다.
② 사인의 행정주체를 위한 사무관리는 비상재해시의 사인에 의한 행정사무의 관리가 예시되고 있다.

(3) 공법상 사무관리 관계의 특색

특별규정이 있는 경우를 제외하고는 민법상의 사무관리에 관한 규정이 준용된다.

4. 공법상의 부당이득(unjust enrichment)

(1) 의의

법률상 원인없이(without legal ground) 타인의 재산 또는 노무로 인하여 이익을 얻고 이로 인하여 타인에게 손해를 가한 자가 그 이익을 반환해야 하는 경우(민법 제741조)이다. 무효인 조세부과처분에 근거한 조세납부가 그 예이다.

(2) 공법상 부당이득반환청구권의 성질

사권설(소수설, 판례)이 있으나 용어 자체가 '공법상'의 것임을 전제하고 있기 때문에 공권설로 보아야 하며 공법상의 당사자소송으로 보아야 할 것이다. 우리나라의 다수설이다.

(3) 공법상 부당이득의 특색

공법상의 부당이득이 행정행위를 매개로 하여 발생한 경우에는 행정행위가 효력을 소멸한 이후 또는 행정행위의 취소소송과 더불어 부당이득의 반환을 청구해야 한다(행정소송법 제10조 참조). 공법상 부당이득에 관한 일반법은 없기 때문에 특별한 규정이 없는 한 민법규정이 준용될 수 있다.

제5절   행정법 관계의 소멸원인

그 예로서 간단히 언급하면 급부의 이행, 기간의 경과, 대상의 소멸 그리고 소멸시효의 완성 등을 들 수 있을 것이다.

행정작용법

01

행정입법

제1절 서 설

1. 의의

행정기관이 법조(法條)의 형식으로 일반적(불특정 다수인), 추상적(불특정 다수사례) 규율을 하는 작용 또는 그에 의해 제정된 규범이다. 행정입법은 학문상의 개념이다.

2. 필요성

복위임금지의 원칙은 행정입법(administrative rulemaking)의 금지의 근거이다. 그러나 행정기능의 확대, 전문성 등으로 행정입법을 인정한다(예: 독일 기본법 제80조 제1항, 우리 헌법 제75조, 제95조, 제114조 제6항 등).

① 전문기술적인 입법사항의 증대
② 탄력적 입법필요성의 증가
③ 특수사정의 규율
④ 비상시의 대처를 위한 수권의 불가피

⑤ 국회의 부담경감 등의 필요성이 있다.

3. 종류

법규명령과 행정규칙으로 분류되며 행정규칙의 법적 성질과 그의 새로운 분류, 행정입법에 대한 통제의 문제 등이 새로운 조명을 받게 되었다.

제2절 법규명령(administrative decree/order)

1. 의의

(1) 개념

행정기관이 정립한 일반적 추상적 규율(명령)중에서 법규(법규란 법령의 위임에 의하여 또는 법령을 시행하기 위하여 제정되며, 국가기관 및 국민에 대해서도 구속력을 가지는 법규범을 의미한다고 일단 이해하면 될 것이다)의 성질을 가지는 것을 말한다.

논자에 따라서는 법규명령은 일반적으로 국민을 구속하는 힘을 갖지만 직제와 같이 국민을 구속하지 아니하는 법규명령도 있다고 새기는 견해도 있다.

① 법령의 근거(위임, 집행명령)

② 일반성과 추상성(처분법도 존재함에 유의해야 한다. 처분법이라 함은 집행이나 사법을 매개로 하지 않고 직접 국민에게 권리나 의무를 발생하게 하는 법률이다. 그 예는 세무대학설치법 폐지법률, 부정축재자처리법 등을 들 수 있다)

③ 원칙적 일반국민에 대한 구속력(외부효)

④ 재판규범으로서의 성질 등이 그 요소이다.

(2) 기능

행정기능의 확대, 전문화의 추세에 따라 행정입법의 출현은 불가피하다. 행정목적에 이바지하고 있다.

2. 종류

(1) 법형식 및 권한의 소재에 의한 분류

1) 긴급재정·경제명령 및 긴급명령(emergency order; 헌법 제76조)

2) 대통령령(presidential decree; 헌법 제75조)

3) 총리령(decree of the prime minister) · 부령(ministerial ordinance)

① 헌법규정(헌법 제95조)

② 관련 문제

　㉮ 국무총리직속기관의 명령

　　통설은 이들은 헌법 제95조의 행정각부의 장에 해당되지 아니하므로 그 소관사무에
　　대하여 총리령에 의하여야 한다고 한다.

　㉯ 총리령과 부령의 우열문제

　　총리령우위설(국무총리는 행정각부를 통할하므로 총리령이 부령보다 실질적으로 우월하다
　　는 견해)과 동등설(헌법규정이 없고 총리령은 국무총리가 행정각부의 장과 동일한 지위에서
　　그 소관사무에 관하여 발하는 것이므로 부령과 동등한 효력을 가진다는 견해)가 있다.

4) 중앙선거관리위원회규칙(헌법 제114조 제6항)

5) 감사원(board of audit and inspection)규칙

① 행정규칙설: 헌법에 근거가 없다

② 법규명령설: 헌법이 인정하고 있는 행정입법은 제한적인 것이 아니다.

③ 원칙적 법규명령설: 제한적인 것이 아니며, 법률이 위임한 범위 내의 사항을 정하는
　　것은 국회입법에 반하는 것은 아니나 그 범위는 제한적이어야 할 것이다. 우리나라
　　의 다수설이다.

6) 기타(국세청훈령 등)

① 국세청훈령

　㉮ 판례의 인정(법규명령의 훈령을 발할 수 있음)

　㉯ 문제점: 일종의 행정규칙형식의 법규명령이나 제도의 정비가 필요하다.

② 국무총리훈령

　㉮ 판례의 인정(국무총리훈령이 법규의 성질을 가지는 집행명령이라고 판시)

　㉯ 문제점: 국세청훈령과 동일하다.

③ 고시(告示)

　㉮ 판례는 고시에 대해 법규명령으로서의 효력을 인정한다. 고시 등이 법규명령으로 기
　　능하게 되는 경우에는 헌법소원의 대상이 된다.

　㉯ 문제점: 고시를 법규명령으로 정한 실정법의 규정은 없다. 입법적 해결이 필요하다.

행정규제기본법 제4조 제2항 단서에서는, '다만 법령에서 전문적, 기술적 사항이나 경미한 사항으로서 업무의 성질상 위임이 불가피한 사항에 관하여 구체적으로 범위를 정하여 위임한 경우에는 고시 등으로 정할 수 있다'고 규정하고 있다. 고시(훈령) 형식의 법규명령을 행정규칙형식의 법규명령이라고도 한다.

(2) 효력 및 내용에 의한 분류

1) 헌법 또는 법률의 대위명령

현행 헌법은 법률대위명령(법률의 효력을 가지는 명령)만 인정한다(헌법 제76조).

2) 법률종속명령

① 위임명령(delegated order)

법률 등에 의해 위임된 사항에 대하여 발하는 명령으로서 새로운 입법사항(국민의 권리의무에 관한 사항)에 관하여 규율할 수 있다.

② 집행명령(order for execution)

상위법령의 명시적 수권이 없는 경우에도 발할 수 있으나 새로운 입법사항에 관해서는 규율할 수 없다.

3. 성립·효력요건

(1) 성립요건

1) 주체

원칙적으로 헌법 내지 법률의 수권을 받은 기관(대통령·국무총리·행정각부의 장)만이 법규명령의 제정이 가능하다.

2) 내용

수권의 범위 내에서 발해져야 하며, 상위법령에 저촉되어서는 안 되고, 가능·명확해야 한다.

3) 절차

① 대통령령(presidential decree)은 법제처의 심사와 국무회의의 심의를, 총리령(decree of the prime minister)과 부령(ministerial ordinance)은 법제처의 심사를 거쳐야 한다.

② 행정절차법 제43조에서 정하는 입법예고의 절차를 거쳐야 한다. 입법예고기간은 예고를 할 때 정하되, 특별한 사정이 없는 한 40일(자치법규는 20일) 이상으로 한다.

4) 형식

조문(條文)의 형식이어야 하며 대통령령은 국무회의의 심의를 거친 뜻을 기재하고 서명날인 후 부서가 있어야 하며 총리령과 부령은 일자명기 후 서명날인한다. 번호를 붙여 공포한다.

5) 공포

관보에 게재하여야 한다.

(2) 효력발생요건

원칙적으로 20일 경과 후 효력이 발생하나 국민의 권리제한, 의무부과에 직접 관련되는 법규명령은 적어도 30일이 경과한 날로부터 효력이 발생한다(법령 등 공포에 관한 법률 제13조, 제13조의2).

4. 법규명령의 한계

(1) 위임명령의 범위와 한계

1) 포괄적 위임의 금지(prohibition of comprehensive delegation)

헌법 제75조의 '구체적으로 범위를 정하여'는 그 수권규정에서 행정입법의 규율대상·범위·기준 등을 명확히 하여야 함을 의미하며(대상의 특정성, 기준의 명확성), 따라서 일반적·포괄적 위임은 허용되지 않는다.

2) 국회전속사항(전속적 입법사항)의 위임금지

국회전속사항(국회만이 할 수 있는 사항, 헌법 제2조 제1항, 제23조 3항, 제59조, 제96조, 제117조 제2항 등)의 본질적 내용이 법률로 정해져야 함을 의미하므로 세부적 사항에 대하여는 구체적으로 범위를 정하여 행정입법에 위임하는 것은 허용된다.

3) 처벌규정의 위임

통설은 모법이 범죄구성요건의 구체적 기준을 정하여 위임하는 것, 벌의 상하한을 정하여 위임하는 것은 허용된다고 본다. 죄형법정주의(principle of legality of crimes and punishment)와 관련하여 문제된다.

4) 재위임

하위명령에 백지재위임(전면적 재위임)하는 것은 실질적으로 수권법의 내용을 변경하는 것이 되므로 허용되지 않으나, 위임받은 사항을 대강을 정하고 세부적인 사항을 다시 하위명령에 재위임함은 무방하다.

5) 조례(local ordinance)에 대한 위임의 문제

판례는 법률에 의한 조례에의 위임에도 일정한 한계가 있는 것임은 인정하면서도, 조례는 지방의회(municipal local council)의 의결로 제정되는 지방자치단체의 자주법이라는 점에서 위임명령에 대한 일반적·포괄적 위임의 금지원칙은 완화된다고 하고 있다.

(2) 집행명령의 범위와 한계

상위법령의 범위 내에서 시행에 필요한 구체적인 절차·형식 등을 규정할 수 있을 뿐, 새로운 입법사항은 정할 수 없다. 따라서 집행명령으로서 새로운 법규사항을 정하는 것은 한계를 일탈하는 것이 된다.

5. 법규명령의 흠

(1) 법규명령의 흠

행정행위에 따라 '흠의 정도'에 의해 그 효력을 구분하는 것이 소수설로서 중대 명백한 경우에는 무효이며, 이에 이르지 아니한 경우에는 취소할 수 있는 명령이 된다는 견해이다. 그러나 판례·다수설은 무효이며 무효와 유효의 중간인 취소할 수 있는 명령은 행정소송에서 명령에 대한 취소소송을 인정하지 않으므로 존재하지 않는다는 견해이다. 흠이 있는 경우에도 무효로 되는 것이 아니라 법원에 의하여 당해 사건에 대해서만 적용이 거부될 뿐이라는 견해도 있다. 처분적 명령의 경우는 취소소송을 인정한다.

(2) 권리구제·신뢰보호

독일은 법규명령에 대한 추상적 규범심사를 인정하고, 프랑스·미국 등은 법규명령에 대한 취소소송을 인정하나 우리의 경우는 행정쟁송이 인정되지 않으며, 재판의 전제가 된 경우에 간접적으로 위법여부의 심사가 가능하다. 그러나 헌법재판소는 법무사법 시행규칙 헌법소원사건에서 직접 위헌결정을 내렸다. 명령의 개폐에 따른 국민의 신뢰보호 및 손실보상의 문제도 검토되어야 한다.

6. 법규명령의 소멸

① 폐지

그 대상인 명령과 동일한 형식의 법규명령 또는 상위의 법령에서 규정되어야 하며, 명시적이거나 묵시적인 것을 불문한다.

② 종기의 도래 또는 해제조건의 성취로 소멸된다.

③ 근거법령의 소멸(묵시적 폐지로 볼 수 있음)로 소멸됨이 원칙이다.

대법원 판례는 근거법령이 폐지되면 실효되나 개정법령의 집행을 위한 집행명령이 제정·발효될 때까지는 그 효력을 유지한다고 판시하였다.

7. 법규명령에 대한 통제

(1) 국회에 의한 통제

1) 간접적 통제

해임건의제도, 국정감시권의 행사나 법규명령의 제정에 관한 수권의 제한·철회 및 법규명령과 저촉되는 법률제정을 할 수 있다.

2) 직접적 통제

법규명령에 대한 동의 및 승인권이나 법규명령의 효력을 소멸시키는 권한을 의회에 유보하는 등의 통제이다. 영국의 의회에의 제출절차(laying process)나 독일의 동의권유보(Zustimmungsvorbehalt)가 그 예이다. 우리 헌법의 긴급재정경제명령이나 긴급명령의 국회승인제도(제76조의3, 제4항)를 제출절차의 한 형태로 볼 수 있다. 국회는 행정입법에 대한 통제의 일환으로 행정입법의 국회송부제도 도입과 함께 각 상임위원회의 행정입법검토제도를 시행하고 있다(국회법 제98조의2). 그리고 행정절차법 제42조 제2항에서 대통령령을 입법예고를 하는 경우 대통령령을 국회 소관 상임위원회에 제출하도록 한 것도 국회의 직접적 통제제도를 마련하기 위한 한 단계라고 평가된다.

(2) 사법적 통제

1) 일반법원에 의한 통제

우리는 구체적 규범통제제도를 취하고 행정소송법은 항고소송의 대상을 '처분 등'에 한정하므로 이론이 있으나 독립하여 법규명령의 효력을 소에 의해 다투는 것은 허용되지 않는다.

법규명령에 대한 구체적 규범통제의 결과 위헌·위법으로 결정된 명령의 효력에 대하여 유효설과 무효설이 대립한다. 판례는 무효설에 있다. 대법원판결에 의하여 위헌·위법이 확정된 경우 대법원은 그 사유를 행정안전부장관에게 통보하여야 하며 통보를 받은 행정안전부장관은 지체없이 이를 관보에 게재하여 공고하여야 한다(행정소송법 제6조).

2) 헌법재판소(constitutional court)에 의한 통제

헌법 제107조 제2항과 헌법 제111조 제1항 제5호에 따른 헌법재판소법 제68조 제1항과의 관계에서 헌법재판소가 법규명령의 위헌성에 대한 헌법소원(constitutional complaint)이 제기된 경우 심판권을 가지는가가 문제된다. 헌법재판소는 법무사법 시행규칙(대법원규칙)에 대한 헌법소원사건에서 동 규정이 위헌임을 결정하였고 이에 대해 학설이 나뉜다.

① 적극설(다수설)

㉮ 헌법 제107조 제2항은 '재판의 전제'가 된 경우에 한하여 명령·규칙에 대한 법원의 심사권을 부여하므로 기본권침해의 경우 헌법소원을 인정하는 것은 헌법 동 규정에 반하지 않는다.

㉯ 헌법재판소법 제68조 제1항의 공권력의 행사 또는 불행사에 명령·규칙은 당연히 포함된다.

② 소극설

우리 헌법은 법률에 대한 위헌심사권과 명령·규칙에 대한 심사권을 구분하여, 후자는 법원에 부여하고 있으므로(헌법 제107조 제2항) 헌법재판소는 이에 대해 심사권을 가지지 못한다.

(3) 행정적 통제

1) 행정감독권에 의한 통제

상급행정청의 지휘감독권의 행사가 그것이다. 중앙행정심판위원회는 법령이 불합리하다고 인정되는 경우 관계행정기관에 시정조치를 요구할 수 있다(행정심판법 제59조).

2) 절차적 통제

사전통지, 청문, 협의 및 공포 등이다. 우리는 공포에 관한 것에 대하여는 법령 등 공포에 관한 법률에서 그리고 일반적인 것은 행정절차법 제4장 행정상 입법예고에서 통칙적 규정을 두고 있다. 그리고 여러 법에서 국무회의의 심의, 법제처의 심사, 입법예고제, 관계기관과의 협의 등을 규정하고 있다. 또한 특정 행정목적을 위해 국민의 권리를 제한하거나 의무를 부과하는 행정규제적 행정입법의 경우에는 규제를 신설·강화하는 내용일 경우 행정규제기본법에 의한 심사를 거쳐야 한다.

3) 지방자치단체의 국정참가에 의한 통제

국가정책에 관계되는 지방자치단체가 입법, 행정상의 의견을 제시하여 국정에 참가할 수 있다.

4) 공무원·행정기관의 법령심사권

법규명령이 명백히 위법하다면 공무원이나 행정기관은 법규명령의 적용을 거부할 수 있다. 이를 공무원·행정기관의 법령심사권이라 한다.

(4) 국민에 의한 통제

공청회, 청문과 여론 등의 방법에 의해 통제 가능하나 국민에 의한 직접적 통제제도가 중요하다.

제3절 행정규칙

1. 의의 · 필요성

행정기관이 하위행정기관 또는 그 구성원에 대해 '법률의 수권없이 그의 권한의 범위 내에서 발하는 일반·추상적 규율'이다. 학자들마다 그 견해가 일치하지 않는다. 법률의 수권없이 가능한 점과 원칙적으로 내부에서만 구속력을 갖는 점에서 법규명령과 구별된다. 행정규칙(administrative regulation)을 행정명령이라고도 부른다.

2. 행정규칙의 성질(법규명령과의 구별)

양자를 상대화하려는 경향이 있다(준법규성이라 표현하기도 하고 법규성을 인정하기도 한다). 행정규칙은 행정조직 내부에서만 법적 구속력을 갖는다고 하여 내부법이라고 한다.

(1) 권력의 기초(법률유보원칙과의 관계)

행정규칙은 법률의 수권이 필요치 않으나 법률우위의 원칙은 적용되고 내부영역(행정조직과 특별신분관계)에서의 법으로 되는 과정이 진행되므로 행정규칙제정의 폭이 줄어들고 있다.

(2) 규율의 대상과 범위

행정규칙은 기관 내지 구성원을 규율대상으로 하나, 재량준칙 등에서 하급자가 행정규칙을 집행하는 결과 일반국민에게도 그 효과가 미치는 경우는 많이 있다. 따라서 현재에는 행정규칙에 대한 사인의 권익보호 문제 등을 현행 실정법에 바탕하여 개별적·유형별로 검토하는 것이 바람직하다.

(3) 재판규범성

원칙적으로 재판규범이 되지 않으나, 법규 내지 준법규설에서는 긍정한다. 대법원 및 헌법재판소는 부인하는 것이 원칙적 입장이나 인정하는 판례가 있음에 유의하여야 한다.

(4) 행정규칙위반의 효과

위반공무원의 징계원인사유가 된다. 행정규칙에 위반된 행정처분은 평등원칙위반, 신뢰보호원칙위반 등의 결과를 가져오므로 간접적으로 위법이 된다.

(5) 행정규칙과 처분의 위계관계

과거 양자의 동위성을 강조하는 견해가 우세하였으나, 행정규칙를 위반한 경우 공무원의 징계사유가 되고 행정규칙위반의 처분이 위법시되는 경우도 있다. 그러므로 원칙적으로 행정규칙이 처분의 상위(上位)에 있으나(행정규칙상위설) 법규명령만큼 처분에 우월하지는 않다.

3. 법규명령형식의 행정규칙·행정규칙형식의 법규명령론

(1) 법규명령형식의 행정규칙

법규명령의 형식으로 발하여졌으나 실질은 행정규칙의 성질을 가지는 것이다. 이에 대하여는 내용을 중시하여 법규성을 부정하는 행정규칙설(실질설)과 내용에 불구하고 법규명령의 형식으로 제정된 때에는 국민이나 법원을 기속한다는 법규명령설(형식설, 다수설)이 있다. 판례는 대통령령인 경우는 법규명령으로 보고 부령의 경우는 일관하여 법규성을 부정하다가 최근(대판 2006. 6. 27, 2003두4355 별개의견) 부령의 경우에도 법규명령성을 인정하였다.

(2) 행정규칙형식의 법규명령(법령보충적 행정규칙)

행정규칙의 형식으로 발하여졌으나(고시·훈령·예규·지침 등) 실질은 법규명령의 성질을 가지는 것이다. 이에 대하여는 법규명령설(헌법이 인정하고 있는 법규명령의 형식은 예시적인 것이며 법령의 구체적·개별적 위임이 있었고 법의 내용을 보충함으로써 개인에게 직접적인 영향을 미치므로 법규명령이라고 보는 견해이다. 실질설이라고 하며 다수설이다)과 행정규칙설(행정입법은 국회입법의 원칙에 대한 예외이고 헌법에 근거가 있어야 하므로 행정규칙이라고 보는 견해이다)로 대별된다. 판례는 법규명령설이다.

그러한 행정규칙은 원칙적으로 위법무효이며, 위의 판례를 수용하고자 하는 경우 '규범구체화행정규칙'으로 명명하는 것이 좋을 것이라는 견해(전문성과 기술성이 인정되는 행정영역에서는 행정부의 자치입법권이 인정되며 이는 대외적 구속력이 인정되는 법규라는 견해)가 있다.

법규명령설이 타당하나 그 경우에는 공포하도록 하여야 한다는 견해가 있다.

4. 고시(bulletin)의 성질

행정규칙설이 있으나 그 내용에 따라 결정해야 할 것이다. 즉, 명령(행정규칙 또는 법규명령) 내지 일반처분 또는 물적 행정행위로 볼 수 있다. 법규명령의 성질을 가지는 것에 대해서는 헌법 및 실정법에 의해 허용되는가를 검토하여야 한다.

5. 행정규칙의 종류

(1) 내용에 따른 분류

1) 조직규칙

행정기관의 설치, 내부적인 권한분배에 관한 행정규칙이다. 예를 들면 전결권을 정하는 직무대리규정은 조직규칙이다.

2) 근무규칙

하급기관 및 구성원의 근무에 관해 규율하며 행위통제규칙이 주요내용이다. 행위통제규칙(행정기관을 그 행위 면에서 통제·지도하는 규칙) 중 재량준칙(행정청에게 재량권이 인정되어 있는 경우에 재량행사의 기준을 정하는 것)과 해석규칙(판단여지가 인정되어 있는 경우 법령의 해석상의 통일을 기하기 위한 것)이 중요한 의의를 가진다. 행정규칙의 대외적 효력, 행정규칙을 위반한 처분의 위법성 등의 문제는 이들 행정규칙과 관련된다.

3) 영조물규칙

공공 영조물의 이용규칙으로서 특별규칙의 일종이다.

4) 기타

① 규범구체화규칙

상위규범을 구체화하는 내용의 행정규칙이다. 독일의 1985년 뷜(Wyhl)판결(방사선 노출에 대한 일반적 산정기준)에서 대외적 효과, 즉 재판규범성을 인정한 것에서 유래한다. 우리의 판례 중에 법령의 위임에 따라 행정규칙의 형식으로 제정된 훈령에 법규명령의 효력을 인정하는 것이 있다. 그리고 이를 규범구체화 행정규칙이라고 명명하자는 견해가 있으나, 이를 받아들여 대외적 구속력 있는 행정규칙을 인정하는 것에 대하여는 법규명령과 행정규칙의 기본적인 구별을 무시한다는 비판이 제기될 수 있다.

② 간소화규칙

대량적 행정행위를 발하는 경우의 지침을 정해주는 것이다.

③ 법률대위규칙

관계법령이 정해지기까지 행위통제규칙의 기능을 발휘하는 것이다. 법률과 대등한 효력을 가지는 것이 아니며, 직접 대외적 효력을 가지는 것도 아니다.

④ 법률보충규칙

법률의 내용이 일반적이어서 보충 내지 구체화의 과정이 필요하기 때문에 이를 보충하거나 구체화하는 고시, 훈령(행정규칙)을 말한다.

(2) 형식에 따른 분류

사무관리규정과 동 시행규칙에 의한 구분이며, 전부가 근무규칙의 성질을 가지는가에 대해 적극설과 소극설이 있다.

1) 훈령(official order)

상급관청이 하급관청에 대하여 상당히 장기간에 걸쳐 그 권한의 행사를 '일반적'으로 지휘감독하기 위하여 발하는 명령이다.

2) 지시

상급기관이 직권이나 하급기관의 문의나 신청에 의하여 개별, 구체적으로 발하는 명령으로서 일반, 추상적 규율이 아니므로 행정규칙에 해당되지 않는다고 보아야 한다.

3) 예규(established regulation)

반복적 행정사무의 기준을 제시하는 명령이다.

4) 일일명령

일일업무에 관한 명령이다. 일반추상성을 가지지 않을 때에는 행정규칙이 아닌 직무명령으로 보아야 한다.

6. 행정규칙의 근거와 한계

(1) 근거

특별한 수권은 필요하지 않다(독일의 경우는 기본법에 명시적으로 근거를 제시하고 있다). 즉, 일반적인 조직규범으로 족하다.

(2) 한계

법률우위의 원칙이나 법의 일반원칙에 위배되지 않아야 한다. 행정규칙으로 국민의 권리를 제한하거나 의무를 부과할 수는 없으며, 국민에게 이익을 부여할 수는 있다고 보는 견해도 있다.

7. 성립 및 효력요건

(1) 주체

정당한 권한을 가진 행정기관이 권한의 범위 내에서 발하여야 한다.

(2) 내용

적법·타당하고 가능·명확해야 한다.

(3) 절차

법제처의 심사를 받아야 하는 경우가 있다.

(4) 형식

요식행위가 아니며, 구술에 의한 발령도 가능하나 문서가 바람직하다.

(5) 고지문제

법률(법령 등 공포에 관한 법률)의 적용을 받지 않으며 사무관리 규정 시행규칙의 규율을 받고 있으나 재량준칙같은 것은 법령과 같은 형식으로 공포될 필요가 있다. 행정규칙은 원칙적으로 고지를 요하지 아니한다는 것이 종래의 통설이고 판례이다. 그러나 다수의 법령에서(행정절차법 제20조 등) 고지를 의무화하는 규정을 둠으로써 행정규칙은 원칙적으로 고지를 요하지 아니한다는 종래의 통설과 판례는 그 타당성을 잃고 있다.

8. 행정규칙의 효력

(1) 내부적 효력

인정된다(내부적 구속효). 공무원이 근무규칙을 위반한 경우 징계의 원인이 된다.

(2) 외부적 효력

① 대국민적 효과가 간접적으로 인정된다. 즉, 직접적인 외부적 효과를 갖지 아니한다.

② 외부적 효력의 직간접성여부

간접성설(통설, 대내적 구속력만 있을 뿐 대외적으로 국민에 대한 구속력이나 법원에 대한 구속력이 인정되지 않는다는 견해)이 있다.

이에 대해 직접적·대외적 구속력인정설(오센빌, 법규성설로서 행정부도 행정입법권을 가지며 이러한 행정규칙은 국민과 법원을 구속하는 대외적인 효력을 가진다는 견해)도 있다.

그리고 행정규칙의 준법규성(준법규성설, 행정규칙은 원칙적으로 법규가 아니지만 행정의 자기구속의 원칙이 적용되는 예외적인 경우에는 간접적으로 대외적 효력을 갖는다는 견해)으로 논하는 경우가 있다. 재량준칙과 이에 대한 행정의 자기구속의 원리가 논하여진다.

9. 행정규칙의 흠과 소멸

흠이 있을 경우 무효로서, 취소할 수 있는 행정규칙이란 없다. 소멸의 경우는 폐지, 종기의 도래, 해제조건의 성취 등으로 소멸한다.

10. 행정규칙의 통제

(1) 행정적 통제

상급기관의 행정규칙에 대한 감독권이 그 예이다. 그리고 법규명령의 통제와 마찬가지로 공무원이나 행정기관은 법령심사권이 있으며 행정심판법 제59조의 규정이 있다.

(2) 사법적 통제

1) 법원에 의한 통제

원칙적으로 재판규범이 아니므로 행정규칙에 구속되지 않는다. 행정규칙의 내용이 상위 법령에 위반된 경우 현행법상 추상적 규범통제는 인정되지 않으므로 행정규칙 자체의 효력을 다투는 행정소송을 제기할 수는 없다. 판례도 같은 견해이다.

2) 헌법재판소(constitutional court)에 의한 통제

원칙적으로는 통제의 대상이 되지 아니하나 행정의 자기구속의 법리에 따라 헌법소원의 대상이 될 수도 있다.

(3) 입법적 통제

이론이나 판례의 혼란을 입법적으로 해결할 필요가 있다. 독일의 경우는 연방의 행정규칙에 대한 지침을 둠으로써 행정규칙을 정리한다.

행정행위

제1절 의 의

1. 서설

(1) 개념성립의 기초

행정행위는 학문상의 개념이며, 실정법상으로는 (행정)처분이라는 용어로 사용한다. 행정재판제도를 가지는 프랑스, 독일에서 형성되었고 오토 마이어에 의해 체계화되었으며 행정행위만이 행정재판의 대상이 되었다. 영미에서는 공사법의 이원적 법체계를 부인하였으므로 행정행위의 개념을 구성할 필요가 없었다(20C에 들어와 행정기능의 확대강화에 따라 agency action, administrative act 등 행정행위에 상당하는 용어가 사용되나 우리나라의 행정행위와는 성질이 다르다).

(2) 개념정립의 실익

① 원칙적으로 행정행위에 대하여만 행정쟁송이 가능하다.
② 행정행위의 특수한 효력(공정력 등)을 인정한다.

2. 개념

(1) 학설

① 최광의: 행정청의 행위를 의미한다(행정청의 사법행위까지 포함).

② 광의: 행정청의 공법행위를 의미한다(최광의의 개념에서 사실행위, 사법행위, 통치행위 제외).

③ 협의: 행정청이 구체적 사실에 관한 법집행으로서 행하는 공법행위를 의미한다(광의 개념에서 행정입법 제외).

④ 최협의: 행정청이 구체적 사실에 관한 법집행으로서 행하는 권력적, 단독적 공법행위를 의미한다(협의개념에서 공법상 계약, 합동행위와 같은 비권력적 행위 제외). 우리나라와 일본의 통설이다. 행정절차법 제2조 제2호(처분)에 정의하고 있다.

(2) 입법례

독일 행정절차법(VwVfG) 제35조의 경우 최협의 개념으로 볼 수 있고, 미국 행정절차법(APA) 제551조 제13항은 광의개념에 가깝다.

3. 행정행위와 행정쟁송법상의 처분

(1) 행정쟁송법상의 처분개념

행정심판법, 행정절차법(제2조 제2호)에서는 행정청이 행하는 구체적 사실에 대한 법집행으로서의 공권력의 행사 또는 그 거부와 그 밖에 이에 준하는 행정작용으로 명문화하였고, 행정소송법에서는 처분과 행정심판의 재결을 합쳐 '처분 등'이라고 규정하였다.

(2) 행정행위와 처분의 이동(異同)

1) 실체(법)적 처분개념설(일원설)

학문적 의미의 행정행위과 쟁송법상의 처분을 같은 것으로 보면서 처분과 타 행정작용과의 구별의 요소를 철저히 탐구하려는 견해이다. 형식적 행정행위개념(항고쟁송의 제기를 가능하게 하기 위한 행정행위)은 자칫 그들 실정법상의 구분 및 행위형식의 분류에 관한 학문적 노력을 헛되이 할 우려가 있으며, 행정행위에 이질적인 성질의 것을 포함하려는 것은 바람직하지 않다고 한다.

2) 쟁송법적 처분개념설(이원설)

학문적 의미의 행정행위와 쟁송법상의 처분을 다른 것으로 보고 후자의 내포를 확대하려는 견해이다. 항고쟁송의 대상이 되는 처분에는 행정구제의 기회확대라는 요구에 비추어 다양한 성질의 행정작용이 포함되지 않을 수 없다. 그리고 이는 어디까지나 '처분'인 것이지 행정행위는 아니며 쟁송법의 규정은 처분이라는 용어를 사용하나 행정행위와 동의어로 보기는 어렵다는 견해로서 다수설이다.

3) 판례에서의 처분개념

항고소송의 대상이 되는 행정처분이라 함은 원칙적으로 행정청의 공법상 행위로서 특정 사항에 대하여 법규에 의한 권리의 설정 또는 의무의 부담을 명하거나 기타 법률상 효과를 발생하게 하는 등으로 일반국민의 권리의무에 직접 영향을 미치는 행위를 가리키는 것이다(대판 2002. 7. 26, 2001두3532).

4. 개념적 요소

(1) 행정청(administrative agency)

행정주체의 의사를 결정, 표시할 수 있는 권한을 가진 행정기관이다. 판례는 지방의회의 의결을 행정처분으로 판시하였다. 행정자동결정도 행정청이 작성한 프로그램에 입각하여 행하여지므로 행정처분의 일종으로 볼 수 있다.

(2) 법적 행위

행정행위는 특정한 국민·주민에게 의무를 과하거나 권리를 부여하는 등 법적 행위이다.

(3) 일방적 공법행위

행정행위는 행정청이 공권력의 발동으로 행하는 일방적 공법행위만을 의미한다. 행정상의 사법(私法)작용은 행정행위에 해당하지 않는다.

(4) 구체적 사실에 관한 법적 규율

1) 개별적·구체적 규율

행정행위는 행정청이 행하는 구체적 사실에 대한 법집행작용이다. 그리고 대법원은 개별지가고시의 성질을 행정행위로 인정하였다.

2) 개별적·추상적 규율

특정 범위의 사람을 장래에 향하여 계속적으로 규율하기 위한 조치가 그 예이다. 식당 주인에게 눈이 올 때마다 가게 앞을 청소하라고 하는 경우가 이에 해당한다. 행정행위로 보아도 무방하다. 독일 판례와 다수설은 행정행위로 인정한다.

3) 일반적·구체적 규율(일반처분)

독일 행정절차법(VwVfG) 제35조 제2문에서 명문규정으로 행정행위로 인정하였다. 행정행위로 보는 견해도 있고 입법행위와의 중간영역이라고 보는 견해도 있다. 예를 들어 통행금지와 그 해제, 전염병오염지역소독명령, 교통신호, 주민등록증갱신명령 등이다. 이에 대하여는 판례도 행정행위성을 인정하고 있다.

4) 물적 행정행위

주차금지구역이나 공용지정을 한 경우, 교통표지판 등에 있어서 사람은 간접적으로 규율받을 뿐이며, 이러한 조치를 물적 행정행위라 한다. 독일의 경우 행정절차법 제35조 제2문에서 일반처분의 내용에 물적 행정행위를 포함시켜 입법으로 해결하였다.

(5) 공권력의 행사

행정주체의 우월한 지위를 인정한다. 다만 상대방의 협력을 요하는 행정처분과 공법계약의 구별은 용이하지 아니하다.

(6) 대외적 행위

행정행위는 일반국민에 대한 행위로서 행정기관 내부의 행위는 행정행위가 아니다. 그러나 특별행정법관계에서 구성원에 대한 처분에 대하여는 원칙적으로 행정행위의 성격을 인정하는 것이 학설·판례의 입장이다.

5. 행정행위의 기능

실체법적 기능(의무 등의 부과), 절차법적 기능(청문 등의 규정), 명의기능(강제집행의 근거), 쟁송법적 기능(행정행위에 대한 쟁송제기에 의한 권리구제)으로 설명하는 견해도 있다.

제2절   행정행위의 특수성

1. 개설

(1) 법률행위와의 구별

의사표시에 관한 규정(민법 제107조 이하)은 행정행위에 적용되지 않으며 사법상의 강행법규에 원칙적으로 구속되지 않고 원칙적으로 계약법원리의 적용을 받지 않는다.

(2) 판결과의 구별

판결은 법적 분쟁의 종국적 해결임에 반해 행정행위는 장래를 향한 사회형성적 활동이다. 판결은 제3자적, 중립적 입장이나 행정청은 결정권자인 동시에 당사자이다. 판결은 법적 결정이나 행정행위는 목적적 이익형량에 의한 결정이 가능하다. 판결은 수동적이나 행정행위는 능동적이다. 판결의 공개는 필수적이나 행정행위의 경우에는 임의적이다(공공기관의 정보공개에 관한 법률 제3조).

2. 행정행위의 일반적 특질

(1) 법적합성

법에 의거하여 행해져야 하며 그 내용도 법에 적합하여야 한다.

(2) 공정력

행정행위는 당연무효가 아닌 한 권한있는 기관에 의해 취소되기까지는 유효하다고 인정받는 효력을 말한다.

(3) 구성요건성

공정력과 별개로 논의한다면 유효한 행정행위가 존재하는 이상 다른 국가기관은 그의 존재를 존중하며 스스로의 판단의 기초 내지 구성요건으로 삼아야 한다. 공정력과 별개로 논의하지 않는 견해도 많이 있다. 대체로는 공정력과 구성요건적 효력을 구분한다.

(4) 존속력(불가쟁력, 불가변력)

불가쟁력이란 무효아닌 하자가 있는 행정행위는 쟁송기간이 경과하거나 심급을 다 거친 경우에는 더 이상 다툴 수 없게 된다는 것을 말한다. 불가변력이란 행위의 성질 또는 법적 안정성의 견지에서 사법(司法)에 준하는(준사법적) 행위(확인·재결)와 같이 행정청도 행정행위를 임의로 취소 내지 변경하지 못하는 것을 말한다.

(5) 행정행위의 실효성(강제력)

행정행위에 대해서는 법원의 힘을 빌리지 아니하고 행정청 스스로 강제집행을 할 수 있고(자력집행력; 自力執行力), 행정청 스스로 제재를 가할 수 있는바(제재력) 이 둘을 합하여 실효성(강제력)이라고 한다.

(6) 구제의 특수성

행정청의 위법한 행위로 인하여 손해를 입은 자는 국가배상을 청구할 수 있고 적법한 행위로 인하여 손실을 입은 자는 손실보상을 청구할 수 있다. 그리고 행정쟁송의 경우에는 민사소송에 비해 특수한 구제제도(직권심리주의, 사정판결 등)가 마련되어 있다.

제3절 행정행위의 종류

1. 법률행위(juristic act)적 행정행위와 준법률행위(quasi-juristic act)적 행정행위

민법상의 법률행위의 개념을 차용한 것이다. 전자는 행정청의 '의사표시'를 구성요소로 하고 그 표시된 의사의 내용에 따라 법적 효과를 발생하고, 후자는 '의사표시 이외의 정신작용(판단, 인식, 관념 등)'의 표시를 요소로 하고 그 법적 효과는 행위자의 의사여하를 불문하고 전적으로 법이 정한 바에 따라 결정된다. 근래 이에 대한 부인설이 등장한다. 행정행위는 법률의 구체화 내지 집행의 성질을 가지므로 행위자의 의사의 요소는 중요하지 않다는 점, 부관도 준법률행위적 행정행위에 붙일 수 있다는 점, 그리고 양자를 구별하는 실익이 재량성의 인정 및 부관의 허용성의 여부에 있는 정도라면 양자의 범주로 구별할 필요성까지는 없다는 점 등이 그 논거이다.

2. 기속행위(ministerial act)와 재량행위(discretionary act)

(1) 개념

1) 기속행위

법이 정한 일정한 요건이 충족되어 있을 때 법이 정한 일정한 행정행위를 반드시 행하도록 되어 있는 경우이다.

2) 재량행위

① 의의

복수행위간에 선택의 자유가 인정되어 있는 경우로서, 어떤 행정행위를 할 것인가의 자유가 인정되어 있는 경우의 결정재량과 다수의 행정행위중 어느 것을 할 것인가의 자유가 인정되는 경우의 선택재량이 있다.

② 유사개념

㉮ 자유로운 행위(법률로부터 자유로운 행위, 자유로이 형성된 행위)

재량이 법에 의해 수권되어 있는 것이 아니라 법이 공백상태에 있거나 불충분하게 규율함으로써, 행정청이 자유를 누리는 경우이다. 법원칙을 위반할 수 없다는 점에서 재량행위와 자유로운 행위는 양적인 차이가 있다(예: 지방자치법 제144조, 계획재량등). 이에 대해 일체의 법으로부터 자유로운 행위는 있을 수 없다는 비판이 있으나, 이해의 차이에서 비롯된다고 본다.

ⓗ 판단여지(한계영역, 판단우위)

출입국관리법 제4조 제1항 제5호와 같이 불확정개념을 사용하고 있어, 어떤 사실이 그 요건에 해당되는가의 여부가 일의적으로 확정되기 어려울 때 행정청의 판단여지가 존재한다. 판단여지에 있어서는 복수행위간의 선택의 자유가 인정되어 있는 것은 아니다. 구별부인설 있음에 유의하여야 한다.

3) 자유재량, 기속재량 개념의 상대성

다수설과 판례는 재량을 자유재량(공익재량, 편의재량)과 기속재량(법규재량)으로 분류한다. 그러나 재량이란 복수행위간의 선택의 자유를 의미하므로 모든 재량은 자유재량이며, 재량행위는 한계에 의하여 기속받게 되므로 기속재량일 수밖에 없다. 따라서 양자의 구별은 상대적이라고 보는 것이 일반적이다. 재량은 언제나 의무에 합당한 재량이다. 의무에 합당한 재량은 법에 구속된 재량이라고도 한다. 순수한 의미의 자유재량은 법치국가에서 있을 수 없다.

(2) 재량행위의 존재이유

행정기능의 확대, 강화에 따라 법률이 행정의 전 분야에 대해 결함없이 규정하는 것이 불가능하며, 사회변화에 따른 순응 내지 선도의 필요성 등에서 재량행위의 존재이유가 있다. 비리의 정글이라는 단점이 있다.

(3) 기속행위와 재량행위의 구별

1) 구별실익

① 행정쟁송사항과의 관계

오스트리아나 미국의 경우 자유재량에 속하는 사항은 소송을 제기할 수 없도록 규정하였다. 우리나라 행정소송법 제1조 및 제4조(위법한 처분에 대해서만 행정소송을 인정한다), 제27조(재량의 일탈, 남용)의 규정에 비추어 기속행위와 재량행위는 구별될 필요가 있다. 즉, 사법심사와 관련하여 기속행위와 재량행위를 구별할 필요가 있다.

② 공권의 성립과의 관계

기속행위의 상대방에게만 공법상의 권리를 인정한다. 이설(異說)은 기속행위의 근거법으로부터 주관적 공권을 도출해내는 문제는 기속행위와 재량행위의 구별과는 별개의 문제라고 한다. 재량행위의 경우에는 무하자 재량행사청구권이나 재량권이 0으로 수축된 경우의 행정개입청구권이 생길 뿐이다.

③ 부관과의 관계

다수설은 재량행위에만 부관가능하다고 하나, 이에 대한 이설(기속행위에도 부관가능)있다.

④ 양자의 구별필요성의 경감

행정소송법 제27조에 의해 재량행위에 대해 각하가 아닌 기각함으로서 법원의 심사대상이 된다(검사임용거부취소청구사건).

2) 구별기준에 관한 학설

① 요건재량설(법규재량설)

행정청의 재량이 행정행위에 대한 법률요건인 사실의 인정에 대한 판단에 존재하며, 법이 요건에 대해 아무런 규정을 두지 않고 행정행위의 종국목적 즉 공익개념만을 나타내고 있는 경우에는 재량행위에 속하는 것이다. 종국목적외 중간목적을 규정하는 경우에는 기속행위에 속한다는 견해이다.

② 효과재량설(성질설)

종래의 통설로서 행정행위의 성질에 따라 수익적 행위인가 부담적 행위인가의 여부에 따라 원칙적으로 전자는 재량행위 후자는 기속행위로 본다. 수익적 행위인가 부담적 행위인가는 취소철회의 제한, 취소쟁송의 대상 여부 등을 논함에 있어 의미를 가지는 것이지 재량행위여부를 구별하는 데는 직접적인 관련이 없다. 현대행정문제를 다루는 데 있어 이 견해는 벽에 부딪치고 있다.

③ 기본권 기준설

기본권의 최대한 보장이라는 헌법상 명령과 행정행위의 공익성을 재량행위와 기속행위의 구분기준으로 하여야 한다는 견해(기본권기준설)도 있다. 이에 따르면 기본권보장이 강하게 요구되는 경우에는 사인의 기본권실현에 유리하게 판단하고(기속행위), 공익실현이 강하게 요구되는 경우에는 공익실현에 유리하도록 판단하여야 한다(재량행위)고 한다.

④ 결어

법규정에서 찾아야 할 것이다. '하여야 한다, 한다' 등의 규정은 일반적으로 기속행위이며, '할 수 있다'의 규정은 재량행위이다. 행정청의 권한에 대해 간접적으로 규정한 경우는 원칙적으로 기속행위이다. 오늘날 우리나라의 판례는 요건재량설과 효과재량설의 대립을 극복하고 근거규정의 체제나 문언에 따라 개별적으로 판시하고 있다. 이를 종합설이라고 하는 견해가 있다.

(4) 재량의 한계

1) 실정법의 규정

행정소송법 제27조(행정청의 재량에 속하는 처분이라도 재량권의 한계를 넘거나 그 남용이 있는 때에는 법원은 이를 취소할 수 있다)이다.

2) 재량행위가 위법이 되는 경우

① 가.나.다.의 선택재량에 있어 라. 또는 마.를 선택한 경우이다(재량의 유월).

② 행정법의 일반원칙(비례원칙, 평등원칙, 부당결부금지원칙)을 위배한 경우이다(재량의 남용(abuse of discretion).

③ 형량을 하지 않은 경우 및 적절한 조치를 하지 않은 경우이다(타사고려금지 및 적정형량의 원칙(재량의 흠결(defect of discretion) 내지 해태).

④ 목적위반

3) 재량권(discretionary power)의 0으로의 수축과 행정개입청구권

재량이 0으로 수축되는 경우에는 행정개입청구권이 발생한다.

4) 한계를 벗어난 재량행위의 효과

행정소송법 제27조는 '이를 취소할 수 있다'라고 하고 있으나 언제나 취소원인이라는 것이 아니라 무효원인도 될 수 있다는 의미로 새겨야 할 것이다. 재량행위가 위법하다는 것은 그 처분의 효력을 다투는 자가 이를 주장·입증하여야 한다는 것이 판례이다.

(5) 재량행위에 대한 통제

1) 재량통제의 필요성

구체적 타당성이 있는 행정의 실현을 위해 재량이 부여되는 바, 법치국가적 요청과 행정국가적 요청의 조화의 문제이다.

2) 입법적 통제

① 법규적 통제: 법률에서 구체적으로 제시한다.

② 정치적 통제: 국회의 행정부에 대한 국정통제의 수단(국정감사와 국정조사 등)이다.

3) 행정적 통제

① 직무감독에 의한 통제: 상급행정청이나 감사원에 의한 통제이다.

② 행정절차에 의한 통제: 행정절차법의 규정(청문, 공청회, 기준공표, 이유부기)이 있다.

③ 행정심판에 의한 통제: 위법한 처분 뿐 아니라 부당한 처분에 대한 심판도 인정한다.

재량행위에 대한 매우 실효적인 통제수단으로 기능할 수 있을 것이다.

4) 사법적 통제

① 법원에 의한 통제: 행정소송법 제27조.

② 헌법재판소의 통제: 헌법 및 헌법재판소법규정에 따라 재량권을 잘못 행사하여 국민의 기본권을 침해하는 경우에는 헌법재판소에 의한 통제대상이 된다.

(6) 판단여지설

1) 판단여지설

관계법규가 행정행위의 요건을 '불확정개념(不確定槪念)'으로 규정하고 있는 경우(공익, 공공복리, 공공의 안녕과 질서, 중대한 사유 등)에 그것의 해석, 적용은 법해석작용으로서 원칙적으로 사법심사의 대상이 된다. 그러나 법원의 심사능력에는 한계가 있으므로 행정청은 한계적인 영역이 있는 경우에 예외적으로 사법심사가 불가능한 판단의 여지를 갖는다고 하거나 행정청의 판단이 법원의 판단을 대체할 수 있다는 견해(Ule의 대체가능성설)이다. 정당한 결론이 무엇인지를 판단하기가 무척 어려운 한계적인 영역을 판단여지라 한다. 이에 대하여는 기속행위와 재량행위의 구별기준으로 보지 않는 견해도 있다.

2) 판단여지의 소재

① 비대체적 결정: 사람의 능력 등에 관한 판단이 여기에 속한다.

② 구속적 가치평가(예: 교과서검정사건).

③ 예측결정: 미래예측적 성질을 가진 행정결정에 대해 판단여지가 인정될 수 있다.

④ 형성적 결정: 사회형성적 행정의 영역에 있어서 행정청에게 판단여지가 인정될 수 있는바 지방자치법 제144조 제1항(지방자치단체는 주민의 복지를 증진하기 위하여 공공시설을 설치할 수 있다)이 그 예이다.

3) 판단여지의 한계와 통제

기각판단을 하여야 한다. 즉, 본안심사에서 여러 가지를 검토하여야 하며 판단여지와 관련하여 절차적 통제(청문, 합의기관에 의한 심사 등)가 강조되는 경향에 있다. 우리나라의 판례는 판단여지와 재량을 같은 개념으로 보고 있다. 그리고 독일의 경우에도 그 범위가 축소되는 추세에 있다.

3. 수익적, 부담적(침익적), 복효적 행정행위

(1) 수익적 행정행위(beneficial administrative act), 부담적 행정행위(disadvantageous administrative act)

전자의 예로는 허가, 특허, 면제, 인가 등이고 후자의 예로는 하명, 박권행위 등이다. 구별실익으로는 쟁송의 형태, 취소·철회의 제한 등(학자에 따라 기속행위와 재량행위, 부관의 가능성에 대하여 실익이 있는 것으로 본다)에 있다.

(2) 복효적 행정행위(administrative act with double effect)

1) 혼합효 행정행위

복수의 효과가 동일인에게 발생하는 경우를 말하고, 타인에게 다른 효과를 발생하는 경우를 제3자효 행정행위이라 하며, 후자만을 지칭하는 경우도 있다.

2) 제3자효 행정행위의 관련문제

① 사전절차: 제3자로서의 이웃주민이나 경업자중 청문에 참가하는 자를 어느 범위까지 하는가의 문제가 발생한다.

② 취소·철회: 이익형량의 어려움이 등장한다.

③ 행정심판의 고지: 행정심판법 제58조 제2항의 이해관계인에는 제3자효 행정행위의 제3자도 포함된다.

④ 심판청구인 및 원고적격: 제3자효 행정행위의 제3자도 법률상 이익이 있는 한, 심판청구인적격 및 원고적격을 가진다.

⑤ 쟁송제기기간·행정심판전치주의: 행정심판전치주의원칙은 적용되어야 하며, 쟁송제기기간은 신의성실의 원칙에 비추어 제3자가 처분이 있는 것을 알 수 있었던 때로부터 기산하여야 한다.

⑥ 행정심판 및 행정소송에의 참가: 행정심판이나 행정소송의 결과에 대해 이해관계가 있는 자는 행정심판이나 행정소송에 참가할 수 있다(행정심판법 제20조, 행정소송법 제16조).

⑦ 집행정지 : 집행정지와 관련된 처분을 부담적 행정행위에 한정시킬 이유가 없고, 집행정지결정에 제3자효를 인정함(행정소송법 제29조 제2항)에 비추어 제3자도 집행정지제도에 의해 가구제를 받을 수 있다.

⑧ 판결의 제3자에 대한 효력: 행정소송법 제29조 제1항(처분 등을 취소하는 확정판결은 제3자에 대하여도 효력이 있다).

⑨ 제3자에 의한 재심청구: 행정소송법 제31조 제1항(처분 등을 취소하는 판결에 의하여 권리 또는 이익의 침해를 받은 제3자는 자기에게 책임없는 사유로 소송에 참가하지 못함으로써 판결의 결과에 영향을 미칠 공격 또는 방어방법을 제출하지 못한 때에는 이를 이유로 확정된 종국판결에 대하여 재심의 청구를 할 수 있다).

⑩ 제3자의 동의: 행정청이 인허가를 함에 있어 이해관계가 있는 제3자의 동의를 사전에 얻게 하는 제도이다.

4. 대인적·대물적·혼합적 행정행위와 물적 행정행위

(1) 의의

행정행위는 인간의 주관적 사정에 따라 행해지는 것인가(대인적 행정행위), 물건의 객관적 사정에 따라 행해지는 것인가(대물적 행정행위), 위의 양자를 모두 갖춘 것인가(혼합적 행정행위)에 따라 분류할 수 있다. 예를 들면 대인적 행정행위는 운전·건축사·의사면허 등이고, 대물적 행정행위는 건축물의 준공검사, 물건의 품질인정 등이며, 혼합적 행정행위는 도시가스사업허가, 석유사업허가 등이다.

(2) 실익

행정행위의 효과가 타인에게 이전될 수 있는가와 관련하여 실익이 있다. 대인적 행정행위는 이전불가, 대물적 행정행위는 이전가능, 혼합적 행정행위는 사전에 행정청의 승인이 있어야 효과가 이전될 수 있음이 원칙이다.

(3) 물적 행정행위

주차금지구역의 지정, 공물의 공용지정의 예와 같이 간접적으로 사람에게 미치는 행위이다. 독일의 경우 일반처분의 내용에 물적 행정행위를 포함시켜 입법으로 해결하였다.

5. 직권(단독, 일방)적 행정행위와 동의(신청)에 의한 행정행위

직권적 행정행위란 행정행위가 상대방의 협력없이 일방적으로 행하여지는 행정행위를 말한다. 후자는 상대방의 협력을 전제로 행하여지는 행정행위를 말한다. 이를 옐리네크는 쌍방적 행정행위로 칭하였으나, 이는 상대방의 신청이나 동의를 행정행위로 보는 점과 쌍방적 행위인 공법(행정법)계약과의 구분이 애매해지게 된다.

6. 가(잠정적; 임시)·부분·예비행정행위

행정행위의 단계를 기준으로 한 분류이다.

(1) 가(假; 잠정적)행정행위

가행정행위란 행정행위의 법적 효과 또는 구속력이 최종적으로 결정될 때까지 잠정적으로만 행정행위의 구속력을 가지는 행위형식이다. 조세법의 영역에서 많이 행해진다. 납세신고에 의하여 일단 과세처분의 효과를 발생케 한 다음 과세행정청의 경정결정 등에 의해 세액을 확정짓는 것 등이 그 예이다. 행정행위의 철회 내지 취소를 제약하는 법리를 완화시켜주는 기능을 함과 동시에 행정의 능률에도 기여한다. 이에 대하여는 가행정행위는 일정사항의 불확실성으로 인하여 법적 규율을 잠정적·일시적 상태에 두고 있으므로 전형적인 행정행위로 볼 수는 없고 특수한 행정행위로 보아야 한다는 견해도 있다.

공무원에게 파면과 같은 중징계에 해당하는 징계의결이 요구중인 때에는 공무원에 대하여 직위해제를 하게 된다(국가공무원법 제73조의3 제1항).

(2) 부분행정행위

부분행정행위는 행정행위가 다단계절차를 거쳐 행하여지는 경우에 그 각 단계마다 행하여지는 부분결정을 말한다. 비교적 장기간의 시간을 요하고 영향력이 큰 시설물의 건설에 있어서(원자력발전소건설, 공항건설 등) 건설허가, 부지승인, 사용전검사 등에 대하여 부분적으로 허가를 발령하는 경우가 그 예이다. 부분결정은 부분별이긴 하지만 그에 관한 종국적 규율을 하는 행정행위이다.

(3) 예비행정행위(사전결정)

예비행정행위는 종국행정행위의 전제요건에 대한 사전결정을 말한다. 건축법 제10조에 건축주가 건축허가를 신청하기 전에 당해 건축물을 해당 대지에 건축하는 것이 법령에 의하여 허용되는지 여부에 대한 사전결정을 받을 수 있도록 하고 있다. 이것이 예비행정행위의 예라고 할 수 있다. 예비행정행위는 부분행정행위와 달리 신청인인 사인에게 어떤 행위를 할 수 있도록 허용하지는 아니한다. 판례는 폐기물관리법에 의한 폐기물처리허가를 받기 전에 제출한 사업계획서에 대하여 행한 부적정통보는 행정처분에 해당한다고 판시하는 바 이도 여기에 해당하는 예비행정행위라고 할 수 있을 것이다.

제4절 행정행위의 내용

1. 법률행위적 행정행위

(1) 명령적(imperative) 행정행위

국민에 대하여 작위(feasance)·부작위(omission)·급부(payment)·수인(fortitude) 등의 의무를 명하거나 혹은 이들 의무를 면제하는 행정행위이다.

1) 하명(order)

① 의의

국가가 개인에 대하여 작위(위법 건축물의 철거)·부작위(통행금지)·급부(세금납부)·수인(예방접종) 등의 의무를 명하는 행위이다. 부작위의무를 명하는 행위를 금지라 한다.

② 성질

부담적 행정행위이므로 법령의 근거를 필요로 하고, 기속행위의 성질을 가지는 것이 보통이다.

③ 형식

하명처분(법령에 의거한 행정행위로써 행하여지는 것)과 법규하명(법령자체에 의하여 곧 하명의 효과가 발생하는 경우)이 있으나 하명처분만이 행정행위의 성질을 가진다. 특별한 규정이 없는 한 불요식행위이다.

④ 종류

내용에 따라 작위·부작위·급부·수인 하명으로, 목적에 따라 조직·경찰·재정·군정하명으로 그리고 대상에 따라 대인·대물·혼합하명으로 나눌 수 있다.

⑤ 대상 및 상대방

사실상의 행위(건물철거)나 법률상의 행위(영업행위 등)에 대해 행하여진다. 특정인 및 불특정다수인에 대해 행해지며, 후자를 일반처분이라 한다.

⑥ 효과

상대방에게 일정한 공법상의 의무를 발생시킨다.

⑦ 하명위반의 효과

행정상 강제집행이 행해지거나 행정상의 제재가 가해지며, 법률행위의 효력자체는 부인받지 않는다. 대법원판례도 동일한 취지이다.

⑧ 위법한 하명에 대한 구제

행정쟁송과 국가배상청구가 가능하다.

⑨ 사전통지·의견청취

행정청이 하명을 행하는 경우에는 사전에 일정한 사항을 당사자 등에 통지하여야 하며, 의견청취를 행하여야 한다(행정절차법 제21조, 제22조).

2) 허가(permision, license)

① 의의

㉮ 개념

법령에 의한 일반적 금지(부작위 의무)를 특정한 경우에 해제하여, 적법하게 일정한 행위를 할 수 있게 하는 행위로서 실정법상으로는 다양한 용어로 사용된다. 영업허가, 어업허가, 건축허가, 주류 판매업 면허, 기부금품모집허가, 운전면허, 은행업의 인가 등이 그 대표적 예이다. 영업허가는 허가를 유보한 상대적 금지의 존재를 전제로 한다. 절대적 금지(예를 들어 청소년의 흡연, 음주 또는 인신매매)는 해제할 수 없다. 허가는 위험의 방지를 목적으로 금지하였던 것을 해제하는 행위이다.

㉯ 예외적 승인(exceptional approval)과의 구별

예외적 승인은 사회적으로 유해한 행위임으로 인하여 일반적으로 금지된 행위를 특정한 경우에 예외적으로 적법하게 하는 행정행위이다. 예를 들어 거주지역 내의 주택건축은 허가의 대상이나, 개발제한구역 내의 건축은 예외적 승인의 대상이며 마약에 대하여 치료용(진통제)으로 사용하는 것도 예외적 승인의 예이다.

② 성질

㉮ 명령적 행위인가 형성적 행위인가

종래 허가는 상대방에게 금지를 해제하여 자연적 자유를 회복시켜 주는 행위이므로 명령적 행위에 속한다고 보았다. 근래에는 허가는 단순한 자연적 자유의 회복에 그치는 것이 아니라 제한을 해제하여 적법한 권리행사를 가능케 하여주는 행위이므로 형성적 행위의 성질을 가지며, 허가와 특허의 구분이 상대화되어가고 있다고 한다. 독일의 문헌이 허가를 형성적 행정행위로 보고 있다. 이러한 관점에서 허가를 단순히 명령적 행위로 분류하는 것은 문제가 있다 할 것이다. 오늘날의 다수견해는 소극적으로는 명령적 행위의 의미와 형성적 의미도 갖는 양면성설 내지 병존설을 취한다.

㉯ 기속행위인가 재량행위인가

통설은 공익목적을 위하여 제한되었던 자유를 회복시켜주는 것이므로(국민의 기본권과 관련) 원칙적으로 기속행위로 본다. 허가는 기속행위와 재량행위가 모두 있을 수 있고 일반적으로는 기속행위의 성질을 가진다고 보며, 허가의 요건이 불확정개념으로 규정되어 있는 경우에는 판단여지가 인정될 수 있다.

③ 허가와 출원(출원이 허가의 필요요건인가)

㉮ 긍정설

출원이 허가의 필요요건이므로 출원없는 허가는 무효이며, 수정허가도 인정되지 않는다.

㉯ 부정설

특별한 규정이 없는 한 출원이 허가의 필요요건은 아니며, 출원없는 허가나 출원과 다른 내용의 허가도 당연무효가 아니다. 통행금지의 해제를 그 예로 들 수 있다.

㉰ 이설(異說)

출원없는 허가나 수정허가는 그 효력이 일정기간 부동상태에 있다가 상대방의 동의가 있음으로서 그 효력이 완성된다.

㉱ 판례

출원과 다른 내용의 허가가 당연무효는 아니라고 판시한다.

④ 허가의 형식

처분의 형식으로만 행해진다. 불특정다수인에 대하여 일반처분의 형식으로 발할 수 있는가에 대해 다수설은 통행금지의 해제를 들어 긍정하나 통행금지의 해제는 금지의 일반적인 정지에 속한다고 하여 일반적 허가를 부정하는 견해도 있다. 원칙적으로는 불요식 행위이다.

⑤ 허가의 효과

㉮ 금지의 해제

이로 인한 이익은 부수적, 반사적 효과에 불과하나 공권으로 인정되는 것이 점차 증가함에 유의하여야 한다. 그리하여 소수의 예외를 제외하면 허가의 효과로서의 이익은 법률상 이익과 가까운 이익이라고 보아야 하는 경우가 많다. 즉, 영업이나 건축과 같이 자유권이 회복이 된다.

㉯ 타법상의 제한과의 관계

허가는 타법상의 금지까지 해제하는 효과를 가지는 것은 아니다. 그러나 특정 법률에 의한 허가를 받게 되면 유사한 다른 법령상의 허가 등을 받은 것으로 여겨지는 제도를 인·허가 의제제도라 하여 현재 다수의 법률(국토의 계획 및 이용에 관한 법률 등)에 도입되어 있다. 인·허가 의제제도란 독일의 행정계획의 집중효에 대응하는 것으로서 우리 실정법상 채택되는 것이다. 이것은 근거법상의 주된 허가나 특허 등을 받으면 그 시행에 필요한 다른 법률에 의한 인허가도 받은 것으로 보는 것이다. 하나의 사업을 시행하기 위하여 여러 인허가 등을 받아야 하는 경우에 이들 인허가 등을 모두 각각 받도록 하는 것은 민원인에게 큰 불편을 주므로 민원인의 편의를 도모하기 위하여 만들어진 제도가 인·허가 의제제도이다.

㉰ 지역적 효과

원칙적으로 허가행정청의 관할구역 내에서만 미친다.

㉱ 허가효과의 승계

대인적 허가(운전면허, 의사면허)의 승계는 불가능하며, 대물적 허가(차량검사, 건축허가)는 승계가 가능한 것이 일반적이고, 혼합적 허가(가스사업허가)는 인적 요소의 변경에 관하여는 새로운 허가를 요하고, 물적 요소의 변경에 관하여는 신고를 요하는 등 제한이 따르는 것이 일반적이다. 허가의 효과에 이전성이 인정되는 경우, 법규위반행위의 효과도 승계되는 것으로 보는 것이 원칙이다.

⑥ 무허가행위의 효과

원칙적으로 행정상의 강제집행이나 행정벌의 대상은 되지만, 행위자체의 법률적 효과는 부인되지 않는다. 때로는 법률이 무허가행위를 무효로 규정하는 경우도 있다.

⑦ 허가신청 후 처분 전에 법령의 개정과 허가기준

허가신청 후에 법령이 변경된 경우에 허가신청시의 법령을 기준으로 처분을 할 것인지 허가처분시의 법령을 기준으로 할 것인지가 문제된다. 대법원은 '당연히 허가신청당시의 법령에 의하여 허가여부를 판단해야 하는 것은 아니며, 소관 행정청이 허가신청을 수리하고도 정당한 이유없이 처리를 늦추어 그 사이에 법령 및 허가기준이 변경된 것이 아닌 한 새로운 법령 및 허가기준에 따라서 한 불허가처분이 위법하다고 할 수 없다'고 판시하였다. 그러나 이때에는 신뢰보호와 법률적합성을 구체적 사안에서 비교형량하여 판단하여야 한다고 본다.

3) 면제(exemption)

법령에 정해진 작위·급부·수인 등의 의무를 특정한 경우에 해제해 주는 행위로서 해제되는 의무의 종류(부작위)만 다를 뿐, 의무를 해제한다는 면에서 허가와 같으므로 허가에 대한 설명은 면제의 경우에 그대로 적용된다. 예방접종면제, 세금의 면제를 그 예로 들 수 있다.

(2) 형성적(formative) 행정행위

국민에 대하여 특정한 권리, 권리능력, 행위능력 또는 포괄적인 법률관계 기타 법률상의 힘을 설정·변경·소멸시키는 행정행위이다.

1) 특허(concession; 설권행위)

① 의의

특정인을 위해 새로운 법률상의 힘을 부여하는 것이다. 권리와 의무를 포괄적으로 설정하는 행위를 포괄적 법률관계 설정행위라 한다. 귀화허가나 공무원임명의 경우, 버스운송사업면허, 전기사업허가, 도시가스사업허가, 폐기물처리업허가, 광업허가 등이 그 예이다.

② 성질

수익적 행정행위로서 원칙적으로 재량행위이다.

③ 특허와 출원

출원이 필요요건이라는 것이 다수설이다.

④ 특허의 형식

처분의 형식으로 행해지는 것이 원칙이며, 특정인에게만 행해진다.

⑤ 특허의 효과

제3자에게 대항할 수 있는 새로운 법률상의 힘을 부여한다. 설정되는 권리는 공권(사업경영권)인 것이 보통이나, 사권(광업권, 어업권)인 경우도 있다. 그리고 요건을 구비한 특허신청에 대한 거부는 법률상 이익의 침해가 되어 취소소송의 대상이 되고 특허가 재량행위일 경우에는 무하자 재량행사청구권이 문제된다.

⑥ 허가와의 구별

㉮ 특허는 출원을 필요요건으로 한다.

㉯ 특허는 특정인에게만 부여된다.

㉰ 허가의 효과는 공법적인 것이나, 특허의 효과는 공법적인 것과 사법적인 것이 있다.

㉱ 허가는 원칙적으로 기속행위임에 반해 특허는 재량행위이다.

2) 인가(approval; 보충행위)

① 개념

제3자의 법률행위를 보충하여 그의 법률상의 효과를 완성시키는 행정행위이다. 그 예로는 고등교육법상 사립대학의 설립인가, 비영리법인설립허가, 재단법인의 정관변경 허가, 지방자치단체조합의 설립인가 등을 들 수 있다. 민법상의 후견제도와 유사하다.

② 대상

법률행위이며, 사법상이거나 공법상의 행위를 모두 포함한다. 인가의 대상이 되는 행위는 재건축조합의 사업시행계획결의 같은 공법상 행위일 수도 있고 비영리법인 설립같은 사법상의 행위일 수도 있다.

③ 인가와 출원

출원이 있어야만 가능하며 수정인가는 불가능하다는 것이 다수설이다. 행정청은 그 인가여부만을 소극적으로 결정하는 데 그친다.

④ 형식

처분의 형식으로 행해지며, 요식행위이다.

⑤ 효과

당해 법률행위에 대한 관계에서 발생하며, 타인에게 이전되지 않는 것이 원칙이다.

⑥ 무인가행위의 효과

무효이며 강제집행 또는 처벌의 문제를 일으키지 않는 것이 원칙이다. 기본행위에 하자가 있는 경우에는 기본행위를 다투어야 하며 인가행위에 잘못이 있다면 행정법원에서 인가행위를 다투어야 한다.

⑦ 인가와 기본행위의 관계

기본행위가 무효인 경우에는 인가가 있다하여도 유효로 되지 않으며, 기본행위에 취소원인이 있는 때에는 인가 후에도 취소할 수 있다. 후에 기본행위가 취소되거나 실효하면 인가도 실효된다. 인가가 취소되거나 무효이면 기본행위는 당연히 무인가행위가 된다.

⑧ 허가와의 구별

㉮ 인가는 형성적 행위이며, 허가는 명령적 행위이다.

㉯ 인가는 법률적 행위만을 대상으로 하나 허가는 사실행위도 포함한다.

㉰ 수정인가는 허용되지 않으나, 수정허가는 가능하다. 이설(異說)있다.

㉱ 효력(validity)에 있어 무인가행위는 무효이나, 무허가행위는 강제집행이나 처벌의 대상이 됨에 그친다.

⑨ 인가와 인허(인가+허가)

근래 허가와 인가의 효과가 합쳐진 인가가 존재한다. 토지거래허가가 그 예이다.

3) 공법상 대리(agency in public law)

제3자가 해야 할 일을 행정청이 대신하여 제3자가 행한 것과 같은 법적 효과를 일으키는 행정행위이다. 예를 들면 감독청에 의한 공공조합 등의 정관작성, 압류재산의 공매처분, 협의의 불성립에서의 재정, 행려병자의 유류품 처리 등이다. 이러한 대리의 의미는 공법에서나 사법에서 동일하나 공법상 대리는 그 원인이 공법적이라는 점에서 다르다.

2. 준법률행위(quasi-juristic act)적 행정행위

(1) 확인(confirmation)

1) 개념 및 종류

의문이나 다툼이 있는 경우 공적으로 확정하는 행위이다. 예를 들면 구역결정, 발명특허(patent), 당선인결정, 교과서 검정, 이의신청의 결정, 행정심판의 재결, 소득금액의 결정, 장애등급결정, 민주화운동 관련자결정 등이다.

2) 성질

판단의 표시이며 준사법적(準司法的) 행위로서 기속행위이다.

3) 형식

처분의 형식이며, 요식행위이다.

4) 효과

불가변력이 발생한다. 소급한다고 보는 것이 일반적이다.

(2) 공증(notarization)

1) 의의

일정한 사실이나 법률관계의 존재 여부를 공적으로 증명하는 행정행위이다. 예를 들면 각종 등기, 등록, 증명서의 발급, 여권 등의 발급, 검인 등으로서 공증은 의문이나 분쟁이 없는 것을 전제로 한다.

2) 형식

원칙적으로 문서에 의하고, 요식행위이다.

3) 효과

공적 증거력을 부여하나 반증이 있으면 바뀐다. 개개의 공증행위의 효과는 개별 법규가 정하는 것에 따른다. 대법원 판례는 각종 공부에의 등재 및 변경행위의 처분성을 부인했다가 헌법재판소의 결정에 영향을 받아 지목변경신청반려행위에 대해 처분성을 인정하였다. 단지 행정사무편의나 사실증명의 자료에 불과한 공증행위에 대해서는 처분성을 부정하고 국민의 권리관계에 영향을 미치는 공증행위에 대해서는 처분성을 긍정하는 판례의 태도는 타당한 것으로 보인다. 권리행사의 요건(선거인 명부에의 등록), 제3자에의 대항요건(부동산등기부에의 등기), 권리발생의 요건(광업원부에의 등록)이 되기도 한다.

(3) 통지(notification)

특정 또는 불특정다수인에게 특정사항을 알리는 행위이다. 예를 들면 토지수용에서의 사업인정의 고시, 납세의 독촉, 대집행의 계고 등이 그것이다. 효과는 각 법령이 규정하는 바에 따라 다르다. 통지행위에 아무런 법적 효과가 주어지지 않으면 준법률행위로서의 통지가 아니라 사실행위에 그친다. 즉, 통설과 판례는 일정한 법적 효과가 수반되는 통지만을 준법률행위적 행정행위의 하나로 파악한다. 준법률행위적 행정행위로서의 통지도 행정심판법과 행정소송법상 처분에 해당하므로 통지행위에 하자가 있다면 취소나 무효확인을 구하는 행정쟁송이 가능하다.

(4) 수리(acceptance)

타인의 행정청에 대한 행위를 유효한 것으로 수령하는 행위이다. 예를 들면 사직원서의 수리가 그것이다. 수리의 효과는 개별법규가 정하는 바에 따르며 사법상의 효과가 발생하는 경우(혼인신고수리)도 있고, 행정청의 의무를 발생시키는 경우(행정심판청구의 수리)도 있다. 법령이 정하는 일정한 법적 효과가 발생하는 수리만이 해당한다.

제5절 행정행위의 부관

1. 의의

(1) 부관(collateral clause)의 개념

행정법규에 의하여 정하여진 행정행위의 본래의 법률효과를 제한 또는 보충하기 위하여 행정기관에 의하여 주된 행정행위에 부가된 종된 규율이다. 다수설은 '… 주된 의사표시에 부가된 종된 의사표시'라고 하여 의사표시를 요소로 하지 않는 준법률적 행정행위에는 부관을 붙일 수 없음을 강조하고 있다. 행정행위의 부관은 행정청 스스로의 의사로 붙이는 점에서 법령이 행정행위의 조건, 기한을 정하고 있는(수렵금지기간) 법정부관과 구별되고, 공법계약으로 정하는 경우도 있을 수 있다. 행정행위의 부관의 특색은 그 종속성에 있다. 즉, 본체인 행정행위가 무효이거나 취소되면 부관은 그 자체에 아무런 흠이 없더라도 당연히 무효로 되거나 취소된다.

(2) 부관의 기능
1) 순기능

행정의 유연성(상황적합성 내지 탄력성)을 부여하는 기능, 절차경제의 도모기능, 신속성, 공익 및 제3자 보호기능 등이 있다. 행정청이 부담의 부관을 붙이는 경우 신청인과의 교섭의 결과로서 부가하는 경우도 있다.

2) 역기능

행정편의주의에 따라 부관을 붙이거나 남용하는 경우에는 상대방에게 불이익을 주게 된다. 즉, 과도한 규제와 간섭의 위험을 안고 있다.

2. 종류

(1) 조건(condition)

행정행위의 효과의 발생 또는 소멸을 장래의 '불확실한 사실'에 의존시키는 부관을 조건이라 한다. 정지조건(condition precedent; 행정행위의 효력 '발생'을 장래의 불확실한 사실에 의존하게 하는 조건)과 해제조건(condition subsequent; 행정행위의 '소멸'을 장래의 불확실한 사실에 의존하게 하는 조건)으로 나뉜다. 부담과 달리 조건에 대해서만 강제집행할 수는 없다.

(2) 기한(time limit)

행정행위의 효과의 발생, 소멸을 장래 도래가 확실한 사실의 발생에 의존시키는 부관이다. 시기(始期; time of commencement)와 종기(終期; time of termination) 그리고 확정기한(definite time limit)과 불확정기한(indefinite time limit)으로 나뉜다. 종기가 행정행위의 절대적 소멸원인이 되는가 하는 점에 대하여, 행정행위에 상당하지 않게 단기의 기한이 붙여진 경우 행정행위의 효력의 존속기간이 아니라 갱신기간으로 보아야 한다는 견해(다수설, 판례)가 있다. 그리고 그 종기의 도래로 행정행위는 당연히 효력이 소멸된다는 견해가 있다. 일반적으로는 종기의 도래로 인하여 행정행위의 효력은 일단 소멸한다.

(3) 부담(charge)

행정행위의 주된 의사표시에 부가하여 행정행위의 상대방에게 의무를 부과하는 부관이다. 부담을 통해 부과된 의무를 이행하지 않을 때에는 강제집행 내지 제재의 대상이 되며, 부담부 행정행위의 철회원인이 될 수 있다. 독립하여 행정쟁송의 대상이 된다. 조건과 부담의 구분이 명확하지 않을 때는 조건에 비하여 부담이 상대방의 이익 및 법률생활의 안정 등에서 유리하기 때문에, 부담으로 추정함이 타당하다. 그리고 부담의 일종으로서 부담유보란 행정청이 행정행위에 부가하여 부담의 사후적 추가·변경·보충의 권리를 미리 유보하는 것을 말한다. 부담의 유보는 영속적인 효과를 갖는 행정행위에서 변화하는 환경에 적합한 환경을 실현하는 데에 의미가 있다.

(4) 철회권의 유보(reservation of right to withdraw)

행정청이 일정한 경우에 행정행위를 철회하여 그의 효력을 소멸시킬 수 있음을 정한 부관이다. 항상 자유로운 것은 아니며, 철회의 일반원칙에 따라야 한다. 철회사유가 법령에 명시되어 있는 경우에 법정의 사유 이외의 사유를 철회권의 유보사유로 정할 수 있는가에 대해 판례는 적극적이다.

(5) 법률효과의 일부배제

행정행위의 주된 의사표시에 부가하여 법령에서 일반적으로 그 행위에 부여하고 있는 법률효과의 발생을 일부 배제하는 내용의 부관을 말한다. 예를 들어 택시영업허가부여시의 격일제운행의 부관, 야간에 한한 유흥음식점영업허가, 관광객수송용에 국한된 조건부면세수입차의 타용도에의 사용 금지(판례) 등을 들 수 있다. 법률의 근거가 되는 경우에 한하여 붙일 수 있다. 이러한 법률효과의 일부배제는 독일의 학설상 부관으로 거론되지 않고 독일연방행정절차법도 열거하지 않으며 일본의 경우에도 부관으로 다루지 않는다.

(6) 행정행위의 사후변경의 유보·부담유보

독일 행정절차법(VwvfG) 제36조 제32항 제5호에 규정하였다. 존재의의에 대해 견해가 대립(적극설과 철회권의 유보의 한 형태로 볼 수 있다는 소극설이 있음)한다.

(7) 수정부담

행정행위의 상대방이 신청한 것과는 다르게 행정행위의 내용을 정하는 부관이다. 갑이 행정청에 대해 A국으로부터의 수입허가를 신청하였으나 행정청이 갑에 대해 B국으로부터의 수입허가를 부여하는 경우 또는 A장소에서의 시위를 B장소의 시이로 바꾸는 경우 등이다. 일반의 부담이 'Ja, aber'(yes, but)의 성질을 가지나 수정부담은 'Nein, aber'(no, but)의 성격을 가진다. 의무이행쟁송이 적합한 구제수단이 될 것이다.

3. 행정행위의 부관의 한계(허용성)

(1) 부관의 가능성

1) 준법률행위적 행정행위와 부관

준법률행위적 행정행위에는 의사표시를 요소로 하지 아니하며 그 효과가 법령에 의하여 부여되므로 성질상 부관을 붙일 수 없다는 부정설(판례, 과거의 다수설)에 대한 반대의 근거로서 다음을 들 수 있다.

① 귀화허가는 부관과 친숙하지 않은 반면, 여권에 유효기간을 붙이는 것과 같이 부관이 붙여질 수 있으므로 법률행위적 행정행위에도 부관을 붙이기가 적당치 않은 것이 있는가 하면 준법률행위적 행정행위에도 부관을 붙일 수 있는 것이 있다.

② 사법상의 법률행위와 같이 양자로 나누는 것이 문제가 있다.

㉮ 행정행위는 그의 효력이 법으로부터 나오지 않는 행정행위는 존재하지 않는다.

㉯ 통설은 행정청의 '의사표시'라는 것을 강조하나 이는 민법상 법률행위의 요소로서의 의사표시와는 다른 '입법자의 의사'로서의 성격을 가진다.

그리하여 최근에는 준법률행위적 행정행위에도 부관을 붙일 수 있다는 것이 다수설이다.

2) 기속행위와 부관

통설은 재량행위에만 부관을 붙일 수 있고, 기속행위에는 붙이지 못한다고 주장하며, 판례도 같다. 이는 행정행위의 효과를 제한하는 것만이 부관의 기능인 것으로 생각하는 데에서 비롯되나 행정행위의 효과실현을 보충·보조하는 것이 본래의 기능임을 이해할 때, 기속행위에 대해서도 부관을 붙일 수 있다. 독일 행정절차법(VwvfG) 제36조 제1항은 이를 명문화 하였다. 따라서 부관의 첨부 가능 여하는 개개 행정행위의 성질·목적과 부관의 형태를 아울러 검토하여 결정하여야 할 것이다.

(2) 부관의 자유성(한계)

① 법령에 위배되지 않는 한도에서 첨부가 가능하다.
② 본체인 행정행위의 목적에 위배하여 첨부할 수 없다.
③ 법의 일반원칙에 위배하여 첨부할 수 없다. 부당결부금지원칙이 가장 문제가 되는 것 중 하나가 부관과 관련해서이다.
④ 부관의 부가는 행정청의 재량이나 일정한 경우에는 행정청은 부관설정의무를 진다.

(3) 부관의 사후부가(시간적 한계)

1) 부정설

부관의 독자적 존재를 인정할 수 없고 사후에 부관만을 따로이 첨부할 수 없다는 견해이다. 그리고 사후에 부관이 부가되는 것이 가능하다면 행정객체가 심리적 불안감을 가질 수 있으므로 이의 제거에 도움이 된다는 것도 그 사유의 하나로 들 수 있을 것이다.

2) 부담한정긍정설

부담은 부관성 자체에 의문이 있으므로 부담만은 사후에도 첨부 가능하다는 견해이다.

3) 제한적 가능설

법규나 행정행위에서 예상하였거나 상대방의 동의가 있을 때에는 사후부관이 가능하다는 견해이다. 그리고 부관의 사후부가는 행정행위의 부분적 폐지를 가져오므로 행정행위의 폐지(취소, 철회)에 관한 법원칙을 준용하여야 한다. 이것이 현재의 다수설이다. 판례는 원칙적으로 이 견해를 취하나 범위가 다수설보다 다소 넓다.

4. 부관의 흠과 행정쟁송

(1) 흠 있는 부관의 효력

행정행위의 흠이론에 비추어 판단하여야 한다. 즉 흠이 중대하고 명백한 경우에는 부관은 무효가 되고 중대하고 명백하지 아니한 때에는 취소할 수 있다.

(2) 무효인 부관이 붙은 행정행위의 효력

무효인 부관이 본체인 행정행위의 중요요소를 이루는 때에 한하여 행정행위를 무효로 만든다는 견해가 통설이자 판례이다. 그리고 여기에서 부관이 주된 행정행위의 중요한 요소인지의 판단기준은 행정청의 의사가 아닌 객관적인 상황을 고려하여 중요한 요소인지를 판단해야 할 것이다.

(3) 흠 있는 부관에 대한 쟁송

1) 부관에 대한 독립쟁송 가능성

부담에 대해서는 독립쟁송 가능성을 이설(異說)없이 인정하며, 다른 부관에 대해서는 행정행위에의 부종성을 이유로 독립쟁송 가능성을 부정한다. 다수설과 판례이다. 소의 이익이 있는 한 모든 부관에 대해 독립쟁송 가능성을 인정하는 견해가 있고 분리가능성으로 판단하자는 견해가 있다.

2) 쟁송제기의 형식

① 부담의 경우 진정일부취소소송(당해 부담만을 취소소송의 직접적인 대상으로 하여 소송을 제기하는 것)을 인정하지만 부담 이외의 부관에 대하여 부진정일부취소소송(부관부 행정행위 전체를 소송대상으로 하여 그 중에서 부관부분만의 취소를 구하는 것)을 인정할 것인가의 문제이다.

② 학설은 부진정일부취소소송 형식을 취해야 한다고 보며(통설), 판례는 부담 외의 위법부관에 대하여 일부취소를 인정하지 않는다.

3) 부관의 독립취소가능성

① 부관만의 독립가쟁성을 전제로 하여 법원이 소송의 심리를 통하여 부관이 위법하다고 판단할 경우에 주된 행정행위는 그대로 둔 채로 부관만을 독립하여 취소할 수 있는가의 문제이다.

② 학설은 기속행위의 경우에만 인정하는 견해, 재량행위에도 인정하는 견해, 분리가능성의 여부로 나누는 견해, 부담과 기타 부관을 구별하여 일부취소가능성에 따라 판단하는 견

해 그리고 부관이 주된 행정행위의 중요한 요소인지에 따라 판단하는 견해 등으로 난립한다.

③ 부관이 행정행위의 중요요소가 아닌 가분적 부관의 경우에는 일부취소나 일부무효확인을 할 수 있다는 것이 다수설이다. 판례는 부담부 행정행위의 경우에는 부담만의 취소가 가능하나 그 외의 경우에는 전체 부관부 처분을 취소하여야 한다는 입장이다.

4) 제3자효 행정행위의 경우

제3자를 보호하기 위해 부관을 붙여야 함에도 붙이지 않은 경우 제3자의 쟁송가능성을 인정하여야 한다.

제6절 행정행위의 성립 및 효력요건

일반적으로 행정행위는 법(성문법과 불문법)과 공익에 적합하여야 하고 합리적 이성에 반하지 않아야 한다.

1. 행정행위의 성립요건

(1) 주체에 관한 요건

행정청은 그에 부여된 '권한'의 범위 내에서만 행정행위를 발할 수 있다.

(2) 내용에 관한 요건

1) 행정행위의 법률적합성(법률유보의 원칙의 준수)

2) 행정행위의 헌법적합성

부담적 내지 기본권에 관련되는 행정행위는 그 근거법규가 헌법의 기본권규정에 합치되어야 한다. 그 예로서 재산권의 공용침해 및 보상은 헌법 제23조, 영업의 제한에 관련된 처분은 직업선택의 자유를 보장한 헌법 제15조의 취지에 합치되어야 한다. 그리고 헌법 제11조와 제37조의 평등의 원칙과 과잉금지의 원칙은 재량권의 한계를 정해주는 원칙으로 크게 기능하고 있다.

3) 행정행위 내용의 실현가능성과 명확성

명확성의 정도는 처분의 상대방이 처분행정청 등의 특별한 도움이 없이도 규율내용을 인식할 수 있는 것이어야 한다. 명확하지 아니한 행위는 위법한 행위가 된다.

(3) 절차에 관한 요건

일정한 절차가 요구되는 경우에는 그에 관한 절차를 거쳐야 한다. 예를 들면 이해관계인의 청문 등이다. 행정절차법에 규정되어 있다.

(4) 형식에 관한 요건

일반적으로 불요식행위이나 형식을 요구하는 경우에는 그러한 형식을 갖추어야 하며 근래 이유부기도 중요한 요건의 하나가 되고 있다.

2. 행정행위의 효력발생요건

상대방이 있는 행정행위는 상대방이 알 수 있는 상태에 '도달'함으로써 효력이 발생한다. 여기서 도달이라 함은 반드시 상대방이 직접 수령하여야 한다는 뜻이 아니고 상대방이 알 수 있는 상태에 놓이는 것을 의미하며, 판례도 같은 입장이다. 행정절차법의 경우는 '특정인'의 경우 송달 후 14일이 지나면 효력이 발생하는 것으로 규정하고 있다(제15조 제3항).

제7절 행정행위의 효력(effect)

1. 개설

① 행정행위의 상대방에 대한 구속력(내용적 구속력, 공정력, 불가쟁력)
② 행정행위의 제3자에 대한 구속력(대세효)
③ 행정행위의 처분청에 대한 구속력(불가변력)
④ 행정행위의 타국가기관에 대한 구속력(구성요건적 효력): 별도로 설명하지 않는 견해이다.
⑤ 선행정행위의 후행정행위에 대한 구속력
⑥ 이들 행정행위의 효력(위의 5가지 효력)은 행정행위에 내재하는 효력이 아니라 실정법에 근거를 갖는 법적 효과이다.

2. 내용적 구속력

행정행위가 그 내용에 따라 관계인(행정청 및 상대방과 관계인)에 대하여 일정한 법률적 효과를 발생하는 힘으로서 보통 구속력이라 칭한다.

3. 공정력(예선적 효력)

(1) 의의

1) 통설

행정행위는 당연무효가 아닌 한 권한있는 기관에 의해 취소되기까지는 일응 유효하다고 인정받는 효력을 말한다. 행정행위의 내용적 구속력을 통용시키는 절차법적인 효력이다.

2) 통설에 대한 비판

① 행정행위의 직접 상대방에 대한 구속력과 제3의 국가기관에 대한 구속력(구성요건적 효력)은 그 근거와 내용을 달리하므로 각각 분리하여 고찰함이 타당하다는 견해가 있다.

② 공정력의 본체는 행정행위의 상대방이 취소쟁송의 방법을 통해서 흠이 있다고 여기는 행정행위의 효력을 부인하게 만들어 놓은 행정쟁송제도의 반사적 효과에 지나지 않는다. 이러한 견해에 따르면, 공정력이란 '행정행위가 무효가 아닌 한 행정행위로 인하여 법률상 이익을 침해받은 자는 행정쟁송을 통해서만 그의 효력을 부인할 수 있게 하는 구속력'으로 정의할 수 있다.

(2) 근거

1) 실정법상의 근거

취소쟁송에 대한 관계규정(행정심판법 제4조, 행정소송법 제4조 등)이다. 행정상의 자력집행제도(행정대집행법, 국세징수법 등)에서 찾는 설도 있으나 그들 규정을 행정행위의 집행력의 근거로 보는 견해도 있다.

2) 이론상의 근거

① 자기확인설

㉮ 오토 마이어에 의해 주장된 것으로 행정행위의 공정력의 근거를 행정행위와 판결이 본질적으로 유사하다는 점에서 구한다(판결유사설이라는 용어를 사용하는 학자도 있다).

㉯ 비판

㉠ 행정행위는 판결과 담당기관, 절차 등에 있어 현저한 차이가 있으므로 양자를 본질적으로 같은 것으로 볼 수 없다.

㉡ 행정권의 모든 작용은 사법권의 통제를 받게 되어 있다.

② 국가권위설

포르스트호프의 견해로서 행정행위는 행정청이 우월한 지위에서 행하는 것이므로 그 효력은 국가적 권위에서 도출된다는 이론이다. 행정청의 우월한 지위를 전제하는 것의 근거가 없으며 현재는 이런 이론이 없다.

③ 예선적 효력설

프랑스의 이론으로서 공권력은 법률행위에 의하여 자기의 권리를 스스로 결정하고, 이를 집행에까지 관철하는 특권을 가지며, 따라서 국민은 사후에 불복신청을 한다 하더라도 당장에는 복종하여야 한다는 것이다. 이를 주로 행정행위의 집행력과 관계되는 것이라는 견해도 있다.

④ 법적 안정설(행정정책설)

행정목적의 신속한 달성, 행정법관계의 안정성유지, 상대방의 신뢰보호 등과 같은 정책적 고려에서 구하는 견해로서 통설이다.

(3) 공정력의 한계

1) 무효인 행정행위와 공정력

무효인 행정행위에는 인정되지 않는다.

2) 사실행위, 비권력적 행위, 사법(私法)행위와 공정력

취소쟁송의 대상이 되지 않는 행위에는 공정력이 인정되지 않는다고 보아야 할 것이다.

(4) 공정력과 입증책임

종래 원고책임설이 통설이었으나 현재는 민사소송의 입증책임분배원칙(법률요건분류설)이 통설이다. 공정력과 입증책임은 관련이 없다는 견해이다.

4. 구성요건적 효력

유효한 행정행위가 존재하는 이상 모든 국가기관은 그의 존재를 존중하며, 스스로의 판단의 기초 내지는 구성요건으로 삼아야 한다는 구속력으로서 예를 들면 귀화허가를 법무부장관으로부터 받았다면, 모든 국가기관은 이를 인정하여야 한다는 것이다. 공정력과의 구별에 대해서는 같은 것으로 보는 견해도 있으나 공정력은 현행법이 행정행위에 대한 취소쟁송제도를 취하고 있는 것을 근거로 하는 데 대하여, 구성요건적 효력은 국가기관은 각기 다른 기관의 권한행사를 존중해야 한다는 것에 근거하며, 구성요건적 효력은 국가기관에 대한 구속력이라고 본다. 굳이 공정력과 구성요건적 효력으로 양자를 나눌 실익은 적다고 본다.

5. 공정력과 선결문제

(1) 의의

민·형사 사건에 있어서 어떤 행정행위의 위법, 효력여부가 그 사건에 있어서의 선결문제가 되는 경우에 당해 법원이 그 행정행위의 위법, 효력여부를 스스로 심사할 수 있는가 하는 문제이다.

(2) 민사사건과 선결문제

1) 행정행위의 위법여부가 선결문제인 경우

처분이 위법함을 이유로 한 국가배상청구 소송에서 법원이 선결문제인 행정행위의 위법 여부를 판단할 수 있는가가 문제된다.

긍정설이 다수설과 판례의 입장으로 행정소송법 제11조는 선결문제심판권에 대한 예시 적 규정에 불과하고, 처분의 위법성을 법원이 심판하는 것은 하자 있는 행정행위의 효력을 부인하는 것은 아니므로 민사법원이 선결문제를 심사할 수 있다고 한다. 즉, 공정력은 절차적 효력에 불과하므로 그 행위를 실질적으로 적법한 것으로 만드는 것은 아니며, 따라서 행정 행위의 효력을 부정하지 않는 한도에서 그 위법성을 판단하는 것은 무방하다는 것이다.

2) 행정행위의 효력유무가 선결문제인 경우(행정행위의 무효를 전제로 하는 법률관계에 관한 소송)

예를 들면 조세부과처분이 무효임을 이유로 조세금반환청구소송(부당이득금반환청구소송)을 제기한 경우 민사법원이 선결문제로 행정행위의 효력유무를 판단할 수 있는가가 문제된다. 행정행위가 당연무효이면 공정력이 발생하지 않으므로 법원은 행정행위의 효력유무를 심사하여 판결할 수 있다는 것이 판례와 학설 및 실정법(행정소송법 제11조 제1항)의 입장이다. 그러나 행정행위가 단순위법한 취소할 수 있는 행정행위에 불과한 경우에는 법원에 공정력이 발생하므로 법원은 그 하자 있는 행정행위가 권한있는 행정기관에 의하여 취소되지 않는 한 단순위법한 행정행위의 효력이 유효함을 전제로 판결을 하여야 한다. 따라서 단순위법한 행정행위의 효력이 유효함을 전제로 즉, 그 효력을 부인하여 판결을 할 수 없다는 것이 학설과 판례이다. 예를 들면 과세처분이 무효가 아닌 한 과세처분이 존재하지 않음을 전제로 한 부당이득반환청구소송은 제기할 수 없다.

(3) 형사사건과 선결문제

행정행위의 위법여부가 선결문제인 경우에는 적극설과 소극설로 나누어진다. 판례와 다수설은 적극설을 취하고 있다. 행정행위의 효력유무가 선결문제인 경우 행정행위가 무효라면 형사법원이 판단할 수 있다고 보며 판례도 같다. 그러나 효력유무의 경우 단순위법의 경우는 형사법원은 공정력(또는 구성요건적 효력) 때문에 형사법원은 행정행위의 효력을 부인할 수 없다고 본다. 즉, 효력유무의 경우 단순위법한 행정행위의 효력을 부인하여 판결을 할 수 없다고 본다.

6. 존속력(불가쟁력, 불가변력; 확정력)

(1) 불가쟁력(형식적 존속력)

1) 의의

행정행위에 대한 쟁송제기기간이 경과하거나(90일, 180일/90일, 1년) 쟁송수단을 다 거친 경우에는 더 이상 행정행위의 효력을 다툴 수 없도록 하는 구속력이다. 무효인 행정행위는 쟁송제기기간의 제한을 받지 않으므로 불가쟁력이 발생하지 않는다. 불가쟁력의 목적은 행정행위의 효과의 조기확정 내지 행정법관계의 조기안정에 있다.

2) 불가쟁적 행정행위의 재심사

불가쟁적 행정행위의 재심사란 불가쟁력이 발생하여 적법하게 다툴 수 없게 된 행정행위의 경우에 법 소정의 일정한 재심사유에 해당하게 됨으로써 법적으로 그 적법여부를 심사할 수 있게 되는 것을 말한다. 이는 독일 행정절차법 제51조에 명시됨으로써 관심의 대상이 된 제도이다. 동법에서의 사유로는 후에 유리하게 변경되거나 새로운 증거가 발견되거나 민사소송법상의 재심사유가 있는 경우 등이 있다.

(2) 불가변력(실질적 존속력)

1) 의의

행정행위를 행한 처분청이나 감독청이라도 행정행위의 하자 또는 새로운 사정의 발생 등을 이유로 직권으로 자유로이 그것을 취소, 철회할 수 없는 효력이다.

2) 불가변력이 인정되는 행정행위

준사법적(準司法的) 행정행위(행정심판의 재결, 이의신청의 재결, 징계처분의 결정 등)와 확인행위(공적 시험의 합격자 결정, 당선인 결정 등)가 있다.

(3) 불가쟁력과 불가변력의 관계

① 대상의 차이점이 있다(불가쟁력: 행정객체, 불가변력: 행정주체).
② 불가변력과 불가쟁력은 서로 독립적이다.
③ 불가쟁력은 절차법적 효력이나 불가변력은 실체법적 효력이다.

(4) 불가쟁력과 국가배상청구소송

과세처분에 대하여 불가쟁력이 발생한 후에도 국가배상청구소송을 제기하여 수소법원이 과세처분의 위법성을 심사할 수 있는가에 대해 판례는 적극적이다. 행정쟁송과 국가배상제도는 각각의 목적과 제도의 취지가 상이하고 불가쟁력이 발생한 경우에도 피해자의 손해를 전보해야 한다는 국가배상제도의 본질이 바뀔 이유가 없으므로 타당한 판례라고 본다. 불가쟁력의 제척기간과 국가배상의 소멸시효도 다름에 유의해야 한다.

7. 강제력(집행력, 제재력)

(1) 집행력

1) 의의

행정행위에 의해 부과된 행정상 의무를 상대방이 이행하지 않는 경우에 행정청이 스스로의 강제력을 발동하여 그 의무를 실현시키는 힘으로서 상대방에게 어떤 의무를 부과하는 하명행위만이 집행력을 가질 수 있다(자력집행력).

2) 근거

오늘날의 통설은 행정행위의 집행력은 행정목적의 신속한 달성을 위하여 특별히 법에 의해 인정되는 것이라고 보며, 일반적인 법적 근거로는 행정대집행법과 국세징수법을 들 수 있다. 따라서 행정행위에 고유한 효과라고 하기는 어렵다.

(2) 제재력(制裁力)

행정행위에 의하여 부과된 의무를 위반하는 경우 행정벌이 과해지는 경우가 많이 있고, 이를 보통 행정행위의 제재력(制裁力)이라고 한다. 이에 대해 행정행위의 효력과 직접 연관되는 것인가에 대해 의문을 표시하는 견해도 있다. 즉, 법에 근거가 있어야 하므로 행정행위의 고유한 효과라고 하기 어렵다.

제8절 행정행위의 흠(하자)

1. 개설

행정행위에 적법요건을 갖추지 못한 것으로서 명문의 일반규정이 없으므로 판례 및 학설에 맡겨져 있다. 독일에서는 행정절차법에서 명문규정을 두고 있다.

2. 행정행위의 흠(defect)의 형태와 부존재

(1) 무효원인인 흠

중대하고 명백한 흠이 있는 행정행위를 무효원인인 흠으로 보는 것이 통설이다.

(2) 취소원인인 흠

위법인 경우와 부당의 경우가 있다. 부당의 경우에는 행정소송의 대상은 되지 아니하고 행정심판의 대상이 될 뿐이다. 부당한 행정행위의 관념은 일반적으로 공익위반행위로 정의되고 있지만 부당여부의 판정에 있어서는 그 구체적인 판단기준이 없다는 것이 근본적인 문제점이다.

(3) 무효나 취소의 원인이 되지 않는 흠

명백한 오기(誤記), 오산(誤算) 등이 그 예이다. 직권으로 정정하면 된다.

(4) 행정행위의 부존재

1) 의의

행정행위의 하자의 한 유형으로서 그 위법성의 정도가 무효인 경우보다 더 중대한 경우라고 하는 견해도 있으나, 행정행위라고 볼 수 있는 외형상의 존재 자체가 없는 경우를 말한다.

2) 행정행위의 부존재와 무효인 행정행위의 구별실익

① 부정설

㉮ 무효인 경우 법률상으로는 효력이 전혀 발생하지 않으므로 그 법적 효력의 면에서는 부존재와 같다.

㉯ 현행 행정심판법과 행정소송법은 무효등확인심판과 무효등확인소송을 명시함으로써, 행정행위의 효력 유무나 존재여부의 확인을 구하는 것을 모두 항고쟁송으로 인정하고 있다.

② 긍정설(다수설)

㉮ 효력은 같다할지라도 무효는 외형조차 존재하지 않는 부존재와는 다르다.

㉯ 현행법 아래서도 무효확인소송과 부존재확인소송은 그 소송형태를 달리한다.

㉰ 무효는 무효확인소송 외에 취소소송의 형식으로 소제기가 가능하나, 부존재의 경우는 부존재확인소송외 취소소송의 형식으로 제기할 수 없다.

3. 행정행위의 무효와 취소의 구별

(1) 의의

1) 무효(void)

행정행위의 외형은 갖추고 있으나 행정행위로서의 효력이 전혀 없는 경우이다.

2) 취소(avoidance)할 수 있는 행정행위

행정행위에 흠이 있음에도 불구하고 권한있는 기관이 취소함으로써 비로소 행정행위의 효력을 상실하게 되는 행정행위이다.

(2) 구별실익

1) 효력

무효는 처음부터 아무런 효력을 발생하지 않으나, 취소는 권한있는 기관에 의해 취소될 때까지는 효력을 발생한다.

2) 공정력(구성요건적 효력)과의 관계

무효인 행정행위에는 인정되지 않는다.

3) 불가쟁력과의 관계

무효인 행정행위는 쟁송제기기간의 제한을 받지 않는다.

4) 흠의 치유

통설은 취소의 경우에만 사후보완을 통해 치유될 수 있다고 하며, 이설(異說)은 무효와 취소의 구별이 상대적이란 전제하에 무효의 경우도 치유를 인정하는 견해도 있다.

5) 흠 있는 행정행위의 전환

다수설은 무효의 경우에만 전환을 인정하며, 이설(異說)의 경우는 반드시 무효인 행정행위에만 국한하여 전환을 인정할 필요는 없다고 하며 취소의 경우에도 인정한다.

6) 선행행위의 흠의 승계

선행행위에 무효사유인 흠이 있다면 그 흠은 후행행위에 언제나 승계된다. 그것이 취소사유인 때에는 선행행위가 불가쟁력을 발생하는 경우, 선행행위의 흠은 행정행위가 연속적으로 행하여지는 경우가 아닌 한 원칙적으로 후행행위에 승계되지 않는다.

7) 쟁송형태

취소의 경우는 취소쟁송으로 무효인 경우는 무효확인쟁송으로 소제기가 가능하나, 다만 무효인 행정행위에 대하여는 '무효선언을 구하는 의미에서의 취소소송'이 판례상 인정되므로 이 구별은 상대화되어 가고 있다.

8) 행정소송의 제기요건

무효확인소송은 제기기간의 제약을 받지 않으나, '무효선언을 구하는 의미에서의 취소소송'의 경우에는 취소소송의 제기요건을 갖추어야 한다는 것이 판례의 태도이다.

9) 사정판결 및 사정재결

① 다수설, 판례

㉮ 무효의 경우 존치시킬 처분이 없다.

㉯ 무효등확인쟁송에 대해 취소소송의 사정판결(재결)규정을 준용하고 있지 않다는 점을 들어 무효의 경우 사정판결(재결)이 인정되지 않는다고 한다.

② 이설

무효와 취소의 구별의 상대성, 사정판결제도가 반드시 원고에게 불이익하지만은 않은 점, 무효처분에 대해서도 기성사실을 존중해야 할 경우도 있을 수 있다는 점 등을 이유로 인정되어야 한다고 본다. 그리고 기성의 사실을 원상회복시키는 것이 공공복리의 관점에서 유익한 것인가의 점에서 그 해답을 구하여야 할 것이라고 한다.

10) 선결문제

무효인 경우에만 본안사건의 법원이 스스로 판단하여 본안사건을 재판할 수 있으며, 취소의 경우 위법성에 대해 심사할 수 없다는 견해도 있으나, 취소의 경우에도 그 위법성에 대해 심판할 수 있다.

11) 공무집행방해죄(crime of resisting an officer)의 성립여부

무효의 경우에는 공무집행방해가 성립하지 않으나, 취소의 경우에는 공무집행방해죄가 성립한다.

4. 무효와 취소의 구별기준

(1) 학설

1) 논리적 견해

법의 요건을 결하는 행위는 법률에 특별한 규정이 없는 한 무효라는 견해로 켈젠 등 비인학파의 견해이다.

2) 개념론적 견해(중대설)

법이 정한 행정행위의 요건에 가치의 차이를 두어 무효와 취소를 구별하고자 하는 견해이다. 능력규정과 명령규정, 강행규정과 비강행규정으로 나누어 능력규정과 강행규정의 위반을 무효, 명령규정과 비강행규정의 위반을 취소라고 본다.

3) 목적론적 견해

전체로서의 행정제도의 취지, 목적을 고려하여 무효, 취소를 논하는 입장이다. 행정행위에 하자가 있는 경우 원칙적으로 무효라는 견해와 원칙적으로 취소라는 견해로 나뉜다.

4) 기능론적 견해

행정쟁송제도의 취지·목적에 비추어 행정행위의 무효와 취소를 구별하려는 설이나 부담적 행정행위에만 타당한 것이 문제이며 일본의 유력설이었다.

5) 중대·명백설(외관상 일견 명백설)

중대하고 명백한 흠을 무효원인으로 보고 그에 이르지 않는 흠을 취소원인으로 보는 설(통설)이나 무엇을 중대명백한 흠으로 보며 누구의 판단을 기준으로 그것을 정하느냐의 문제가 남게된다.

① 하자의 중대성

능력규정·강행규정과 같은 법규위반여부를 전제로 하면서 구체적 사정하의 당해 행정행위에 요구되는 법적 요건으로서의 위치를 참작하여 판단하여야 할 것이다.

② 하자의 명백성

통상인의 정상적인 인식능력을 기준으로 객관적으로 판단하여야 할 것이다.

6) 명백성보충요건설

하자의 중대성은 필수요건으로 보고 명백성의 요건은 행정의 법적 안정, 국민의 신뢰보호의 요청이 있는 경우에만 가중적으로 요구되는 요건이라고 보는 견해이다. 헌법재판소는 매우 제한적이기는 하지만 명백성보충설에 입각하여 무효를 인정한 경우가 있다. 즉 법적 안정성의 요구에 비하여 하자의 중대성 및 권리구제의 필요성이 큰 경우에는 중대·명백설의 예외를 인정하고 있다.

(2) 입법례

독일 행정절차법은 행정행위의 무효원인과 비무효원인을 나열하는 동시에(제44조 제2항, 제3항) 그 밖의 사항에 관해서는 흠이 중대하며, 고려될 수 있는 모든 사정을 합리적으로 평가하여 명백한 때에 무효로 하고 있으며(동조 제1항), 전자를 절대적 무효원인, 후자를 상대적 무효원인이라고 부른다.

5. 무효 및 취소원인

(1) 주체에 관한 흠

1) 행정권한상의 흠

① 절대적 무권한

비공무원의 행위. 사실상의 공무원의 이론(de facto official; 무효인 임용행위에 의해 임용된 공무원) 있음에 유의하여야 한다.

② 상대적 무권한

지역적 무권한은 토지에 관한 법률행위를 대상으로 하는 경우를 제외하고는 반드시 무효가 아니다. 표현대리의 법리에 따라 그 효력을 인정해야 하는 경우가 있음(수납기관이 아닌 자의 양곡대금수납행위, 세금징수관 보조원의 수납행위)에 유의하여야 한다.

2) 적법하게 조직되지 않은 합의제 행정기관의 행위

3) 행정기관의 의사에 흠결이 있는 경우

① 의사능력 없는 행위

② 의사결정에 흠이 있는 행위

단순한 착오는 그것만으로는 위법이 되지 않으며, 착오에 의한 행위자체에 하자가 있을 때(착오의 결과 불능이 된 경우) 그것이 이유가 되어 무효 또는 취소가 된다. 판례는 착오에 의한 행정재산의 매각처분, 착오에 의한 양도소득세부과처분은 무효로 보고, 과세대상을 오인한 과세처분, 착오에 의한 국유림의 불하처분 등은 취소로 본다. 상대방의 부정수단에 의한 행정행위는 취소할 수 있으며, 판례는 사위(詐僞)로 받은 한지의사 면허처분이 취소원인이 된다고 판시하였다.

③ 행위능력에 흠이 있는 행위

미성년자도 공무원이 될 수 있으므로(공무원임용시험령 제16조 제1항) 그 행위의 효력은 적법유효하다.

(2) 내용에 관한 흠

① 실현불능의 행위
② 불명확한 행위
③ 공서양속에 반하는 행위

우리 민법과 독일 행정절차법 제44조 제2항에서 절대적 무효사유로 보나 우리의 경우 취소의 원인이 된다고 보는 견해가 유력하다. 우리도 무효로 보아야 한다고 여겨진다.

(3) 절차에 관한 흠

① 상대방의 (필요적) 신청 또는 동의를 결한 행위: 예를 들면 분배신청을 하지 아니한 자에 대한 농지분배처분은 무효이다.

② 타기관의 필요적 협력을 결한 행위: 무효이다.

③ 필요한 공고 또는 통지를 결한 행위

④ 필요한 이해관계인의 입회 또는 협의를 결한 행위: 사전에 토지소유자 또는 관계인과 협의를 거치지 않고 행한 토지수용위원회의 재결은 무효라 할 것이나 판례는 반대취지이다.

⑤ 필요한 청문 등을 결한 행위

(4) 형식에 관한 흠

① 요구되는 서면에 의하지 않은 행위(독촉장에 의하지 아니한 납세의 독촉)

② 이유부기 등을 결한 행위

③ 서명날인을 결한 행위

6. 흠 있는 행정행위의 치유와 전환

(1) 개설

민법에서는 성문화되어 있으나 행정법에서는 학설과 판례를 통해 논해지며, 독일행정절차법 제45조의 치유규정과 제47조의 전환규정은 많은 도움을 주고 있다.

(2) 흠의 치유

1) 개념

흠 있는 행정행위가 그 흠의 사후보완을 통해 흠 없는 행정행위로 되는 것으로서

① 상대방의 신뢰보호

② 행정법관계의 안정성 및 공공복리

③ 불필요한 반복의 배제 등에 그 근거가 있다.

2) 사유

우리나라의 학설은 대체로 행정행위의 요건 중 내용에 관한 요건에 대하여는 치유를 제한하고, 절차와 형식에 대한 요건에 대하여는 치유를 허용하고 있다. 분설하면

① 흠결된 요건의 사후보완

② 법률관계의 확정

③ 취소를 불허하는 공익상의 요구의 발생을 드는 것이 통설이다.

3) 독일의 입법례

참고적으로 독일행정절차법 제45조는 절차와 형식의 흠에 대해서만 인정하며 그 사유로서

① 필요한 신청의 사후제출

② 필요한 이유의 사후제시

③ 필요한 관계인의 청문의 사후보완

④ 필요한 위원회의결의 사후결의

⑤ 타행정청의 필요한 협력의 보완 등을 열거하고 있다.

4) 무효인 행정행위의 치유의 인정여부

통설은 부정하며 이설(異說)은 무효와 취소의 구별이 상대적이라는 전제하에서(무효와 취소의 상대화이론) 무효인 행정행위의 치유를 인정하려 한다. 이점에 대해 독일행정절차법 제45조 제1항에서 행정행위를 무효로 만들지 않는 절차 및 형식규정의 위반에 대해서만 치유를 인정하고 있는 점은 참고가 된다.

5) 하자의 치유시한

쟁송제기이전설(다수설), 쟁송계속가능설, 쟁송종결시한 가능설(독일 행정절차법) 등이 있으나 행정절차의 행정작용의 적정화나 국민의 권리·이익의 사전구제적 기능 등을 고려하면 쟁송제기이전설이 타당하다고 본다.

(3) 흠 있는 행정행위의 전환(conversion)

1) 의의

흠 있는 행정행위를 흠 없는 다른 행정행위로서의 효력을 발생하게 하는 것이다. 예를 들면 사자(死者)에 대한 조세부과처분을 그 상속인에 대한 처분으로 발생하게 하는 것이다. 통설은 무효인 행정행위에 대해서만 타행위에로의 전환을 인정하나 무효에 국한할 필요는 없다는 이설도 있다. 후자의 견해는 독일행정절차법 제47조는 흠 있는 행정행위의 전환을 인정하는 바, 여기의 흠이 있는 행위에는 무효와 취소가 모두 포함된다는 점을 참고한다.

2) 전환의 요건

① 흠 있는 행정행위와 전환하려는 행위와의 사이에 요건, 목적, 효과에 있어 실질적 공통성이 있을 것

② 전환될 행위의 성립, 효력요건을 갖추고 있을 것

③ 당사자가 그 전환을 의욕하는 것으로 인정될 것

④ 제3자의 이익을 침해하지 않을 것

⑤ 행위의 중복을 회피하는 의미가 있을 것 등이다.

3) 전환의 불허용

독일행정절차법은

① 전환이 처분청의 의도에 명확히 반하는 경우

② 관계인에게 원행정행위보다 불이익으로 되는 경우

③ 흠 있는 행정행위의 취소가 허용되지 않는 경우 등(제47조 제2항)과 기속행위의 재량행위로의 전환금지를 규정하고 있다(제47조 제3항).

4) 전환의 성질 및 절차

전환 그 자체에 행정행위의 성질이 있다. 독일행정절차법은 전환의 경우 동법상의 청문의 규정(제28조)이 준용된다고 규정하여 참조할 수 있을 것이다.

7. 행정행위의 흠의 승계(선행정행위의 후행정행위에 대한 구속력)

(1) 의의

흠의 승계란 둘 이상의 행정행위가 연속하여 행하여진 경우에 먼저 행하여진 행정행위의 흠이 후에 행하여진 행정행위에 영향을 미치는가의 문제이다.

선행되어야 할 세 가지 문제로서

① 선행행위가 무효가 아닐 것(무효인 경우에는 선행행위의 흠이 언제나 후행행위에 승계된다)

② 선행행위가 불가쟁력을 발생하고 있을 것

③ 후행행위에 고유한 하자가 없을 것을 요건으로 한다.

(2) 흠의 승계론에서의 문제해결

1) 학설의 경향

① 통설

선행행위와 후행행위가 결합하여 하나의 효과를 완성하는 것인 경우에는 선행행위의 흠이 후행행위에 승계된다고 본다. 이에 반하여 선행행위와 후행행위가 서로 독립하여 별개의 효과를 발생하는 것인 경우에는 선행행위가 당연무효이지 않는 한 그 흠이 후행행위에 승계되지 않는다고 본다. 전자의 예로서는 조세체납처분에 있어서의 독촉·압류·매각·충당의 각 행위사이, 행정대집행에 있어서의 계고·대집행영장에 의한 통지·대집행실행·비용징수의 각 행위사이 등을 들고 있다. 후자의 예로는 과세처분과 체납처분사이, 건물철거명령과 대집행행위사이, 직위해제처분과 면직처분 사이 등을 들고 있다.

② 이설(異說)

흠의 승계여부는 선행행위의 불가쟁력이 가져다주는 법적 안정성 및 제3자보호와 선행행위의 위법성이 승계되어 권리침해를 받은 국민의 권리구제라는 차원에서 조화와 구체적 타당성이 있도록 결정될 문제이다. 따라서 확정된 흠 있는 선행행위를 후행행위에서 취소쟁송 등을 제기하는 일이 법적 안정성이나 제3자보호에 지장이 없는 한 가능하다고 본다.

2) 판례의 경향

① 부정적 사례

㉮ 과세처분과 체납처분사이

㉯ 공무원의 직위해제처분과 면직처분사이

㉰ 변상판정과 변상명령사이

㉱ 도시계획결정과 수용재결처분사이

㉲ 액화석유가스판매사업허가처분과 사업개시신고반려처분사이 등이다.

② 긍정적 사례

㉮ 암매장분묘개장명령과 후행계고처분사이

㉯ 귀속재산의 임대처분과 후행매각처분사이

㉰ 한지의사시험자격인정과 한지의사면허처분사이 등이다.

(3) 행정행위의 구속력에서의 관점

우리나라와 일본의 경우는 '흠의 승계'라는 관점에서 해결하려 하나, 독일에서는 '불가쟁력이 발생한 선행정행위의 후행정행위에 대한 구속력'의 문제로서 파악한다.

1) 후행정행위에 대한 구속력의 근거

불가쟁력이 간접적인 근거를 제공하여 주고 행정의 실효성 확보와 개인의 권리보호라는 양가치가 조화되는 선상에서 해결점을 찾아야 한다고 할 수 있다.

2) 후행정행위에 대한 구속력의 한계

① 사물적(객관적) 한계

후행정행위에 대해 선행정행위의 효과와는 다른 주장을 할 수 없게 하기 위해서는 양행위가 동일한 목적을 추구하며, 그의 법적 효과가 궁극적으로 일치될 필요가 있다. 예컨대 과세처분과 체납처분, 건물 등의 철거명령과 대집행의 계고간에는 그들의 규율대상 내지 규율효과에 있어서의 일치성이 있다고 할 수 있다. 이에 대해 공무원의 직위해제와 직권면직처분사이에는 규율대상의 일치성이 희박하다고 판단된다.

② 대인적(주관적) 한계

구속력은 양행정행위의 수범자가 일치하는 한도에만 미친다.

③ 시간적 한계

구속력은 선행행위의 사실 및 법상태가 유지되는 한도 내에서만 미친다. 따라서 선행행위의 기초가 되는 사실 및 법상태가 이해관계자에게 유리하게 변경된 때에는 불가쟁력을 발생한 선행행위에 대한 재심사도 청구할 수 있다고 보아야 할 것이다.

④ 예측성과 수인가능성

구속력을 앞의 한계 내에서 인정한다 하더라도 개인에게 지나친 결과를 초래하는 경우에는 그 효과를 차단할 필요가 있다. 대판 1994. 1. 25, 93누8542(행정청의 후행처분의 위법을 주장할 수 없도록 하는 것이 관계인에게 수인의 한도를 넘어서는 불이익을 강요하게 될 경우에는 수인한도의 법리상 예외적으로 하자의 승계를 인정하여야 한다는 취지)의 판례가 있다. 따라서 공무원의 직위해제처분의 직권면직처분에의 구속력은 판례와는 달리 인정되어야 할 것이라고 주장하는 견해가 있다.

3) 선행정행위의 후행정행위에 대한 구속력과 기본권과의 관계

법률관계의 안정성, 행정의 실효성 역시 경시할 수 없는 헌법적 가치라고 생각되고 국민의 기본권을 침해하는 행정행위에도 불가쟁력이 생길 수 있으므로 선행정행위의 후행정행위에 대한 구속력를 배제하는 절대적 사유는 될 수 없다고 한다. 그러나 기본권을 침해하는 행정행위에 대하여는 선행정행위의 후행정행위에 대한 구속력을 배제하여야 한다고 본다. 헌법의 행정법에 대한 우위성의 하나일 것이다.

4) 비판

예측가능성과 수인한도성은 일반적 법원리로서 구속력론의 특유한 논거가 되는 것은 아니라고 할 것이다.

제9절 행정행위의 취소

1. 의의

(1) 개념

좁은 의미로는 직권취소를 의미한다.

(2) 종류

    ① 행정청에 의한 취소와 법원에 의한 취소

    ② 직권에 의한 취소와 쟁송에 의한 취소

    ③ 부담적 행정행위의 취소와 수익적 행정행위의 취소

    ④ 광의의 취소와 협의의 취소

(3) 쟁송취소와 직권취소

1) 기본적인 차이

쟁송취소는 국민의 권리구제의 성격을 지니며 대상이 부담적 행정행위임에 대하여 직권취소는 행정목적을 실현하기 위한 수단으로서 주로 수익적 행정행위가 그 대상이다.

2) 구체적인 상이점

① 취소사유

쟁송취소는 추상적 위법성을 이유로 취소되나 직권취소는 구체적 위법사유에 기해 공익의 요구에 의해 취소된다.

② 이익형량

전자는 원칙적으로 이익형량이 없으나(위법성만 심사) 후자는 이익형량을 행하여야 한다.

③ 취소기간

전자는 제기기간의 제한이 있으나 후자는 원칙적으로 기간의 제한을 받지 않는다. 실권이 있음에 유의하여야 한다. 즉 직권취소의 경우에도 실권으로 인해 기간의 제한을 받을 수 있다.

④ 취소절차

전자는 소정의 쟁송절차에 따른다.

⑤ 취소형식

전자는 서면으로 하여야 하나, 후자는 원칙적으로 불요식행위이다.

⑥ 취소의 소급효

전자만이 인정되고, 후자는 수익적 행정행위의 취소의 경우 불소급한다.

⑦ 취소의 범위

전자의 경우 원칙적으로 일부취소를 내용으로 하나 후자의 경우는 적극적인 변경을 내용으로 할 수 있다.

2. 취소권자

(1) 직권취소

취소권자는 처분청이다. 그리고 감독청이 취소할 수 있는가는 견해가 갈린다.

1) 부정설(다수설)

감독청은 특별한 규정이 없는 한 처분청에 대하여 취소를 명할 수 있을 뿐 직접 취소권을 행사할 수 없다.

2) 긍정설

취소권은 감독의 목적을 달성하기 위한 불가결의 수단이라는 이유로 감독청도 당연히 취소권을 갖는다.

3) 결어

명문규정이 없이 감독청의 취소권행사를 인정하게 되면 행정권한 법정주의에 반하게 된다는 점, 직권취소로 국민의 법적 안정성을 해칠 우려가 있다는 점 등에서 부정설이 타당하다고 본다. 실정법은 감독청에게 취소권을 부여하고 있다. 즉, 정부조직법 제11조 제2항과 제18조 제2항 및 지방자치법 제169조 제1항이 그 예이다.

(2) 쟁송취소

행정심판의 재결청과 법원이다.

3. 법적 근거

불요설(행정의 법률적합성원칙을 고려하면 행정청에는 별도의 명시적 근거규정 없이도 위법한 행정작용을 스스로 시정할 수 있는 권한이 있다는 견해)과 필요설(직권취소는 주로 수익적 행정행위를 대상으로 한다는 점을 고려하면 그 취소는 상대방의 기득권을 침해하므로 명시적인 법적 근거가 필요하다는 견해)로 분립한다. 다수설과 판례는 전자의 입장을 취한다. 졸견으로는 필요설이 타당하다고 본다.

4. 취소의 사유

법문에서 명시된 경우 외에 통칙적 규정이 없으나 무효에 이르지 않은 경우는 즉 중대명백한 사유가 아닌 경미한 사유는 모두 직권취소의 사유가 된다. 예를 들면, 권한초과, 행위능력결여, 부정행위에 의한 경우, 착오의 경우, 공서양속에 위배된 경우(독일에서는 무효로 봄), 경미한 법규위반 내지 불문법위반 또는 공익위반, 경미한 절차나 형식을 결여한 경우 등이다. 흠이 있으나 이미 치유된 경우(처분의 형식 또는 절차의 사후보완, 불특정 목적물의 사후 특정)에는 취소의 대상이 되지 아니한다.

5. 취소권의 제한

(1) 취소의 제한원칙

이익형량이 있어야 한다. 즉 직권취소에 있어서는 취소로 인하여 상대방 또는 이해관계자 가 받게 되는 불이익과 취소로 인하여 달성되는 공익 및 관계이익을 비교형량하여야 한다.

(2) 이익형량과 그·기준

1) 부담적 행정행위

자유롭게 할 수 있다.

2) 수익적 행정행위

① 취소가 제한되지 않는 경우

㉮ 위험의 방지

㉯ 행정행위의 하자가 수익자의 책임에 기인할 때 등이다.

② 취소가 제한되는 경우

㉮ 신뢰보호의 원칙이 인정되는 경우

㉯ 초래되는 경제적 효과도 고려하여야 한다.

㉰ 실권

㉱ 불가변력이 적용되는 경우(행정심판의 재결)

㉲ 인가(사인의 법률적 행위의 효력을 완성시켜주는 행위)의 경우는 사인의 법률행위가 완 성된 이후에는 법적 안정성의 요청이 강하기 때문에 제한을 받는다

㉳ 하자의 치유·전환이 가능한 경우 등이다.

6. 취소의 절차

직권취소의 경우 특별한 절차를 요하지 않는 것이 원칙이나 청문 등의 절차를 규정하고 있는 경우가 많다. 즉 직권취소는 주로 불이익처분이므로 행정청은 원칙적으로 당사자에게 처분의 사전통지를 하여야 하고 의견청취, 청문을 하여야 하며 처분의 이유를 제시하여야 한다(행정절차법 제21조 내지 제23조).

7. 취소의 효과

(1) 소급효의 인정여부

일률적이 아니며 구체적인 이익형량에 따라 결정되어야 한다(다수설). 직권취소는 원칙적으로 소급되지 아니한다. 하자의 발생에 대하여 상대방에게 귀책사유가 없고 이미 완결된 법률관계나 법률사실을 제거하지 않으면 취소의 목적을 달성할 수 없는 경우가 아니라면 법적 안정성 및 신뢰보호의 관점에서 장래효만 가진다. 쟁송취소는 성질상 언제나 당해 행정행위가 있은 때까지 소급하여 취소의 효과가 발생한다. 침익적 행위의 직권취소의 효과는 대체로 소급한다. 수익적 행정행위는 대체로 소급하지 않는다.

(2) 손실보상의 여부

상대방의 귀책사유에 기하지 않은 경우에는 보상하여야 할 것이다.

8. 취소의 취소

(1) 무효원인이 있는 경우

취소는 무효이며 원행정행위가 그대로 존속한다.

(2) 취소원인이 있는 경우

① 반복필요설(부정설)

취소처분을 취소하여 원행정행위를 소생시키려면 원행정행위와 같은 내용의 행정행위를 다시 행할 수밖에 없다는 견해이다.

② 반복불요설(긍정설)

행정행위의 일반원칙에 따라 취소할 수 있다는 견해로서 통설이다.

③ 판례는 일정치 않다.

원행정행위가 수익적 행정행위일 경우 긍정설을 원행정행위가 침익적 행정행위일 경우 부정설로 분류하는 견해가 있다.

9. 제3자효 행정행위의 취소

이익형량의 범위가 확대되고, 행정소송법(제16조, 제29조, 제31조 등)에 규정 있음에 유의하여야 한다.

제10절 행정행위의 철회·실효

1. 철회(withdrawal)의 의의

(1) 의의

'흠 없이' 성립한 행정행위에 대해 그의 효력을 존속시킬 수 없는 '새로운 사정'이 발생하였음을 이유로 그의 효력을 소멸시키는 독립한 행정행위이다. 철회는 학문상의 용어이며 실정법상으로는 일반적으로 취소라 불리고 있다.

(2) 취소와의 구별

1) 종래의 설명

① 처분청만이 할 수 있다.

② 장래효만 있다.

③ 철회원인이 새로운 사정에 기인하고 있다는 점 등이 직권취소와의 차이점이라고 설명되었다.

2) 근래의 견해

유사성이 강조된다. 취소와 철회의 구별의 상대성은 적법상태의 회복과 행정목적의 실현을 아울러 도모하는 '직권취소의 이중성'에서 기인한다.

3) 중요한 차이점

그러나 취소는 흠의 시정에 철회는 변화한 사정에의 적합에 1차적 목적을 두고 있다.

2. 철회권자

원칙적으로 처분청이다.

3. 법적 근거

(1) 철회자유설(근거불요설)

다수설 및 판례의 견해이다.

① 행정은 공익에 적합하고 정세변화에 적응하여야 한다.

② 철회원인의 발생시 본래의 행정행위를 하였다면 흠 있는 행위가 되었을 것이다.

③ 철회에 대해서도 쟁송이 가능하다.

④ 원행정행위의 수권규정은 철회의 수권규정으로 볼 수 있다.

⑤ 철회에 법적 근거를 요한다고 보는 것은 입법자를 만능시하는 것이다.

(2) 철회제한설(근거필요설)

법령의 근거없이 단순히 공익상의 필요만을 이유로 행정행위를 할 수 없는 것과 같이 새로운 행정행위인 행정행위의 철회 역시 법령의 근거 등이 있을 때에만 행사할 수 있다고 보아야 할 것이다라는 견해이다.

4. 철회사유: '새로운 사정'의 구체화

① 철회권의 유보
② 부담의 불이행
③ 새로운 사실의 발생(사실관계의 변화)
   그 예로서 생활보호법상 수혜자가 생활여건의 개선으로 그 요건을 벗어나게 된 경우를 들 수 있다.
④ 법령의 개정
⑤ 우월한 공익상의 필요
⑥ 기타 법령이 정한 사실의 발생

5. 철회권의 제한

(1) 부담적 행정행위의 철회

원칙적으로 자유롭다.

(2) 수익적 행정행위의 철회

① 이익형량을 하여야 한다.
② 과잉금지의 원칙이 지켜져야 한다. 철회권 행사의 보충성이라고 말해진다. 예를 들면 경미한 의무위반에 대하여 상대방에게 중대한 이익을 주는 수익처분을 철회하는 것은 비례의 원칙에 위배된다.
③ 실권의 법리가 적용된다.
④ 불가변력이 발생한 행위에 대해 다수설은 부정한다.

6. 철회의 절차

행정절차법과 개별법에 규정되어 있다. 철회는 주로 불이익처분이므로 행정청은 당사자에게 처분의 사전통지를 하여야 하며 의견청취를 거쳐야 하고 처분의 이유를 제시하여야 한다(행정절차법 제21조 내지 제23조).

7. 철회의 효과

장래효가 있으며, 부수적 명령 등 수반이 가능하고 원칙적으로 보상을 하여야 한다. 관련 문서나 물건의 반환도 요구할 수 있다(독일 행정절차법 제52조).

8. 흠 있는 철회의 효력

철회행위가 무효이거나 취소할 수 있는 행위가 된다.

9. 제3자효 행정행위의 철회

복잡한 형량의 문제를 야기한다.

10. 행정행위의 실효

(1) 실효의 의의

아무런 하자없이 성립한 행정행위가 일정한 사실의 발생(실효사유)에 의하여 '당연히' 그 효력이 소멸되는 것이다.

(2) 실효의 사유

① 행정행위의 대상의 소멸(예: 의사의 사망, 물적 시설의 철거)
② 해제조건의 성취, 종기의 도래
③ 목적의 달성 등이다.

(3) 실효의 효과

행정청의 특별한 의사행위를 기다릴 것 없이 장래에 향하여 '당연히' 효력이 소멸된다. 실효의 여부에 분쟁이 생기면 실효확인의 소의 제기를 통해 해결할 수 있다.

Chapter

03

행정계획

1. 의의

(1) 기능과 필요성

사회질서의 인위적 형성과 유지를 요구하게 되고, 이러한 요구를 만족시켜주는 현대행정의 행위형식의 하나가 행정계획(administrative plan)이다.

(2) 개념적 요소와 정의

1) 계획(plan)과 기획(planning)의 구분

계획을 수립하는 행위가 기획이며, 이러한 기획의 산물이 계획이다. 계획은 영속적인 과정이지 일회적인 의사결정이 아니다.

2) 계획의 개념적 요소

① 목표의 설정
② 목표의 실현
③ 수단의 체계성

3) 개념

상호관련된 체계적 수단을 통하여 일정한 목표를 실현하는 것을 내용으로 하는 행정의 행위형식이다. 행정계획은 목표와 수단의 구조로 이루어져 있다.

2. 종류

① 대상에 따라 경제계획과 사회계획
② 대상지역에 따라 전국계획, 지방계획, 특정지역계획
③ 계획기간에 따라 장기계획, 중기계획, 연도별계획
④ 책정수준에 따라 상위계획, 하위계획
⑤ 구체화의 정도에 따라 기본계획, 집행계획
⑥ 형식에 따라 법률형식에 의한 계획, 명령에 의한 계획, 행정행위에 의한 계획
⑦ 대상범위에 따라 전체계획, 부문계획
⑧ 구속력에 따라 구속적 계획, 비구속적 계획 등에 의한 분류가 가능하다.

그리고 자료제공적 계획(비구속적 계획 또는 정보제공적 계획), 영향적 계획(반구속적 계획 또는 유도적 계획), 규범적 계획(구속적 계획 또는 명령적 계획)으로 분류하면서 법학적 관점에서 중요한 구분이라고 하는 견해도 있다.

3. 행정계획의 법적 성질

(1) 광의와 협의

협의는 직접 국민에 대하여 의무를 부과하는 계획으로서 광의의 개념에서 행정조직 내부의 계획은 제외한다.

(2) 법규명령인가 행정행위인가의 문제

도시계획의 법적 성질에 대해 서울고등법원은 행정입법의 성질을 가진다고 보았으나, 대법원은 도시계획의 처분성을 인정하였다. 학설 중에는 행정계획을 입법행위도 행정행위도 아닌 독자적인 것이라는 견해(독자성설)도 있고 계획의 법적 성질을 계획마다 개별적으로 검토하는 견해(개별검토설)도 있다. 도시계획 가운데는 법규명령적인 것이 있고 행정행위적인 것이 있을 수 있다. 획일적으로 행정행위(처분)로 단정할 수 없으며, 행정계획 가운데 처분적인 것이 있더라도 일반처분 내지 물적 행정행위의 성질을 가짐이 보통이고 계획재량을 광범하게 가짐으로써 취소쟁송을 통한 권리구제가 어렵다. 개별검토설이 통설이다.

4. 행정계획의 성립·적법요건

(1) 주체 및 절차에 관한 요건

행정계획을 책정함에 있어 모든 이해관계인의 참가를 보장하는 신뢰성이 높은 계획확정 절차를 확립하는 것이 과제이다. 여기에는 다음과 같은 방법이 있다.

① 관계기관간의 협의조정
② 합의제기관의 심의(헌법 제89조 제1호)
③ 이해관계인의 청문 등
④ 계획의 영향평가
⑤ 지방자치단체의 국정참가
⑥ 행정예고(행정절차법 제46조) 등이 그것이다.

중요한 행정계획이 확정되면 이를 국회에 제출하게 하는 제도를 도입할 필요가 있다는 견해도 있다.

(2) 내용에 관한 요건

법률우위원칙 및 법률유보원칙을 준수하는 등 그의 내용이 적법하고 공익에 적합할 것 이 요구된다.

(3) 형식과 고시

법률, 법규명령, 조례 등의 형식으로 정하는 경우에는 '법률 등 공포에 관한 법률'이 정 한 형식을 갖추어 대외적으로 공포하지 않으면 안 된다. 그리고 그 밖의 형식으로 계획을 정하는 경우에는 개별법에 정한 형식에 의하여 고시되지 않으면 안 된다.

(4) 효력발생 및 효력

1) 효력발생

법령의 형식을 취하여 발해지는 경우에는 원칙적으로 공포한 날로부터 20일을 경과함 으로써 효력을 발생하고(헌법 제53조 제7항 참조), 기타의 경우는 고시와 동시에 효력을 발생 한다.

2) 효력

① 집중효

행정계획이 결정되면 다른 법령에 의하여 받게되어 있는 허가 등을 받은 것으로 간주하 는 효력이다. 우리나라의 인·허가 의제제도와 유사한 면이 있다. 그러나 인·허가의제는 행정계획이 아닌 행정행위에도 인정되고 있으므로 행정계획 확정에만 인정되는 집중효와 반드시 동일한 것은 아니다.

② 배제효

주민 등 이해당사자 등에 대한 불가쟁력이다. 국민에 대한 구속력이라고 할 수 있다.

③ 구속효

행정청에 대한 불가변력이다.

④ 우리나라의 경우는 이 중에서 집중효만 인정한다.

5. 계획재량과 형량명령

(1) 계획재량의 의의

행정청이 행정계획을 책정함에 있어서는 일반 재량행위에 비하여 더욱 광범위한 판단여지 내지는 형성의 자유가 인정되며 이를 계획재량(planning discretion) 또는 계획상 형성의 자유(freedom of formation)라 한다. 계획재량의 경우는 행정기관에게 넓은 재량 내지 형성적 자유를 인정하지 않을 수 없다. 따라서 목적프로그램 또는 목적-수단의 형식(形式)으로 표현하며 행위재량의 조건적 프로그램 내지 가언명령적 정식과 대비시키기도 한다. 택지개발 예정지구 지정처분과 같은 행정계획안 입안, 결정시의 재량을 그 예로 들 수 있다.

(2) 형량 명령

이 같이 넓은 범위의 재량이 인정된다고 하더라도, 행정상의 법원칙을 위반할 수 없으며, 정당한 이익형량이 행해져야 한다. 즉 형량명령에서는 관련 제이익의 정당한 형량여부가 그 계획규범적용의 적법여부의 기준이 된다. 서독의 연방건설법 제1조 제6항에서는 '건축기본계획을 수립함에 있어서는 공익과 사익상호간, 공익상호간 및 사익상호간에 정당한 형량이 행해지지 않으면 안 된다'고 규정하고 있다.

(3) 형량의 하차

따라서 전혀 형량을 행하지 않은 경우(형량의 탈락, 해태), 형량의 대상에 마땅히 포함시켜야 할 사항을 빠뜨리고 형량을 행하는 경우(형량의 흠결, 부전), 제이익간의 형량을 행하기는 하였으나 그 형량이 객관성·비례성이 결여된 경우(誤형량)의 경우에는 형량의 하자로서 위법시된다. 그러나 이러한 구분이 반드시 명확한 것은 아니다. 계획재량의 경우에 형성의 자유가 인정되는 범위 내에서 사법심사는 배제된다.

(4) 결어

행정행위의 일종으로서의 재량행위와는 이질적인 이 계획재량을 법적으로 어떻게 통제할 것인가는 현대 행정법학의 중대한 과제 중의 하나라고 할 수 있다.

6. 행정계획과 권리구제

(1) 행정쟁송

처분적 행정계획, 예를 들어 도시관리계획에 대하여는 취소쟁송이 가능하나 처분성 여부, 사건의 성숙성 여부(ripeness; 사건이 쟁송하기에 적합할 정도로 성숙되어 있어야만 판결을 내릴 수 있다는 것)가 자주 문제가 되며, 사정판결될 확률이 높고 계획재량도 장애가 될 수 있다. 대법원은 도시계획의 수립에 있어서 구 도시계획법 제16조 소정의 공청회를 열지 않고 행한 도시계획결정이 취소사유가 된다고 판시한 바 있다. 그리고 행정계획 분야에서는 기성사실의 발생 등을 사전에 방지하기에는 적절하지 못하므로 예방적 권리구제제도가 특히 필요하다고 할 수 있다.

(2) 손해배상의 청구

관여 공무원의 직무상 불법행위가 있는 경우에는 국가배상을 청구할 수 있음이 당연하나 그 요건이 충족되기가 쉽지 않다.

(3) 손실보상의 청구

법률에 보상규정이 없는 경우 현재 수용유사침해 내지 수용적 침해이론 등에 의한 보상론과 국가배상법에 의한 배상론이 대립되어 있다. 입법적 해결이 필요하다.

(4) 헌법소원

행정계획이 공권력 행사이지만 처분이 아닌 경우에는 헌법소원의 대상이 된다. 헌법재판소는 '그린벨트의 지정은 합헌이나 구역지정으로 인해 예외적으로 토지를 종래의 목적으로도 사용할 수 없거나 또는 법적으로 허용된 토지이용방법이 없어 실질적으로 토지의 사용·수익의 길이 막혀버린 경우에는 토지소유자가 수인해야 하는 사회적 제약의 한계를 넘는 것이기 때문에 적정한 보상규정이 없으면 위헌이다'라고 하여 도시계획법 제21조에 대한 헌법소원에서 헌법불합치결정을 내렸다(헌재 1998. 12. 24, 89헌마214, 90헌바16, 97헌바78(병합)).

7. 행정계획과 계획보장청구권

(1) 의의

계획의 유동성 내지는 위험을 적절히 분배해 보려는 것으로서, 일반적으로는 부인되고 있다. 참고로 우리 판례는 계획보장청구권(claim to security on plan)이라는 법개념을 사용하고 있지 않다.

(2) 내용

1) 계획존속청구권(claim to continuance of plan)

계획의 변경 또는 폐지에 대항하여 계획의 존속을 주장하는 경우이다.

2) 계획이행청구권(claim to performance of plan)

관계행정청이 계획에 위반되는 행위를 하는 경우, 이해관계자는 그 계획행정청을 상대로 계획을 준수할 것 내지는 이행을 청구할 수 있는가 하는 경우이다.

3) 계획변경청구권(claim to alteration of plan)

기존의 계획의 변경을 구하는 공권이다. 종래 우리 대법원은 이를 인정하지 않다가 최근에 들어서 이러한 전통적 입장을 완화하여 제한적이긴 하나 관계주민 등의 계획변경청구권을 인정하고 있다.

4) 경과조치청구권(claim to interim measures)

계획이 변경 내지 폐지되는 경우 행정청에 대하여 경과조치를 청구할 수 있는가의 경우이다.

5) 손해전보청구권

국가배상법 제2조의 요건이 충족되는 경우 계획주체를 상대로 한 배상을 청구할 수 있겠으나 보상청구권은 법률의 미비로 실제로 행사하기는 어려운 것이 실정이다.

행정법상 확약

제1절 의 의

1. 개념 및 대상

행정청이 자기구속(自己拘束)을 할 의도로서 장래에 향하여 행정행위를 약속하는 의사표시이다. 각종 인허가의 발급약속(내인가 또는 내허가), 공무원에 대한 승진약속, 주민에 대한 개발사업의 약속, 자진신고자에 대한 세율인하의 약속 등이 그 예이다. 행정절차법안(案)에서는 있었으나 우리의 행정절차법에서는 확약조항이 빠졌다. 예지(豫知)이익(미리 알게 하는 이익)과 대처(對處)이익(미리 대처하게 하는 이익)을 부여한다.

2. 법적 성질

(1) 행정행위성 여부

① 행정행위설

확약(government promise)은 행정청을 구속하는 것이라는 점에서 행정행위의 기본적 요소인 규율성을 갖추고 있다고 보아 행정행위의 성격을 가진다고 본다.

② 독자적 행위형식설

판례의 견해이다. 장래 일정방향으로의 규율을 그 내용으로 하고 있기는 하나 확약단계에서는 아직 종국적 규율성은 결여되어 있다.

(2) 다른 개념과의 구별

① 교시는 비구속적인 법률적 견해의 표명(정보제공)이나 확약은 자기구속을 할 의도로 행하는 것이다.

② 일정한 법적 효과를 발생한다는 점에서 행정지도와 같은 사실행위와 구별된다.

③ 예비결정이나 부분허가는 한정된 사항에 대하여 종국적으로 규율하는 행정행위의 효과를 발생한다는 점에서 종국적 규율(행정행위)에 대한 약속에 지나지 않는 확약과 구별된다.

④ 가행정행위는 잠정적이기는 하지만 확정적인 행정행위의 하나로서 확약이 장래의 행위를 약속하는 점에서 가행정행위와 구별된다.

제2절 확약의 허용성과 한계

1. 허용성

우리 대법원은 신뢰보호의 견지에서 확약을 인정하고, 독일의 경우도 판례는 신뢰보호를 근거로 하였다. 학설은 확약의 권한이 본처분의 권한에 포함되는 것에서 그 근거를 찾았다(본처분권한내재설). 혹은 본처분에 대한 예견가능성에 관한 국민의 이익은 헌법상 보호되는 것이라는 이유에서 헌법적 차원에서 근거를 찾는 견해도 있었다(본처분권에 수반되는 사전처리작용). 확약의 구속력은 신뢰보호의 원칙에서 찾음이 좋을 것이다.

2. 허용의 한계

① 본처분의 발급에 관하여 일정한 사전절차가 요구되어 있는 경우

불이익한 본처분에 있어서는 확약에 앞선 절차의 생략은 허용되지 않는다.

② 재량행위와 기속행위의 경우

행정청의 독자적인 의사활동의 여지가 없는 기속행위에 대해서는 확약을 통한 자기구속의 여지도 없다는 견해도 있다. 그러나 기속행위에도 상대방은 예지이익과 대처이익이 있는 것이므로 긍정적으로 해석하여야 할 것이다.

③ 사실완성 후의 확약

상대방(행정객체)에게 이익이 부여되는 경우는 긍정하는 견해가 있다.

3. 확약의 요건과 기속력·효력

(1) 일반적 요건

주체·내용·절차·형식·표시 등 일반적 요건을 갖추어야 하며, 그 형식에 있어서 독일 행정절차법은 서면성을 요구하나 우리의 경우 서면에 의하지 않은 확약을 전부 무효로 볼 이유는 없다고 생각된다. 그리고 확약을 함에 있어서 법적 근거를 요하는 가의 문제에 있어 긍정설과 부정설로 분립되나 본처분권한에 당연히 포함되므로 부정설이 타당하다고 본다.

(2) 기속력·효과

행정청은 확약한 것을 이행할 기속을 받으며(행정청의 자기구속), 상대방에게는 기대권을 발생시킨다.

(3) 취소 및 변경

독일 행정절차법 제38조 제2항은 행정행위의 무효와 직권취소에 관한 규정을 확약에 준용하고 있다.

(4) 철회 및 실효

① 철회

신뢰보호의 관점에서 취소에 있어서보다 더욱 제약을 받는다.

② 실효

확약의 내용을 이행할 수 없을 정도로 사실상태 내지 법률상태가 변경된 경우이다. 이는 사정변경의 원칙의 내용이다. 사정변경의 원칙(doctrine of changed circumstance)이란 계약은 지켜져야 한다는 원칙에 대한 반대의 원칙으로서 계약은 지켜져야 한다는 원칙의 종된 원칙이다.

4. 권리구제

(1) 행정쟁송

행정행위를 대상으로 한 경우 의무이행심판이나 부작위위법확인소송을 통해서 간접적으로 의무이행을 촉구할 수 있다.

(2) 손해배상 및 손실보상

손해배상에 대하여는 '공무원의 허위 아파트 입주권 부여 대상확인을 믿고 아파트 입주권을 매입한 경우, 공무원의 허위확인행위와 매수인의 손해사이에 국가배상법상의 상당인과관계가 있다'는 판례가 있다. 손실보상의 경우에는 공단설립의 확약을 믿고 투자한 경우 이를 철회하면 보상을 해 주어야 할 것이다.

Chapter 05

공법상 계약 및 합동행위

제1절 공법상 계약

1. 공법상 계약의 유용성

　행정기능의 확대와 밀접한 관련이 있고 그 장점으로는 탄력적인 처리가 가능한 점, 불명확할 때의 용이한 해결방법인 점, 법의 흠결을 보충하는 점, 교섭을 통하므로 문제이해가 쉽다는 점 등을 들 수 있다.

2. 가능성과 자유성

　① 가능성에 대해 오늘날은 부인하는 이론은 거의 없다.
　② 법률유보원칙과 관련하여 재량행위의 경우에는 그에 갈음하는 공법계약을 인정해도 좋을 것이다.

제2절 타 행위와의 구별

1. 의의

공법적 효과의 발생을 목적으로 하는 복수의 당사자 사이의 반대방향의 의사간의 합치에 의하여 성립되는 공법행위라고 정의한다. 여기에는 당사자의 특성이 무시되고 있으므로 '행정주체상호간이나 행정주체와 사인간 공법적 효과의 발생을 내용으로 하는 계약'으로 정의하는 견해가 있다.

2. 타계약과의 구별

(1) 사법계약과의 구별

공법계약은 계약당사자의 일방 또는 쌍방이 행정주체이고 공법적 효과의 발생을 내용으로 하는 계약이다.

공법계약과 사법계약의 구분은

① 적용법규 및 법원리의 발견과 적용

② 국가보상

③ 쟁송제도 등과 관련하여 중요한 의의가 있다.

(2) 행정계약(administrative contract)과의 구별

행정계약은 공법계약과 사법계약이 모두 포함된다. 행정주체가 체결하는 공법상 계약과 행정사법상 계약을 모두 포함하여 행정계약이라고 부르고, 그 공통되는 특징을 규명하려는 경향이 생겨났다.

3. 행정행위 등과의 구별

(1) 양자의 일반적 이동(異同)

행정행위는 행정청이 일방적으로 발하는 데 반하여, 공법계약은 양당사자의 합의에 의해 성립하는 것이다. 참고적으로 교섭에 의한 행정행위는 행정청이 행정행위를 발하기 전에 상대방과 미리 교섭, 협의하는 경우이다.

(2) 동의에 의한 행정행위(공무원의 임명, 영업허가 등)와의 구별

공법계약에 있어서는 상대방의 의사표시가 그의 존재요건을 이루는 데 대하여 행정행위에 있어서는 단순히 적법요건 내지 효력요건을 이루는 데 지나지 않는다. 즉, 공법계약에 있어서는 상대방의 의사표시가 없으면 계약이 존재하지 않으나, 동의에 의한 행정행위에 있어서는 상대방이 없더라도 위법으로서 취소나 무효의 원인이 될 뿐 행정행위는 존재한다.

(3) 부관이 붙은 행정행위와의 구별

계약과 행정행위간의 기본적인 차이점이 있다. 즉, 부관은 취소(직권취소 및 쟁송취소)의 대상이 될 수 있으나, 계약에 있어서는 원칙으로 무효의 주장만이 가능하며 계약의 부분무효는 계약 전체의 무효를 초래한다.

(4) 합동행위와의 구별

공법계약은 당사자간의 반대방향의 의사표시에 의하여 성립하는 공법행위인 점에서 동일방향의 의사합치에 의하여 성립하는 합동행위(시·군조합의 설립 등)와 구분된다.

(5) 확약과의 구별

확약에 있어서는 취소·철회 등의 법리가 적용되는 데 대하여 공법계약은 그러하지 않다.

제3절　공법상 계약의 종류

1. 주체에 따라

(1) 행정주체상호간의 공법계약

공법상의 협약이라고 부르는 경향이 있다.

(2) 국가 및 공공단체와 사인과의 공법계약

정부계약, 국공유재산에 관한 계약, 공물·영조물 이용관계의 설정계약, 공무원의 채용계약, 원자력손해배상계약, 임의적 공용부담, 보조금 지급계약, 민자유치계약 등으로 나눌 수 있다.

(3) 공무수탁사인과 사인간의 공법계약

기업자로서의 사인과 토지소유자간의 토지수용에 관한 협의를 들 수 있다.

2. 성질에 따라

대등법계약(지방자치단체를 관류하는 하천의 관리에 관한 협약)과 종속법계약으로 분류되나 공법계약자체가 대등성을 전제로 하는 것이어서 의문이 있다는 견해가 있고, 이에 대해 지위에 있어서는 대등하나 내용에 있어서는 대등하지 않을 수 있다는 반론이 있다.

3. 내용에 따라

무수한 분류가 가능하나, 교환계약(계약당사자가 행정청에게 반대급부의 의무를 부담함을 내용으로 하는 계약)과 화해계약(존재하는 불확실성을 상호간의 양보에 의해 제거함을 내용으로 하는 계약)이 중요하며, 독일 행정절차법(제55조~제56조)에서 이 두가지 유형에 대해 특별히 규정하고 있다.

4. 법규의 근거에 따라

법령에 근거 있는 공법계약과 근거 없는 공법계약으로 분류할 수 있다.

제4절 공법상 계약의 특수성

1. 실체법적 특수성

(1) 법적합성

공법상 계약도 법에 적합하여야 한다.

(2) 계약의 절차·형식

행정청의 확인, 이해관계자의 동의를 요하는 경우가 있으며, 원칙적으로 문서에 의해야 할 것이다.

(3) 계약의 하자

유효 아니면 무효로서 취소할 수 있는 공법계약은 없다(다수설). 독일에서는 '위법하지만 무효가 아닌 공법계약이 존재할 수 있음을 명문으로 규정하고 있다. 제3자의 권리를 침해하는 공법상 계약이 제3자의 동의없이 체결되었다면 제3자의 문서에 의한 동의가 있기까지 유동적 무효의 상태에 있다 할 것이다.

(4) 사정변경

일정한 경우 계약의 내용변경, 해지·해제가 인정된다.

(5) 부합계약성·계약강제성

계약이 강제적으로 체결되는 경우가 있다.

(6) 해제의 경우

공법상의 계약에 대하여는 민법상의 계약해제에 관한 규정은 적용되지 아니하는 것으로서 계약의 일방당사자인 행정주체는 공익상의 사유가 있는 경우에는 일방적으로 계약을 해제 또는 변경할 수 있다. 그 경우 상대방에는 손실보상청구권이 인정된다. 반면에 사인에 의한 계약관계의 해소는 원칙적으로 허용되지 않는다.

(7) 공법상 계약의 한계

공권력에 의하여 일방적으로 규율되어야 하는 분야에서는 법률의 근거가 없는 한 공법상 계약이 인정될 수 없다. 즉, 경찰행정 분야와 조세행정 분야에서는 공법상 계약과 친하기가 어렵다 하겠다.

2. 절차법적 특수성

(1) 계약의 강제절차

공법계약에 따르는 의무를 계약당사자가 이행하지 않는 경우 당사자는 행정주체이든 상대방인 사인이든 정식재판을 통해 법원의 힘을 빌려 강제집행할 수밖에 없다(자력집행력부인). 다만 독일의 경우 종속계약과 관련하여 사전의 합의가 있는 경우 재판을 거치지 않고 계약내용의 즉시집행을 할 수 있는 규정을 두고 있다(독일 행정절차법 제61조).

(2) 쟁송절차

원칙적으로 당사자소송이다.

제5절 공법상 합동행위

1. 의의

공법상 합동행위라 함은 공법적 효과의 발생을 목적으로 하는 복수의 당사자사이의 동일방향의 의사의 합치에 의하여 성립하는 공법행위를 말한다. 공법상 협정이라고도 한다. 그 예로써 공공조합설치행위, 지방자치단체조합을 설립하는 행위(지방자치법 제159조) 등을 들 수 있다.

2. 특색

① 의사표시의 방향이 동일하고 효과도 각 당사자에게 동일하다는 점에서 공법상 계약과 구별된다.

② 제3자가 알 수 있도록 공고함이 원칙이며 일단 유효하게 설립하면 이후에 관여한 자도 구속당한다.

③ 일단 성립한 후에는 의사의 흠결을 이유로 원칙적으로 그 효력을 다툴 수 없다.

Chapter
06

행정상 사실행위

제1절 의 의

　　행정기관의 행위 가운데 일정한 법률효과의 발생을 목적으로 하는 것이 아니라 직접적으로는 사실상의 효과만을 발생하는 일체의 행위형식이다. 즉, 사실행위란 표시된 의식내용을 문제로 하지 아니하고 단지 행위가 행하여지고 있다는 사실 또는 그 행위에 의하여 생긴 결과 만에 대하여 법률효과가 부여된 행정주체의 행위를 말한다. 예를 많이 들어보자면 폐기물 수거, 행정지도, 대집행의 실행, 행정상 즉시강제, 추첨, 수갑 및 포승 사용행위, 교량 건설, 도로의 청소, 졸업식에서의 축사 등이 그 예이다.

제2절 종 류

1. 기준에 따라

　　내부적 행위와 외부적 행위, 정신적 사실행위와 물리적 사실행위, 집행행위로서의 사실행위와 독립적 사실행위, 공법적 사실행위와 사법적 사실행위 등으로 분류된다.

2. 권력적 사실행위와 비권력적 사실행위의 분류

당해 행위가 공권력의 행사로서 행하여지는 것인지 여부에 따른 구별이다. 권력적 사실행위로서는 전염병환자의 강제격리, 위법한 관세물품의 영치행위 등을 들 수 있다. 행정심판법과 행정소송법은 행정쟁송의 대상인 처분을 '행정청이 행하는 구체적 사실에 대한 법집행으로서의 공권력의 행사 또는 그 거부와 그 밖에 이에 준하는 행정작용'이라고 정의하고 있는 결과 권력적 사실행위는 동법상의 처분에 해당하는 것으로서 취소심판·소송의 대상이 된다고 본다. 따라서 이 분류가 중요하게 된다.

비권력적 사실행위는 명령적·강제적 공권력 행사와 직접 관련성이 없는 사실행위로 행정지도, 비구속적 행정계획, 비권력적 행정조사, 공법상의 금전출납 등이 이에 해당한다.

제3절   사실행위의 처분성 여부

원칙적으로는 사실행위는 비법적 행위로서 행정쟁송의 대상이 되지 않는다.

1. 권력적 사실행위(합성적 행정행위)

권력적 사실행위가 처분에 해당하며, 항고소송이 가능한 것에 대해서는 이론이 없으나 그에 대한 설명은 차이가 있다. 그 차이의 핵심은 권력적 사실행위가 수인하명과 물리적 사실행위가 결합된 것으로 보는가의 여부이다. 합성처분설은 권력적 사실행위(단수조치, 사람의 수용, 즉시강제)는 수인하명과 사실행위가 결합된 것이며, 수인하명이 취소쟁송의 대상이 되고 수인하명은 사실행위와 결합되어 있으므로 양자가 합쳐진 권력적 사실행위는 항고소송의 대상이 된다고 본다. 이설(異說)은 합성처분설이 권력적 사실행위에 일반적으로 적용된다고 보기는 어렵고, 우리나라에서는 사실행위의 관념을 매우 넓게 파악하고 있다고 본다.

2. 정보제공작용으로서의 경고 등

① 경고

경고·추천·시사 중 강도가 가장 강한 것이다. 위험방지의 수단으로 활용된다. 예를 들면 어느 특정의 상품을 지정하여 그것을 먹게 되면 건강에 해롭다는 식으로 공보하는 것이다.

② 추천(권고)

사회적으로 또는 신체적으로 유해하지 않는 여러 종류의 물품 또는 행동 중에서 행정기관이 그 중의 어느 특정의 것을 추천 내지 권고하는 것이다.

③ 시사

예로서는 소비자보호법상의 공표로서 행정기관이 단순히 특정한 목적물에 대하여 지식·정보를 제공하고, 이를 받아들이는 것은 전적으로 수신자 각자에게 맡겨져 있는 공보작용을 말한다.

④ 위에 언급된 경고·추천·시사 등은 행정소송법의 처분개념에 있어서의 '그 밖에 이에 준하는 행정작용'에 포함시켜도 될 것이다.

─────

제4절 법적 근거와 한계

1. 법적 근거

① 사실행위에도 조직법상의 근거가 필요하다. 즉 사실행위도 그것이 적법한 것이기 위하여는 당해 행정청의 정당한 권한의 범위 내의 것이어야 한다. 그리고 이는 행정행위에 준하여 생각될 수 있다. 즉 행정기관의 권한 내에서, 경고 등의 침익적 성질을 가지는 사실행위는 법률유보원칙이 적용된다(침해유보설).

② 그 외에도 당해 사실행위의 법적 규제가 국민의 권리보호에 대하여 가지는 의미나 중요성과의 관련에서 법률의 근거가 필요한 것으로 판단되는 경우도 있을 수 있을 것이다(본질성유보설).

③ 또한 사실행위에 법적 근거가 있는 경우에는 관계법이 정하는 모든 절차적·실체적 요건을 충족하여야 하는 것임은 물론이고 행정작용에 대한 불문법 내지 행정법의 일반원리인 비례의 원칙, 평등의 원칙, 신뢰보호의 원칙 등을 준수하여야 할 것이다.

2. 위법의 효과

손해배상청구권이 발생하나 이러한 법적 효과의 발생은 행정사실행위의 간접적 효과이지 직접적 효과는 아니다.

제5절 권리보호

1. 손실전보
(1) 행정상 손해배상의 청구

행정사실행위도 행정작용의 한 유형이므로 이들 행위가 국가배상법 제2조의 공무원의 직무행위 또는 동법 제5조상의 영조물의 설치·관리행위에 해당하는 점에는 이론이 없다.

(2) 손실보상

적법한 권력적 사실행위에 의하여 사인이 특별한 손실을 받은 경우에는 손실보상을 청구할 수 있을 것이다.

2. 행정쟁송

① 행정상 사실행위 및 그에 의해 초래된 상태를 제거하기 위한 소송유형은 이행소송의 형태(공법상의 당사자소송)를 취함이 정도이며, 계속적인 권력적 사실행위 및 경고 등 일정한 사실행위에 대하여는 항고소송을 제기할 수 있다. 헌법재판소도 권력적 사실행위를 헌법소원의 대상인 '공권력의 행사'로서 인정하고 있다. 처분의 범위를 확대하려는 것이 근래의 판례의 경향이다.

② 우리 판례의 경우 행정지도 등 이른바 단순한 사실행위에는 그 처분성을 부인하고 있다.

③ 사실행위는 원칙적으로는 취소소송의 대상이 되지 않으나 권력적 사실행위 등은 취소소송의 대상이 되어야 한다는 것이 다수설이다.

④ 판례는 재산압류, 단수조치, 공매처분, 미결수용자에 대한 이송, 동장의 주민등록직권말소행위, 수형자 서신 검열행위 등을 처분으로 보았고, 알선·권유, 경계측량, 공공시설 설치행위 등은 처분이 아니라고 보았다.

3. 헌법소원

사실행위로 헌법상 보장된 기본권을 침해받은 자는 헌법소원을 제기할 수 있다(헌재 1992. 10. 1, 92헌마68, 76(병합)·서울대학교의 94학년도 대학입학고사 주요요강에서 인문계열 대학별고사의 제2외국어에 일본어를 제외한 것이 헌법에 위반하는지의 여부에 대한 기각결정).

제6절 비공식(비정형) 행정작용

1. 의의

그의 요건·효과·절차 등이 법에 의해 정해지지 않으며, 법적 구속력을 발생하지 않는 일체의 행정작용이다. 예를 들면 경고, 권고, 교시, 정보제공, 교섭, 합의, 절충, 조정, 협상 등이다. 협의로는 행정주체와 개인 간의 합의를 통해서 형성되는 것만을 의미한다.

2. 연혁·적용영역

최근에 관심을 가진다. 독일의 경우 사실행위에 속하는 유형으로 설명한다. 오늘날은 공식적 행정작용만으로 대처하기 어려운 경우가 적지 않다는 점과 오늘날에는 국민은 단순한 행정의 객체가 아니라 대등한 권리주체로서 취급되어야 한다는 점에 그 의미가 있다. 다만 아직까지 우리나라의 행정실무나 행정판례에서 비공식 행정작용의 개념은 사용하지 않고 있다.

3. 장·단점

(1) 장점

① 법적 불확실성의 제거
② 행정의 능률화: 공식행정작용에 따르는 노력·비용을 절감할 수 있는 이점이 있다.
③ 탄력성의 제고

(2) 단점

① 법치행정의 후퇴
② 제3자에의 위험부담
③ 효과적 권리보호의 곤란
④ 활성적 행정에의 장애 등을 그 예로 들 수 있다.

Chapter 07

행정지도

제1절 개 설

일본에서 생성된 개념으로서 동양적 개념이므로 행정지도(行政指導; ぎょうせい しどう; administrative guidance)를 정확히 번역할 수는 없을 정도이다.

제2절 개 념

행정기관이 그가 의도하는 행정질서를 실현하기 위하여 '특정한 행정객체에게' 행하는 원망(願望)의 표시로서의 비강제적 사실행위이다. 우리의 행정절차법에서는 제2조 제3호에서 '행정기관이 그 소관사무의 범위안에서 일정한 행정목적을 실현하기 위하여 특정인에게 일정한 행위를 하거나 하지 아니하도록 지도·권고·조언 등을 하는 행정작용'이라고 정의하고 있다.

그 요소는

① 비권력적·비강제적 행위

② 사실행위

③ 일정한 행정목적을 지니고 있음

④ 행정객체를 상대로 함

⑤ 행정주체가 행하는 사실행위로 설명할 수 있다.

제3절 방법과 유형

1. 방법

(1) 일반적 관례

권고, 요망, 희망, 보도, 지도 등의 행위로써 행해진다.

(2) 행정절차법이 정한 방식

행정절차법 제48조~제51조에서 규정하고 있는바, 제48조에서는 과잉금지원칙 및 임의
성의 원칙, 불이익조치금지원칙을 제49조에서는 행정지도의 방식으로서 제1항에서 명확성
의 원칙 및 행정지도실명제를 그리고 제2항에서 서면교부청구을 정하고 있다. 그리고 제50
조에서는 의견제출을 제51조에서는 다수인을 대상으로 하는 행정지도의 공통사항의 공표를
정하고 있다.

2. 유형

(1) 법령의 근거에 의한 분류

① 법령의 직접적인 근거에 의한 행정지도

② 법령의 간접적인 근거에 의한 행정지도

(2) 기능에 의한 분류

① 규제적·억제적 행정지도: 물가억제를 위한 지도

② 조정적 성질의 행정지도: 노사간 분쟁의 조정, 투자·수출량의 조절 등을 위한 지도

③ 조성적·촉진적 성질의 행정지도: 영농지도, 장학지도, 중소기업의 기술지도

(3) 대상을 기준으로 분류

① 사인에 대한 행정지도

② 행정주체에 대한 행정지도

제4절 법적 근거와 한계

1. 법적 근거

실질적으로는 개인에 대해 커다란 영향을 미치고 있으므로 되도록 법적 근거 내지 절차를 마련해야 할 것으로 우리나라 행정절차법 제6장(제48조~제51조)에 규정하고 있다.

2. 행정지도의 원칙

행정절차법 제48조는 과잉금지원칙 및 임의성의 원칙(제1항)과 불이익조치금지원칙(제2항)을 규정하고 있다.

3. 법적 한계

① 조직법상의 한계
② 기타법령상의 한계: 법령 및 행정규칙에 의한 통제
③ 법의 일반원칙에 의한 한계 등을 들 수 있다.

제5절 행정지도와 행정구제

1. 행정쟁송

원칙적으로는 처분의 성질이 없으므로 행정쟁송을 통한 구제는 불가능하나 행정지도가 경고의 성질을 지닌다거나 행정청이 특정 상품을 추천함으로 피해를 보게 된 유사상품의 생산자 등에게는 당해 경고 또는 추천의 취소쟁송을 시도할 수 있다는 것은 사실행위와 관련된다. 그러나 규제적 행정지도는 실질적으로는 권력적 행위와 다를 바 없다는 견해도 있고 헌법재판소는 '대학총장들에 대한 학칙시정요구와 같은 규제적·구속적 성격을 갖는 것이면 헌법소원의 대상이 되는 공권력의 행사로 인정될 수 있다'고 판시하였다. 대법원은 그리고 국가인권위원회의 성희롱결정 및 시정조치권고는 행정소송의 대상이 된다고 판시하였다.

2. 국가배상

원칙적으로 행정지도가 본래 상대방의 양해를 전제로 행해지는 것이라고 할 때에(동의

하는 경우 불법이 아니다) 국가배상법 제2조의 요건인 공무원이 법령에 위반하여 행정지도를 행하고 고의 또는 과실이 있으며, 그 행정지도와 피해자의 피해사이에 인과관계가 있을 것 이라는 요건을 충족하기는 어려울 것이다. 특히 상대방은 행정지도에 따를 의무가 없으므로 인과관계의 면에서 그러하다.

그러나 모든 사정에 비추어 보아 상대방이 행정지도에 따를 수밖에 없는 것으로 판단되는 경우는 행정지도와 손해사이에는 인과관계가 성립되어 국가 등의 배상책임이 성립한다고 할 수 있다. 즉 행정지도의 규제적인 힘이 강한 경우에는 인과관계를 긍정해야 한다는 견해가 유력하다. 이에 대하여 '행정청이 법령의 근거도 없이 책의 판매금지를 종용하였다면 이는 불법행위를 구성할 뿐만 아니라 그 시판불능으로 입은 손해와는 상당인과관계가 있다'는 서울민사지방법원의 판례가 있다.

3. 손실보상

수용적 침해에 의한 보상을 생각해 볼 수 있고 통일벼사건에서처럼 재산적 손실에 대해 보상을 하여야 할 것이다.

제6절 유용성과 문제점

1. 행정지도의 필요성

① 법령미비의 보완: 모든 활동을 법률로 규율하는 것은 불가능하므로 법적 근거없는 비권력적인 행정지도로 이를 보완할 필요가 있다.

② 권력의 완화와 행정절차적 기능: 상대방의 동의나 협력을 바탕으로 하는 것이 민주적일 수 있다.

③ 신규시책의 실험적 기능(새로운 지식·기술의 제공)을 할 수 있다.

④ 행정의 탄력성확보를 기할 수 있다.

⑤ 이해의 조정·통합기능: 경제행정 분야에서 이해조정의 해결이 어려운 경우가 많은 바 행정지도에 의하여 이해대립을 조정하고 통합할 수 있다.

2. 문제점

법치주의의 회피(법령의 근거없이 자의적으로 행정을 수행하여 국민의 권익을 침해할 우려가 있다), 사실상의 강제성, 기준·한계의 불명확성, 구제수단의 불완전성, 비공식적 행정수단, 책임소재의 불분명 등의 문제점이 있다.

행정의 자동화작용(자동화된 행정결정)

(1) 개설

현대문명은 자동화시대, 전자정부(e-government)시대라고 할만큼 많은 영역에서 기계가 사람을 대신하는 경우가 많고 각종 자료나 행위가 컴퓨터 등의 자동기계가 사용되고 있으며 점차로 그 영역을 넓혀가고 있다. 전자정부법이 제정되었다.

(2) 행정상의 자동결정

1) 법적 성질

예를 들어 교통신호기, 학교배정, 공과금 등의 부과결정, 연금 등 수익금의 결정, 주차요금 등 공공시설의 사용료 결정 등이다. 자동결정이라고 하지만 인간이 작성한 프로그램에 의해 구체적인 행정자동결정이 행하여지는 것이므로 프로그램과 행정자동결정은 명령(행정규칙)과 행정행위의 관계를 이룬다고 볼 수 있다. 따라서 행정과정의 최종단계로서의 행정자동결정은 대부분 행정행위의 성질을 가진다고 할 수 있다.

2) 법에 의한 특별한 규율

법치국가적 요청이 면제되는 것은 아니다.

① 행정청의 서명·날인이 생략될 수 있다(독일 행정절차법 제37조 참조). 그러나 행정쟁송이나 국가배상과 관련하여 관계 책임자가 누구인가는 알 수 있어야 한다.

② 특별한 부호가 사용될 수 있다(동법 제37조 제4항 제2문).

행정행위의 상대방 또는 관계자가 첨부된 설명서를 통해 그 내용을 명백히 알 수 있는 경우에는 내용표시를 위하여 부호를 사용할 수 있다.

③ 이유부기가 생략될 수 있다(동법 제39조 제2항 제3호).

④ 청문에 대해서도 특칙을 정하지 않을 수 없다. 즉, 청문을 행하지 아니할 수 있다(동법 제28조 제2항 제4호).

⑤ 우리 행정절차법은 독일과 같은 자동기계장치에 의한 행정결정에 관한 특례를 규정하고 있지 아니하다. 입법론적 검토를 요한다.

3) 행정자동결정의 하자

행정행위의 하자에 관한 일반원칙에 따라 결정되어야 한다. 즉, 하자가 중대하고 명백한 경우에는 행정행위는 무효가 되고 그 정도에 이르지 아니한 경우에는 취소의 원인이 되며, 또한 신뢰보호의 원칙에 따라 취소가 제한될 수도 있다. 그리고 쉽게 판별할 수 있는 오기(誤記), 오산(誤算) 등이 있는 경우에는 특별한 절차없이 언제든지 이를 정정할 수 있다.

(3) 행정자동장치의 하자와 배상책임

국가배상법 제2조와 제5조에 의한 배상책임을 지나, 통행인의 조작실수에 의한 교통사고 등의 경우에는 위험책임의 법리(일종의 무과실책임)나, 수용유사적 침해이론에 의한 보상이 있어야 할 것이다. 그리고 전자정부시대라고 하는 새로운 시대에 맞는 관련 법이론이 정비되어야 할 것이다. 전자정부법에서 이에 대한 규정이 있어야 할 것이다.

(4) 자동화작용과 사인의 보호

정보화사회의 발전과 함께 사생활의 보호가 있어야 한다. 개인정보보호법이 그 역할을 담당할 것으로 보인다.

행정의 사법적 활동(행정사법)

(1) 개설

행정의 사법으로의 도피가능성이 있다(플라이너). 이 경우 제복을 입은 경찰관이 도박 등에 개입하지는 못하나 사복을 입었을 경우 자유롭게 비리에 가담할 수 있는 것과 비유할 수 있다. 참고적으로 우리나라의 판례는 행정사법이라는 용어를 사용하고 있지 않다.

(2) 사법적 행정활동(국고작용 내지 국고행정)의 범위

1) 행정의 사법상 보조작용

행정기관이 필요로 하는 물자를 사법형식에 의해 조달하는 행정작용이 중심적 내용이다. 대법원판결은 국유재산을 매각하는 행위는 사경제주체로서 행하는 사법상의 법률행위에 지나지 아니한다고 하였다.

2) 행정의 영리적 활동(profit-making activity)

국가 또는 지방자치단체 등 행정주체가 스스로의 기관을 통해 또는 공사·주식회사 등의 형태를 취하여 기업적 활동을 전개하는 경우 등이다. 민·상법이나 '독점규제 및 공정거래에 관한 법률' 등이 적용된다.

3) 사법형식에 의한 행정과제의 직접적 수행(행정사법작용)

목적이나 내용은 공적인 것이라 할 수 있는데 형식은 사법적인 행정활동을 총칭하는 것으로 행정사법작용이라 한다. 자금지원, 채무보증, 공기업 이용관계 등이 그 예이다.

(3) 행정사법의 이론

1) 의의 및 연혁

창시자는 볼프로서 '공행정주체가 법률행위상의 사적 자치(private autonomy)를 완전하게 누리지를 못하며 오히려 약간의 공법적 구속을 받게되는 점에 있다'라고 설명한다. 이를 행정상의 관리관계와 같은 내용으로 이해되어야 한다는 견해도 있다. 그러나 관리관계가 공법관계임을 전제로 이론을 전개하고 있음에 반하여 행정사법이론은 대상이 사법관계임을 전제로 출발하여 그 범위가 관리관계보다는 다소 넓다고 할 수 있을 것이다.

2) 요소

① 주로 복리행정의 분야에서 성립한다.
② 사법적 형식으로 행정이 이루어진다.
③ 직접 행정목적(급부목적·유도목적)을 수행하는 활동이다.
④ 일정한 공법적 규율을 받는다는 것이라 할 수 있다.

3) 행정사법의 적용영역

주로는 사법형식에 의한 행정과제의 직접적 수행에만 적용되나(급부행정 분야 및 유도행정분야) 영역의 구별이라는 기준이 아니라 특별한 국가적 힘이 작용하고 있는 경우가 아닌가라는 실질적 기준을 적용하여야 할 것이다. 그 예로서 급부행정의 경우 교통 및 운수사업, 전기·수도·가스 등의 공급사업, 폐기물의 처리사업 등을 위한 공기업·공물에 의한 배려행정과 유도행정 분야에 있어 자금조성을 사법계약에 의해 행하는 것처럼 경제개발·지역개발·국토정비 등을 위하여 사법적 형식으로 개입하는 경우가 이에 해당한다.

4) 공법적 기속의 구체적 내용

① 기본권규정 등에 의한 제약

평등원칙(자금조성의 여당지지자에게만 배려금지), 자유권조항, 그 밖의 헌법원칙에 의한 기속을 받고 사인 상호간에 있어서도 기본권의 제3자적 효력이 적용됨에 유의하여야 할 것이다.

② 사법적 규율의 수정·제약

국가 등 행정주체가 사법의 형식으로 활동하는 경우에는 사법상의 행위능력에 관한 규정이나 의사표시에 관한 규정 등이 수정되는 경우가 있을 수 있다. 우편법이 무능력자의 행위를 능력자의 행위로 간주하는 규정이나 공기업 이용관계에 있어서 계약강제 등을 들 수 있다.

③ 공법규정에 의한 수권

행정주체는 일정한 행정작용을 사법적 형식에 의하여 수행할 수 있으나, 그것은 당해 작용에 대하여 공법적 규정에 의한 권한이 부여되어 있는 경우에만 인정되는 것이다.

(4) 권리구제

특별법이 있는 경우에는 특별법의 적용을 받고, 그 자체가 사법작용이므로 민사소송을 통해 구제되어야 하나, 행정법상의 하자이론에 준하여 판단하여야 할 것이라는 견해도 있다. 민사소송을 통하여야 한다는 견해는 사법작용이 공법적 구속을 받는다고 하여 공법작용으로 바뀌는 것은 아니라는 논리이다. 그리고 후자의 견해는 공법적 규율을 받는 한도 내에서는 행정사법이 공법관계(이른바 관리관계)에 해당한다는 논리이다. 즉, 민사소송을 통한 구제가 원칙이라고 보는 견해가 다수설, 판례이고 행정소송으로 구제해야 한다는 견해는 소수설이다.

행정절차·행정공개·개인정보보호

행정절차

제1절 개 념

광의로는 행정의사의 결정과 집행에 관련된 일체의 과정(행정벌, 행정강제 포함)으로서 오스트리아의 1925년의 일반행정절차법이 이에 해당한다.

협의로는 행정의사결정에 관한 사전절차, 행정입법·행정계획·행정처분·행정계약 및 행정지도에 관한 사전절차이다. 우리의 행정절차법이 여기에 해당한다.

최협의로는 행정처분의 사전절차이다.

제2절 발생과 유형

1. 영국

자연적 정의의 원칙과 이를 보충하는 제정법을 통해 발전하였다. 1958년의 심판소 및 심문에 관한 법률에 규정하였다. 자연적 정의(natural justice)란 '누구든지 자신이 심판관이 될 수 없다'(No one shall be a judge in his own case)는 편견(bias)배제의 원칙과 '누구든지 청문없이는 비난당하지 아니한다'(No one shall be condemned unheard) 또는 '양 당사자로 부터 들으라'(Both sides must be heard)는 쌍방청문의 원칙을 내용으로 하고 있다.

2. 미국

1946년의 행정절차법(Administrative Procedures Act)제정 후 5 U.S.C.에 법전화되어 독립된 행정절차법은 존재하지 않으나 위의 제 조항을 총괄하여 행정절차법이라고 부르는 것이 통례이다. 미국의 행정절차법은 정보공개, 규칙제정, 심판 등과 이에 관련되는 청문 및 결정, 사법심판에 관한 사항을 주된 내용으로 하고 있다. 각 주에도 역시 각각 행정절차법이 있다.

3. 독일

1977년 행정절차법을 제정하고 실체적 내용을 많이 담았다. 103조에 걸친 내용이다. 우리나라에 많은 영향을 끼쳤다.

① 동법상의 행정절차는 '행정행위의 요건심사·준비 및 발급에 향해지고 공법계약의 체결에 향해진 외부에 관하여 효력을 발생하는 행정청의 작용'을 의미한다(동법 제9조 참조).

② 정식절차와 비정식절차로 분류할 수 있으며, 무형식성을 원칙으로 한다.

③ 절차의 관여자에게 청문권, 문서열람권, 비밀유지청구권 등이 보장된다.

4. 프랑스

통일된 행정절차법전은 없으나 행정문서의 악세스, 행정결정의 이유부기, 청문·자문에 관한 정령 등이 제정되었다. 오래전부터 판례상 일정한 법리가 정립되어 있었다. 그 중 대표적인 것이 방어권의 법리로서 이는 행정상 제재조치를 취함에 있어서는 상대방에게 의견진술의 기회를 부여하여야 한다는 내용이다.

5. 일본

1993년 11월에 행정수속법이 공포되고, 1994년 10월부터 시행되었다. 행정처분, 행정지도, 届出(우리나라 용어로는 신고에 해당)에 대한 절차에 관해서만 규정하고, 행정입법, 행정계획, 행정계약, 행정조사 등에 관한 절차에 대해서는 규정하지 않았다. 2005년 개정되어 행정입법(명령등)에 관한 절차규정을 도입하였다(의견공모수속에 관한 규정).행정절차법의 목적의 하나인 행정운영의 투명성도 처분, 행정지도, 신고의 직접 당사자에게 한정되어 있다.

6. 우리나라

(1) 배경

1996년 12월 31일 제정·공포되어 1998년 1월 1일부터 시행하게 되었다.

(2) 특색

① 실체적 원칙의 천명

신의성실 및 신뢰보호의 원칙(제4조), 행정작용상의 투명성(transparency)의 요구(제5조), 행정지도상의 원칙(제48조) 등이 그것이다.

② 신청과 처분(disposition)의 서면주의를 취하였다.

③ 적용범위가 제한되었다.

④ 약식청문이 중심이다.

(3) 문제점

① 규정범위의 제한

행정절차법의 내용이 처분절차를 중심으로 하고 행정계획절차라든가 행정상의 조사 또는 집행에 관한 절차 등에 대하여 전혀 규정하지 아니한 것은 결국 행정절차법을 부분적인 것에로 전락시킨 것이라 할 것이다.

② 자료열람 등의 제한

청문의 경우로 제한(제37조 제1항)하였다.

③ 청문주재자의 객관성 결여

미국의 행정법판사(administrative law judge)와 같이 청문의 객관적 공정을 도모하기 위해 개선되어야 할 것이다.

④ 행정입법절차의 미흡

우리의 경우 행정입법안의 예고와 임의적인 의견제출에 관하여 규정할 뿐이어서 미흡하다. 국민의 절차접근 및 참여권 등을 충분히 구현하고 있지 못하다.

⑤ 당사자의 참여를 통한 행정과정의 민주화라는 측면에서 당사자 등의 신청에 의한 청문을 인정할 것이 요망된다.

제3절 행정절차의 이념과 기능

① 행정작용의 적정화
② 민주주의의 실현
③ 법치주의의 관철
④ 행정의 능률화
⑤ 재판적 통제의 보완(사전적 권리구제수단이라고 하는 견해가 다수설)
⑥ 인간의 존엄과 가치의 존중 등을 들 수 있다.

제4절 행정절차의 일반적인 주요내용

1. 고지(사전통지; prior notice)

행정절차를 시작하기 위해서는 이해관계인에게 행정청이 행하고자 하는 행정작용과 청문의 일시·장소 등을 알릴 필요가 있는바 이를 사전통지라고 한다. 신약상의 수태고지가 예가 될 수 있을 것이다.

2. 청문(광의; hearing)

(1) 의의

결정 등에 의하여 영향을 받거나 불이익을 입게 될 이해관계인에게 자기의 의견을 표명하거나 스스로를 방어할 수 있는 기회를 제공하는 것으로서 의견제출, 협의의 청문(당사자 등에게 직접 청문주재자 앞에서 의견·자료 등을 제출할 수 있는 기회를 주는 것), 공청회 등이 포함된다. 성경 창세기의 선악과 사건시의 아담에 대한 하나님의 심문이 예가 될 수 있을 것이다.

(2) 형태

① 독일

비정식절차와 정식절차로 구분하고 전자를 원칙으로 한다(제10조).

② 미국

사실심형청문(trial type hearing; 반박할 수 있는 기회 부여)과 진술형청문(argument type hearing; 자료를 제출할 수 있는 기회가 주어지는 청문)으로 구분한다.

(3) 청문주재자

① 독일

행정청 또는 그 대리자이다.

② 미국

행정청, 합의제행정청을 구성하는 위원 또는 행정법심판관이다.

③ 우리나라

행정청이 소속직원 또는 대통령령이 정하는 자격을 가진 자중에 선정하는 자가 주재한다(행정절차법 제28조 제1항).

3. 문서열람·정보의 공개

당사자 등은 청문의 통지가 있는 날부터 청문이 끝날 때까지 행정청에 대하여 당해 사안의 조사결과에 관한 문서 기타 당해 처분과 관련되는 문서의 열람 또는 복사를 요청할 수 있다. 이 경우 행정청은 다른 법령에 의하여 공개가 제한되는 경우를 제외하고는 이를 거부할 수 없다(행정절차법 제37조 제1항).

4. 결정 및 결정이유의 명시(reasoned decision)

이유부기가 행정절차의 불가결의 요소로 간주되는 이유는,

① 설명·설득기능

② 권리보호기능

③ 자기통제기능

④ 증거기능 등이 있다.

어떤 학자는 이유부기를 불문법원으로서의 행정법의 일반원리의 하나로 보고 있다.

5. 처분기준의 설정·공표

행정청이 처분을 함에 있어 따라야 할 기준을 정하여 이를 사전에 공포하여 두는 것을 말한다. 당사자는 처분기준이 불명확할 경우 당해 행정청에 대해 그 해석 또는 설명을 요구할 수 있다.

6. 국민·주민의 참가절차

행정정책형성과정 또는 행정계획과정에의 참가절차는 그 결정내용의 합리성을 제고하여 행정에 대한 국민의 신뢰를 확보하고 행정의 민주화를 도모함을 그 목적으로 하는 것이

다. 토지이용계획 등의 각종 행정계획의 책정, 공공요금의 결정·변경, 원자력발전소 등 대형사업계획의 수립 등이 그 예이다.

제5절 우리나라 현행 행정절차법의 주요내용

1. 행정절차의 헌법적 근거

(1) 학설의 경향

적법절차조항근거설이 있으며, 헌법원리근거설(청문 등 행정절차의 이념적·법적 근거를 민주국가원리·법치국가원리와 같은 헌법원리나 인간의 존엄과 가치에 관한 헌법 제10조 등에 그 근거를 두는 견해)이 있다.

(2) 판례의 경향

1) 헌법재판소판례

헌법재판소는 헌법 제12조상의 적법절차조항을 직접 구속력있는 헌법적 근거로 본다(헌재 1992. 12. 24, 92헌마78 ; 헌재 1990. 11. 19, 90헌가48).

2) 대법원판례

① 청문절차

대법원은 훈령이 정한 청문을 결한 행정처분(건축사사무소등록취소처분)을 위법으로 판시하여(1984. 9. 11, 82누166판결) 이에 대한 비판적 견해와 청문절차의 불문법원리설 등으로 나뉘었으나, 그 후의 판결은(대판 1994. 8. 9, 94누3414) 다른 입장에서 판결하였다. 즉, 관계법령에서 의견청취를 시행하도록 규정하고 있지 않은 경우에는 행정처분이 위법하게 되는 것이 아니라고 판시하였다.

② 이유제시

청문절차에서와는 달리 대법원은 법률에 근거가 없는 경우에도 이유제시 없는 불이익처분을 위법으로 보고 있다.

(3) 결어

행정절차의 요청이 헌법적 근거를 갖는다고 보는 경우에는 법률에서 헌법이 보장하고 있는 최저한도로 필요한 공정한 절차가 보장되지 아니한 경우 행정절차법상 문제가 없다고 하더라도 헌법위반의 문제가 발생하게 된다.

2. 우리나라 행정절차법의 내용

총칙, 처분절차, 신고절차, 행정상 입법예고절차, 행정예고절차, 행정지도절차 및 보칙 등 총 7장 56개조로 구성되어 있다.

(1) 목적(제1조) 및 신의성실 및 신뢰보호(제4조)

제1조의 국민에는 외국인도 포함된다. 제4조 제2항은 국세기본법 제18조에 상응하는 것이다.

(2) 적용범위 및 적용제외사항(제3조)

행정절차법은 처분·신고·행정상 입법예고·행정예고 및 행정지도에 관한 일반법으로서 다른 법률에 특별한 규정이 있는 경우 외에는 이 법이 적용된다. 지방자치단체의 행정에 대하여도 행정절차법이 적용된다. 제2항의 적용제외사항이 광범위한 것이 결점으로 지적될 수 있을 것이다.

(3) 투명성(제5조)

투명성(transparency)보다는 명확성의 원칙(principle of clarity of law)이라 할 것이다.

(4) 행정청의 관할 및 행정청간의 협조·응원(제6조, 제7조 제1항, 제8조)

간첩 등의 출현시 군대와 경찰의 합동작전을 협조, 응원의 예로 들 수 있을 것이다.

(5) 송달(service; 제14조 내지 제16조)

송달은 다른 법령 등에 특별한 규정이 있는 경우를 제외하고는 송달받을 자에게 도달됨으로써 그 효력이 발생한다.

(6) 처분절차

1) 처분절차의 공통원칙·공통사항

① 직권주의

절차의 진행은 행정청에 맡겨져 있고(직권진행주의) 결정상 필요한 사실을 행정청 스스로가 이를 조사·수집할 수 있다(직권탐지주의).

② 서면심리주의

행정절차법은 불이익처분에 있어서의 청문절차에만 구술심리주의를 채택하고 있다.

③ 처분의 방식

행정절차법은 문서주의원칙을 취하여 개별법에 특별한 규정이 있는 경우를 제외하고는 처분은 문서로써 하도록 하고 있다(제24조 제1항). 그리고 본법에서는 처분을 행하는 문서에는 그 처분청 및 담당자의 소속·성명과 전화번호를 표기하여야 한다고 규정하여 처분에 있어서의 행정실명제를 도입하고 있다(동조 제2항).

④ 처분기준의 설정·공표

제20조에서 규정하고 있는바, 행정청은 처분의 심사에 필요한 기준을 가능한 한 구체적으로 정하여 이를 공표하여야 한다. 신청인은 본조항에 근거하여 해석요구권·설명요구권을 갖는다.

⑤ 처분의 이유제시(declaration of reasons for disposition)

처분의 이유제시는 처분의 신중성, 공정성을 보장하고 또한 상대방은 제시된 이유에 기초하여 당해 처분에 대한 궁극적 쟁송절차에 있어서 그 논거를 구체적으로 제시할 수 있게 된다는 점 등에 비추어 행정절차의 중요한 요소를 구성한다고 할 수 있다.

⑥ 처분내용의 정정

행정청은 처분에 있어 오기·오산 기타 이에 준하는 명백한 오류가 있을 때에는 신청 또는 직권에 의하여 지체없이 이를 정정하고 당사자에게 통지하여야 한다(제25조).

⑦ 행정심판사항의 고지

제26조는 행정심판법 제58조와 동일한 내용의 규정을 두고 있다. 한쪽 규정은 삭제하여도 무방하다고 할 것이다.

2) 신청에 의한 처분(수익적 처분)의 절차

① 적용대상

신청에 의한 처분절차가 적용되는 것은 당해 처분에 대하여 사인에게 신청권이 있는 경우에 한정된다고 볼 수 있다.

② 신청

문서로 해야 하며 행정청은 게시하거나 편람을 비치하여 열람하도록 해야 한다(제17조).

③ 행정청의 절차상의 의무

㉮ 처분기준의 설정·공표(제20조)

㉯ 처리기간의 설정·공표(제19조): 이러한 처리·공표는 일본의 경우는 단순한 노력의무로 규정하고 있음에 반하여 우리 행정절차법에서는 이를 법적 의무로 규정하고 있다.

㉰ 신청의 접수 및 처리의무(제17조)

㉱ 공관사무 등의 신속처리(제18조): 행정청은 다수의 행정청이 관여하는 처분을 구하는 신청을 접수한 경우에는 관계행정청과의 신속한 협조를 통하여 당해 처분이 지연되지 아니하도록 하여야 한다.

⑩ 공청회(제22조)

　　⑪ 거부처분의 이유제시: 행정청은 처분을 하는 때에는 원칙적으로 당사자에게 그 '근거
　　　와 이유'를 제시하여야 한다.

3) 불이익처분의 절차

① 개설

　행정절차법상의 불이익처분은 당사자에게 의무를 부과하거나 당사자의 권익을 침해하
는 처분을 말한다.

② 의견제출(submission of opinions)

　　⑦ 개설

　　　의견제출의 정의는 제2조 제7호에서 규정하고 있다. 의견제출절차는 서면심리방식
　　　에 의하고 당사자에게 문서열람청구권이 인정되지 아니하는 점 등에서 그것은 청문
　　　절차에 비하여 불완전한 절차 내지는 약식절차로서의 성격이다.

　　⑭ 의견제출절차

　　　㉠ 사전통지(제21조): 행정청은 당사자에게 의무를 과하거나 권익을 제한하는 처분
　　　　을 하는 경우에는 미리 당사자 등에게 통지하여야 한다. 수익적 처분은 사전통지
　　　　의 대상이 아니다.

　　　㉡ 의견제출(제27조): 당사자 등은 처분 전에 그 처분의 관할행정청에 서면·구술로
　　　　또는 정보통신망을 이용하여 의견제출을 할 수 있다.

　　　㉢ 의견제출에 대한 행정청의 의무(제출의견의 반영)(제27조의2): 행정청은 처분을 함
　　　　에 있어서 당사자 등이 제출한 의견이 상당한 이유가 있다고 인정하는 경우에는
　　　　이를 반영하여야 한다.

③ 공청회(public hearing)

　　⑦ 개설(정의규정: 제2조 제6호, 실시사유: 제22조 제2항; 다른 법령 등에서 공청회를 개최하도
　　　록 규정하고 있는 경우, 당해 처분의 영향이 광범위하여 널리 의견을 수렴할 필요가 있다고
　　　행정청이 인정하는 경우)

　　⑭ 공청회의 통지·공고(제38조), 전자공청회(제38조의2)

　　　행정청은 공청회를 개최하려는 경우에는 공청회개최 14일 전까지 각호의 사항을 당
　　　사자 등에게 통지하고 관보나 일간신문 등에 공고하는 방법으로 널리 알려야 한다.

　　⑭ 공청회의 진행(제39조)

　　⑭ 공청회결과의 처분에의 반영(제39조의2)

　　　행정청은 제시된 사실 및 의견이 상당한 이유가 있다고 인정하는 경우에는 이를 반

영하여야 한다.

④ 청문(hearing)

㉮ 적용범위(제22조 제1항) : 행정청이 처분을 함에 있어서 다른 법령 등에서 청문을 실
시하도록 규정하고 있는 경우와 행정청이 필요하다고 인정하는 경우에는 청문을 실
시한다.

㉯ 청문절차의 구조와 내용

㉠ 청문절차의 개시: 처분의 사전통지(제21조 제1항, 제2항): 당사자에게 의무를 과하거
나 권익을 제한하는 처분을 하는 경우에는 당사자에게 통지하여야 하며, 청문을 실
시하고자 하는 경우에 청문이 시작되는 날부터 10일 전까지 당사자에게 통지하여야
한다.

㉡ 청문주재자(제28조, 제29조): 청문은 행정청이 소속직원 또는 대통령령이 정하는
자격을 가진 자중에서 선정하는 자가 주재하되, 청문의 공정을 기하기 위하여 청
문주재자의 제척(exclusion; 청문을 주재할 수 없는 경우)·기피(challenge; 당사자 등
이 기피신청을 하는 경우)·회피(avoidance; 청문주재자가 행정청의 승인을 얻어 스스로
회피하는 경우)제도를 두고 있다.

㉢ 문서의 열람(제37조 제1항, 제2항, 제3항): 당사자 등은 청문의 통지가 있는 날로부
터 청문이 끝날 때까지 행정청에 대하여 당해 사안의 조사결과에 관한 문서 기타
당해 처분과 관련되는 문서의 열람 또는 복사를 요청할 수 있다. 이 경우 행정청
은 다른 법령에 의하여 공개가 제한되는 경우를 제외하고는 이를 거부할 수 없
다.

㉣ 청문의 진행(제30조, 제31조 제2항, 제3항)

㉤ 증거조사 – 직권조사주의(제33조): 청문주재자는 신청 또는 직권에 의하여 필요한
조사를 할 수 있으며, 당사자 등이 주장하지 아니한 사실에 대하여도 조사할 수
있다.

㉥ 청문의 종결(제35조): 청문주재자는 당해 사안에 대하여 당사자 등의 의견진술·
증거조사가 충분히 이루어졌다고 인정되는 경우에는 청문을 마칠 수 있다.

㉦ 청문의 재개(제36조): 행정청은 처분을 하기까지 새로운 사정이 발견되어 청문을
재개할 필요가 있다고 인정하는 때에는 청문의 재개를 명할 수 있다.

㉧ 청문조서(제34조): 청문주재자는 제목, 청문주재자의 인적 사항, 청문의 일시 및
장소, 당사자 등의 진술의 요지 및 제출된 증거, 공개 또는 비공개의 이유, 증거
등의 사항이 기재된 청문조서를 작성하여야 한다.

　　　　ⓩ 청문결과의 처분에의 반영(제35조의2): 행정청은 상당한 이유가 있다고 인정하는
　　　　경우에는 청문결과를 반영하여야 한다.

(7) 신고
　① 개설
　　신고란 행정청에 대하여 일정한 사항을 통지하는 행위로서 법령 등이 정하는 바에 따라 당해 통지가 의무로 되어있는 작용을 말한다. 행정절차법에는 제40조에서 이를 규정하고 있다.
　② 적용대상
　　제40조 제1항은 '법령 등에서 행정청에 대하여 일정한 사항을 통지함으로써 의무가 끝나는 신고'로 한정하고 있다.
　③ 행정청의 형식상의 흠의 보완요구 및 반려결정
　　법 제40조 제3항과 제4항에서 규정하며 이 경우 행정청의 반려행위는 거부처분의 성격이다.
　④ 신고의 효과
　　제40조 제2항에 따른 신고에 있어서는 수리관념이 개입할 여지는 없다.

(8) 행정상 입법예고
　① 적용범위(제41조)
　　법령 등을 입법하고자 할 때에는 당해 입법안을 마련한 행정청은 이를 예고하여야 한다(제1항).
　② 예고방법(제42조)
　　행정청은 입법안의 취지, 주요내용 또는 전문을 관보·공보나 인터넷·신문·방송 등의 방법으로 널리 공고하여야 한다(제1항).
　③ 예고기간(제43조)
　　입법예고기간은 예고할 때 정하되, 특별한 사정이 없으면 40일(자치법규는 20일) 이상으로 한다.
　④ 의견제출 및 처리(제44조)
　　누구든지 예고된 입법안에 대하여 그 의견을 제출할 수 있다(제1항).
　⑤ 공청회(제45조)
　　행정청은 입법안에 관하여 공청회를 개최할 수 있다(제1항).

(9) 행정예고
　① 개설

행정절차법은 행정계획에 대하여는 규율하지 않고 있는 데 이것은 본법의 결함의 하나로 지적되고 있으며 제한적이기는 하나 행정계획의 확정절차에 국민의 의견을 반영할 수 있는 근거가 마련되었다고 할 수 있다.

② 행정예고의 적용범위(제46조)

행정청은 국민생활에 매우 큰 영향을 주는 사항, 많은 국민의 이해가 상충되는 사항, 많은 국민에게 불편이나 부담을 주는 사항, 기타 널리 국민의 의견수렴이 필요한 사항에 대한 정책·제도 및 계획을 수립·시행하거나 변경하고자 하는 때에는 원칙적으로 이를 예고하여야 한다(제1항).

③ 행정예고 통계작성 및 공고(제46조의2)

④ 예고의 방법, 의견제출 및 처리, 공청회, 전자공청회 등(제47조)

이에 대하여는 행정상입법예고의 규정을 준용한다.

(10) 행정지도

① 개설

② 행정지도의 원칙

㉮ 과잉금지의 원칙 및 임의성의 원칙(제48조 제1항)

행정지도는 그 목적달성에 필요한 최소한도에 그쳐야 하며, 행정지도의 상대방의 의사에 반하여 부당하게 강요하여서는 아니된다.

㉯ 불이익조치금지원칙(제48조 제2항)

행정기관은 행정지도의 상대방이 행정지도에 따르지 아니하였다는 것을 이유로 불이익한 조치를 하여서는 아니 된다.

③ 행정지도의 방식

㉮ 명확성의 원칙 및 행정지도실명제(제49조 제1항)

행정지도를 행하는 자는 그 상대방에게 행정지도의 취지·내용 및 신분을 밝혀야 한다.

㉯ 서면요구시의 서면교부(제49조 제2항)

행정지도가 구술로 이루어지는 경우에 상대방이 제1항의 사항을 기재한 서면의 교부를 요구하는 때에는 당해 행정지도를 행하는 자는 직무수행에 특별한 지장이 없는 한 이를 교부하여야 한다.

④ 의견제출(제50조)

행정지도의 상대방은 당해 행정지도의 방식·내용 등에 관하여 행정기관에 의견제출을 할 수 있다.

⑤ 다수인을 대상으로 하는 행정지도(명확성과 공평성 확보의 관점에서 공통적인 내용이 되는

사항의 공표)(제51조)

　　행정기관이 같은 행정목적을 실현하기 위하여 많은 상대방에게 행정지도를 행하고자 하는 때에는 특별한 사정이 없는 한 행정지도에 공통적인 내용이 되는 사항을 공표하여야 한다.

(11) 국민참여의 확대(2014. 1. 28. 신설)

　　국민참여확대노력(제52조), 전자적 정책토론(제53조)

제6절　행정상 절차의 하자

1. 행정절차의 흠의 의의 및 형태

(1) 행정절차의 흠의 의의

1) 광의의 행정절차의 흠

　　모든 행정작용의 절차상의 흠을 의미하며 행정행위만이 아니라 행정입법, 행정지도 등 모든 행정작용의 절차에 관련된 모든 흠이 포함된다.

2) 협의의 행정절차의 흠

　　행정행위의 절차에 관련된 흠으로 주로 청문과 이유제시(이유부기)에 관련된 흠을 의미한다.

(2) 행정절차의 흠의 형태(효과)

1) 무효원인인 흠

　　행정절차의 흠이 중대하고 명백한 경우에는 그에 해당하는 행정행위는 무효가 된다.

　　국가공무원법 제13조 제2항은 '소청사건을 심사할 때 소청인 등에게 진술의 기회를 부여하지 아니하고 한 결정은 무효로 한다'고 명문화하고 있다.

2) 취소원인인 흠

　　흠이 중대명백하지 않을 때에는 그 행정행위는 취소할 수 있는 행정행위이다.

3) 명문의 규정이 없는 경우 절차상의 하자가 독자적인 취소사유가 될 수 있는가에 대해

① 소극설

　　절차상의 하자만으로는 당해 행정행위를 무효로 보거나 취소할 수 없다는 견해이다. 그 근거를

㉮ 행정행위의 절차규정은 실체법적으로 적정한 행정결정을 확보하기 위한 수단인 점에 그 본질적 기능이 있다.

㉯ 행정청이 적법한 절차를 거쳐 다시 처분을 하여도 여전히 전과 동일한 처분을 하여야 하는 경우(기속행위 등)에는 단지 절차상의 하자만을 이유로 당해 행위를 취소하는 것은 행정경제 내지 소송경제에 반한다.

는 점에 두고 있다.

② 적극설

절차상의 하자 있는 행정행위는 그 자체만으로 무효로 보거나 취소할 수 있다는 견해이다. 그 근거를

㉮ 절차규정 내지 절차에 관한 불문법원리는 실체적 결정의 적정성을 확보하기 위한 것으로 보면 적정한 결정은 적법한 절차에 따라서만 행해질 수 있다는 것이 기본전제로 되어야 한다.

㉯ 적법한 절차를 거쳐 다시 처분을 하는 경우 반드시 동일한 결정에 도달하게 되는 것은 아니다.

㉰ 소극설을 취하는 경우 기속행위에 대해서는 절차적 규제의 담보수단이 없어지게 된다.

㉱ 우리 행정소송법 제30조 제3항은 '신청에 따른 처분이 절차의 위법을 이유로 취소되는 경우'를 규정하고 있어 실정법상으로는 적극설에 따른다.

는 것 등이다.

③ 판례

판례는 기속행위인지 재량행위인지를 불문하고 적극설을 취한다.

2. 절차에 흠 있는 행정행위(청문과 이유부기)의 치유

(1) 적극설

절차 및 형식상의 하자는 결여된 절차 및 형식의 사후충족이라는 보다 쉬운 방법으로 하자를 치유할 수 있다는 견해이다. 독일 행정절차법 제45조의 규정이다.

(2) 소극설

행정행위의 성립요건의 하나로 철차상의 요건을 드는 것을 실질적으로 무의미한 것으로 만든다는 견해이다. 즉, 행정절차의 독자적 의의가 상실되므로 하자가 치유되지 않는다는 것이다.

(3) 제한적 긍정설

국민의 권익보호와 동시에 행정절차를 수행하면서도 행정의 능률적 운영측면을 고려하여 절차의 하자치유를 일정한 제한 하에 인정하는 견해이다. 다수설이다.

(4) 판례

판례는 청문절차와 이유부기의 하자의 치유가능성에 대하여 일정한 제한 하에 인정하자는 제한적 긍정설을 취하고 있다.

(5) 치유시기

판례의 견해는 하자의 치유가 행정쟁송의 제기 이전에 가능하다고 본다. 즉, 처분의 상대방 등이 불복을 하기 전까지만 가능하며 불복을 하면 불가능하다고 한다.

3. 행정상 입법예고·행정예고절차 흠의 법적 효과

행정상 입법예고 또는 행정예고의 절차에 흠이 있는 경우에 그 흠의 효과는 어떻게 되는가에 관하여 논란이 있다.

그 흠이 당해 법령·계획 등의 효과에 아무런 영향이 없다는 부정설과 영향이 있다는 긍정설로 나뉜다.

행정상 입법예고·행정예고절차가 행정절차법에 규정되어 있다는 점 그리고 부정설을 취할 때는 국민의 적정한 참여를 담보할 수 없다는 점 등을 고려할 때 긍정설이 타당하다고 본다.

행정공개(정보공개)

제1절 개 설

　행정의 민주화가 달성되기 위해서는 행정과정이 공개되고 행정기관이 보유하고 있는 정보·자료에 대한 국민의 접근이 보장될 필요가 있다. 그리하여 공공기관의 정보공개에 관한 법률이 1998년 시행되어 2004년과 2014년 전면개정되었다. 그 필요성으로서는 국민의 알권리(right to know)충족, 행정의 민주화, 국민의 권리·이익의 보호, 그리고 행정의 공정성 확보를 들 수 있을 것이다. 행정정보의 공개에 의하여 국민의 국정에 대한 정확한 이해와 비판, 나아가 통제가 가능하게 된다. 그리고 국정운영의 투명성을 확보하기 위하여 필요하다.

제2절 정보공개

1. 문서열람권의 보장

　개인이 정부가 보유하고 있는 정보를 알 수 있어야만 '무기의 평등성'이 보장되는 것이어서(open government) 각국이 행정절차법 등을 통해 개인에게 공문서열람권을 보장하는 추세에 있다.

2. 문서열람권의 근거

① 각 개별법에서 규정

국토의 계획 및 이용에 관한 법률 등

② 행정절차법 제37조 제1항

③ 1996년 '공공기관의 정보공개에 관한 법률'이 제정 공포됨으로써 우리나라도 공개법제가 가능하게 되었다.

④ 헌법상의 알권리

행정의 정보공개(disclosure of information) 및 문서열람권의 근거를 헌법상의 '알권리'에서 구하는 것이 헌법학계의 일반적 경향이다. 그리고 알권리의 근거를 인간의 존엄과 가치 및 행복추구권에 관한 헌법 제10조에서 구하는 견해, 언론의 자유에 관한 제21조에서 구하는 견해 및 제21조(표현의 자유), 제1조(국민주권의 원리), 제10조, 제31조 제1항(인간다운 생활을 할 권리) 등에서 찾는 견해 등이 있으며 헌법재판소는 헌법 제21조에서 구한다.

3. 문서열람권의 한계

비밀 또는 대외비로 분류된 문서 등에 대한 열람이나 복사는 허가대상에서 제외하고 있다. 이는 궁극적으로는 언론의 자유와 국가기밀과의 관계와 유사하다.

4. 정보공개와 입법화의 추진

(1) 정보공개조례의 제정

효시는 청주시의회가 입안한 청주시행정정보공개조례안으로 이는 지방자치법 제159조에 의해 대법원에 제소되었으나 합법판결을 받았고 많은 지방자치단체가 이에 따랐다.

(2) 정보공개법의 제정

1996년 공공기관의 정보공개에 관한 법률이 제정·공포되었고 2004년과 2014년 전면개정되었다.

제3절 우리나라의 공공기관의 정보공개에 관한 법률(정보공개법)의 내용

1. 정보공개의 원칙

공공기관이 보유, 관리하는 정보는 국민의 알권리 보장 등을 위하여 이 법에서 정하는 바에 따라 적극적으로 공개하여야 한다(제3조).

2. 정보공개의 청구권자

'모든 국민'은 정보의 공개를 청구할 권리를 가진다(제5조, 정보공개청구권).

3. 정보공개여부의 결정

공공기관은 제10조의 규정에 따라 정보공개의 청구를 받으면 그 청구를 받은 날부터 10일 이내에 공개여부를 결정하여야 한다(제11조 제1항).

공개청구된 공개 대상 정보의 전부 또는 일부가 제3자와 관련이 있다고 인정할 때에는 그 사실을 제3자에게 지체없이 통지되어야 하며, 필요한 경우에는 그의 의견을 들을 수 있다(제11조 제3항).

4. 비공개대상정보(undisclosed information; 제9조)

너무 광범위하여 정보공개의 취지를 몰각할 우려가 있다.

① 타 법령에 의한 비공개사항
② 국가의 중대한 이익에 관한 사항
③ 국민의 중요법익 침해 우려사항
④ 진행중인 재판 등에 관한 사항
⑤ 업무의 공정한 수행 등을 침해할 사항(행정결정과정에 있는 정보)
⑥ 개인에 관한 사항
⑦ 영업상 비밀에 관한 사항
⑧ 특정인에게 이익 또는 불이익을 줄 우려가 있는 정보 등이다.
불확정개념이 많아 명확성의 원칙을 저버릴 수 있다는 비판이 가능할 것이다.

5. 정보공개의 방법

1) 공개결정의 통지 및 공개방법

공공기관은 정보의 공개를 결정한 경우에는 공개일시, 공개장소 등을 분명히 밝혀 청구인에게 통지하여야 한다(제13조 제1항).

공공기관은 정보의 비공개 결정을 한 경우에는 그 사실을 청구인에게 지체없이 문서로 통지하여야 하고, 이 경우 비공개이유와 불복의 방법 및 절차를 구체적으로 밝혀야 한다(동조 제4항).

2) 부분공개

비공개대상정보와 공개가능한 부분을 분리할 수 있는 경우에는 비공개대상정보에 해당하는 부분을 제외하고 공개하여야 한다(제14조).

3) 정보의 전자적 공개

공공기관은 전자적 형태로 보유, 관리하는 정보에 대하여 청구인이 전자적 형태로 공개하여 줄 것을 요청하는 경우에는 그 정보의 성질상 현저히 곤란한 경우를 제외하고는 청구인의 요청에 따라야 한다(제15조 제1항).

4) 즉시공개

① 법령 등에 따라 공개를 목적으로 작성된 정보
② 일반국민에게 알리기 위하여 작성된 각종 홍보자료
③ 공개하기로 결정된 정보로써 공개에 오랜 시간이 걸리지 아니하는 정보
④ 그 밖에 공공기관의 장이 정하는 정보로서 즉시 또는 말로 처리가 가능한 정보에 대하여는 제11조에 따른 정보공개절차를 거치지 아니하고 공개하여야 한다(제16조).

6. 비용부담

정보의 공개 및 우송 등에 소요되는 비용은 실비의 범위에서 청구인이 부담한다(제17조 제1항).

7. 불복구제절차

(1) 청구인의 권리보호

1) 이의신청

청구인이 정보공개와 관련한 공공기관의 비공개 또는 부분공개의 결정에 대하여 불복이

있거나 정보공개청구 후 20일이 경과하도록 정보공개 결정이 없는 때에는 공공기관으로부터 정보공개여부의 결정통지를 받은 날 또는 정보공개청구 후 20일이 경과한 날부터 30일 이내에 해당 공공기관에 문서로 이의신청을 할 수 있다(제18조 제1항).

2) 행정심판

청구인이 정보공개와 관련한 공공기관의 결정에 대하여 불복이 있거나 정보공개청구 후 20일이 경과하도록 정보공개 결정이 없는 때에는 행정심판법에서 정하는 바에 따라 행정심판을 청구할 수 있다(제19조 제1항 전문).

3) 행정소송

청구인이 정보공개와 관련한 공공기관의 결정에 대하여 불복이 있거나 정보공개청구 후 20일이 경과하도록 정보공개결정이 없는 때에는 행정소송법이 정하는 바에 따라 행정소송을 제기할 수 있다.

(2) 제3자의 권리보호

제3자는 자신과 관련된 정보가 공개청구된 사실을 통지받은 날부터 3일 이내에 해당 공공기관에 대하여 자신과 관련된 정보를 공개하지 아니할 것을 요청할 수 있다(제21조 제1항).

제3자의 비공개요청에도 불구하고 공공기관이 공개결정을 한 때에는 공개결정이유와 공개실시일을 분명히 밝혀 지체없이 문서로 통지하여야 하며, 제3자는 해당 공공기관에 문서로 이의신청을 하거나 행정심판 또는 행정소송을 제기할 수 있다. 이 경우 이의신청은 통지를 받은 날부터 7일 이내에 하여야 한다(동조 제2항).

공공기관은 제2항에 따른 공개결정일과 공개실시일 사이에 최소한 30일의 간격을 두어야 한다(동조 제3항).

8. 정보공개위원회(제5장, 제22조~제28조)

행정안전부장관 소속하에 일정사항을 심의, 조정하기 위하여 정보공개위원회를 둔다.

9. 회의의 공개

행정과정의 공개와 관련하여 합의체의 회의의 공개는 회의의 공정성을 확보하는 동시에 외부에 대한 정보공개의 기능도 지니므로 중요한 내용이다. 일명 회의공개법으로 불리우는 미국의 정부일조법(Government in the Sunshine Act, 1976)은 모범적 사례이다.

개인정보보호

1. 개념 및 외국의 법제

개인에게 정보의 통제를 위한 권리가 주어지지 않는다면 사생활이 무너지는 결과가 초래될 수 있다. 프라이버시의 보호 내지 개인정보보호에 관한 외국의 입법례로는 미국의 1970년 공정신용보고법, 1974년 프라이버시법 등 다양하다. 독일에서는 인구조사법의 위헌판결(1983. 12. 15.)에서 연방데이타보호법이 제정되는 계기가 되었다.

개인정보보호는 개인은 누구나 자신에 관한 정보를 관리하고 외부로 공개함에 있어 스스로 결정할 수 있는 권리인 정보상 자기결정권을 가지며 국가가 그것을 개인의 기본권의 하나로서 보호하는 것을 말한다. 우리나라의 경우 헌법 제17조(privacy권)에서 유래한다고 볼 수 있으나 헌법재판소는 독자적 권리라고 판시하였다.

2. 우리나라의 제도

(1) 개설

헌법규정에도 불구하고 최근까지 프라이버시보호에 관한 일반법이 없었으나 1994년 공공기관의 개인정보보호에 관한 법률이 제정되어 중요한 전기가 되었고 2011년에 개인정보보호법으로 전면개정 되었다. 공공부분과 민간부분을 망라한다.

(2) 개인정보보호상 원칙

1) 개인정보수집상 원칙

개인정보처리자(개인정보를 처리하는 공공기관, 법인, 단체, 사업자 및 개인)는 개인정보의 처리목적을 명확하게 하여야 하고 그 목적에 필요한 범위에서 최소한의 개인정보만을 적법하고 정당하게 수집하여야 한다(제3조 제1항). 이는 명확성의 원칙과 비례의 원칙을 선언한 것이라고 할 수 있을 것이다.

2) 개인정보처리상 원칙

개인정보처리자는 개인정보의 처리목적에 필요한 범위에서 적합하게 개인정보를 처리하여야 하며, 그 목적 외의 용도로 활용하여서는 아니된다(제3조 제2항). 이는 비례의 원칙을 나타낸 것이다.

3) 개인정보관리상 원칙

개인정보처리자는 개인정보의 처리 목적에 필요한 범위에서 개인정보의 정확성, 완전성 및 최신성이 보장되도록 하여야 한다.

4) 정보주체권리의 보장원칙

개인정보처리자는 개인정보처리방침 등 개인정보의 처리에 관한 사항을 공개하여야 하며, 열람청구권 등 정보주체의 권리를 보장하여야 한다(동법 제3조 제5항). 이는 공개의 원칙을 나타낸 것이다.

5) 개인정보처리자 정보주체에 대한 신뢰형성 의무

개인정보처리자는 이 법 및 관계 법령에서 규정하고 있는 책임과 의무를 준수하고 실천함으로써 정보주체의 신뢰를 얻기 위하여 노력하여야 한다.

(3) 개인정보보호법상 개인정보

1) 보호대상 개인정보의 주체

개인정보보호법상 '개인정보'란 살아있는 개인에 관한 정보를 말한다(제2조 제1호).

2) 보호대상 개인정보의 처리자

개인정보보호법상 개인정보처리자란 업무를 목적으로 개인정보 파일을 운용하기 위하여 스스로 또는 다른 사람을 통하여 개인정보를 처리하는 공공기관, 법인, 단체 및 개인 등을 말한다(제2조 제5호). 현행 개인정보보호법은 공공기관에 의해 처리되는 정보뿐 아니라 사인에 의해 처리되는 정보까지 보호대상으로 하고 있는 것이 특징적이다.

3) 보호대상 개인정보의 의미

　개인정보보호법상 개인정보란 살아있는 개인에 관한 정보로써 성명, 주민등록번호 및 영상 등을 통하여 개인을 알아볼 수 있는 정보를 말한다. 정보에는 성명, 생년월일, 연령, 가족관계 등록부의 등록기준지, 가족상황, 교육수준, 직업, 종교, 취미, 재산, 사진, 납세상황 등이 포함된다. 헌재의 판례는 개인정보이면 일반적으로 접근할 수 있는 정보 내지 이미 공개된 정보도 보호의 대상이 되며 개인의 손가락 지문도 보호대상이 된다고 하였다.

4) 민감정보의 처리제한(제23조)

　예외는 있으나, 개인정보처리자는 사상·신념, 노동조합, 정당의 가입·탈퇴, 정치적 견해, 건강, 성생활 등에 관한 정보, 그 밖에 정보주체의 사생활을 현저히 침해할 수 있는 개인정보 등(민감정보)을 처리하여서는 아니된다.

(4) 개인정보보호법상 정보주체의 권리

1) 권리의 유형

　정보주체는 자신의 개인정보처리와 관련하여
① 통지를 받을 권리
② 동의권
③ 열람 청구권
④ 정정·삭제·파기 청구권
⑤ 구제 청구권 등을 가진다.

2) 열람청구권

　① 개인정보처리자가 처리하는 자신의 개인정보에 대한 열람을 해당 개인정보처리자에게 요구할 수 있다(제35조 제1항).

　② 제1항에도 불구하고 정보주체가 자신의 개인정보에 대한 열람을 공공기관에 요구하고자 할 때에는 공공기관에 직접 열람을 요구하거나 대통령령으로 정하는 바에 따라 행정안전부 장관을 통하여 열람을 요구할 수 있다(제35조 제2항).

3) 정정·삭제 청구권

　① 제35조에 따라 자신의 개인정보를 열람한 정보주체는 개인정보처리자에게 그 개인정보의 정정 또는 삭제를 요구할 수 있다. 다만, 다른 법령에서 그 개인정보가 수집대상으로 명시되어 있는 경우에는 그 삭제를 요구할 수 없다(제36조 제1항).

② 개인정보처리자는 제 1항에 따른 정보주체 요구를 받았을 때에는 개인정보의 정정 또는 삭제에 관하여 다른 법령에 특별한 절차가 규정되어 있는 경우를 제외하고는 지체없이 그 개인정보를 조사하여 정보주체의 요구에 따라 정정, 삭제 등 필요한 조치를 한 후 그 결과를 정보주체에게 알려야 한다(제36조 제2항).

4) 처리정지 요구권

① 정부주체는 개인정보처리자에 대하여 자신의 개인정보처리에 정지를 요구할 수 있다. 이 경우 공공기관에 대하여는 제32조에 따라 등록대상이 되는 개인정보 파일 중 자신의 개인정보에 대한 처리의 정지를 요구할 수 있다(제37조 제1항).

② 개인정보처리자는 제1항에 따른 요구를 받았을 때에는 지체없이 정보주체 요구에 따라 개인정보처리의 전부를 정지하거나 일부를 정지하여야 한다. 다만 일정한 경우에는 정보주체의 처리정지 요구를 거절할 수 있다(제37조 제2항).

(5) 권리보호

손해배상청구권과 분쟁조정(소송절차에 앞서서 개인정보와 관련된 분쟁을 조정하는 절차를 말한다. 제49조 제1항) 그리고 행정소송 및 개인정보 단체소송(제51조)이 있다. 이 중 개인정보 단체소송이란 일정한 단체가 자신의 고유한 권리침해나 구성원의 권리침해를 다투는 것이 아니라 일반적인 정보주체의 권리침해를 다투는 소송을 말한다.

(6) 현행법의 순서

다음에서는 위에서 설명한 내용을 현행법의 순서대로 적어보기로 한다.

① 용어의 정의(제2조 제1호~제7호)

② 개인정보보호 원칙(제3조)

개인정보보호법은 동법 제3조에서 8개 항의 개인정보처리자의 의무를 정하고 있다.

③ 정보주체의 권리(제4조)

정보주체는 자신의 개인정보처리와 관련하여 법 제4조의 권리를 가진다.

④ 다른 법률과의 관계(제6조)

개인정보보호에 관하여는 '정보통신망 이용촉진 및 정보보호 등에 관한 법률', '신용정보의 이용 및 보호에 관한 법률' 등 다른 법률에 특별한 규정이 있는 경우를 제외하고는 이 법에서 정하는 바에 따른다.

⑤ 개인정보보호위원회(보호위원회; 제7조 및 제8조)

개인정보보호에 관한 사항을 심의, 의결하기 위하여 대통령 소속으로 개인정보보호위원회(이하 보호위원회라 한다)를 둔다.

⑥ 보호위원회는 제8조 제1항의 사항을 심의, 의결한다.

⑦ 개인정보의 수집, 이용, 제공 등(제15조~제17조)

⑧ 개인정보의 처리제한(제23조~제25조)

⑨ 개인정보 영향평가(제33조 제1항)

⑩ 개인정보 유출 통지 등(제34조 제1항)

⑪ 정보주체의 권리 보장(제35조~제37조)

⑫ 권리행사의 방법 및 절차(제38조 제1항)

⑬ 손해배상쳭임(제37조 제1항)

⑭ 분쟁조정위원회(제40조)

⑮ 자료의 요청(제45조)

⑯ 분쟁의 조정(제47조)

⑰ 조정의 거부 및 중지(제48조)

⑱ 집단분쟁조정(제49조)

⑲ 개인정보 단체소송(제51조)

PART

04

행정의 실효성 확보수단

개 설

제1절   전통적 행정강제론

　종래에는 행정강제(행정목적의 실현을 확보하기 위하여 행정객체의 신체 또는 재산에 실력을 행사하는 사실행위로서 그 성질은 권력적 실력행사로서의 사실행위)를, 행정상의 강제집행과 즉시강제로 분류하였다.

　행정상의 강제집행은 다시,

　① 비금전적 의무의 강제이행수단으로서의

　　㉮ 대집행, ㉯ 집행벌, ㉰ 직접강제와

　② 금전적 의무의 강제이행수단으로서 강제징수로 구분된다.

그리고 즉시강제는 후술한다.

제2절 행정강제론의 새로운 경향

(1) 새로운 의무강제수단의 등장과 평가

공급거부·공표·과징금·수익적 행정행위의 철회 등이 새로운 수단으로서 애용되고 있다. 그러나 사인의 입장에서는 공권력의 지나친 행사로 비치며 또한 다른 행정수단이 행정상의 강제집행의 수단을 법정화하고 그 종류를 한정한 의미를 저버린다는 의문이 제기될 수 있다.

(2) 미비한 현행제도의 보완책

1) 전통적 제도의 보완

일본은 전통적 강제집행수단 가운데 대집행과 강제징수만을 인정하고 강제금(집행벌)과 직접강제는 원칙적으로 폐지하였으며 이는 우리와 같다. 현실적으로 행정법상의 의무의 불이행이 있음에도 불구하고 현행법상 그것을 강제이행시킬 수단이 존재하지 않는다고 하는 점이 있다. 그 예로써 일본의 나리타 공항건설과 관련된 것으로서 토지수용법에 의해 공항 예정지상의 토지와 건물이 수용되었음에도 불구하고 주민 등이 토지와 건물을 명도하지 않은 사건에 있었다. 일본정부는, 토지 등의 명도는 비대체적 의무로서 대집행의 대상이 되지 않는다는 이유로, 토지수용법상에 규정되어 있는 대집행으로서는 그 목적을 달성할 수 없었기에 형법과 경찰관직무집행법 등을 동원하여 행정목적을 달성하였다.

2) 행정의무의 사법(私法)적 강제성

① 현행법상의 행정강제수단으로 목적을 달성하기 어려운 경우 민사상의 강제집행수단을 활용하거나, 행정상의 강제수단의 활용이 가능한 경우에도 민사상의 수단이 편리한 경우에는 이를 활용할 수 있게 하자는 의견이 제기된다.

㉮ 행정상 강제집행이 완비되어 있지 않다.

㉯ 행정주체와 행정객체의 대등한 지위를 확보한다는 측면에서 민사상 강제집행을 활용할 필요가 있다.

② 전제조건 내지 문제점

㉮ 행정상 강제수단이 있음에도 민사상의 수단에 의존한다는 것은 법의 취지에 어긋난다(by-pass이론).

㉯ 행정주체측이 사법상의 권원을 가지고 있는 경우에만 인정할 것인가, 공법상의 권원을 가지고 있는 경우에도 가능한가의 문제가 있다.

㉰ 법원의 부담이 될 수 있다.

㉱ 간접강제에 있어서의 배상액의 산정이 어렵다.

3) 행정조사의 분립

즉시강제의 부분이 행정조사이론으로 독립하였다.

(3) 사인의 행정개입청구권

강제권의 발동여부 및 수단의 선택이 행정청의 재량에 맡겨져 있음이 보통이나 재량이 0으로 수축하는 경우에는 행정개입청구권이 발생할 수 있다.

(4) 재론

행정강제란 행정청이 행정목적의 실현을 확보하기 위하여 사람의 신체 또는 재산에 실력을 가하여 행정상 필요한 상태를 실현하는 사실상 작용을 말하며 행정강제는 ① 행정상 강제집행, ② 행정상 즉시강제 그리고 ③ 행정조사의 세가지로 나누어진다. 행정강제는 권력적 사실행위라는 점에서 행정행위와 구별된다. 행정목적을 실현하기 위해 실력행사를 하는 점에서 과거의 의무위반에 대한 제재인 행정벌과 구별된다. 행정강제에는 그 속에 수인의무가 내포되어 있으므로 무효가 아닌 한 상대방이 이에 저항할 수 없다고 본다.

행정상 강제집행

제1절 행정상 강제집행의 의의 및 특색

1. 의의

　(행정법상의) 의무의 불이행에 대하여, 행정주체가 (의무자의 신체 또는 재산에) 실력을 가함으로써 (장래에 향하여) 그 의무를 이행시키거나 (혹은) 이행이 있었던 것과 동일한 상태를 실현하는 권력적 사실행위로서의 행정작용이다. 권력작용성과 사실행위성의 성격을 지닌다.

2. 특색

(1) 민사상 강제집행과의 구별

　행정상의 강제집행(administrative compulsory execution)은 민사상의 강제집행이 타력집행임에 비하여 자력집행의 제도인 점에 근본적인 차이가 있다(자력집행성).

(2) 행정상의 즉시강제와의 구별

　행정상 강제집행은 의무의 존재 및 그의 불이행을 전제로 하는 점에서 이를 전제로 하지 않고 즉시 실력으로 행정상 필요한 상태를 실현시키는 행정상 즉시강제와는 구별된다.

(3) 행정벌과의 구별

행정상 강제집행이 장래에 향하여 의무이행을 강제하는 것을 직접 목적으로 하는데 비하여 행정벌은 과거의 의무위반에 대하여 제재를 과함을 목적으로 한다. 따라서 양자는 함께 행사될 수 있다.

제2절 근 거

1. 이론적 근거

(1) 직권집행설(직권강제설)

행정행위의 본질상 당연히 내재하는 고유한 것으로 법령의 근거를 필요로 하지 않는다는 견해이다.

(2) 법규필요설(법적 실효설)

오늘날의 통설은 의무를 명하는 행위와 의무를 강제적으로 실현하는 행위는 각각 별개의 법에 근거해야 한다고 한다. 즉, 행정행위의 집행력은 별개의 법률상 근거가 있어야 한다는 견해이다.

2. 실정법적 근거

대집행에 관한 일반법으로서 행정대집행법 및 금전징수에 관한 일반법으로서 국세징수법이 있는 외에 출입국관리법 등 개별법에 규정이 있다.

제3절 행정상 강제집행의 수단

대집행, 이행강제금(집행벌), 직접강제 및 행정상의 강제징수 등이 있다. 우리나라에서는 일반적인 수단으로서 대집행과 행정상의 강제징수만이 인정되고 있으며 직접강제와 이행강제금(집행벌)은 개별법에 근거가 있는 경우에만 허용된다.

그리고 행정강제 집행수단으로써 목적을 달성할 수 없는 경우에 민사상의 강제집행수단을 활용할 수 있는가에 대하여는 행정상 강제집행수단이 법정되어 있는 경우는 대부분 부정적인 입장을 취하고 있다(통설·판례).

그러나 행정상 강제집행수단이 법정되어 있지 않은 경우는 부정설(양자는 성질과 차원을 달리한다)과 긍정설(일반적으로 인정될 수 있다, 이행을 확보할 수 없는 점은 불합리하다, 행정주체의 지위를 사인보다 더 불합리하게 할 이유가 없다는 점 등을 제시한다)의 대립이 있다.

1. 대집행

(1) 의의

대체적 작위의무에 대한 강제수단으로서, 의무자가 이행하지 않은 경우에 행정청이 그 작위를 스스로 행하거나 또는 제3자로 하여금 이를 행하게 한다. 그리고 의무의 이행이 있었던 것과 동일한 상태를 실현시킨 후 그 비용을 의무자로부터 징수하는 것을 말한다(행정대집행법 제2조). 대집행은 재량성이 인정된다. 즉 대집행의 행사여부는 행정청의 자유재량에 속한다.

(2) 대집행의 법률관계

자기집행의 경우는 공법관계임이 분명하나, 타자집행의 경우는

① 행정청과 제3자의 관계와

② 제3자와 의무자의 관계로 나누어 볼 수 있다.

이는 타자집행이 비상시에 행해지는 경우와 평상시에 행해지는 경우로 나누어 볼 수 있다. 후자의 경우는 계약을 통해서 맺어진 사법관계로 볼 수 있고, 전자의 경우는 공법관계의 성질을 가진다고 볼 수 있다.

(3) 대집행의 요건

1) 대집행(vicarious execution)의 주체·대상

행정청만이 대집행의 주체가 될 수 있다. 그리고 제3자도 대집행권자가 될 수 있으며 이 경우 제3자와 행정청의 관계는 공법상 행정계약의 관계로 보는 견해도 있으나 사법관계로 보는 견해가 다수설이다.

2) 대체적 작위의무(duty to act)의 불이행

① 의무의 기초

법령에 의해 부과된 의무가 바로 대집행의 대상이 되는 것이 아니라, 계고를 통해 특정인의 의무로서 정해진 다음에 비로소 집행된다.

② 의무의 대체성

타인이 대신하여 행할 수 있는 의무의 불이행이 있어야 하며, 타인이 대신하여 행할 수 없는 의무나 부작위의무 내지 수인의무는 대집행의 대상이 되지 않는다.

㉮ 토지·가옥의 명도

일본의 나리타 공항사건에서는 인도(引渡)가 타인이 대신하여 행할 수 있는 행위에 해당되지 않는다는 결론 하에 대집행이 아닌 경찰관직무집행법과 형법의 공무집행방해죄의 적용을 통해 토지 등의 인도를 확보하였다.

㉯ 부작위의무의 작위의무로의 전환

부작위의무의 위반에 대해 타인이 대신하여 할 수 있는 행위를 명하는 근거규정이 마련되어 있는 것이 보통이므로 이에 의해 대집행이 행하여 질 수 있다. 그러나 그와 같은 근거규정이 존재하지 않는 이상 행정청이 임의로 부작위의무를 작위의무로 전환시켜 대집행을 할 수는 없다.

3) 다른 수단으로써 그 이행을 확보하기가 곤란할 것

이는 보충성 내지 비례성 원칙 중 최소침해의 원칙(필요성의 원칙)을 명문화한 것이다. 그러나 대집행보다 더 작은 침해를 가하는 다른 수단을 생각할 수 없기에 이 규정은 별로 의미가 없다는 견해가 있다. 입증책임은 처분 행정청에 있다.

4) 불이행을 방치함이 심히 공익을 해할 것으로 인정될 것

그 판단은 재량에 일임하는 것이 아니라 기속적으로 보아야 한다거나 전면적인 사법심사의 대상이라는 견해가 있다. 판례는 재량으로 보는 경향에 있다.

5) 효과재량의 문제

이상의 요건이 충족된 경우 대집행을 할 것인지의 여부를 재량적 판단으로 보는 견해와 기속행위로 보는 견해로 나누어져 있다.

(4) 대집행의 절차

계고, 대집행영장에 의한 통지, 실행, 비용징수의 4단계로서 계고와 영장에 의한 통지는 선행절차이고 비용징수는 후행절차로 보면 계고 등을 독립한 행정행위로 볼 수 있다.

1) 계고(advance warning)

다수설과 판례는 상당한 이행기간을 정하여 의무의 이행을 알리고 그 의무가 이행되지 않은 경우에는 대집행을 할 뜻의 통지행위인 준법률행위적 행정행위로 본다.

그리고 문서로써 행하는 요식행위이다. 계고를 함에 있어서는 이행하여야 할 행위와 그

의무불이행시 대집행할 행위의 내용과 범위가 구체적으로 특정되어야 한다.

그리고 법률에 다른 규정이 있거나, 비상시 또는 위험이 절박한 경우에 있어서 대집행의 급속한 실시를 요하며 계고를 할 여유가 없을 때에는 계고절차를 거치지 아니하고 대집행을 할 수 있다(행정대집행법 제3조 제3항).

2) 대집행영장(writ of vicarious execution)에 의한 통지

그 성질은 준법률행위적 행정행위인 통지행위이다.

3) 대집행의 실행(practice)

대집행의 실행은 권력적 사실행위(합성적 행정행위)의 성질을 가진다. 여기서 의무자는 행정대집행에 대하여 수인의무가 있다. 만일 대집행의 실행에 항거할 경우 실력으로 그 항거를 배제하는 것이 대집행의 실행수단으로 인정되는가의 문제가 있다. 이에 대해 독일 행정집행법 제15조에서는 실력으로 저항을 배제할 수 있는 규정을 두고 있다. 일본의 경우 명문규정이 없어 나리타 공항사건에서 형법과 경찰관직무집행법에 의하여 배제조치를 취하였다. 우리나라의 경우 긍정설과 부정설로 나뉘어 있으나 입법을 통해 해결해야 한다고 본다.

4) 비용의 징수(collection of expenses)

불납의 경우 국세징수의 예에 의하여 강제징수한다. 작위의무가 금전급부의무로 대치된 것이라고 하는 견해도 있으며 새로 부가한 의무라고 하는 견해도 있다.

(5) 대집행에 대한 불복 및 하자의 승계

1) 대집행의 쟁송대상

행정심판과 행정소송으로서 구제받을 수 있다. 각각의 절차에 고유한 흠이 있으면 각각의 절차를 행정쟁송으로 다툴 수 있다고 보는 것이 대집행의 절차를 각각 독립한 행정행위로 이해하는 일반적 입장이다.

그리고 일반적으로 하명의 흠은 계고에 승계되지 않는 것에 대하여 계고의 흠은 대집행영장에 의한 통지 및 대집행실행에 승계된다고 설명되고 있다. 대집행의 각 행위는 일련의 단계를 이루는 절차로서 연속하여 행하여지고 서로 결합하여 하나의 법률효과를 발생시키는 것이므로 선행행위의 위법성은 후행행위에도 승계된다.

2) 대집행실행의 종료 후 쟁송가능성(원칙적 손해전보 내지 원상회복청구)

대집행이 완료된 때에는 원칙적으로(예외는 행정심판법 제13조 제1항과 행정소송법 제12조에서 규정) 소의 이익이 없으므로 손해배상이나 결과제거의 청구 등이 적절한 구제방법이 될 것이다. 따라서 이 경우 사전에 집행정지제도를 활용할 필요가 있다.

(6) 대집행의 기능약화

무허가 내지 위법한 건축물에 대해 국민자산의 효율적 활용이라는 점에서 합법화하는 경우가 있다. 그리고 전문기술성이 요구되는 경우도 있으며 영세한 건축물의 경우는 거센 저항을 받게 되고 대집행비용을 징수할 수 없는 경우가 생기게 된다.

2. 이행강제금(집행벌)

(1) 의의

우리나라에서는 집행벌이 부작위의무, 비대체적 작위의무를 강제하기 위하여 일정 기한까지 이행하지 않으면 과태료를 과한다는 뜻을 미리 계고하여 의무자에게 심리적 압박을 가함으로써 의무이행을 간접적으로 강제하는 수단인 것으로 이해되고 있다. 본래 그 집행벌 (executive penalty)이라는 명칭 및 제도는 독일에서 유래하였으나 독일에서는 그 명칭이 이행강제금으로 바뀐 지 오래 되었으며, 작위의무의 간접적 강제수단으로도 활용되고 있다.

(2) 집행벌의 부과와 징수

집행벌에 대한 일반법은 없다. 이러한 내용의 이행강제금제도가 건축법 제80조 제1항에 도입되었다. 건축주가 시정명령을 받은 후 시정기간 내에 당해 시정명령을 이행하지 아니하는 경우 행정청이 이행강제금을 부과하여 간접적으로 의무이행을 강제하는 것이 그 내용이다.

(3) 불복절차

행정쟁송에 의하여야 할 것이다.

3. 직접강제(direct enforcement)

(1) 의의

행정상의 의무의 불이행이 있는 경우에 직접 의무자의 신체나 재산 또는 이 양자에 실력을 가하여 의무의 이행이 있었던 것과 같은 상태를 실현하는 작용이다. 무허가·무신고 영업 등의 경우에 있어서 영업소의 폐쇄조치를 행하는 경우, 사진촬영금지구역에서 촬영한 필름의 압수, 강제적 예방접종 등을 그 예로 들 수 있다. 일반법은 없다.

(2) 성질

대체적 작위의무뿐만 아니라 비대체적 작위의무·부작위의무·수인의무 등 일체의 의무의 불이행에 대하여 할 수 있다. 통설의 경우 즉시강제와의 구별에 대하여 의무의 불이행을 구별기준으로 하고 있으나, 절차의 생략에서 찾아야 한다는 견해도 있다.

(3) 근거

과거 개별법에 예외적으로만 인정되었으나 그 수가 급증하여 직접강제제도가 대량으로 채택되었다. 앞으로의 입법적 개선이 요구된다.

(4) 한계: 비례성과 보충성(최후수단성)의 준수

강제집행수단 중 가장 강력한 수단이라 할 수 있으므로 국민의 기본권을 침해할 가능성이 높으므로 과잉금지원칙의 준수하에 최후수단(ultima ratio)으로 활용되어야 할 것이다.

(5) 문제점

개별법에 단편적으로 규정됨으로 인한 절차적 미비로 말미암아 위법 내지 탈법적 행정강제가 행해질 수 있는 위험이 있다. 그리고 우리나라의 경우 벌칙을 가하는 간접적 수단이 주된 것으로 되고 직접강제는 예외적으로만 채택되어 있으므로 의무확보 수단의 개선작업의 하나로서 직접강제를 도입하는 등의 입법조치를 하고 있다. 즉, 이러한 직접강제제도는 식품·의약품 등의 제조업 및 국민의 보건·환경·안전에 영향을 미치는 영업 분야로 점차 확대되는 추세이다.

4. 행정상 강제징수

(1) 의의

행정상의 금전급부의무의 불이행이 있는 경우에 의무자의 재산에 실력을 가하여 의무의 이행이 있었던 것과 같은 상태를 실현하는 작용을 말하며, 금전급부의 불이행에 대한 강제수단이다.

(2) 근거

국세징수법은 행정상 강제징수(compulsory collection)에 관하여 일반법적 지위를 점하고 있다. 각 개별법에 '국세징수법의 예에 의한다'는 명문규정이 없을 경우 민사집행법상 강제집행의 방법에 의하게 된다는 견해가 있다. 그리고 공법규정의 흠결로 보아 국세징수법을 적용하여야 한다는 견해가 있다.

(3) 절차

1) 독촉(demand for payment)

납세의 불이행이 있는 경우 독촉장을 발급하여야 한다. 이를 하명으로 보는 견해가 있으나 준법률행위적 행정행위로서 통지로 보는 것이 통설이다. 독촉은 채권의 소멸시효의 진행을 중단시키는 효과가 있다.

2) 체납처분(disposition for arrears)

① 재산압류(seizure of property)

의무자의 재산에 대해 사실상 및 법률상의 처분을 금지시키고 그것을 확보하는 강제보전 행위이며 항고소송의 대상이 되는 처분이다. 의무자가 독촉장 또는 납부최고서를 받고서 지정된 기한까지 국세와 지방세를 완납하지 아니한 때, 납기전 징수의 경우에는 납부고지를 받고 지정된 기한까지 완납하지 아니한 때 의무자의 재산을 압류한다(국세징수법 제24조 제1항).

의무자의 소유로서 금전적 가치가 있고 양도할 수 있는 재산은 모두 압류대상이 된다. 그러나 생활필수품(necessities)이나 임금 내지 급여 등에 대하여는 압류가 금지, 제한된다. 압류에 의하여 압류재산의 사실상·법률상 처분이 금지된다.

② 압류재산의 매각(public sale; 환가)

납세자의 압류재산을 금전으로 환가하는 것이다. 행정행위(처분, 공법상 대리)설과 사법 계약설로 갈린다.

③ 청산(liquidation)

체납처분에 의해 수령한 금전의 배분 행위이다.

④ 체납처분의 중지

체납처분의 목적물인 총재산의 추산가액이 체납처분비에 충당하고 잔여가 생길 여지가 없는 때에는 체납처분을 중지하여야 한다.

⑤ 체납처분의 유예

세무서장은 일정한 경우 체납처분에 의한 재산의 압류나 압류재산의 매각을 유예할 수 있다(국세징수법 제85조의2).

(4) 강제징수의 한계

과잉금지의 원칙, 즉 광의의 비례원칙을 지켜야 한다(적합성/필요성/상당성).

(5) 구제수단

행정쟁송절차에 의해 그 취소 내지 변경을 청구할 수 있으나, 국세기본법 제55조 이하 에서는 행정심판에 대해 일반법인 행정심판법의 적용을 배제하고 필요적 전치절차를 규정 하는 등의 특칙을 마련하고 있다.

(6) 행정상 강제징수의 기능약화

불이행을 그대로 방치하는 경우가 있고, 급부의무 불이행자에 대한 영업상 신용이나 명 예를 고려하여 바로 강제징수권을 발동하지 않는 경우가 있다.

Chapter
03

행정상 즉시강제

제1절 의 의

1. 개념

행정법상의 의무의 존재를 전제함이 없이 '목전의 급박한 위험 또는 장애를 제거하기 위하여', 혹은 그의 성질상 의무를 명함에 의해서는 목적을 달성할 수 없는 경우에 직접 사인의 신체 또는 재산에 실력을 가함으로써 행정상 필요한 상태를 실현하는 작용이다. 축대의 붕괴에 처하여 주민을 대피시키는 것이나 화재시에 소방대상물을 파괴 내지 철거하는 경우, 전염병환자의 강제입원, 출입국관리법상의 강제퇴거조치, 불법게임물의 수거 등을 그 예로 들 수 있다.

2. 타개념과의 구별

(1) 행정상 강제집행과의 구별

의무의 존재와 불이행을 전제로 하지 않는 점에서 구별되나 양자 모두 권력적 사실행위라는 점에서는 같다.

(2) 행정조사와의 구별

비권력적 행정조사는 강제적 요소가 없다는 점에서 구별되나 권력적 행정조사의 경우에는 즉시강제와 개념상 중복될 수 있다. 그러나 행정상 즉시강제는 실력으로 행정상 필요한 상태를 강제적으로 실현시키는 작용인 반면 행정조사는 행정작용을 효과적으로 수행하기 위하여 필요한 정보를 획득하기 위하여 행하는 조사행위이다.

3. 행정상 즉시강제(immediate enforcement)의 성질

① 사실행위설이 있고
② 법률행위설(수인하명행위)이 있다.
③ (사실행위)합성설이 있다. 이는 사실행위를 통하여 수인이 명하여지고 이에 의하여 일반적 수인의무가 구체적 수인의무로 변한다는 견해이다. 따라서 행정상 즉시강제는 수인 의무와 관련하여 항고소송의 대상이 되는 처분의 성질을 갖는다.

제2절 근 거

1. 이론적 근거

독일의 경우 국가의 일반긴급권이론에서 찾았으므로 특별한 법률적 근거가 없더라도 즉시강제가 가능하다고 보았으나 오늘날의 경우 이와 같은 이론이 성립될 수 없다. 영미법에서는 즉시강제에 해당하는 약식명령의 근거를 보통법상 불법행위와 자력제거(abatement)의 법리에서 구하고 있다. 즉 사적 자력구제와 같이 공적 불법행위(public nuisance)가 있는 경우에 행정청은 자력제거로서 약식집행(summary execution)이 인정된다고 본다.

2. 실정법적 근거

경찰관직무집행법이 경찰관의 직무집행과 관련된 즉시강제(광의)의 일반법이며, 기타 다수의 개별법(소방법, 전염병예방법, 식품위생법, 마약법, 검역법 등)에 근거규정이 있다.

제3절 행정상 즉시강제의 수단

1. 대인적 강제

(1) 경찰관직무집행법상의 대인적 강제수단

불심검문, 임의동행(제4조), 보호조치(제4조), 경고·억류 또는 피난 등의 위험발생방지조치(제5조 제1항), 범죄의 예방·제지조치(제6조), 장구사용(제10조) 및 무기사용(제10조의4) 등이 대인적 강제수단으로 열거된다. 이들 조치를 행정조사(불심검문), 하명(경고), 직접강제(무기사용의 경우) 등으로 분류하는 견해도 있다.

(2) 개별법상의 대인적 강제수단

강제격리, 강제건강진단, 교통차단, 원조강제, 강제수용, 수용, 강제퇴거 등이 있다.

2. 대물적 강제

(1) 경찰관직무집행법상의 대물적 강제수단

위험방지조치(동법 제5조 제1항, 제6조)가 있다.

(2) 개별법상의 대물적 강제수단

물건의 폐기, 물건의 수거, 물건의 영치, 물건의 파괴, 교통장애물의 제거 및 소방대상물의 파괴 등이 있다.

3. 대가택강제

경찰관직무집행법상의 가택출입(제7조 제1항) 및 개별법상의 임검·검사 및 수색 등이 있고 종래 대가택강제에 해당하였던 것이 오늘날은 행정조사의 영역에서 논의되고 있다.

제4절 행정상 즉시강제의 한계

1. 실체법적 한계

법적 근거가 있어야만 함은 물론 과잉금지의 원칙이 준수되어야 한다(그 내용으로 급박성, 보충성, 비례성 및 소극성을 드는 견해도 있다).

2. 절차법적 한계(영장주의와의 관계)

(1) 영장불요설

행정상 즉시강제에 영장이 필요하지 않다는 견해이다.

(2) 영장필요설

행정상 즉시강제에 영장이 반드시 필요하다는 견해이다.

(3) 절충설(다수설)

강제조치가 형사책임의 추급과 직접적인 관계가 있는 경우는 영장주의가 적용되며, 목전의 급박한 장애를 제거하기 위한 경우와 같이 성질상 사전영장이 불가능한 경우에는 법관의 영장이 필요하다고는 할 수 없다는 견해이다.

제5절 행정상 즉시강제에 대한 구제

1. 적법한 즉시강제에 대한 구제

손실보상 청구가 가능하다. 경찰관직무집행법상에는 손실보상규정을 두고 있다(제11조의2).

2. 위법한 즉시강제에 대한 구제

(1) 행정쟁송

장기에 걸치는 경우만이 해당될 것이나 행정소송법 제12조의 규정(소멸된 뒤에도 법률상 이익이 있는 경우에는 소를 제기할 수 있다)에 의한 구제도 가능하다.

(2) 손해배상

가장 중요한 구제수단이라 할 수 있다.

(3) 자력구제(self-help remedy)

위법한 즉시강제에 대한 항거는 공무집행방해죄에 해당하지 않는다.

(4) 기타(간접적 구제수단)

① 직권에 의한 취소·정지

② 공무원의 형사책임

③ 징계책임

④ 인신보호제도

행정권에 의해 인신보호법이 규정한 시설(아동보호시설, 장애인시설, 정신요양시설)에 위법·부당하게 구금 또는 수용된 자 등은 법원에 그 구제를 청구할 수 있다. 인신보호제도란 자유로운 의사에 반하여 국가, 지방자치단체, 공법인 또는 개인, 민간단체 등이 운영하는 수용시설에 수용, 보호 또는 감금되어 있는 자가 인신보호법에 따라 법원에 그 구제를 청구할 수 있는 제도를 말한다. 2008년에 인신보호법이 시행되게 되었다. 인신보호법은 헌법 제12조 제6항을 근거로 한다. 헌법 동조 동항의 체포와 구속에는 형사절차상의 체포와 구속 외에 모든 형태의 공권력에 의한 체포와 구속도 포함된다고 본다. 법원은 구제청구사건을 심리한 결과 그 청구가 이유가 있다고 인정되는 때에는 결정으로 피수용자의 수용을 즉시 해제할 것을 명하여야 한다(제13조). 다만 다른 법률에 구제절차가 있는 경우에는 상당한 기간 내에 그 법률에 따른 구제를 받을 수 없음이 명백하여야 한다(보충성).

⑤ 헌법소원이 가능

Chapter

04

행정조사

제1절 개 설

행정조사활동의 중요성에 대한 인식이 높아지고 있는 외에 정보화사회의 진전에 따른 개인 내지 사생활의 보호라는 관점에서 이 문제가 재조명받고 있다. 2007년 5월 17일 행정조사기본법이 제정되었다.

제2절 의 의

1. 개념

(1) 행정조사기본법상 개념

'행정기관이 정책을 결정하거나 직무를 수행하는 데 필요한 정보나 자료를 수집하기 위하여 현장조사·문서열람·시료채취 등을 하거나 조사대상자에게 보고요구·자료제출요구 및 출석·진술요구 등을 행하는 활동을 말한다'라고 규정하고 있다(제2조 제1호).

(2) 행정기관이 필요한 정보·자료 등을 수집하는 일체의 행위

① 행정기관의 조사이다.

② 반드시 실력행사를 수반하지는 않는 점에서 실력행사를 요소로 하는 행정상의 강제집행, 즉시강제 등과 구분된다.

③ 직접 법적 효과를 발생하지 않는 사실행위가 대부분인 점에서 행정행위와 구분된다.

2. 즉시강제와의 구별 및 관계

행정조사(administrative examination)는 준비적·보조적 작용으로서, 일반적으로 실력행사를 수반하지 않으며, 그의 실효성 확보는 벌칙을 통해 행해지는 점 등에서 즉시강제와 구별된다.

제3절 종 류

① 성질에 따라

권력적 행정조사(세무조사)와 비권력적 행정조사(인구조사)로 구분되며 전자는 즉시강제적 성격을 가질 수 있으며 그 한도에서 즉시강제의 법리가 적용될 수 있다.

② 대상에 따라

여러 가지로 나누어질 수 있으나 학자에 따라 대인적 조사, 대물적 조사, 대가택조사로 구분한다.

③ 그 밖에 개별적 조사와 집합적 조사, 구두에 의한 조사와 문서에 의한 조사 등으로 구분 가능하다.

제4절 행정조사의 법적 문제

1. 법률유보와의 관계

개인정보의 수집에는 원칙적으로 당사자의 동의 내지 법률의 수권이 필요하다. 행정조사에 관한 일반법으로 행정조사기본법이 있고 개별법에 근거규정이 있다. 행정조사에 관하여 다른 법률에 특별한 규정이 있는 경우를 제외하고는 행정조사기본법으로 정하는 바에 따른다(제3조 제1항). 행정기관은 법령 등에서 행정조사를 규정하고 있는 경우에 한하여 행정조사를 실시할 수 있다. 다만, 조사대상자의 자발적인 협조를 얻어 실시하는 행정조사의 경우에는 그러하지 아니하다(제5조).

2. 절차적 요건(영장·증표 등)의 문제

① 일상적인 경우

증표의 휴대와 제시라는 방법을 통해 업무를 수행할 수 있다(제11조 제3항).

② 영장을 필요로 하는 경우

행정조사를 위해 압수·수색이 필요한 때에는 법원이 발부한 영장의 제시가 있어야 한다(조세범처벌절차법 제9조 등).

③ 행정조사를 실시하고자 하는 행정기관의 장은 출석요구서, 보고요구서·자료제출요구서 및 현장출입조사서를 조사개시 7일 전까지 조사대상자에게 서면으로 통지하여야 한다. 이 경우 출석요구서 등의 내용이 외부에 공개되지 아니하도록 필요한 조치를 하여야 한다(행정조사기본법 제17조 제1항, 제2항).

3. 행정조사의 기본원칙

(1) 필요성·권한남용금지의 원칙

행정조사는 조사목적을 달성하는데 필요한 최소한의 범위 안에서 실시하여야 하며, 다른 목적 등을 위하여 조사권을 남용하여서는 아니된다(제4조 제1항).

(2) 적합성의 원칙

행정기관은 조사목적에 적합하도록 조사대상자를 선정하여 행정조사를 실시하여야 한다(동조 제2항).

(3) 효율성의 원칙

행정기관은 유사하거나 동일한 사안에 대하여는 공동조사 등을 실시함으로써 행정조사가 중복되지 아니하도록 하여야 한다(동조 제3항). 원칙적으로 조사원은 조사대상자의 1회 출석으로 당해조사를 종결하여야 한다(제9조 제3항). 원칙적으로 중복조사는 제한된다(제15조). 국무조정실장은 행정조사의 효율성·투명성 및 예측가능성을 제고하기 위하여 각급 행정기관의 행정조사 실태, 공동조사 및 중복조사 실시 여부 등을 확인·점검하여야 한다(제29조 제1항).

(4) 자율관리체제

행정기관의 장은 법령 등에서 규정하고 있는 조사사항을 조사대상자로 하여금 스스로 신고하도록 운영할 수 있고, 행정기관의 장은 조사대상자가 자율신고제도에 따라 신고한 내용이 거짓의 신고라고 인정할 만한 근거가 있거나 신고내용을 신뢰할 수 없는 경우를 제외하고는 그 신고내용을 행정조사에 갈음할 수 있다(제25조).

4. 조사의 수단에 관한 문제

행정조사시 실력행사가 가능한가에 대해 긍정설도 있지만, 간접적으로 강제할 수 있을 뿐 상대방의 신체나 재산에 대한 직접적인 실력행사는 허용되지 않는다는 견해가 다수설이다. 임의동행을 요구하다가 강제로 인치하려고 하여 적법한 공무집행행위가 있었다고 볼 수 없어 피고인이 공무집행을 방해하였다고 볼 수 없다는 대법원 판례가 있다.

5. 위법한 행정조사와 행정행위의 효력

권력적 조사나 비권력적 조사가 위법하게 이루어진 경우, 그 위법이 당해 조사를 기초로 한 행정결정에 승계되는가의 문제가 있다.

이에 대하여 적극설이 있다. 이는 절차의 적법성보장의 원칙에 비추어 행정조사가 중대한 경우가 아니라도 위법한 경우에 당해 조사를 기초로 한 행정결정은 위법하다고 보는 견해이다.

그리고 소극설이 있다. 이는 행정조사와 행정행위는 별개의 제도로 볼 수 있으므로 조사의 위법이 행정행위를 위법하게 하지는 않는다는 견해이다.

또한 절충설이 있다. 이는 행정조사에 중대한 위법사유가 있는 때에는 이를 기초로 한 행정행위도 위법한 행위로 된다는 견해이다. 절충설이 타당하다고 본다.

제5절 행정조사에 대한 구제

1. 적법한 조사의 경우

보상하여야 할 것이다.

2. 위법한 조사의 경우
 ① 행정쟁송
 ② 손해배상

3. 기타의 구제수단
즉시강제와 관련하여 논해지는 정당방위, 긴급피난, 청원 등이 고려될 수 있다.

제6절 개인정보의 보호와 관리

1. 행정조사의 부작용
행정조사를 통하여 결과적으로 개인정보가 축적되게 된다.

2. 수집된 개인정보의 관리
 미국의 프라이버시보호법, 독일의 연방데이타보호법 등에서 개인정보보호를 위한 입법을 행하였고 우리나라에서도 1994년 1월 7일 공공기관의 개인정보보호에 관한 법률이 제정되었으며 2011. 3. 29.에 전면개정 내지 새로운 법으로 제정되었다.

 행정조사기본법에서도 '다른 법률에 따르지 아니하고는 행정조사의 대상자 또는 행정조사의 내용을 공표하거나 직무상 알게 된 비밀을 누설하여서는 아니된다. 행정기관은 행정조사를 통하여 알게 된 정보를 원래의 조사목적 이외의 용도로 이용하거나 타인에게 제공하여서는 아니된다'(제4조 제5항, 제6항)고 규정하고 있다. 그리고 제28조 제2항에서는 행정기관의 장은 정보통신망을 통하여 자료의 제출 등을 받은 경우에는 조사대상자의 신상이나 사업비밀 등이 유출되지 아니하도록 하여야 한다고 규정하여 개인정보의 보호에 유념하고 있다.

행정벌

제1절 개 설

1. 행정벌(administrative penalty)의 의의

행정법상의 의무위반에 대하여 일반통치권에 근거하여 일반사인에 과하는 제재로서의 벌로서 '과거'의 의무위반에 대한 제재로서의 성격과 간접적 의무이행확보수단으로서의 성격을 지니고 있다.

2. 행정벌의 성질

(1) 징계벌과의 구별

징계벌은 특별신분관계의 질서를 유지하기 위하여 제재하는 것이므로 양자를 병과하는 것은 '일사부재리의 원칙'에 저촉되지 아니한다.

(2) 집행벌(이행강제금)과의 구별

집행벌은 의무불이행이 있는 경우 장래의 의무이행을 확보하기 위한 강제집행의 수단인

데 대하여 행정벌은 과거의 의무이행행위에 대한 제재로서 가하여진다는 점에 차이가 있다(행정벌의 일시적·회고적 성격과 집행벌의 계속적·장래적 성질).

(3) 형사벌과의 구별

행정범은 법정범인데 대하여 형사범은 자연범의 성격을 지닌다. 이에 대해 위의 견해는 행정질서벌과 형벌(형사형벌과 행정형벌)과의 구별이지 행정형벌과 형사형벌의 구별이 아니다는 견해도 있다. 양자의 구별은 해석론적으로 전개해가는 수밖에 없다.

1) 구별부정설

이는 행정벌이나 형사벌은 모두 제재로서 형벌이 과하여진다는 점에서 양자는 차이가 없다는 견해로서 일부 형법학자들의 견해이다.

2) 구별긍정설

① 침해받는 이익의 성질에 의한 구별설

형사벌은 법익을 침해한 형사범에 대해서 제재하는 것인 반면 행정벌은 공공복리의 침해에 대한 제재로서 행하는 것이다.

② 침해받는 규범의 성질에 의한 구별설

㉮ 형사벌은 법규범과 문화규범을 위반한 자에게 가해지는 제재이고 행정범은 법규범에 위반한 자에 대해서만 가해지는 제재이다(규범설).

㉯ 형사벌은 자연범에 대한 제재를 말하는 반면 행정벌은 법정범에 대한 제재이다(윤리설 통설).

3) 상대적 구별설

양자의 한계도 유동적이고 양자사이의 변용이 가능하다. 일정한 행정범이 사회상식으로 받아들여지면 자연범(형사범)으로 된다. 예로써 교통규칙이 그 한 가지이다.

4) 법률관계 및 규율형식 구별설

법률관계의 성질과 형식적 규율관계에 의해 구별한다. 즉, 보호법익침해의 경우는 대부분 형법에 의한 형벌로써 규율하고 행정의무위반의 경우는 행정법에 의한 행정벌로써 규율하게 된다.

3. 행정벌과 형사벌의 구별실익

(1) 법조경합(concurrence of provisions)과 상상적 경합(imaginative concurrence of crimes; 일행위 수죄)의 구별실익

행정벌과 형사벌의 구별을 긍정하는 경우에는 법조경합으로 볼 수 있는 의미가 강한 데 반하여 부정하는 경우에는 상상적 경합으로 보기 쉽다.

(2) 입법론과 해석론적 의미상 구별실익

행정범에 대한 통일적 규정의 입법은 형법총칙과 별도로 이루어져야 한다는 입법론적 주장이 가능하다. 그리고 형법총칙규정의 적용은 형법 제8조 단서의 규정에 의하여 배제되어야 한다고 주장한다.

제2절 행정벌의 근거

죄형법정주의의 원칙은 행정벌에도 타당하고, 행정벌에 대한 통칙적 규정은 없으며 각 개별법에 규정하고 있고 행정질서벌의 통칙적 규정은 질서위반행위규제법이다.

제3절 행정벌의 종류

1. 행정형벌(administrative punishment)

행정벌로써 형법의 형을 과하는 것이다. 이에 대하여는 원칙적으로 형법총칙이 적용되며 과벌절차는 원칙적으로 형사소송절차에 의하나 즉결심판절차 또는 통고처분절차에 의하는 경우도 있다.

2. 행정질서벌

행정벌로써 과태료(fine for negligence)를 과하는 경우이다. 질서위반행위규제법에 의한다. 현재 우리나라에서는 과거에 행정형벌을 과하던 것을 전과자의 발생을 방지한다는 의미에서 행정질서벌로 대치하고 있다.

3. 행정형벌과 행정질서벌의 구별기준

판례는 행정목적을 직접 혹은 간접으로 침해하는가에 따라 양자를 구별한다. 그러나 양자는 행정상의 의무위반이라는 것은 같지만, 그 정도에 있어 차이가 있고, 정책적인 사항이라 할 것이다. 졸견으로는 정도의 차이나 직·간접적 침해는 같은 의미라고 생각된다. 헌법재판소는 행정법규 위반행위에 대하여 행정벌을 부과할 것인지 행정질서벌을 부과할 것인지는 입법재량에 속한다고 판시하였다.

4. 행정형벌의 과잉현상과 행정형벌의 행정질서벌화

(1) 행정형벌의 과잉현상

1) 행정형벌의 개념상 이유

행정형벌을 위주로 하였기 때문에 행정질서범와 행정범의 구별 및 기준에 대하여 충분한 고려를 하지 못하였다.

2) 행정형벌의 성질상 이유(위하력(威嚇力)의 강화)

실효성의 면에서 과태료보다는 행정형벌을 선호하게 된다.

3) 행정형벌의 입법상 이유(용이한 입법)

형벌과 다른 간접적 강제수단은 병과가 가능하며 이중처벌이 아니라고 보기 때문에 입법자에게 형벌을 규정함에 있어 신중한 태도를 바랄 수 없으며 형벌을 손쉽게 활용한다.

(2) 행정형벌의 행정질서벌화(행정범의 탈범죄화)

행정형벌의 문제점으로 다른 수단과 중복되는 것이 많고, 불필요한 것이 있으며 절차가 번잡하다는 점을 들 수 있다. 따라서 행정질서벌로 전환될 필요성이 있으며, 그 과벌을 우선 행정법규를 집행하는 행정기관에게 맡기고 상대방이 불복하는 경우에만 법원에서 다루도록 하는 것이 바람직하다.

제4절 행정형벌의 특수성

1. 행정형벌과 형법총칙

형법 제8조의 '본법 총칙은 타법령에 정한 죄에 적용한다. 단, 그 법령에 특별한 규정이 있는 때에는 예외로 한다'는 규정에 따라 원칙적으로 행정범에 대해서도 형법총칙을 적용하여야 한다. 특별한 규정에 대하여는 행위자에게 불이익하게 해석해서는 안되고 형벌의 범위를 축소 내지 감경하는 경우에는 죄형법정주의에 반하지 않으므로 형법총칙의 규정이 배제된다. 이 경우도 특별한 규정에 포함되는 것으로 보는 것이 통설이다.

2. 행정형벌에 관한 특별규정

(1) 범의(고의·과실)

형법 제13조와 제14조의 규정이 행정범에게도 적용되어야 한다. 즉 범죄성립을 위해서는 고의(intent)가 있어야 하며, 과실(criminal negligence)인 경우에는 명문규정이 있거나 과실범도 벌한다는 취지가 명백한 경우에만 범죄가 성립한다. 그리고 행정범(regulatory offense)은 실정법에 의하여 비로소 죄가 되는 것이다. 그러므로 행정범에 있어서는 행위자가 구체적인 행정법규의 인식이 없는 결과 그 위법성을 인식하지 못하고 이러한 행정법규를 인식하지 못한 데에 과실이 없어서 범의가 성립되지 않는 경우가 많다.

(2) 책임능력(criminal capacity)

형법 제9조(14세 되지 아니한 자의 행위는 벌하지 아니한다) 내지 제11조(농아자의 행위는 형을 감경한다)의 경우에 대해 예외가 있다(담배사업법 제31조 등).

(3) 법인의 책임

행정범에 있어서 법인을 처벌하는 특별한 규정이 있는 경우에는 법인도 범죄책임을 갖는다는 것이 통설이다. 법인을 처벌하기 위해서 명문의 규정이 있어야만 가능한가에 대해 부정설이 있다. 통설과 판례는 명문의 규정이 있는 경우에만 가능하다고 보고 있다. 또한 법인을 처벌하는 경우에도 성질상 금전벌이며, 양벌주의를 취하는 경우가 많다. 헌재는 종업원의 위반행위에 대하여 양벌조항으로서 영업주에게도 동일하게 처벌하는 것을 '책임없는 자에게 형벌을 부과할 수 없다'는 책임주의원칙에 반한다고 하여 위헌이라고 판시하였다.

(4) 타인의 행위에 대한 책임

행정범의 경우에는 형사범과 달리 현실의 행위자가 아니라 행정법상의 의무를 지는 자가 책임을 지는 경우가 있다. 이 경우의 책임은 대위책임이 아니라 자기의 감독불충실에 대한 과실책임으로 볼 수 있고, 명문의 규정이 있는 경우에만 가능하다.

(5) 공범

행정범에 있어서는 공범규정의 적용 및 종범감량규정을 배제하는 경우가 있다.

(6) 경합범·누범·작량감경

배제하는 특별규정을 두는 경우가 있다.

3. 행정형벌의 과벌절차

행정형벌도 형사소송법상의 절차에 따라 과벌하는 것이 원칙이나 다음의 예외가 있다.

(1) 통고처분(noticed disposition)

1) 의의

경제사범 즉 조세범, 관세범, 출입국관리사범, 교통사범 등에 대해 형사소송에 대신하여 행정청이 벌금 내지 과료에 상당하는 금액 즉 범칙금의 납부를 명할 수 있다. 이를 통고처분이라 하며 이를 이행하지 않으면 기관장의 고발에 의하여 형사소송절차로 이행하게 된다. 따라서 재판청구권을 부인하는 것이 아니다. 간이·신속하다는 장점이 있다.

2) 통고처분권자

국세청장 등 세금관련 기관장 내지 경찰서장 등이다.

3) 통고처분의 내용

벌금 내지 과료, 몰수 등에 상당하는 금액의 납부를 통고한다.

4) 통고처분의 효과

범칙자가 처분의 내용을 이행하면 통고처분은 확정절차와 동일한 효력이 발생된다. 이행하지 않을 경우에는 당해관청은 범칙자를 고발하게 되며 이때부터 형사소송절차로 이루어지게 된다. 범칙금의 납부자는 형벌을 받은 자와 달리 전과자가 아니다.

(2) 즉결심판절차

20만 원 이하의 벌금, 구류나 과료의 행정형벌은 즉결심판(immediate decision)에 관한 절차법에 따라 경찰서장의 청구에 의하여 판사가 피고인에게 벌금 등을 과한다. 즉결심판에 대하여 이의가 있는 자는 7일 이내에 정식재판을 청구할 수 있다.

제5절 행정질서벌

1. 행정질서벌과 형법총칙

행정질서벌에는 형법총칙이 적용되지 않고 질서위반행위규제법이 적용된다. 판례는 행정질서벌은 원칙적으로 객관적 법규위반이 있으면 과할 수 있고 행위자의 주관적 요건인 고의·과실은 문제되지 않는다고 보았으나 법 제7조는 고의·과실을 필요로 한다고 규정하고 있다. 그리고 행정형벌과의 병과에 대하여 다수설은 모두 행정벌이므로 병과가 불가능하다고 보나 판례는 그 목적이나 성질이 다르므로 행정질서벌인 과태료부과처분 후에 행정형벌을 부과하여도 일사부재리의 원칙에 반하는 것은 아니라고 본다.

2. 행정질서벌의 내용

(1) 행정질서벌의 의의

행정상의 의무위반에 대하여 과태료가 부과되는 제재를 말하며 질서위반행위규제법은 법률(조례를 포함한다)상의 의무를 위반하여 과태료를 부과하는 행위를 말한다고 규정하고 있다(제2조 제1항). 질서위반행위규제법은 2007. 12. 21. 제정되어 2008. 6. 22.부터 시행되었는데 행정질서벌의 총칙이라 할 수 있다. 행정형벌은 공행정목적을 정면으로 위반한 경우에 과해지는 것이나, 행정질서벌은 경미한 범법행위에 과해지는 제재라는 점이 다르다.

(2) 조례(local ordinance)에 의한 행정질서벌

1) 지방자치법 제27조에 의하는 경우

지방자치단체는 조례를 위반한 행위에 대하여 조례로써 1천만 원 이하의 과태료를 정할 수 있다.

2) 지방자치법 제139조 제2항에 의하는 경우

사기나 그 밖의 부정한 방법으로 사용료·수수료 또는 분담금의 징수를 면한 자에 대하여는 그 징수를 면한 금액의 5배 이내의 과태료를, 공공시설을 부정사용한 자에 대하여는 50만 원 이하의 과태료를 부과하는 규정을 조례로 정할 수 있다.

(3) 과태료의 부과·징수와 이의제기

1) 사전통지 및 의견제출 등

행정청이 질서위반행위에 대하여 과태료를 부과하고자 하는 때에는 미리 당사자에게 대통령령으로 정하는 사항을 통지하고, 10일 이상의 기간을 정하여 의견을 제출할 기회를 주어야 한다. 이 경우 의견제출이 없는 경우에는 의견이 없는 것으로 본다(질서위반행위규제법 제16조 제1항).

2) 과태료의 부과

행정청은 제16조의 의견제출절차를 마친 후에 서면으로 과태료를 부과하여야 하며, 여기에는 질서위반행위, 과태료금액, 그 밖에 대통령령으로 정하는 사항을 명시하여야 한다(제

17조 제1항, 제2항). 행정청은 질서위반행위가 종료된 날로부터 5년이 경과한 경우에는 과태료를 부과할 수 없다(제19조 제1항).

3) 이의제기

과태료부과에 불복하는 자는 과태료부과통지를 받은 날로부터 60일 이내에 서면으로 이의제기를 할 수 있으며 이 경우 부과처분은 효력을 상실한다(제20조 제1항, 제2항). 이의제기를 받은 행정청은 14일 이내에 의견 및 증빙서류를 첨부하여 법원에 통보하여야 한다(제21조).

(4) 질서위반행위의 재판 및 집행

1) 재판

과태료사건은 원칙적으로 당사자의 주소지의 지방법원 또는 그 지원의 관할로 한다(제25조).

법원은 심문기일을 열어 당사자의 진술을 들어야 하며 직권에 의하나 사실탐지와 증거조사를 인정한다(제31조, 제33조).

법원은 상당하다고 인정하는 때에는 제31조 제1항에 따른 심문없이 과태료재판을 할 수 있다(약식재판, 제44조).

과태료재판은 이유를 붙인 결정으로써 한다.

결정은 당사자와 검사에게 고지함으로써 효력이 생긴다(동법 제36조 제1항, 제37조 제1항). 당사자와 검사는 과태료재판에 대하여 즉시항고를 할 수 있으며 이 경우 항고는 집행정지의 효력이 있다(제38조 제1항).

2) 집행

과태료재판은 검사의 명령으로써 집행한다(동법 제42조 제1항). 과태료재판의 집행절차는 민사집행법에 따르거나 국세 또는 지방세 체납처분의 예에 따른다. 다만 민사집행법에 따를 경우에는 집행을 하기 전에 과태료재판의 송달은 하지 아니한다(제42조 제2항).

지방자치단체의 장이 집행을 위탁받은 경우 지자체의 수입이 된다(제43조).

제6절 행정벌의 문제점

① 의무이행확보수단으로는 심리적 압박을 통한 간접적 효과밖에 기대할 수 없다.
② 반복적으로 과하는 것은 허용되지 않는다(이중처벌금지의 원칙).
③ 위반행위로 인한 경제적 이익이 큰 경우에는 그 강제적 효과가 희박하다.

④ 모든 위반자에게 벌칙을 빠짐없이 과하는 것이 불가능하다(벌칙을 받는 사람은 운이 없다고 표현함).

⑤ 전과자를 양산하게 된다(행정형벌).

⑥ 행정청의 손을 떠나 제3의 기관에 맡겨져 있는 결과 행정적 판단을 어렵게 하고 있다.

Chapter 06

새로운 의무이행확보수단

제1절 개 설

새로운 수단이 등장하는데 이러한 새로운 수단의 성격에 대하여 행정상의 제재수단의 일종으로 보는 견해와 새로운 의무이행확보수단으로서 보는 견해가 있다. 전통적인 수단만으로는 오늘의 행정현실에 충분히 대응할 수 없고 우리나라의 행정집행 관련 실정법이 정비되어 있지 못하다는 데에 있다. 새로운 의무이행확보수단도 그것이 제재인 경우에는, 적법절차(due process of law)원칙의 적용을 받아야 한다.

제2절 금전상의 제재

1. 가산금·가산세

가산금(additional dues)은 조세채무에 대한 연체금에 해당하며 조세채무의 이행에 대한 간접강제의 효과를 갖는다. 가산세는 행정형벌적 성격을 지닌다. 가산세는 조세법상의 의무위반에 대해서 과해지는 제재로서 조세의 일종이다.

2. 과징금(penalty surcharge)

(1) 의의

행정법상의 의무를 위반한 자에게 경제적 이익이 발생한 경우 그 이익을 박탈하며 경제적 불이익을 과하기 위한 제도로서 일본에서 계수되어 1980년말의 독점규제 및 공정거래에 관한 법률을 통해 처음으로 도입되었다. 그 종류로는

전형적 과징금(경제행정법상 의무를 위반함으로써 얻은 일정한 경제적 이익을 흡수하여 의무위반자에게 경제적 불이익이 생기게 하려는 것)과 변형된 과징금(위반시 정지처분을 내리지 않고 이익을 박탈하는 행정제재금)의 2가지로 분류하는 견해도 있다.

그 수가 늘고 있는 경향에 있으며 그 이유는

① 일반공중에 불편을 일으키지 않는다는 점

② 벌금 등을 과함으로써 전과자를 양산하는 것을 피할 수 있는 점 등이 그것이다. 그리고 그 개선점도 모색되어야 한다.

(2) 과징금의 성질

과징금은 이익환수적인 내용이라는 점에서 벌금·과태료와 다르고 행정행위의 성질을 가진 것으로서 그 불복은 행정쟁송절차에 의한다는 점에서 행정형벌과 구별된다.

(3) 과징금의 법적 근거

법치행정의 요청상 개별 근거법을 근거로 하여야만 인정된다.

(4) 과징금의 부과와 징수 및 구제

납입고지로서 급부의무가 발생하며, 납부의무의 불이행에 대하여는 국세 또는 지방세 체납처분의 예에 따라 강제징수된다. 행정쟁송절차에 따라 그 시정을 구할 수 있다.

3. 범칙금

범칙금은 도로교통법을 위반한 범칙자가 통고처분에 의하여 국고에 납부하여야 할 금전이다. 이와 같은 범칙금이 행정벌의 일종인가에 대해서는 견해가 나누어져 있다. 새로운 수단으로 보아야 할 것이다.

제3절   공급거부(refusal to supply)

1. 의의

행정법상의 의무위반자나 불이행자에 대하여 일정한 행정상의 서비스나 재화의 공급을 거부하는 행정조치이다. 즉 국민생활에 필요한 전기, 수도와 같은 재화 또는 서비스의 제공을 거부함으로써 행정법상의 의무의 이행을 간접적으로 강제하는 수단이다.

2. 법적 근거

건축법 제69조 제2항(건물의 무단변경을 이유로한 단수처분)이 있었으나 위헌성의 문제로 삭제되었다.

3. 공급거부의 한계

보충성의 원칙을 지켜야 하고, 법률에 명확한 근거가 있으며 의무위반 내지 불이행과 공급거부사이에 실질적인 중요한 관련이 있는 경우에만 허용되며(부당결부금지의 원칙), 과잉금지의 원칙이 적용된다.

4. 공급거부와 구제

그 성질에 따라 행정소송 또는 민사소송으로 구별되며 계약해지적 성격을 지닌 경우에는 당사자소송으로, 행정처분적 성질을 지닌 경우에는 항고쟁송으로 다투게 된다.

제4절   관허사업의 제한

1. 일반적인 관허사업의 제한

국세징수법 제7조의 규정이 있다. 관허사업을 제한하기 위하여는 체납자와 사업자가 동일인이기만 하면 되고, 체납된 조세와 직접 관련이 '없는' 사업에도 제한하고 있다. 이는 부당결부금지의 원칙과 관련하여 문제가 있다. 위에서 설명한 질서위반행위규제법 제52조에도 규정되어 있다. 그 내용은 행정청은 허가·인가·면허·등록 및 갱신을 요하는 사업을 경영하는 자로서 다음 각호에 모두 해당하는 체납자에 대하여는 사업의 정지 또는 허가 등의 취소를 할 수 있다는 것이다. 그 해당자를 보면 다음과 같다.

① 해당 사업과 관련된 질서위반행위로 부과받은 과태료를 3회 이상 체납하고 있고, 체납발생일부터 각 1년이 경과하였으며, 체납금액의 합계가 500만 원 이상인 체납자 중 대통령령으로 정하는 횟수와 금액을 체납한 자.

② 천재지변(natural calamity) 그 밖의 중대한 재난 등 대통령령으로 정하는 특별한 사유없이 과태료를 체납한 자.

2. 관련된 특정관허사업의 제한

기존의 인허가를 철회·정지하거나 위법건축물을 이용한 관허사업을 제한한다(약사법 제76조, 건축법 제79조).

제5절 명단의 공표

1. 의의

명단을 공개하여(예: 고액조세체납자의 명단공개, 체불사업자의 명단공개) 행정법상의 의무이행을 간접적으로 강제하는 수단이다.

2. 법적 성질 및 기능·제도적 배경

사실행위로서 실효성 있는 의무이행확보수단으로 기능하며, 그 제도적 배경으로는 공권력을 행사하는 것이 아니므로 간이신속하게 발동할 수 있고(적극적 이유) 전통적 수단이 불충분하기 때문이다(소극적 이유).

3. 법적 근거

사실행위에 지나지 않는다는 점에서 법적 근거를 요하지 않는 것으로 볼 수 있으나, 상대방의 기본권(인격권, 프라이버시권)을 침해할 우려가 있으므로 법적 근거를 요한다.

4. 공표와 프라이버시권

공표의 필요성과 프라이버시권 간의 이익형량이 행해져야 하고 비례의 원칙과 부당결부금지의 원칙이 지켜져야 한다.

5. 공표와 권리구제

① 국민의 공표청구권

소의 이익과 관련하여 어려움이 있을 것이다.

② 위법한 공표에 대한 구제수단

㉮ 국가배상청구

㉯ 언론을 통한 정정공고

㉰ 취소소송의 가능여부에 대해

긍정설(공표에 대해 공권력의 행사에 준하는 작용으로 보아 처분성을 인정)과 부정설(공표는 그 자체로서 아무런 법적 효과를 발생하지 않는 것이므로 그 처분성을 인정하기 어렵다)이 팽팽하게 대립한다.

㉱ 위법한 공표를 행한 공무원에 대해 형법상의 관련 죄(명예훼손죄, 피의사실공표죄, 공무상 비밀누설죄)를 인정할 수 있다.

제6절 기 타

위에 언급한 새로운 의무이행확보수단 외에

① 차량 등의 사용금지(행정법규에 위반한 자동차 또는 선박 등의 사용을 금지함으로써 간접적으로 의무이행을 강제하는 방법)나

② 병역기피자 등에 대한 취업제한(병역법 제76조) 및

③ 수익적 행정행위의 정지·철회·폐쇄조치

㉮ 허가 등을 받은 자가 행정법상 의무를 위반하였을 때 그 사업의 허가 등을 철회·정지하는 경우

㉯ 조세법에 의하여 조세체납자의 관허사업을 철회하거나 허가 등의 신청을 기각처분하는 경우

㉰ 병역법상 의무이행을 확보하기 위해 관허사업의 허가 등을 철회하거나 허가 등을 못하도록 하는 경우

등으로서 조세납부의 관철을 위하여 철회하는 경우는 엄격한 법률의 근거가 필요하며 실질적인 중요한 관련성이 있어야 한다(부당결부금지의 원칙).

④ 국세의 고액체납자에 대한 국외여행의 제한(출입국관리법 제4조 제1항)

⑤ 세무조사

⑥ 고액·상습체납자에 대한 제재

　법원은 검사의 청구에 따라 결정으로 30일의 범위 내에서 과태료의 납부가 있을 때까지 일정한 경우 체납자를 감치(監置)에 처할 수 있다(질서위반행위규제법 제54조 제1항).

등의 방법이 있다.

PART

05

행정구제법

개 설

1. 행정구제의 의의

피해자측에서 행정주체를 상대로 하여 구제를 청구할 수 있는 일체의 제도이다. 행정구제(administrative remedy)를 권리로서 청구할 수 있는 것만을 대상으로 한다. 공익과 사익간의 이해조정이 핵심을 이룬다. 헌법상 국민의 기본권보장과 실질적 법치주의의 관점에서 필요불가결한 것이다.

2. 행정구제의 내용

행정구제는 크게,

① 사전적 구제제도로서 행정절차, 청원 그리고 옴부즈만제도 등을 들 수 있다.

② 사후적 구제제도로서는 그 내용에 따라

㉮ 행정작용으로 인하여 개인이 입은 재산상 손해 또는 손실을 국가 내지 공공단체가 구제해 주는 '손해전보'제도(국가배상과 손실보상)와

㉯ 행정기관의 행위의 효력을 다투는 '행정쟁송'제도(행정심판과 행정소송)가 있다.

Chapter

02

옴부즈만(호민관 또는 민원도우미)과 민원처리

제1절 의 의

1809년 스웨덴헌법 제97조에 의해 설치된 기관으로 위헌 내지 부정한 행정활동에 대하여 비사법적인 수단으로 국민을 보호하는 관직 정도로 정의할 수 있으며, 임명권자는 본래 의회이다.

장점으로는 시민의 접근이 용이하고 적은 비용으로 업무를 융통성있게 처리할 수 있으며 사전구제적 기능을 할 수 있다는 것이다. 단점으로는 법원과 행정청에 대한 직접적인 감독권이 없고 관계기관에 대하여 시정을 권고할 수 있을 뿐이며 다른 국가기관과 기능이 중복된다(옥상옥)는 것을 들 수 있다.

제2절 유형과 특징

1. 고전형 옴부즈만(Ombudsman)

　① 의회에 의해 임명되는 것으로서 행정부직원이 아니다.

　② 일단 의회에 의하여 임명된 후에는 공평중립적인 조사관으로서 의회에 대하여도 정치적으로 중립의 지위에 있다.

　③ 국가의 3권을 보완하는 것으로서 그에 대신할 정도의 강력한 권한은 부여되지 않는다.

　④ 당사자나 이해관계인의 신청이 없이도 직권으로 사건을 조사할 수 있다.

　⑤ 사무처리방법이 직접적이고 약식이며, 신속하고 경제적이다.

　⑥ 각 나라의 성격에따라 다양한 모습을 보이고 있다.

2. 행정형 옴부즈만

　행정기관이 옴부즈만의 역할을 수행하기 위하여 시민의 민원을 직접 청취하여 행정활동의 부당여부를 조사하며 부담기관을 설득하거나 시민에게 보고 등을 하는 것으로서 행정의 외부에 위치하는 독립지위를 누리지 않는 것이다.

3. 특별 옴부즈만

　소비자 옴부즈만, 보도 옴부즈만, 공정거래 옴부즈만, 교도소 옴부즈만, 군 옴부즈만 등이 그것이다. 특히 소비자 옴부즈만이 활발한 활동을 전개하고 있다. 우리의 경우도 인권사각지대인 교도소나 군대에 대한 옴부즈만의 활동이 요청된다고 하겠다.

제3절 도입 가능성

　① 우리나라의 도입에 앞서 객관적 조건의 성숙이 필요하다.

　② 우리나라에 있어서의 행정절차 및 행정소송과 어떻게 관련시킬 것인가 하는 점이다.

　청원이나 정식의 행정쟁송제도로는 해결되기 어려운 민원을 간이·신속하게 처리해 주는 제도로서의 옴부즈만이 오늘날 요구된다.

제4절 한국에서의 민원처리

(1) 감사원

(2) 인권상담실

국가인권위원회의 경우를 들 수 있으나 권고적 효력만이 있고 강제력은 없다.

(3) 국민권익위원회의 고충처리

1) 성격

2005년 7월 국민고충처리 위원회의 설치 및 운영에 관한 법률이 제정되어 행정기관의 고충민원에 대한 처리는 국민고충처리위원회에서 담당하였다. 2008년 2월 '부패방지 및 국민권익위원회의 설치와 운영에 관한 법률'이 제정되었다. 국민권익위원회는 고충민원의 처리와 불합리한 행정제도를 개선하고 부패의 발생을 예방하며 부패행위를 효율적으로 규제하도록 하기 위함을 목적으로 하며, 국무총리소속으로 되어 있다(동법 제11조). 본 위원회는 행정형 옴부즈만에 가깝고, 옴부즈만에 유사한 제도 등으로 평해지고 있다. 각 지방자치단체는 시민고충처리위원회를 둘 수 있다.

2) 구성

국민고충처리위원회는 위원장 1인을 포함한 15인 이내의 위원(부위원장 3명과 상임위원 3명을 포함한다. 제13조 제1항)으로 구성한다. 임기는 3년으로 하되 1차에 한하여 연임할 수 있다. 재적 과반수의 출석과 출석 과반수의 찬성으로 의결한다(제19조).

3) 고충민원의 신청 및 접수

누구든지(거주 외국인 포함) 문서로(전자문서 포함, 구술의 예외 있음) 신청할 수 있다.

4) 조사

고충처리위원회는 고충민원을 접수한 경우 지체없이 필요한 조사를 하여야 한다.

5) 고충민원의 해결

합의의 권고, 조정, 시정의 권고 및 의견의 표명, 그리고 제도개선의 권고 및 의견의 표명을 할 수 있다.

6) 결정 및 처리결과 통보

결정내용을 신청인 및 관계 행정기관의 장에게 통지하여야 한다. 고충민원의 조사·처리 과정에서 행정기관 등의 직원이 고의, 중과실로 위법·부당하게 업무를 처리한 사실을 발견한 경우 국민권익위원회는 감사원에 감사를 의뢰할 수 있다.

행정상 국가배상

제1절 개 설

1. 의의 및 손실보상과의 관계

(1) 국가배상(state compensation)의 의의

행정주체의 활동으로 인하여 사인이 손해를 입은 경우에 행정주체가 손해를 전보해 주는 제도이다. 손해전보기능과 아울러 위법억제기능도 담당한다.

(2) 행정상 손실보상과의 관계

1) 양자의 차이

국가배상은 개인주의적인 사상을 배경으로 하여 개인적·도의적인 책임을 기초원리로 하여 구성되었고, 사법상의 불법행위제도와 공통된 기반을 가져왔다.

손실보상은 자연법사상에 기초를 둔 사유재산의 절대성을 전제로 하여 단체주의사상을 기저로 하고 사회적 공평부담주의의 실현을 그 기초개념으로 구성된 것이다.

국가배상의 발전은 매우 늦었지만 손실보상제도는 일찍부터 발전되었다.

2) 양자의 융합 경향

다같이 국가의 활동으로 개인이 입은 특별한 손해의 전보를 목적으로 하는 점에서 공통된 기반을 가지고 있다.

그 원인으로서,

① 불법행위(tort)이론 자체의 수정경향

부담의 공평화라는 불법행위이론의 수정경향은 국가배상에까지 영향을 미침으로써 국가배상제도를 손실보상제도의 사상에 접근시키고 있다.

② 손해배상(compensation of damage)과 손실보상의 중간적 영역을 차지하는 것으로서 위험책임 내지 위법·무과실책임 그리고 독일의 수용유사침해 내지 수용적 침해이론은 양자의 구별을 무너뜨리고 있다. 즉 오늘날에는 국가기능이 확대됨에 따라 위법행위인지 적법행위인지를 명확하게 구분할 수 없는 행위에 의하여 손해가 발생하는 경우가 많아졌다.

3) 결어

융합의 경향이 있다하나 통일적인 법이론의 형성을 인정할 만큼 성숙된 것은 아니므로 각자의 영역은 인정하되 부족한 부분을 이론과 판례를 통해 메꾸어야 할 것이다.

2. 국가배상제도의 기능

국가배상제도의 기능으로는 피해자구제기능(피해자를 구제해 주는 한편으로 공무원의 가혹한 부담을 덜어 주는 기능), 손해분산기능(공무원의 책임을 축소하고 공무원에게 집중되는 배상책임을 분산시키는 기능), 제재기능, 위법행위억제기능 등을 들 수 있다.

3. 각국의 국가배상제도

(1) 프랑스

국사원의 판례를 통해 형성되었고 블랑코판결을 통해 공공역무(service public)에 관한 국가의 배상책임은 행정재판을 관장하는 국사원의 관할에 속하고, 민법의 적용을 받지 않는다는 원칙이 되었다. 손실보상과 손해배상이 명확히 구분되지 않는다. 과실책임 외에 무과실책임 내지 위험책임이 광범하게 인정되어 있다. 선택적 청구권이 인정된다.

(2) 독일

1896년의 민법은 공무원의 개인책임만을 인정하였으나 바이마르헌법에서는 국가의 대위책임을 인정하였다. 기본법 제34조(공무원이 자기에게 위임된 공무수행 중 제3자에 대하여 그의 직무의무를 위반하는 경우, 국가 또는 그가 근무하는 단체에 원칙적으로 책임이 있다)에 국가책임을 규정하였으나 국가 등의 대위책임을 벗어나지 못하였다. 1981년 국가책임법을 제정하여 자기책임을 밝혔으나 헌재에 의해 무효판결을 받아 무위로 돌아갔다.

(3) 영미

영국의 경우 1947년의 국왕소추법(The Crown Proceedings Act)으로 국가배상제도가 도입되었다. 미국의 경우는 연방불법행위청구권법(The Federal Tort Claims Act)을 통해 주권면책의 원칙이 폐기되었다.

(4) 일본

우리와 비슷하다. 그 차이점은 일본의 법에는
① 군인, 경찰공무원 등에 대한 특례규정이 없고,
② 배상청구절차규정이 없으며,
③ 공공단체도 여전히 배상주체로 되어 있다는 점이다.

4. 우리나라의 국가배상제도

(1) 국가배상청구권의 헌법적 보장

1) 근거규정

헌법 제29조이다.

2) 관련문제

① 방침규정인가 직접효력규정인가

오늘날은 직접효력규정으로 보는 데에 이론이 없으며 논의의 실익이 적다고 할 것이다.
② 제29조 제2항(이중배상금지)의 실질적 위헌론이 대두하고 있다.
③ 기본권보장의 범위

헌법은 공무원의 직무상 불법행위로 인한 손해의 배상책임만을 보장하고 있으나 국가배상법은 영조물의 설치관리의 하자로 인한 배상청구권까지 보장하므로 이의 내용이 헌법 제29조의 배상청구권에 포함될 것인가에 대해 긍정설과 부정설로 나뉘어져 있다.
④ 배상책임주체의 범위문제

헌법은 국가와 공공단체를 배상책임의 주체로 규정하나 국가배상법은 공공단체 가운데 지방자치단체만을 배상주체로 규정하고 있다. 이에 대해 우리나라의 경우 공공단체의 직원이 공무원의 신분을 가지고 있지 않은 점 및 공공단체도 일반법인 민법에 의해 배상책임을 지고 있는 점 등에 비추어 위헌이라고 보기는 어렵다는 견해가 있지만 위헌이라고 보아야 할 것이다.

⑤ 청구권의 주체

국민이며 외국인의 경우는 상호주의에 입각하고 있다.

(2) 국가배상법

1) 연혁

1951년 전문 5개조의 국가배상법은 일본의 국가배상법을 그대로 옮겨 놓은 것이었으나 개정에 따라 일본의 법과 차이가 생기게 되었다.

2) 위헌시비

1967년 전문개정시 국가배상법 제2조 단서에 군인, 경찰공무원에 대한 특례규정이 신설되었으나 대법원이 동 단서조항에 대해 위헌으로 판시하였으며, 1972년의 헌법개정시에 헌법에 규정함으로써 위헌시비는 일단락되었고 실질적 위헌론이 제기되고 있다.

3) 국가배상법의 내용

헌법에서 규정하고 있는 공무원의 직무책임 외에 영조물의 하자책임도 규정하고, 배상절차에 대해 규정하며 외국인에 대해 상호주의에 입각하고 있다.

4) 국가배상법의 적용범위

제8조(국가나 지방자치단체의 손해배상(compensation for damage)책임에 관하여는 이 법에 규정된 사항 외에는 민법에 따른다. 다만, 민법 외의 법률에 다른 규정이 있을 때에는 그 규정에 따른다)의 의미는

① 특별법이 있는 경우에는 특별법이 우선 적용되며(특별법우선의 원칙)
② 특별법이 없는 경우에는 국가배상법이 적용되고
③ 국가배상법에 특별한 규정이 없는 사항은 민법을 준용한다는 것이다.

현재 국가배상에 관한 특별법으로는 산업재해보상보험법, 원자력손해배상법, 공무원연금법, 우편법, 철도법 등이 있다.

5) 국가배상법의 법적 성격

① 공법설

공법적 원인에 의해 발생한 손해에 대한 국가 등의 배상을 규율하는 국가배상법은 성질상 공법이라는 견해로서 통설이다.

② 사법설

국가배상청구권은 일반불법행위이론의 한 유형에 지나지 않고 국가배상법 자체도 동법이 민법의 특별법적 성격을 가진다는 것을 명문화하고 있다(동법 제8조)는 것이 근거이며,

판례의 견해이다.

제2절 공무원의 위법한 직무행위로 인한 손해배상
(국가배상법 제2조의 국가배상)

1. 배상책임의 요건

(1) 공무원의 행위

광의의 공무원(public official)이 포함된다. 판례는 지방자치단체에 근무하는 청원경찰, 검사, 소집중인 향토예비군, 집달관, 카투사 및 시청소차운전원, 교통할아버지 등은 공무원에 포함시키면서도 의용소방대원은 공무원에서 제외시켰다. 여기서 말하는 공무원은 특정될 필요는 없다. 공무수탁사인도 명시적으로 규정하였다.

(2) 직무를 집행함에 당하여

1) 직무행위의 범위

① 협의설

본조의 직무를 권력작용에만 국한시킨다.

② 광의설(통설)

공권력작용 이외에 비권력적 공행정작용, 즉 관리작용도 포함된다는 설이다.

③ 최광의설

모든 행정작용이라고 보는 설이다.

④ 결어

독일·일본의 경우는 권력행위 또는 공법행위를 의미한다는 것에 의문의 여지가 없다. 그러나 우리의 경우 '직무'로 표현되어 있고 국가배상법이 공법임에 비추어 광의설이 타당하다고 보며 판례는 최광의설에 입각한 것도 있으나 근래에는 광의설이 주류이다.

2) 직무행위의 내용

① 입법작용의 경우

배상책임을 지우기가 곤란한 점이 많다. 특히 입법자의 위헌법률제정은 헌법위반이므로 당연히 위법하지만 입법자의 고의·과실을 인정하기 어렵다.

국회의원의 입법행위는 특수한 경우가 아닌 한 고의·과실을 인정할 수 없다는 판례가 있었다.

② 사법작용(재판)의 경우

입법상의 책임과 마찬가지로 곤란한 점이 많다. 재판의 국가배상책임이 인정되려면 당해 법관이 위법 또는 부당한 목적을 가지고 재판하는 등 법관이 그에게 부여된 권한의 취지에 명백히 어긋나게 이를 행사하였다고 인정할 만한 특별한 사정이 있어야 한다는 판례가 있다.

③ 공무원의 부작위

근래에는 재량권의 0으로의 수축이론으로 말미암아 공무원의 부작위의 위법성을 논하기가 용이하게 되었다. 우리 판례는 국가배상법에 있어서도 보호이익과 반사적 이익의 구별은 적용된다고 한다.

3) 직무행위의 판단기준

직무행위 자체는 물론 객관적으로 직무의 범위에 속한다고 판단되는 행위 및 직무와 밀접히 관련된 행위인가(외형설)를 고려해야 한다는 것이 통설·판례의 입장이다.

(3) 직무상 불법행위

1) 고의(intention)·과실(omission)

① 의의

국가배상법 제2조 제2항이 중과실을 요구하는 취지로 보아 동법 제2조 제1항의 과실에는 경과실도 포함된다고 볼 수 있다. 이러한 고의·과실은 당해 공무원을 기준으로 판단하여야 하며, 국가 등에 의한 공무원의 선임·감독상의 고의·과실이 아닌 점에서 민법 제756조의 사용자책임과 구별된다.

② 과실의 객관화

㉮ 과실을 주관적인 심리상태로서보다는 객관적인 주의의무위반으로 파악하여 주의의무의 내용을 고도화하는 것이다.

㉯ 가해공무원의 특정은 반드시 필요한 것은 아니다. 독일의 조직과실 내지 프랑스의 공역무과실 등의 개념과 통하는 것이다.

㉰ 동 과실에 대하여 엄격히 해석할 것이 아니라 '공무원의 위법행위로 인한 국가작용의 흠' 정도로 완화하는 것이 좋을 것이라거나 '오늘날에는 과실의 객관화와 위험책임의 이론을 매개로 과실을 완화하는 경향을 보인다'는 견해도 있다. 즉 고의·과실을 완화하여 해석하려는 것이 대세이다.

③ 과실의 입증책임

고의·과실의 입증책임은 원고에게 있다는 것이 일반론이다. 과실의 객관화의 추세에 맞추어 민법상의 일응의 추정법리를 원용해 피해자측이 공무원의 위법한 직무행위에 의하여 손해가 발생하였음을 입증하면, 공무원에게 과실이 있는 것으로 일응 추정된다. 피고인 국가의 측에서 입증을 통해 그 추정을 번복하지 못하는 한 배상책임을 져야 한다.

2) 법령의 위반

① 의미·내용

법령이란 성문법과 불문법을 포함한 모든 법규를 의미한다. 위법과 같은 의미이다.

② 재량위반

부당으로서의 재량위반은 포함되지 않으며 위법으로서의 재량위반(재량의 유월·남용·흠결)만이 포함된다.

③ 행정규칙의 위반

포함설과 불포함설이 분립한다. 행정규칙위반이 법령위반에 해당하는가는 개별적으로 판단하여야 할 문제이다.

④ 공무원의 법령준수의무와의 관계

국가공무원법 제56조와 지방공무원법 제48조의 법령준수의무에서 어느 범위에서 공무원은 법령의 위법성을 심사할 수 있는가도 검토하여야 할 것이다.

⑤ 위법성의 입증책임

원칙적으로 원고에게 있다고 할 것이며, 이에 대해 피해자는 가해행위를 입증하면 충분하고 그 위법성을 입증할 필요가 없다는 견해도 있다.

⑥ 선결문제로서의 행정행위의 위법성의 문제

행정행위의 위법여부가 선결문제가 되는 경우(국가배상사건)와 존재여부가 선결문제로 되는 경우(공법상의 부당이득반환청구사건)는 구별되어야 한다.

(4) 타인에 대한 손해의 발생

1) 타인

① 타인

가해자인 공무원과 그의 위법한 직무행위에 가담한 자 이외의 모든 사람을 의미한다.

② 공동불법행위관련 구상여부

일반국민이 군인과의 공동불법행위로 다른 군인에게 공상을 입히고, 그 피해자에게 자신의 귀책부분을 넘어서 손해를 배상한 후 공동불법행위자인 군인의 부담부분에 관하여 국가에 대해 구상권을 행사할 수 있는가가 판례상 문제가 되었다. 헌법재판소는 국가에 대하여 구상권이 있다고 판시하였으나 대법원은 부정하였다가 모든 손해에 대한 것이 아니라 귀책비율에 따른 부분으로 한정된다고 하고 그 이상의 부담에 대하여는 구상을 청구할 수 없다고 하였다. 불법행위법의 일반원칙 및 손해의 공평한 부담 내지 분배를 위하여 국가에게 구상책임이 있다고 할 것이다.

2) 손해

법익침해에 의한 불이익을 말하며, 반사적 이익의 침해나 공공일반의 이익침해는 여기에 포함되지 않는다.

3) 직무상 불법행위와 인과관계

상당인과관계(adequate causation)가 있어야 한다.

2. 배상의 범위

(1) 원칙

정당한 배상(헌법 제29조 제1항)으로서 가해행위와 상당인과관계에 있는 모든 손해의 배상이다.

(2) 생명·신체의 침해에 대한 특례

1) 기준액설(단순기준규정설)

국가배상법 제3조(… 다음 각호의 기준에 따라 배상한다)의 배상기준은 구체적으로 사안에 따라 배상액을 증감하는 것도 가능하다는 견해이다(다수설 및 판례).

2) 한정액설(제한규정설)

동조의 배상기준규정을 손해배상액의 상한을 규정한 제한규정으로 보자는 견해이다.

(3) 군인·군무원 등에 대한 특례

이중배상금지사상은 영미에서도 인정하나 헌법상의 평등원칙에 위배될 수 있으며, 이에 대해 헌법상의 문제점이 있다고 주장하는 견해도 있다. 이 특례의 취지는 위험성이 높은 직무종사자에 대하여는 사회보장적 보상제도를 마련하고, 그것과 경합되는 이중배상청구를 배제하려는 것이다.

(4) 공제

과실상계(deduction for comparative negligence; 피해자의 과실도 이를 참작해야 한다는 것),

손익상계(deduction of profit; 가해행위가 피해자에게 이익도 공제되어야 한다는 것)가 적용되어야 하며, 법원은 훈시규정으로 보나 일시에 신청하는 경우에 중간이자를 공제하여야 한다. 중간이자의 공제의 경우 단할인법(호프만식)을 취하였다.

3. 배상책임

(1) 배상책임자

국가 또는 지방자치단체이며 비용을 부담하는 자와 동일하지 않을 경우(공무원이 기관위임사무를 처리하던 중 불법행위를 한 경우) 비용부담자(여기에는 형식적 비용부담자설과 병합설로 나뉜다)도 손해를 배상하여야 한다(제6조 제1항). 그리고 헌법에서는 국가 또는 공공단체로 규정하는 데 국가배상법은 국가 또는 지방자치단체만을 규정하여 그 밖의 공공단체(공공조합이나 영조물법인)의 배상책임은 민법에 맡기고 있다. 이는 헌법에 위배된다 할 것이다.

(2) 국가 등의 무과실책임(liability without fault)

민법상의 사용자책임과 다르다. 민법의 경우에는 사용자가 피용자의 선임 및 그 사무감독에 상당한 주의를 한 때 또는 상당한 주의를 하여도 손해가 있을 경우에는 배상할 책임이 없다(민법 제756조 제1항 후문).

(3) 배상책임의 성질

1) 대위책임설

손해배상책임은 원칙적으로 공무원이 져야 하나 국가 등이 가해자인 공무원을 대신하여 배상책임을 지는 데 불과하다는 견해이다. 공무원자신의 행위이기 때문에 그 행위의 효과는 국가에 귀속시킬 수 없다는 것이 주된 논거이다.

2) 자기책임설

국가기관인 공무원의 행위라는 형식을 통하여 직접 자기의 책임으로 부담하는 것이라는 견해이다. 국가는 그의 기관인 공무원을 통하여 행위하기 때문에 국가에 그 효과가 귀속되어야 한다는 논거이다.

3) 절충설

공무원의 고의·중과실에 대한 국가의 배상책임은 기관의 행위로서 품격을 상실하여 그 효과를 국가에 귀속시킬 수 없는 대위책임이나, 경과실에 대한 국가의 배상책임은 국가 등의 행위이므로 자기책임의 성질을 가진다는 견해이다. 즉, 고의·중과실이 있는 경우에는 국가 외에 공무원도 배상책임을 지나, 경과실의 경우에는 국가 등이 손해배상책임을 부담한다는 견해이다. 판례의 견해이다.

4. 공무원의 배상책임과 구상

(1) 공무원에 대한 구상(求償)

공무원의 고의·중과실(gross negligence)의 경우 구상할 수 있다(제2조 제2항). 경과실 (slight negligence)의 경우에 구상을 인정하지 않음은 공무원의 사기저하와 사무정체를 방지 하기 위한 정책적 고려에 따른 것이다.

(2) 공무원의 선임·감독자와 비용부담자가 다른 경우의 구상

이 경우 손해를 배상한 자는 내부관계에서 그 손해를 배상할 책임이 있는 자에게 구상 할 수 있다(제6조 제2항).

(3) 공무원의 직접적 배상책임의 여부(선택적 청구권의 문제)

1) 긍정설

① 헌법 제29조 제1항 단서가 근거조문이다.

② 자기책임설의 경우 양자는 양립할 수 있다(국가 등의 책임과 공무원 개인의 책임은 관계 가 없다).

③ 국가배상법이(제2조 제2항) 공무원에게 고의·중과실이 있는 경우 구상할 수 있도록 하고 있다.

④ 공무원의 책임의식을 고취하여야 한다.

⑤ 국민의 권리보호에 유리하다.

등을 논거로 들고 있다.

2) 부정설

① 헌법 제29조 제1항 단서는 국가 등의 구상에 응하는 책임이다.

② 공무원 개인이 직접적으로 배상책임을 지게 되면 고의·중과실의 경우에만 구상권을 인정하는 것과 균형이 맞지 않는다.

③ 공무원의 직무집행을 위축시킬 우려가 있다.

등을 논거로 들고 있다.

3) 절충설

공무원에게 고의, 중과실이 있는 경우에만 대외적 책임을 인정하고 경과실의 경우에는 배상책임을 부정한다. 판례의 견해이다.

5. 양도·압류 금지

국가배상법은 재산권의 성질을 갖는 국가배상청구권에 대해 생명·신체의 침해를 받은 자나 그 유족을 보호하기 위하여 그의 양도·압류를 금지한 것으로 보인다(동법 제4조).

6. 배상청구권의 소멸시효

안 날로부터 3년, 있은 날로부터 10년이다.

제3절 영조물의 설치·관리상의 하자로 인한 손해배상
(국가배상법 제5조의 국가배상)

1. 개설

공작물 등의 점유의 배상책임에 관한 민법 제758조에 상응하는 것이나 점유자의 면책 조항의 적용이 없다는 것과 그 대상이 민법상의 공작물보다 넓은 개념이라는 점 등에 차이가 있다.

2. 배상책임의 성립요건

(1) 영조물

영조물(public institution)은 공적 목적을 달성하기 위한 인적·물적 시설의 종합체를 의미하지만 여기서는 공물(public property) 즉 직접 행정목적에 제공된 물건을 의미한다(통설·판례). 자연공물도 본조의 영조물에 포함되는 것으로 이해하고 있다. 반드시 공작물에 한하지 않고 자동차·선박·항공기·경찰견·경찰마 등 동산도 포함된다. 판례상 배상의 원인이 되었던 영조물에는 맨홀(manhole), 건널목경보기, 공중변소, 도로 교통신호기 등이 있다.

(2) 설치·관리의 하자

1) 의의

영조물이 통상적으로 갖추어야 할 안전성의 결여로 이해하였으며 우리나라에서도 객관설·주관설·절충설 등의 학설이 소개된다. 이는 일본에서 유래한 것이고 일본에서는 그 밖에도 영조물하자설·관리가능설·의무위반설 등이 소개되고 있다.

① 객관설

하자의 유무는 객관적으로 보아 안전성을 결여하였는지 여부에 의하여 판단해야 한다고 보는 견해이다. 하자의 유무와 하자발생에 있어서의 과실의 유무는 별개의 문제로 보아 본 조의 배상책임을 일종의 무과실책임으로 파악한다. 과거의 판례이다.

② 주관설(의무위반설)

하자를 관리자의 영조물에 대한 안전확보의무 내지 사고방지의무위반에 기인하는 물적 위험상태로 파악하는 견해로서 주관적 귀책사유가 있어야 한다.

③ 절충설

하자의 유무를 판단함에 있어 영조물 자체의 객관적 하자뿐만 아니라 관리자의 안전 관리의무위반이라는 주관적 요소도 아울러 고려해야 한다는 견해이다. 근래의 판례의 경 향이다.

④ 위법, 무과실책임설

제5조의 영조물의 설치, 관리의 하자의 책임을 행위책임으로 보는 동시에 그의 성질을 위법, 무과실책임으로 본다.

⑤ 기능적 하자의 관념

그 영조물이 공공의 목적에 이용됨에 있어 그 이용상태 및 정도가 일정한 한도를 초과하 여 제3자에게 사회통념상 수인할 것이 기대되는 한도를 넘는 피해를 입히는 경우까지 포함된 다는 견해이다. 매향리 사격장과 김포공항의 소음에 대한 국가배상에서 인정한 견해이다.

2) 하자의 입증책임

원고에 있으나 일응의 추정의 법리가 원용된다.

3) 자연공물과 설치·관리의 하자

제방이 축조되어 있는 경우에도 계획저수량에 상당하는 높이와 안전성을 구비하였는가 와 계획저수량의 산정이 정당한지의 여부에 의하여 안전성여부가 결정되어야 할 것이다. 일 본의 최고재판소는 대동수해소송에서 '방재시설의 불충분은 곧바로 영조물의 하자에 해당하 는 것은 아니다'라고 판시하였다(최판 소화 59년 1월 26일).

(3) 타인에게 손해가 발생할 것

하자와 손해발생사이의 상당인과관계가 있음은 원고가 입증해야 한다.

(4) 면책사유

1) 불가항력(act of God, vis major)

원칙적으로 책임을 지지 않는다는 것이 통설이고 판례이다.

2) 재정적 제약

재정적 제약은 참작사유는 되어도 면책사유가 되지 못한다. 참고로 재정제약의 불면책과 물적 상태책임, 무과실책임을 영조물책임의 3원칙이라고 한다.

(5) 제2조와 제5조의 경합

피해자는 양 조 중 그 어느 것에 의하여도 배상을 청구할 수 있다. 보행자신호와 차량신호가 동시에 들어와 신고하여도 방치하여 사고가 난 경우를 그 예로 들 수 있다.

3. 배상의 범위

영조물의 설치·관리의 하자와 상당인과관계에 있는 모든 손해이다.

4. 배상책임

(1) 배상책임자

국가 또는 지방자치단체이다.

(2) 배상책임의 법적 성질

1) 무과실책임설

다수설이다.

2) 과실책임설

본 조의 하자의 관념을 객관화된 안전확보의무의 위반으로 보아 과실책임으로 파악한다.

(3) 절충설

주관적 요소를 고려에 넣으나 그것을 객관화한다.

5. 구상(求償)

(1) 설치·관리자와 비용부담자가 다른 경우

피해자에게 손해를 배상한 자는 내부관계에서 그 손해를 배상할 책임이 있는 자에게 구상할 수 있다(법 제6조 제2항). 내부관계에서 손해를 배상할 자에 대해 관리주체설은 관리책임의 주체. 즉 영조물의 설치·관리자가 최종적인 책임자라고 한다. 비용부담주체설은 비용부담자가 궁극적으로 배상책임을 진다는 견해이며 기여도설은 손해발생에 대한 기여도에 따라 궁극적 배상책임자를 결정해야 한다고 한다. 판례는 명확하지 않으나 손해발생의 기여도 및 비용부담의 비율 등 제반사정을 고려하여 결정해야 한다고 한다. 관리주체설이 우리나라의 다수설이다.

(2) 손해원인의 책임자에 대한 구상

여기서 말하는 '손해의 원인에 대하여 책임을 질 자'란 불완전한 건축공사의 수급인 등과 같이 고의·과실로 영조물의 설치·관리에 흠을 생기게 한 자이다.

6. 기타

제2조의 경우와 동일한 것이 많다(양도금지, 소멸시효 등).

제4절 행정상 손해배상의 청구절차

1. 임의적 결정전치주의

국가배상법 제9조는 필요적 결정전치주의에서 임의적 결정전치주의로 개정하였다.

2. 배상심의회

상급심의회인 본부심의회와 특별심의회, 하급심의회인 지구심의회가 있다.

3. 배상심의회의 심의·결정(제13조 제6항, 제7항)

판례는 이 배상결정을 처분이 아니라고 한다.

4. 재심

지구심의회에서 배상신청이 기각(일부기각된 경우를 포함한다) 또는 각하된 신청인은 결정정본이 송달된 날로부터 2주일 이내에 당해 심의회를 거쳐 본부심의회 또는 특별심의회에 재심을 신청할 수 있다(제15조의2 제1항).

5. 배상결정의 효력

배상심의회의 결정에 대한 재판상 화해(확정판결과 같은 효력을 지니는 것)와 동등한 효력을 인정한 구 국가배상법 제16조는 헌법재판소에 의해 1995년 위헌판결을 받았다. 따라서 신청인이 동의한 배상심의회의 배상결정은 민법상 화해와 같은 효력(당사자는 화해계약의 내용에 따라 의무를 부담하고 권리를 승인하는 것)이 인정된다.

Chapter
04

행정상 손실보상

제1절 개 설

1. 행정상 손실보상의 의의

(1) 공용침해의 의의

헌법 제23조 제3항에 규정되어 있다. 공공필요(public need)에 의한 재산권의 수용·사용 또는 제한이 공용침해 또는 공용제약이다.

(2) 손실보상(compensation for loss)의 의의

적법한 공권력의 행사에 의해 가해진 재산상의 '특별한 희생'(special sacrifice)에 대하여 사유재산권의 보장과 평등부담이라는 견지에서 행정주체가 행하는 조절적인 재산적 전보이다.

① 적법행위(lawful action)로 인한 것이다.

② 공권력의 행사에 의한 것이다.

③ 재산상의 손실을 전보하는 것인 점에서 사람의 생명 또는 신체에 대한 침해의 보상을 포함하지 않는다.

④ 특별한 희생에 대한 조절적인 보상인 점에서 사회적 제약과 다르다.

2. 손실보상의 근거

현행 헌법은 공공필요에 의한 재산권의 수용(condemnation)·사용(public use) 또는 제한(restriction on property) 및 그에 대한 보상은 법률로써 하되, 정당한 보상을 지급하여야 한다고 규정하고 있다. 법률로서는 '공익사업을 위한 토지 등의 취득 및 보상에 관한 법률' 등이 있다.

3. 공용침해조항의 법적 효력과 청구권의 성질

(1) 법적 효력

손실보상에 대하여는 일반법이 제정되어 있지 않고 개별법에서 규정한다. 법률규정이 없는 경우 재산권을 침해당한 자가 손실보상을 청구할 수 있는 실정법적 근거가 문제되며, 이는 헌법상의 공용침해조항의 법적 효력과 연관된다.

1) '입법자(立法者)'에 대한 직접효력설(위헌무효설)

공용침해에 대한 보상규정이 없는 법률은 위헌무효이고 그에 근거한 재산권침해행위는 위법한 직무행위가 되므로 국가배상법에 의한 손해배상청구만이 가능하고 직접 헌법규정에 근거하여 손실보상을 청구할 수는 없다.

2) 직접효력설

헌법상의 보상규정을 국민에 대해 직접적 효력이 있는 규정으로 본다. 따라서 법률에 있어야 할 보상규정이 없는 경우 직접 헌법상의 보상규정에 근거하여 보상을 청구할 수 있다고 보는 견해로서 타당하다고 본다.

3) 유추적용설(제3설; 간접효력규정설)

공용침해에 대한 보상규정이 없는 경우에는 헌법 제23조 제1항(재산권보장조항) 및 제11조(평등권조항)에 근거하여, 헌법 제23조 제3항 및 관계규정의 유추적용을 통하여 보상을 청구할 수 있다는 견해이다.

4) 보상입법부작위위헌설

손실보상을 규정하지 않은 입법부작위가 위헌이므로 이러한 법률에 따라 재산권이 침해된 자는 입법부작위에 대한 헌법소원에 의하여 구제를 받을 수 있다는 견해이다.

5) 입법적 해결이 필요

(2) 손실보상청구권의 성질

1) 공권설

원인행위와의 일체성이라는 점에서 원인행위인 권력작용의 법적 효과로 보아야 하므로 공법상의 권리로 보는 견해(통설)이며 이 경우 당사자소송에 의하게 된다.

2) 사권설

당사자의 의사 또는 직접 법률의 규정에 근거한 사법상의 채권채무관계로 보아 사법상의 권리로 보는 설로서 대법원이 이 견해를 취한다. 그러나 최근판례(대판 2006. 5. 18, 2004다6207 전합)에서는 하천구역 편입토지에 대한 손실보상청구권을 공법상의 권리로 보았다.

3) 결어

공법상의 제도이며 공법상의 권리임에 비추어 공권으로 봄이 타당하다고 할 것이다.

제2절 행정상 손실보상의 요건(원인)

1. 개설

공공필요를 위한 재산권의 공권적 침해로 인하여 개인에게 '특별한 희생'이 발생하고, 이러한 공용침해가 법률에 근거하여야 한다. 그리고 재산권의 존속보장을 가치보장에 우선시키는 논거는 재산권을 단순히 '재산적 가치있는 권리'로서만이 아니고 헌법적 인권의 하나로서 보는 시각이다.

2. 구체적 요건

(1) 재산권에 대한 공권적 침해

1) 재산권의 의의

법에 의하여 보호되고 있는 일체의 재산적 가치있는 권리로서 구체적인 재산가치이므로 공법상·사법상 권리는 불문하나 기대이익(지가상승의 기대)은 보호대상이 되지 않는다.

2) 공권적 침해

재산권에 대한 수용·사용·제한 뿐만 아니라 공용환지(rearrangement; 일정한 수단에 의하여 토지에 관한 권리를 권리자의 의사여하를 불문하고 교환, 분합하는 것)나 공용환권(exchange of real property; 토지의 구획, 형질을 변경하여 권리자의 의사를 불문하고 종전의 토지나 건축물에 관한 권리를 토지정리 후에 새로 건축된 건축물 및 토지에 관한 권리로 강제로 변환시키는 토지의 입체적 변환방식) 등 재산가치를 멸실·감소시키는 일체의 공권력(public authority)의 발동이다.

3) 침해의 직접성

상대방의 재산상의 손실에 대한 직접적인 원인이 되어야 하며, 이러한 침해의 직접성은 공용침해와 수용유사침해 및 수용적 침해를 구분함에 있어 중요한 의미를 지닌다. 개인의 재산권에 대한 침해는 공권력의 주체에 의해 의욕되고 지향되었어야 한다.

(2) 공공의 필요

불확정개념으로서 이익형량이 필요하며 과잉금지의 원칙이 적용되어야 한다. 공공적 사용수용의 경우도 있다(사인의 이익 내지 복지의 증진이 공공필요의 내포가 되는 경우).

(3) 적법성(법률의 근거)

손실보상의 원인으로서의 개인의 재산권에 대한 공권적 침해는 적법한 것이어야 한다. 즉 법률에 근거가 있어야 한다.

(4) 보상규정

독일의 Junktim−Klausel(부대 내지 불가분조항; 공용침해=동일법률에 의한 침해+보상의 규정)은 우리나라의 경우에도 적용되어야 한다. 따라서 공공필요에 의한 재산권의 침해를 허용하면서 보상에 관해 규정하지 않음은 위법 내지 위헌이 된다고 할 수 있으며 대법원은 구도시계획법 제21조에 대해 합헌결정을 내렸으나 헌법재판소는 헌법불합치결정을 내렸다.

(5) 특별한 희생(사회적 제약을 넘어서는 손실)

1) 형식적 기준설(개별행위설, 특별한 희생설)

재산권의 침해가 특정인 내지 집단에게 가해짐으로써 재산권이 침해되는 경우인가의 여부에 의해 양자의 기준을 찾으려는 견해이다.

2) 실질적 기준설

① 보호가치성설

재산권은 보호할 만한 것과 그렇지 않은 것으로 구분될 수 있는바, 전자에 대한 침해만이 보상을 요하는 공용침해라고 한다(옐리네크).

② 수인한도성설

어떠한 침해행위가 그의 본질과 강도에 비추어 재산권의 본질인 배타적 지배를 침해한 경우 이를 수인의 한도를 넘는 공용침해라고 한다(슈퇴터).

③ 목적 위배설(기능설)

재산권에 가해지는 공권적 침해가 재산권의 본래의 기능 또는 목적에 위배되는 것인가에 의해 공용침해와 사회적 제약을 구별하려는 입장이다(포르스트호프).

④ 사적 효용설

사적 효용성을 침해하는 것인가의 여부에 의하여 공용침해를 구별하고자 하는 이론이다 (라인하르트/쇼이너).

⑤ 중대성설

독일 연방행정법원의 기본적 입장으로 침해의 중대성과 범위에 의해 공용침해와 사회적 제약을 구별하고자 하는 이론이다.

⑥ 사회적 비용설

최근 제기되고 있는 견해로서 공공필요에 의한 재산권침해는 원칙적으로 재산권의 주체에게 특별한 희생을 의미하므로 보상해 주어야 하지만, 사회적 비용을 고려하여 손실보상여부를 결정하여야 한다는 입장이다.

3) 경계이론과 분리이론

재산권의 사회적 제약을 넘는 공용침해를 손실보상의 문제로 보는 경계이론과 위헌의 문제로 보는 분리이론의 대립이 있다. 경계이론과 분리이론은 독일에서 보상을 요하지 않는 사회적 제약과 보상을 요하는 특별한 희생에 대해 독일 기본법 제14조 제2항(사회적 제약규정)과 제3항(보상규정)의 관계와 관련해 주장된 이론이다.

경계이론(수용이론)은 보상을 요하지 않는 사회적 제약은 재산권제한의 효과가 일정한 강도를 넘음으로써 자동적으로 보상을 요하는 공용침해로 전환된다. 즉 사회적 제약과 공용침해 등을 별개의 제도가 아니라 재산권제한의 정도의 차이에 불과한 것이라고 본다. 이 경계설정의 기준이 위에서 설명한 학설들(특별한 희생에 대한 실질적 기준설)이다. 재산권의 가치보장에 중점을 둔다.

분리이론(단절이론)은 재산권의 사회적 제약과 공용침해를 헌법적으로 서로 다른 독립된 제도로 보고 재산권제한의 효과가 아니라 입법의 형식과 목적에 따라서 구분하려는 견해이다. 입법자가 일정한 한계를 벗어나면 기본권 침해가 되어 이는 보상의 문제가 아니라 위헌의 문제가 된다. 그리하여 보상은 수용규정에 의하며 내용규정에 의한 위법한 공용침해의 경우에는 수용으로 전환하여 보상이 되는 것이 아니라 위헌으로서 취소를 통한 권리보호가 되어야 한다고 한다. 재산권의 존속보장에 중점을 둔다. 분리이론은 독일연방헌법재판소가 취하고 있으며(자갈밭 채취사건) 우리나라 헌법재판소도 헌재 1998. 12. 24, 89헌마214 결정에서 분리이론을 취하는 입장을 보였다.

4) 결어

관련문제를 유형화하여 보다 구체적으로 검토할 필요가 있다.

3. 손실보상의 대상

(1) 보상대상의 변천

대인적 보상에서 대물적 보상 그리고 생활보상으로 변천하였다.

1) 대인적 보상

피수용자의 수용목적물에 대한 주관적 가치를 기준으로 행하여지는 경우의 보상이다.

2) 대물적 보상

수용목적물에 대한 객관적 시장가격이 보상의 기준이 된다는 견해이다.

3) 생활보상

피수용자 등에 대하여 생활재건에 필요한 정도의 보상을 행하는 것이다. 광의와 협의로 나누어진다.

광의의 입장은 주거의 총체가치의 보상, 영업상 손실의 보상, 이전비보상, 소수잔존자보상 등을 그 내용으로 본다.

협의의 입장은 광의의 생활보상으로부터 부대적 손실의 상당부분을 제외하여 이주대책 등을 주된 내용으로 본다.

(2) 생활보상의 특색과 근거

1) 생활보상의 특색

① 대인적 보상과는 객관적 성격이 강한 점에서 다르다.

② 보상의 대상이 확대된다는 점에서 대물적 보상과 다르다.

③ 피수용자의 재산보다는 그의 생활안정에 중점을 두므로 대인적 보상과 유사한 점도 있다.

④ 생활보상은 보상의 궁극적 모습이라 할 수 있다.

2) 생활보상의 근거

헌법 제23조 제3항 및 제34조를 근거로 하여 도출될 수 있으며 우리나라는 대물적 보상을 기본으로 하여 생활보상을 지향하고 있다고 할 수 있다.

(3) 생활보상의 내용

1) 간접보상

직접 대상이 되지는 않으나 대상물건이 공공사업으로 인하여 본래의 기능을 수행할 수 없게 됨으로써 그 소유자 등이 입은 손실을 보상하는 것이다.

2) 이주대책

생활근거를 상실한 사람에 대하여 이주대책을 수립·실시함을 의미한다.

4. 손실보상의 기준과 내용

헌법 제23조 제3항의 규정에 대한 해석이다.

(1) 학설

1) 완전보상설

미국 헌법 수정 제5조의 정당한 보상(just compensation)조항의 해석을 중심으로 주로 미국에서 발전되어 왔다. 우리나라 헌법재판소의 판시이다. 피침해재산이 가지는 재산적 가치를 완전하게 보상해야 한다는 견해이다. 시가(市價)보상이다.

2) 상당보상설

바이마르헌법 제153조에서 유래하며 현행 독일기본법 제14조 제3항 역시 이를 계승하고 있다. 독일의 연방헌법재판소는 기본법 제14조상의 정당한 형량의 요청과 관련하여 입법자는 상황에 따라 완전보상 혹은 그 이하의 보상도 규정할 수 있다고 판시하였다(BVerfGE 24, 367; 46, 468).

(2) 현행법상의 주요원칙

1) 정당한 보상(just compensation)의 원칙

2) 개발이익배제의 원칙

공익사업을 위한 토지 등의 취득 및 보상에 관한 법률 제67조 제2항에서 '보상액을 산정할 경우에 해당 공익사업으로 인하여 토지 등의 가격이 변동되었을 때에는 이를 고려하지 아니 한다'라고 규정하여 개발이익은 보상액의 산정시 고려사항이 아니라고 하고 있다. 우리나라 헌법재판소의 견해이다. 불로소득의 방지를 목표로 한다.

3) 생활보상의 원칙

(3) 구체적인 보상기준

1) 원칙적인 보상기준

완전보상이 되어야 한다.

2) 공시지가에 의한 개발이익이 배제

3) 완전보상의 예외

① 현존 재산법질서를 변혁하는 목적하에 공권적 침해가 행해지는 경우

② 국가의 위기에 처해 개인의 재산을 징발하는 경우

4) 공용사용의 보상기준

사용당시의 가격을 기준으로 사용 토지 및 인근토지의 지료·임대료 등을 참작한 적정가격으로 할 것을 규정하였다(토지보상법 제71조 제1항).

5) 공용제한의 보상기준

① 상당인과관계설

이용제한과 상당인과관계에 있는 모든 것이 보상되어야 한다는 이론이다.

② 지가저락설

이용제한으로 인해 발생하는 토지의 이용가치의 저하에 대해 지급되어야 한다는 이론으로 독일의 건축법과 판례 등이 취하는 견해이다.

③ 실손보전설

토지의 이용제한에 의해 현실적으로 발생한 손실이 보상되어야 한다는 이론이다.

④ 지대설

지대상당액이 보상의 기준이 되어야 한다는 이론이다.

⑤ 공용지역권설정설

토지의 이용제한을 공용지역권의 설정으로 보아 이에 대한 대상(代償)을 보상해야 한다는 이론이다.

6) 사업손실의 보상

① 의미

간접손실보상이라고도 하는데, 공공사업의 시행 또는 완성 후의 시설이 간접적으로 사업지 밖의 타인의 재산권에 가해지는 손실이다.

② 법률적 근거

토지보상법 제73조(잔여지의 손실과 공사비보상), 제75조(건축물 등 물건에 대한 보상), 제76

조(권리의 보상), 제77조(영업의 손실 등에 대한 보상) 등을 들 수 있다.

5. 손실보상의 유형과 방법

(1) 손실보상의 유형

1) 금전보상(compensation in cash)의 원칙

2) 채권보상

① 내용

1991년 12월 31일의 토지수용법 개정을 통해 채권보상제가 도입되었다(제63조 제7항 내지 제9항).

② 문제점

㉮ 위헌설

채권은 물가 등의 사정에 의해 수익률이 영향을 받으므로 정당한 보상으로 보기 어렵다. 부재부동산소유자의 토지나 비업무용 토지에 대하여 채권보상을 강제하는 것은 평등원칙에 반한다.

㉯ 합헌설

부재부동산소유자 등은 토지를 하나의 자산증식수단으로 소유하고 있으므로 통상적인 수익만 보장된다면 위헌으로 볼 수 없다. 공익적인 사정도 고려되어야 한다.

3) 현물보상

토지수용의 경우 환지의 제공과 같이 수용할 물건에 갈음한 물건을 보상으로 제공하는 방법을 말한다(도시 및 주거환경정비법 제40조 제4항).

4) 매수보상(買收補償)

물건에 대한 이용제한으로 인하여 종래의 목적에 따라 물건을 사용하기 곤란한 경우 물건의 매수청구권을 인정하고 물건을 매수함으로써 실질적으로 보상을 행하는 방법을 말한다.

(2) 보상액의 결정방법

1) 당사자사이의 협의에 의하는 경우

2) 합의기관의 의결에 의하는 경우

3) 자문기관의 심의를 거쳐 행정청이 정하는 경우

4) 법원에 직접 소송을 제기하는 경우

(3) 보상의 지급방법

선불과 후불, 일시불과 분할불, 개별불과 일괄불 등이 있으나 선불(prior compensation), 일시불(lump sum compensation), 개별불(individual compensation)이 원칙이다.

6. 손실보상에 대한 불복

당사자 간의 협의에 의함이 원칙이며 행정심판, 행정소송 등의 방법으로 불복할 수 있다. 특별한 규정이 없는 한 당사자소송에 의할 것이나 대법원은 민사소송에 의하고 있다. 토지보상법 제85조 제2항에 대하여는 그 소송의 법적 성격에 대해 견해가 대립되어 있었으나 형식적 당사자소송임을 명확히 하였다.

손해전보를 위한 그 밖의 제도

제1절 개 설

1. 서설

손해배상과 손실보상만으로는 그 구제제도로서 충분치 못한 부분이 있다.

2. 문제의 유형과 해결방안의 모색

① 위법·무책의 공무원의 직무행위의 모색: 수용유사침해이론

② 비의욕적 공용침해의 경우: 수용적 침해의 이론

③ 비재산적 법익에 대한 적법한 침해의 경우: 희생보상청구권

제2절 수용유사 및 수용적 침해

1. 수용유사침해

(1) 제도적 의의 및 근거

위법한 공용침해로 인해 특별한 희생을 입은 자에 대한 보상이다. 위법한 공용침해라는 점에서 적법한 공용침해에 대한 보상인 본래의 공용침해보상과 구별된다. 그리고 공용침해로 야기된 보상인 점에서 국가배상과 구별된다. 법률에 근거하여 개인의 재산권에 특별한 희생을 가하지만 대부분 보상규정을 결하고 있는 공용제한이 그에 해당한다. 졸견으로는 보상규정 없는 손실보상과 동일하다고 여겨진다.

(2) 수용유사침해의 구성요건

여기서의 위법은 공용침해의 근거법률이 헌법이 요구하는 공용침해의 요건을 충족하지 못하여 위헌이 되고 그러한 법률에 근거한 공용침해가 결과적으로 위헌이 된다는 의미의 위법이다. 적법한 재산권의 침해가 보상된다면 위법한 침해로 인한 손해는 '당연히' 구제되어야 한다는 형평적 논리를 기초로 한 것이었다.

(3) 국가배상과의 구별

1) 청구권의 성립요건

수용유사침해는 공공필요에 의한 보상이나 국가배상은 손해에 대한 배상이다.

2) 보상의 범위

배상은 완전배상을 원칙으로 하나 보상은 완전보상이 원칙이나 상회하거나 하회할 수도 있다. 국가배상의 경우 기대이익도 배상의 대상이 되나 보상에 있어서는 부인된다.

3) 국가배상의 경우 특별법에 의한 제한이 있음

국가배상법 제7조의 외국인에 대한 상호주의가 그 예이나 손실보상은 그와 같은 제한이 적용되지 않는다.

4) 청구절차

국가배상은 전심절차를 거칠 수 있으나 수용유사침해의 경우 당사자소송에 의하여야 한다.

5) 청구권의 소멸시효기간

민법 제766조: 3년, 예산회계법 제71조: 5년 참조.

(4) 독일 연방헌법재판소판결의 영향

1981. 7. 15.의 자갈채취사건(자갈채취사업을 경영하는 사람이 자기의 토지가 수도보호구역에 위치함으로 인해 관할 행정청에 대해 채취허가를 신청하였다가 거부된 것이 계기가 되어 물관리법상의 관련조항이 위헌여부의 심판대상이 된 사건이다)을 통하여 수용유사침해의 법리를 통한 보상청구를 제약하는 판결을 하였다. 그 요지는 위법한 작용이 행해지게 되면 먼저 그에 대한 쟁송을 제기하여 구제를 강구하여야 하고 직접 보상을 청구할 수는 없으며 따라서 쟁송기간을 도과하는 경우에는 구제방법이 없게 된다는 것이다. 연방통상법원은 이에 순응하였으나 수용유사침해의 법리를 완전히 포기한 것은 아니며 동 법리의 법적 기초를 1794년의 프로이센 일반국 헌법에 뿌리를 둔 관습법으로서의 희생보상청구권에서 찾고 있고, 이와같은 연방통상법원의 판지는 연방헌법재판소도 방론을 통해서나마 인정하였다고 한다.

(5) 결어

이에 대한 간접적 판례로서 신군부에 의한 문화방송주식강제취득사건에서 원심(서울고법 1992. 12. 24, 92나20073)은 수용유사침해이론을 적극 수용하였으나, 대법원(대판 1993. 10. 26, 93다6409)은 원심과 달리 수용유사행위에 해당하지 않는다고 하였다. 최소한 대법원도 동 법리를 부인하지는 않았다. 입법적 해결이 간명한 길이라고 생각된다. 독일의 관습법인 희생보상청구권의 법리도 우리의 경우에는 없으므로 헌법에 입각한 법리 내지 해석론을 통해 해결의 실마리를 찾을 수밖에 없다고 한다. 졸견으로는 앞에서 밝힌 대로 보상규정 없는 손실보상과 동일하므로 굳이 수용유사침해를 인정할 실익은 없다고 생각한다.

2. 수용적 침해에 대한 보상

(1) 의의

적법한 행정작용의 이형적·비의욕적인 부수적 결과로써 타인의 재산권에 가해진 침해를 말하며 본래는 손실보상의 범위에 포함되지 않는다. 예로써 장기간의 공사로 인한 인근 상점의 영업불가의 경우, 도로계획 등에 따른 불이익의 경우 등이다. 보통의 경우 사회적 제약으로 봄으로써 보상의 대상이 되지 않음이 원칙이나 그 폐해가 심각한 경우에는 수용유사침해의 법리에 준하여 보상하여야 한다고 본다. 수용적 침해이론은 일정 행정작용으로 인한 재산권침해를 예견할 수 없는 매우 한정적인 사례에만 적용될 수 있다.

(2) 요건

① 행정작용으로 인한 재산권의 침해
② 재산권에 대해 의욕하지 않은 직접적 침해

③ 수인한도를 넘는 특별한 손해의 발생

제3절 비재산적 법익침해에 대한 손실보상

1. 서설
재산권의 침해가 아닌 점에서 헌법 제23조 제3항의 손실보상의 대상이 되지 않고 국가배상의 요건도 충족하지 못하는 경우이다.

2. 내용
명문규정이 있는 경우(감염병의 예방 및 관리에 관한 법률 제71조)는 법률이 정한 바에 따른다. 명문규정이 없는 경우는 독일, 프랑스 등의 외국에서는 희생보상청구권, 위험책임 등 관습법, 판례법 등을 통해 문제를 해결하고자 한다. 우리도 판례법 내지 이론의 발전을 통해 그들 문제의 해결을 위해 노력해야 할 것이다.

3. 희생보상청구권 및 희생유사침해이론
(1) 의의
적법한 행정작용으로 인하여 재산권이 아닌 '생명·신체 등의 비재산권'이 침해된 경우의 보상청구권을 말한다. 전염병 예방접종사고로 생명·신체가 침해된 경우가 그 예이다.

(2) 학설
1) 부정설
우리나라에서는 희생보상청구권을 인정하기에는 무리가 있고 법률의 규정 없이 바로 희생보상청구권에 의하여 손실보상청구를 허용할 수는 없다는 견해이다.

2) 긍정설
헌법상 법치주의와 평등원리에 의하여 뒷받침되는 특별희생의 법리로부터 희생보상청구권의 법리를 도출할 수 있다는 견해 등이 있다. 다수설이라고 할 수 있다.

(3) 요건
권력적 침해, 공공필요에 의한 적법한 침해, 비재산적 법익에 대한 침해, 특별한 희생 등이 요구된다.

(4) 손실전보의 방법

직접적용설(헌법 제23조 제3항에 근거하여 손실보상을 청구할 수 있다는 견해), 유추적용설(헌법 제23조 제3항을 유추적용하여 보상을 청구할 수 있다는 견해), 희생보상청구권설(희생으로 인한 보상청구권을 확장하는 견해) 등이 있다. 기본권의 대국가적 효력 및 공권규정의 흠결시 기본권규정을 직접 적용하는 것이 바람직하다는 점에서 직접적용설이 타당하다고 본다.

(5) 보상내용

비재산적 법익의 침해로 발생한 재산적 손실이다. 이때 정신적 피해를 이유로 한 위자료청구는 인정되지 않는다고 본다.

(6) 희생유사침해이론

독일의 판례는 비재산적 권리에 대한 적법한 침해행위에 대한 희생보상청구권뿐만 아니라 수용유사침해의 법리에 따라 비재산적 권리에 대한 위법한 침해에 대하여도 희생보상유사침해의 법리에 의해 그에 대한 보상청구권을 인정하고 있다.

제4절 행정상 결과제거청구권

1. 서설

위법한 공행정작용의 결과로서 남아있는 상태로 인하여 법률상의 이익을 침해받고 있는 자가 행정주체를 상대로 그 위법한 상태를 제거해 줄 것을 청구하는 것이다. 공법상 원상회복청구권이라고도 한다. 민법상의 소유권에 기한 방해배제청구권(민법 제214조)과 유사하다. 독일의 국가배상제도의 결함을 메꾸기 위해 발전된 이론이다. 토지의 수용처분이 취소되었음에도 불구하고 기업자가 당해 토지를 불법점유하고 있는 경우 등에 효과적인 구제수단이 된다. 행정상 결과제거청구권은 행정상의 손실보상·손해배상 또는 행정쟁송에 의하여 권리구제를 받지 못하는 경우 기존의 권리구제제도의 결함을 보완하기 위한 것이다.

자동차의 압류처분이 취소되면 행정청은 그 자동차를 원고에게 반환하여야 한다. 그렇지 않을 경우 결과제거청구권을 제기할 수 있다.

2. 성질
(1) 물권적 청구권여부

물권적 청구권으로 보는 견해가 있으나 명예훼손발언과 같은 비재산적 침해에 대하여도 적용될 수 있으므로 물권적 청구권으로 한정하는 것은 타당하지 않다는 것이 다수설이다.

(2) 공권성여부

사권설이 있다. 행정주체의 공행정작용으로 인하여 야기된 위법한 상태를 제거함을 목적으로 한다는 점에서 공권으로 보는 것이 타당하다는 것이 다수설이다.

3. 법적 근거

헌법상의 법치행정원리(제107조 등), 자유권적 기본권규정, 민법상의 소유권방해배제청구권 등의 관계규정의 유추적용 등에서 그 법적 근거를 찾을 수 있다. 궁극적으로는 국가배상법의 개정 등의 방법으로 실정법률에 그 근거를 마련해야 할 것이다.

4. 요건

① 행정주체의 공행정작용으로 인한 침해

그 침해행위가 사법적 행위인 때에는 사법상의 원상회복·방해제거청구권에 의하게 된다. 공행정작용에는 작위 외에 부작위도 포함된다는 것이 다수설이다.

② 법률상 이익의 침해

③ 관계이익의 보호가치성

④ 위법한 상태의 존재

사실심변론종결시를 기준으로 판단한다.

⑤ 결과제거의 가능성·허용성·기대가능성

원상회복이 사실상 가능하고 법적으로 허용되며 행정청에 기대 가능하여야 한다. 원상회복에 너무 과다한 비용이 드는 경우에는 기대가능성이 없다.

5. 결과제거의 의무주체

결과를 야기한 행정주체이다.

6. 내용

위법한 행정작용에 의하여 야기된 결과적 상태를 제거하여 침해가 없는 원래의 상태로 회복시킬 것을 청구하는 것을 내용으로 한다(원상회복청구권). 위법한 공행정작용에 의하여 직접적으로 발생한 결과만이 결과제거청구권의 대상이 된다(직접성).

7. 쟁송절차

당사자소송에 의해야 할 것이며, 경우에 따라 처분의 취소소송에 당사자소송으로서의 결과제거소송을 병합하여 제기할 수 있다.

제5절 위험책임의 법리

1. 서설

공법상 위험책임은 공익 목적을 위해 형성된 특별한 위험상태의 실현에 의해 생긴 손해에 대한 무과실배상책임을 말한다. 사법의 경우도 오늘날 기업의 대형화와 그 생산활동의 고도화 등으로 과실책임주의를 엄격히 적용하는 경우 피해자가 구제를 받지 못하게 되는 불공정한 경우가 자주 등장하고 있다. 그러므로 '위험있는 곳에 책임있다'고 하는 위험책임의 법리에 의하여 피해자구제를 도모할 필요성이 증가하고 있다. 소방기본법 제24조 제2항에 소방원조로 소방활동에 종사한 자가 사망하거나 부상한 경우를 그 예로 들 수 있다. 위험한 시설 또는 물질을 관리, 지배하는 자는 행위자의 고의, 과실의 유무를 불문하고 손해배상책임을 져야 한다는 것이다. 우리나라의 경우 엄격한 의미에서의 공법상 위험책임을 인정하고 있다고 볼 수 있는 규정은 거의 없다.

2. 내용

원자력손해배상법 제3조 제1항 본문에는 '원자로의 운전 등으로 인하여 손해가 생긴 때에는 당해 원자력 사업자가 그 손해를 배상할 책임을 진다'고 규정하고 있다.

참고로 독일에서는 경찰이 범인을 추적하면서 우연히 나타난 제3자에게 피해를 발생시킨 경우가 이에 해당한다고 한다. 그리고 프랑스의 경우 보행자가 절도범 추적 중 받은 피해의 보상이 이에 해당한다고 한다. 산재 피해자구제를 위한 진전된 형태가 사용자에게 근로자의 재해에 대한 위험책임을 인정하는 입법이다.

Chapter

06

행정쟁송 개관과 행정심판

제1절 개 관

1. 행정쟁송(administrative appeal and litigation)의 의의

(1) 행정쟁송의 개념

1) 광의의 행정쟁송

행정상의 법률관계에 관한 분쟁이나 의문이 있는 경우에 쟁송제기에 의하여 일정한 기관이 이를 재정하는 것이다.

2) 협의의 행정쟁송

행정조직 내의 특별기관이 행정상의 법률관계에 관한 분쟁을 재결하는 절차이다.

(2) 행정쟁송의 기능

① 권리·이익의 구제기능

② 행정통제기능

(3) 행정쟁송의 유형

오늘날에 있어서는 대륙법계 국가만의 특유한 것이 아니라 영미법계 국가에서도 인정되고 있다고 할 수 있다. 우리의 경우는 대륙법계의 제도에 원형을 두면서 영미법적 사법국가 원리의 영향을 많이 받았다.

2. 행정쟁송의 종류

(1) 성질에 의한 구분

1) 주관적 쟁송과 객관적 쟁송

쟁송제기자의 권리이익의 구제를 목적으로 하는 쟁송을 주관적 쟁송이라 하고(당사자쟁송, 항고쟁송), 법적용의 적법성 내지 공익의 실현을 직접 목적으로 하는 쟁송을 객관적 쟁송(기관쟁송과 민중쟁송)이라 한다.

2) 당사자쟁송과 항고쟁송

상호대립하는 대등한 당사자간에 법률상의 다툼이 있는 경우 일방당사자가 타방당사자를 상대로 하여 제3자인 심판기관에 대해 그 다툼에 관한 심판을 구하는 쟁송을 당사자쟁송이라 한다. 그리고 행정의 공권력 행사를 전제로 하여 그 행위의 위법 내지 부당을 주장하는 자가 그의 심판을 구하는 쟁송을 항고쟁송이라 한다. 전자는 시심적이며 후자는 복심적이다. 전자의 예로서는 당사자 간에 협의가 이루어지지 않는 경우의 행정청에 대한 재결의 신청, 공무원의 봉급청구, 공법상의 손실보상의 청구 등이 그것이다.

3) 기관쟁송과 민중쟁송

행정법규의 적정한 적용을 확보하기 위해 국가 또는 지방자치단체의 기관상호간의 쟁송이 인정되는 경우가 기관소송이다. 그리고 행정법규의 위법한 적용을 시정하기 위하여 널리 일반민중 내지 선거인에 대하여 쟁송의 제기를 인정하는 경우의 쟁송을 민중쟁송이라 한다.

(2) 행정쟁송의 절차에 의한 구분(정식쟁송과 약식쟁송)

그 절차에 있어 양 당사자에게 구술변론의 기회가 충분히 부여되어 있고, 심판기관이 독립한 지위를 가지는 등의 요건을 가진 것을 정식쟁송이라 하고, 이들 요건 중 어느 하나를 결하는 것을 약식쟁송이라 한다. 행정소송은 전자에 행정심판·이의신청은 후자에 해당한다.

(3) 행정쟁송의 단계에 의한 구분(시심적 쟁송과 복심적 쟁송)

제1차적인 행정작용 그 자체가 쟁송의 형식에 의해 행해지는 경우의 쟁송을 시심적 쟁송이라 한다. 그리고 이미 존재하는 행정작용을 전제로 하여 그것의 하자를 주장하는 자가 그에 대한 심판을 구하는 경우의 쟁송을 복심적 쟁송이라 한다. 당사자쟁송은 시심적 쟁송에 속하며, 항고쟁송은 복심적 쟁송에 속한다.

(4) 행정쟁송의 심판기관에 의한 구분(행정심판과 행정소송)

행정심판은 행정부가 담당하고 행정소송은 사법부가 담당한다.

3. 행정심판과 행정소송의 이동(異同)

(1) 공통점

① 당사자의 쟁송제기를 전제로 한다.

② 법률상 이익이 있는 경우에만 제기가능하다.

③ 대심구조를 취한다(심판청구인과 처분청, 원고와 피고).

④ 제3자적 기관(행정심판위원회, 법원 등)에 의해 판정된다.

⑤ 판정기관은 적법한 쟁송제기에 대해 심리할 의무를 진다.

⑥ 청구의 변경이 인정된다.

⑦ 처분의 집행부정지원칙이 채택된다.

⑧ 직권심리 내지 보충적 직권탐지가 인정된다.

⑨ 구술심리가 보장된다.

⑩ 불이익변경금지가 적용된다.

⑪ 사정판결·사정재결제도가 채택된다.

⑫ 쟁송의 심리에 당사자 내지 이해관계인의 참여가 인정된다.

⑬ 쟁송의 판정행위(재결·판결)에 특별한 효력이 부여된다.

는 것이 그 내용이다.

(2) 차이점

① 행정심판의 경우는 합법성 및 합목적성(위법, 부당)이 심판대상이 되는 데 대하여, 행정소송의 경우에는 적법성만이(위법) 그 대상이 된다.

② 행정심판은 행정기관이 행정소송은 법원이 판정기관이다.

③ 행정심판은 구술심리 내지 서면심리에 의할 수 있으나 행정소송은 구술심리주의에 입각한다.

④ 행정심판에서는 의무이행심판이 인정되나 행정소송에서는 부작위위법확인소송만 인정된다.

는 것이 그 내용이다.

제2절 행정심판의 개관

1. 의의
(1) 개념
1) 실질적 의미의 행정심판(administrative appeal)
행정기관이 재결청이 되는 행정쟁송절차이다.

2) 형식적 의미의 행정심판
행정심판법의 적용을 받는 행정심판만을 의미한다.

(2) 유사제도와의 구별
① 이의신청

처분청 자신에 대하여 재심사를 구하는 쟁송절차로서 개별법에 의해 일정한 처분 등에 대해서만 인정한다.

② 청원

행정심판에는 제기요건의 제한이 있으나 청원은 제한이 없다. 행정심판의 재결에는 구속력이 있으나 청원에서의 결정은 구속력이 없다.

③ 진정

행정청에 대하여 일정한 희망을 진술하는 것으로 사실행위에 지나지 않으나 진정이라는 표제를 사용하고 있을 지라도 그 내용이 행정행위의 시정을 구하는 것이면 행정심판으로 보아야 한다(대판 1955. 4. 25, 4287행상23 등).

④ 국민권익위원회의 고충처리절차

이것을 거치더라도 원칙적으로 행정심판전치주의의 요건을 충족하지 못한다.

⑤ 특별행정심판

특허심판, 조세심판, 중앙노동위원회의 재심, 감사원법에 의한 심사청구 등이 있다.

⑥ 직권에 의한 재심사

행정심판은 법적 근거의 필요성, 심사의무, 기간의 제한 등을 받으나 직권에 의한 재심사는 불가변력이 있는 외에는 임의로 할 수 있다는 점에서 차이가 있다.

⑦ 우리 헌법은 '행정심판의 절차는 법률로 정하되 사법절차가 준용되어야 한다(헌법 제107조 제3항)'고 하여 행정심판의 심판작용으로서의 성격이 강조되고 있다.

(3) 행정심판의 기능

① 행정의 자율적 통제

② 법원의 부담경감

③ 능률적인 권리구제

사법에 의한 심판은 시일이 오래 걸려 신속·간편한 행정심판이 능률적이다.

④ 행정청의 전문지식의 활용

⑤ 구제대상의 확대

행정소송의 경우에는 적법성의 문제에 한정되나 행정심판의 경우에는 부당의 문제까지도 판단할 수 있다.

⑥ 행정심판은 저렴하다.

는 것이 그 내용이다.

2. 행정심판의 대상

① 개괄주의: 모든 처분에 대해 제기 가능하다.

② 처분: 행정소송법과 동일하게 규정하였다.

③ 부작위: 행정소송법과 동일하게 규정하였다.

④ 위법 또는 부당한 처분

⑤ 행정심판의 제외대상: 대통령의 처분·부작위, 특별행정심판대상이 있다.

제3절 행정심판의 종류

1. 취소심판(appeal for revocation)

행정청의 위법 또는 부당한 처분의 취소 또는 변경을 하는 심판으로서 청구기간의 제한을 받는다(제5조 제1호).

2. 무효등확인심판(appeal for affirmation of nullity, etc.)

행정청의 처분의 유무 또는 존재여부에 대한 확인을 하는 심판으로서 청구기간의 제한을 받지 않는다.

3. 의무이행심판(appeal for performance of obligation)

　　행정청의 위법·부당한 거부처분이나 부작위에 대하여 일정한 처분을 하도록 하는 행정심판이다. 거부처분에 대한 의무이행심판은 청구기간의 제한을 받으나 부작위에 대한 의무이행심판은 그 제한을 받지 않는다. 취소심판이 행정청의 적극적인 행위로 인한 침해로부터 권익보호를 목적으로 하는 것인데 반하여 의무이행심판은 행정청의 소극적인 행위로 인한 침해로부터 국민의 권익보호를 목적으로 한다.

제4절　행정심판의 당사자·관계인

1. 행정심판의 당사자

(1) 청구인(appellant)

1) 의의

　　심판청구의 대상인 처분 또는 부작위에 불복하여 그의 취소 또는 변경 등을 구하는 심판청구를 제기하는 자이다.

2) 청구인 적격(qualification for appellant)

① 취소심판의 청구인적격

　　처분의 취소 또는 변경을 구할 법률상 이익이 있는 자이다.

② 무효등확인심판의 청구인적격

　　처분의 효력유무 또는 존재여부에 대한 확인을 구할 법률상 이익이 있는 자이다.

③ 의무이행심판의 청구인적격

　　행정청의 거부처분 또는 부작위에 대하여 일정한 처분을 구할 법률상 이익이 있는 자로서 법령에 의하여 처분의 신청권이 있어야 한다.

④ 행정심판 청구인적격의 문제점

　　행정심판의 청구인적격을 '법률상 이익이 있는 자'(person who has a legal interest)에게만 인정한 것은 행정심판은 위법한 처분만이 아니라 부당한 처분을 대상으로 하여도 제기할 수 있다는 것이다. 따라서 반사적 이익을 배제하는 의미의 법률상 이익이 있는 자에게만 행정심판의 청구인 적격을 인정하는 것은 모순이라는 견해가 있다. 이러한 입장에 대해서는 긍정설과 부정설이 대립한다.

3) 선정대표자의 선정(행정심판법 제15조): 3인 이하

4) 청구인의 지위승계

① 당연승계

청구인이 사망한 경우 상속인 등이 승계하며, 법인이 합병한 경우 존속법인이 승계하고 (제16조 제1항, 제2항) 승계한 자는 서면을 첨부하여 행정심판위원회에 신고하여야 한다.

② 허가승계

행정심판위원회의 허가를 받아 청구인의 지위를 승계하는 경우이다(제16조 제5항).

(2) 피청구인(appellee)

1) 피청구인적격

당해 심판청구의 대상인 처분을 한 처분청 또는 부작위를 한 부작위청을 피청구인으로 하여 제기하여야 한다(제17조 제1항). 대통령은 원칙적으로 행정심판의 피청구인이 되지 아니한다(제3조 제2항).

2) 피청구인의 경정(更正)

행정심판위원회는 당사자의 신청 또는 직권에 의하여 결정으로써 피청구인을 경정할 수 있다. 이 경우 결정정본을 당사자 쌍방과 새로운 피청구인에게 송달하여야 하며, 새로운 피청구인에 대한 심판청구가 처음에 심판청구를 한 때에 소급하여 제기된 것으로 본다(제17조).

2. 행정심판의 관계인

(1) 참가인

심판결과에 대하여 이해관계가 있는 제3자 또는 행정청은 행정심판위원회의 허가를 받아 참가할 수 있다. 그리고 행정심판위원회는 필요하다고 인정할 때에는 제3자 또는 행정청에게 참가할 것을 요구할 수 있다(제20조, 제21조). 제3자효 행정행위의 경우에 적용된다.

(2) 대리인(제18조)

심판청구의 당사자인 청구인이나 피청구인은 대리인을 선임하여 당해 심판청구에 관한 행위를 하게 할 수 있다.

제5절 행정심판기관

1. 서설

'2008년의 행정심판법은 신속한 권리구제라는 행정심판제도의 취지에 부합하기 위하여 절차를 간소화시켜, 재결청의 개념을 없애고 행정심판위원회에서 행정심판사건의 심리 후에 직접 재결을 하도록 하고 있다.

2. 행정심판위원회

(1) 법적 지위

행정심판위원회(administrative appeals commissions)는 비상설 합의제의결기관이다.

(2) 설치

1) 해당 행정청 소속의 행정심판위원회

대통령령으로 정하는 대통령소속기관의 장, 국회사무총장·법원행정처장·헌법재판소사무처장 및 중앙선관위사무총장, 국가인권위원회 그 밖에 지위·성격의 독립성과 특수성이 인정되어 대통령령으로 정하는 행정청의 처분 또는 부작위에 대하여는 해당 행정청에 두는 행정심판위원회에서 심리·재결한다(제6조 제1항).

2) 중앙행정심판위원회

위의 행정청 외의 국가행정기관의 장 또는 그 소속행정청, 특별시장·광역시장·도지사·특별자치도지사 또는 시·도의 의회, 지방자치법에 따른 지방자치단체조합 등 관계 법률에 따라 국가·지방자치단체·공공조합 등이 공동으로 설립한 행정청의 처분이나 부작위, 그 밖에 국무총리나 중앙행정기관이 직근 상급행정기관이나 소관 감독행정기관에 해당하는 처분이나 부작위에 대하여는 중앙행정심판위원회에서 심리·재결한다(제6조 제2항).

3) 시·도지사 소속 행정심판위원회

시·도 소속 행정청, 시·도의 관할구역에 있는 시·군·자치구의 장, 소속행정청 또는 의회, 시·도의 관할구역에 있는 둘 이상의 지방자치단체·공공법인 등이 공동으로 설립한 행정청의 처분·부작위에 대한 심판청구에 대하여는 시·도지사 소속으로 두는 행정심판위원회에서 심리·재결한다(동조 제3항).

4) 직근 상급행정기관 소속의 행정심판위원회

행정심판법 제6조 제2항 제1호에도 불구하고 대통령령으로 정하는 국가행정기관소속 특별지방행정기관의 장의 처분 또는 부작위에 대한 심판청구에 대하여는 해당 행정청의 직근 상급행정기관에 두는 행정심판위원회에서 심리·재결한다(제6조 제4항).

5) 제3자적 기관

공정성을 보장하기 위하여 소청심사위원회, 조세심판원 등 개별법에서 특별한 제3자적 기관을 설치하여 심리·재결하게 하는 경우가 있다.

(3) 구성·회의

1) (보통의) 행정심판위원회

위원장 포함 30인 이내의 위원(member of the commissions)으로 구성된다. 회의는 위원장이 매 회의마다 지정하는 8인의 위원으로 구성하며 구성원과반수의 출석과 출석위원과반수의 찬성으로 의결한다(제7조).

2) 중앙행정심판위원회

위원장을 포함 50인 이하의 위원으로 구성되며 상임위원은 4인 이내로 한다. 회의는 위원장이 매회의마다 지정하는 위원을 포함하여 총 9인으로 구성한다. 의결은 보통의 행정심판위원회와 동일하다(제8조).

(4) 위원 등의 제척(exclusion)·기피(challenge)·회피(avoidance)(제10조)

제척이란 일정사유가 있으면 그 사건의 직무집행에서 제외되는 것이고, 기피란 일정한 경우 당사자의 신청에 의하여 직무집행으로부터 배제되는 것이며 회피란 위원 스스로 심리, 의결을 피하는 것을 말한다. 제척사유가 있는 위원이 관여한 심리·의결은 본질적인 절차상의 하자가 있으므로 무효가 된다. 기피사유는 위원에게 심리·의결의 공정을 기대하기 어려운 사정인데, 이는 객관적 사정을 의미한다.

(5) 권한

1) 심리권 및 부수된 권한

2) 재결권

위원회는 심판청구사건에 대하여 처분을 취소 또는 변경하거나(형성재결) 처분청에게 취소 또는 변경할 것을 명할 수 있고(이행재결), 확인심판의 경우 효력유무 또는 존재유무를 확인하며, 처분을 하거나 이를 할 것을 명할 수 있다.

3) 불합리한 법령 등의 개선요구권(제59조)

(6) 권한의 위임

경미한 사항은 위원장에게 위임할 수 있다(제61조).

제6절 행정심판의 청구

1. 행정심판청구의 방식

(1) 서면주의

(2) 행정심판청구의 제출절차 등

1) 경유절차의 선택

종래에는 처분청경유주의를 취하였으나 개정법에서는 행정청 또는 위원회에게 제출하도록 하여 당사자의 선택에 맡기고 있다(제23조 제1항).

2) 경유청(행정청)의 처리

① 청구내용의 인용
② 위원회에의 송부
③ 청구인에의 통지

3) 위원회의 처리(행정심판법 제26조)

4) 전자정보처리조직을 통한 행정심판절차

행정심판청구서와 그 밖의 서류는 이를 전자문서화하여 전자통신망을 이용하여 행정심판위원회에서 지정·운영하는 전자정보처리조직을 통하여 제출할 수 있다. 이 방식으로 제출된 전자문서는 행정심판법에 따라 제출된 것으로 본다(제52조 제1항, 제2항).

2. 행정심판청구기간

취소심판청구와 거부처분에 대한 의무이행심판에만 해당하게 된다.

(1) 원칙적인 심판청구기간

처분이 있음을 안 날로부터 90일 이내, 처분이 있은 날로부터 180일 이내에 제기하여야 한다(제27조).

(2) 예외적인 심판청구기간

1) 90일에 대한 예외

불가항력 등의 경우 14일 연장하고 국외의 경우는 30일로 한다.

2) 180일에 대한 예외

그 기간 내에 심판청구를 제기하지 못한 정당한 사유가 있는 경우에는 심판청구를 할 수 있다.

(3) 제3자효 행정행위의 심판청구기간

제3자가 처분이 있는 것을 알았다고 할 수 있는 때로부터 기산하여야 할 것이다. 대법원은 행정처분의 상대방이 아닌 제3자는 일반적으로 처분이 있는 것을 바로 알 수 없는 처지에 있다. 그러므로 처분이 있은 날로부터 180일이 경과하더라도 특별한 사유가 없는 한 행정심판법 제18조 제3항 단서 소정의 '정당한 사유'가 있는 것으로 보아 심판청구가 가능하다고 판결하였다.

3. 심판청구의 변경·취하

(1) 심판청구의 변경

형태: 추가적 변경(단순·선택적·예비적 병합)과 교환적 변경이다. 처분변경으로 인한 청구변경도 있다(제29조 제2항).

(2) 심판청구의 취하

심판청구의 계속(係屬)이 처음부터 없었던 것으로 본다.

4. 행정심판청구의 효과

(1) 행정심판위원회에 대한 효과

재결, 제3자의 심판청구의 경우 처분의 상대방에게의 통지의무 등이 발생한다.

(2) 처분에 대한 효과

1) 집행부정지의 원칙(제30조 제1항)

심판청구는 처분의 효력이나 그 집행 또는 절차의 속행에 영향을 주지 아니한다.

2) 집행정지결정의 요건(동조 제2항)

① 적극적 요건

㉮ 심판청구의 계속

㉯ 처분의 존재

㉰ 회복하기 어려운 손해예방의 필요

㉱ 긴급한 필요

㉲ 청구내용의 이유유무

② 소극적 요건

공공복리에 중대한 영향을 끼칠 우려가 있는 경우에는 허용되지 아니한다(제30조 제3항). 이익형량이 필요하다.

3) 집행정지결정의 절차

위원회는 집행정지와 관련하여 당사자의 신청 또는 직권에 의하여 결정할 수 있다.

4) 집행정지의 내용

'처분의 효력정지'는 처분의 제 구속력을 잠정적으로 정지시킴으로서 이후부터 처분자체가 존재하지 아니한 상태에 두는 것이다. 처분의 효력정지는 처분의 집행 내지 절차의 속행을 정지함으로써 목적을 달성할 수 있는 경우에는 허용되지 아니한다(제30조 제2항). 예로써 토지수용절차에 있어서 그 절차의 속행을 정지함으로써 목적을 달성할 수 있는 경우에는 사업인정과 같은 개별처분의 효력을 정지할 수 없다 할 것이다.

처분의 집행정지는 자력집행을 정지시킴으로써 처분의 내용이 실현되지 아니한 상태로 두는 것이다.

처분의 속행정지는 당해 처분이 유효한 것을 전제로 법률관계를 진전시켜 나가기 위하여 행하는 속행처분을 정지시키는 것이다.

(3) 임시처분

1) 의의

가구제제도로서 집행정지는 소극적으로 침익적 처분의 효력 등을 정지시켜 현상유지 기능을 하는 데 그친다. 따라서 적절한 구제수단이 되지 못하는 경우가 있다.

이에 2009년 법률 제31조에서 "위원회는 처분 또는 부작위가 위법·부당하다고 상당히 의심되는 경우로서 처분 또는 부작위 때문에 당사자가 받을 급박한 위험을 막기 위하여 임시지위를 정하여야 할 필요가 있는 경우에는 직권 또는 당사자의 신청에 의하여 임시처분을 결정할 수 있다"라고 규정하고 있다.

2) 요건

① 적극적 요건

㉮ 심판청구의 계속

㉯ 처분 또는 부작위가 위법·부당하다는 상당한 의심이 있을 것

㉰ 처분 또는 부작위로 인하여 받을 우려가 있는 중대한 불이익이나 당사자에게 생길 급박한 위험을 방지할 필요: 이러한 임시처분에 관하여는 집행정지의 요건인 제30조 제3항부터 제7항까지를 준용하며, 이 경우 같은 조 제6항 전단 중 '중대한 손해가 생길 우려'는 '중대한 불이익이나 급박한 위험이 생길 우려'로 본다(제31조 제2항).

② 소극적 요건

임시처분도 집행정지와 같이 공공복리에 중대한 영향을 미칠 우려가 있을 때에는 허용되지 아니한다.

3) 임시처분의 보충성

임시처분은 집행정지로 목적을 달성할 수 있는 경우에는 허용되지 아니한다(제31조 제3항).

제7절 행정심판의 심리

1. 의의

행정심판위원회의 권한이며 대심구조를 취하고 있고 행정심판위원회가 제3자적 입장에서 심리(examination)를 진행한다. 헌법 제107조 제3항의 취지에 따라 심리절차를 준사법화하고 있다.

2. 심리의 내용과 범위

(1) 심리의 내용

① 요건심리

행정심판을 청구하는 데 필요한 형식적인 요건을 충족하고 있는가에 대한 심리가 요건심리이다.

② 본안심리

심판청구인의 청구의 당부에 대하여 심리하는 것이다. 예를 들어 취소심판에서 처분의 위법, 부당 여부를 심리하는 것이다.

(2) 심리의 범위

1) 불고불리(不告不理) 및 불이익변경금지의 원칙

과거에는 소극설(행정의 자기통제기능에 중점을 둔다)과 적극설(국민의 권리구제기능에 중점을 둔다)이 있었으나 이를 입법화하여 제47조는 이를 명문화하였다. 그리고 이는 직권심리주의와 조화를 기해야 한다.

2) 법률문제·재량문제

① 위법성과 부당성의 구별이 어려우나 이의 구별을 부인한다면 행정소송과 행정심판의 구별을 부인하는 결과가 될 것이다.

② 재량과 판단의 여지를 구별할 경우 후자는 불확정법개념의 해석·적용의 문제이므로 법률문제의 성격을 가지나, 일정한 범위 내에서 행정청의 전문적·기술적 판단이 우선적인 것으로 존중되게 된다.

③ 부작위의 부당성에 대한 심사는 배제되어 있다. 제2조 제2호의 정의에서 '법률상 의무가 있는데도' 라고 표현함으로써 법률문제에만 한하는 것으로 하고 있다.

④ 행정심판에 있어서는 재량문제가 심리의 대상이 되므로 재량의 의미를 명확히 할 필요가 있다.

3. 심리의 절차

(1) 심리절차의 구조

1) 대심주의(당사자주의적 구조)

청구인이 피청구인에게 제기하여 심리기관은 제3자적 입장에서 원칙으로 당사자가 제출한 공격·방어방법을 바탕으로 심리하도록 되어 있다.

2) 구술심리주의와 서면주의

당사자가 구술심리를 신청한 때에는 서면심리만으로 결정할 수 있다고 인정하는 경우 외에는 구술심리를 하여야 한다(제40조 제1항).

3) 직권탐지주의의 가미(제36조 제1항, 제39조)

불고불리의 원칙으로 인해 직권심리도 대상이 되는 처분 또는 부작위 외의 사항에는 미칠 수 없다.

4) 비공개심리주의여부

대통령령이 정하는 사항은 이를 공개하지 아니하도록 되어 있다(제41조).

(2) 심리의 구체적 절차(당사자의 절차적 권리)

① 위원·직원에 대한 기피신청권(제10조)

② 구술심리신청권(제40조 제1항)

③ 피청구인의 답변서제출요구권(제24조)

④ 보충서면제출권(제33조)

⑤ 증거제출권(제34조)

⑥ 증거조사신청권(제36조 제1항)

(3) 증거조사

증거조사신청권을 인정함으로써 직권심리주의의 자의성을 억제하고 심리의 적정을 도모하고 있다.

(4) 심리의 병합과 분리

병합심리는 심리청구의 병합에 그치는 것이므로 재결은 병합된 심판청구별로 각각 행하여야 한다. 또한 위원회는 필요하다고 인정할 때에는 병합된 관련청구를 분리하여 심리할 수 있다(제37조).

제8절 행정심판의 재결

1. 재결(administrative decision)의 의의

심판청구사건에 대한 심리의 결과에 따라 최종적인 법적 판단을 하는 행위로서 확인행위의 성질을 가지며, 재결청에게 재량이 허용되지 않는 기속행위이며 준사법적 행위이다.

2. 재결의 주체

행정심판위원회가 심리를 마치면 직접 재결을 하도록 하고 있다.

3. 재결의 절차와 형식

(1) 재결기간

재결은 심리청구서를 받은 날로부터 60일 내에 하여야 하며 부득이한 경우 위원장의 직권으로 30일 내에서 연장할 수 있다(제45조 제1항).

(2) 재결의 방식(재결서)

제46조 참조(사건번호와 사건명, 당사자·대표자 또는 대리인의 이름과 주소, 주문, 청구의 취지, 이유, 재결한 날짜)

(3) 재결의 범위

① 불고불리의 원칙(제47조 제1항)

② 불이익변경금지의 원칙(제47조 제2항)

③ 위법사항뿐 아니라 부당사항도 심리의 대상이 된다.

(4) 재결의 송달

재결을 한 때에는 지체없이 당사자에게 재결서의 정본을 송달하여야 한다(제48조 제1항).

4. 재결의 종류

(1) 각하(dismissal)재결

요건불비의 경우에 행해지며, 다만 보정제도가 인정되고 있다(제32조).

(2) 기각(denial)재결

보통의 기각재결 외에 사정재결로서의 기각재결이 있으며, 처분청에게 원처분을 유지하여야 할 의무를 지우는 것은 아니므로 기각재결이 있은 후에도 처분청은 당해 처분을 직권으로 취소·변경할 수 있다.

(3) 사정재결(제44조)

1) 의의

심판청구에 대한 심리의 결과 그 심판청구가 이유있다고 인정하는 경우에도 이를 인정하는 것이 현저히 공공복리(public welfare)에 적합하지 않다고 인정하는 때에는 심판청구를 기각하는 재결이다. 이와같이 예외적 제도이기 때문에 사정재결의 요건은 엄격하게 해석하여야 한다.

2) 실질적 요건

예외적으로 인정되는 것이므로 그 요건을 엄격히 해석·적용하여야 하며 이익형량이 이루어져야 한다. 공공복리라는 불확정개념의 해석과 적용에 대한 이론을 참조할 필요가 있다.

3) 형식적 요건

행정심판위원회는 그 재결의 주문에서 그 처분 또는 부작위가 위법 또는 부당함을 명시하여야 한다.

4) 구제방법

손해의 전보, 원상회복(결과제거), 재해방지조치 등이 있을 수 있다.

5) 적용범위

취소심판 및 의무이행심판에만 인정되고 무효등확인심판에 대해서는 인정되지 아니한다(제44조 제3항).

(4) 인용(sustenance)재결

1) 취소·변경재결

변경재결에 있어서 변경의 의미에 대해 행정심판법이 취소와 함께 변경을 따로 인정한점과 의무이행재결을 인정한 점에 비추어 변경재결은 일부취소가 아니라 적극적 변경(원처분에 갈음하는 다른 처분으로의 변경)을 의미한다(다수설).

2) 확인재결

무효등확인심판의 청구가 이유있다고 인정될 때에 처분의 효력 유무 또는 존재 여부를 확인하는 재결을 말한다.

3) 이행재결

신청에 따른 처분이란 반드시 청구인의 신청내용대로의 처분만을 의미하지는 않고 신청에 대한 거부 또는 기타의 처분도 포함된다는 것이 통설이다.

5. 재결의 효력(행정행위로서의 성질)

(1) 형성력

재결내용대로 새로운 법률관계의 발생이나 종래의 법률관계의 변경·소멸을 가져오는 효과를 말한다.

(2) 기속력

1) 의의(제49조 제1항)

재결의 취지에 따라 행동해야 하는 의무를 발생시키는 효과(구속력)로서 인용재결에만 인정된다.

2) 내용

① 부작위의무: 동일사실관계 아래서 동일한 내용의 처분을 반복하여서는 안된다.
② 적극적 처분의무: 원상회복의무, 재처분의무, 이행재결의 기속력의 확보수단으로서의 직접처분(제49조 제2항)을 하여야 한다.
③ 결과제거의무

3) 부수적 효과

제49조 제2항~제5항

4) 기속력의 주관적·객관적 범위

행정청뿐만 아니라 모든 관계행정청에 미치며, 재결주문 및 그 전제가 된 요건사실의 인정과 효력의 판단에만 미치고 간접사실에 대한 판단에는 미치지 아니한다.

5) 기속력의 이행확보

위원회는 행정청이 이행하지 아니하는 경우 직접 당해 처분을 할 수 있다(제50조 제1항).

6. 재결에 대한 불복

(1) 재심판청구의 금지(제51조)

일종의 일사부재리의 원칙이며 다른 법률(국세기본법 등)에 다단계의 행정심판을 인정하는 특별한 규정이 있는 경우에는 그에 따라야 한다.

(2) 재결에 대한 행정소송

재결 자체에 고유한 위법이 있음을 이유로 하는 경우에만 제기할 수 있다. 행정소송의 원처분주의의 채택이 그 이유이다(행정소송법 제19조). 처분행정청은 재결에 불복하여 행정소송을 제기할 수 없다는 것이 판례이다. 처분행정청에 대하여 재결에 관한 행정소송을 인정하는 것은 행정상의 통제를 스스로 파괴하고 국민의 신속한 권리구제를 지연시키는 작용을 하게 된다는 것이 그 이유이나(대판 1998. 5. 8. 97누15432) 정의의 확정이라는 면에서는 문제가 있다고 본다.

제9절 행정심판의 불복고지

1. 개설

(1) 의의

행정불복의 기회보장과 행정의 적정화를 그 필요성으로 본다.

(2) 입법례

독일과 일본은 행정심판에 관한 법률에 불복고지에 규정을 두고 있으나, 다른 나라(오스트리아, 스페인, 이스라엘, 노르웨이, 스위스, 스웨덴)에서는 행정절차법에서 규정하고 있다. 우리나라의 행정절차법 제26조에서도 이를 규정하고 있어 중복된다. 한쪽을 폐지하여도 무방하다고 본다.

(3) 불복고지의 성질

사실행위에 불과하며 항고쟁송의 대상이 되지 않는다. 불복고지규정을 훈시규정으로 보는 견해가 있으나 강행규정 내지 의무규정으로 새김이 타당하다고 본다.

2. 종류(제58조)

(1) 직권에 의한 고지

1) 고지의 대상

서면에 의한 처분이다. 상대방에게 불리한 효과를 발생시키지 않는 경우에는 그 성질상 고지를 요하지 않는다.

2) 고지의 내용

행정심판제기여부, 심판청구절차, 청구기간 등. 그리고 행정소송법 제18조 제3항에 의해 행정심판전치주의를 거칠 필요가 없는 경우 이러한 취지의 고지를 하여야 한다.

3) 고지의 주체와 상대방

주체는 행정청이며 상대방은 처분의 상대방이며 가능하면 이해관계있는 제3자도 그 대상에 포함하는 것이 좋을 것이다.

4) 고지의 방법·기간

명문규정이 없다. 서면으로 하는 것이 원칙이며, 처분시에 함이 원칙이나 사후에 고지한 경우 불고지의 흠은 치유된다고 볼 수 있다.

(2) 청구에 의한 고지

1) 고지의 청구권자

이해관계인이다.

2) 고지의 대상

청구권자의 법률상 이익을 침해한 모든 처분으로서 처분 이외의 행정작용은 포함되지 않는다.

3) 고지의 내용

대상여부, 소관위원회 및 청구기간 등이다. 경유절차를 규정하지 않고 있는바, 입법의 불비라 하겠다.

4) 고지의 시기·방법

지체없이, 서면으로 알려줄 것을 요구받은 때에는 서면으로 알려야 한다(제58조 제2항).

3. 불(不)고지·오(誤)고지의 효과

(1) 불고지의 효과

당해 처분이 있은 날로부터 180일이다(제27조 제6항).

(2) 오고지의 효과

법정기간보다 긴 경우에는 그 고지된 청구기간 내에 심판청구가 있으면 적법한 기간 내에 심판청구가 있은 것으로 본다(제27조 제5항).

제10절 행정심판법에 대한 특례규정

광범한 행정 분야의 관계법에서 다양한 특례규정을 두고 있다. 따라서 행정심판법은 제4조 제1항에서 '사안의 전문성과 특수성을 살리기 위하여 특히 필요한 경우 외에는 이 법에 따른 행정심판을 갈음하는 특별한 행정불복절차(특별행정심판)나 이 법에 따른 행정심판절차에 대한 특례를 다른 법률로 정할 수 없다'고 하고 있다.

그리고 동조 제3항은 '다른 행정기관의 장이 특별행정심판 또는 이 법에 따른 행정심판절차에 대한 특례를 신설하거나 변경하는 법령을 제정·개정할 때에는 미리 중앙행정심판위원회와 협의하여야 한다'고 규정하고 있다.

현재 행정심판법상의 행정심판제도에 대한 특례규정을 두고 있는 법률은 60여개에 달한다고 한다.

이를 분류하면,

① 특별행정심판절차(공무원인사소청, 심사청구, 특허심판)

② 약식절차(토지거래불허가처분에 대한 이의신청 등)

③ 일부특례규정(금융감독원의 처분에 대한 행정심판 등) 등이다.

행정소송

제1절 개 설

1. 행정소송의 개념

　행정소송(administrative litigation)이란 행정법상의 법률관계에 관한 분쟁에 대하여 소의
제기에 의해 이를 심리하고 판단하는 정식재판절차이다.

　① 행정사건에 관한 재판이다.

　② 정식절차이다.

　분설하면,

　㉮ 대심구조

　㉯ 심리절차의 공개

　㉰ 구술변론의 권리보장

　㉱ 법정절차에 의한 증거조사

　㉲ 판결에 특별한 효력이 인정됨 등이다.

2. 행정소송의 기능

(1) 개설

행정소송법 제1조에 규정하고 있다. 권리구제기능과 행정통제기능을 수행하고 있다.

(2) 권리구제기능

권리를 침해받은 자는 행정소송을 제기함으로써 자신의 권리를 구제받을 수 있으며 이는 행정소송이 주관적 소송으로서의 성격을 가진다는 것을 의미한다.

(3) 행정통제기능

① '행정청의 처분 등의 위법' 내지 '행정주체의 기관의 법률에 위반되는 행위' 등을 심사함으로 인해 행정통제기능(적법성 보장기능)을 수행한다.

② 행정권에 의한 자기통제가 사전적(동시적)·자율적·능동적·전반적인 것임에 비해 법원에 의한 행정통제는 사후적·타율적·부분적 통제로서의 성격을 지닌다.

(4) 양기능과의 관계

전자의 기능이 주된 목적이고 후자의 기능이 종된 목적이라고 함이 통설이나 후자의 기능이 주된 목적이라고 하는 견해도 있다. 생각건대 양자의 기능은 어느 것이 우선적이라고 할 수는 없고 오히려 어느 것 하나에 중점을 둘 수 없는 동등한 가치를 지닌다고 여겨진다. 이를 행정소송의 양대 기능이라고 할 수 있다.

3. 대륙법계와 영미법계의 접근

독일의 경우 행정법원이 사법기관화 함으로써 행정소송이 사법작용의 성질을 갖는 등 영미적 사법국가에 근접하게 되었고, 영미법계에 있어서도 행정위원회가 전문적·기술적 사업 등과 관련하여 제1심관할로서 그에 대한 행정심판을 행하고 있다.

그리고 미국에서는 또한 독일의 판단여지이론과 비슷한 실질적 증거의 법칙(substantial evidence rule)이 판례상 확립되어 있음으로 인해 행정사건에 대한 법원의 심리가 법률문제에 한정되게 되었다. 이 개념은 미국 사법심사의 기본원칙으로서 사법심사에 있어 청문기록에 나타난 증거로부터 합리적이라고 인정될 수 있는 행정적 사실인정에 대해서는 법원도 구속된다는 원칙을 말한다. 즉 행정청은 사실인정자(fact finder)로서 작용하고 법원은 사법심사를 통하여 처분 등이 법에 부합되는지의 여부를 판단하는 데 그친다는 것이다.

따라서 양법계의 행정소송제도가 상호접근하게 되었다. 그리고 EU법의 출현이 한 예가 될 수 있을 것이다.

4. 우리나라 행정소송제도

(1) 행정소송법의 제정

1951. 8. 24. 전문 14개조의 행정소송법을 제정하였다. 일본의 행정사건소송특례법을 거의 그대로 옮긴 것이었다.

(2) 행정소송법의 전면개정

1) 연혁

일본은 1962년 행정사건소송법을 제정·시행하기에 이르렀으나 우리나라는 1985년 전면개정하였다.

2) 주요골자

행정소송의 다양화, 관할상의 변화, 선결문제조항, 취소소송의 원고적격의 명시, 소송참가, 행정심판전치주의의 완화, 제소기간의 완화, 행정심판기록의 제출명령 명시화, 재량처분의 취소, 그리고 취소판결 등의 효력 등에 관한 규정이다. 그리고 행정소송법에 특별한 규정이 없는 사항에 대하여는 법원조직법과 민사소송법 및 민사집행법을 준용하도록 하였다.

(3) 1994. 7. 27.의 개정

행정심판의 임의절차화, 행정법원의 설치 및 행정소송의 3심제화, 상고심조항의 삭제로 인한 상고심절차에 관한 특례법의 적용인정 등이 그 내용이다. 문제점으로는 현대형소송 특히 집단분쟁을 해결하기 위한 제도개선, 원고적격 등 소의 이익의 확대, 현행 집행정지제도와 아울러 가명령제도의 도입, 직권주의의 강화 및 자료요구제도의 정비 등이 있다.

(4) 개정논의

최근 행정소송에 대한 개정논의가 활발하게 진행되어 법무부안과 대법원안에 대해 학자들 간에 논란이 있고 조만간 행정소송법의 개정이 또 한번 있을 예정이다.

① 대법원안(2004. 8)의 주요내용은

항고소송의 대상 확대, 의무이행소송의 도입, 예방적 금지소송의 신설, 항고소송의 원고적격 확대, 민사소송과의 소의 변경 및 이송제도 보완, 집행정지제도의 보완, 항고소송에서의 가처분에 관한 규정 신설, 자료제출요구에 관한 규정 신설, 화해권고결정 규정 신설, 결과제거의무 신설, 법규명령을 대상으로 한 항고소송에 관한 규정 신설, 당사자소송의 구체화 그리고 기관소송 법정주의의 일부 폐지 등이다.

② 또한 법무부의 개정안(2007. 11)은

의무이행소송의 도입, 예방적 금지소송의 도입, 민사소송과의 소의 변경 및 이송범위의 확대, 소송참여기회확대, 집행정지제도의 보완, 가처분제도의 도입, 자료제출요구에 관한 규정 신설, 결과제거의무, 당사자소송의 활성화 등이 주요내용이다.

③ 위의 양자를 기초로 2011년에 행정소송법 개정위원회를 구성하여 2012년에 공청회를 거쳤다. 이 개정안은

원고적격의 확대, 의무이행소송의 도입, 예방적 금지소송의 도입, 당사자소송의 확대, 기관소송법정주의의 폐지, 집행정지제도의 개선, 가처분제도의 도입, 자료제출요구권, 화해권고제도의 신설, 결과제거의무규정의 신설 등이 그 내용이다.

5. 행정소송의 특수성

대체로 민사소송과 비교하여
① 행정법원의 설치
② 행정심판의 전치
③ 처분 등을 행한 행정청이 피고
④ 관련청구소송의 병합
⑤ 제소기간의 제한
⑥ 소송참가
⑦ 소의 변경상의 특색
⑧ 직권탐지주의의 가미 내지 불고불리원칙의 완화
⑨ 처분의 집행부정지원칙
⑩ 사정판결
⑪ 취소판결의 대세적 효력 등이 그 내용이다.

6. 행정소송의 한계

(1) 사법의 본질에 의한 한계

1) 처분권주의의 지배

법원은 당사자의 소의 제기가 있어야만 심리를 개시할 수 있으며, 법원의 심리는 원칙적으로 당사자에 의한 청구의 범위에 한정된다. 소송절차를 당사자의 의사에 일임하는 것이다.

2) 주관적 소송의 원칙

① 반사적 이익

반사적 이익은 법원의 심판대상이 되지 않으나 공권의 확대, 재량권의 0으로의 수축 등으로 소의 이익이 확대되어 가고 있음에 유의하여야 한다.

② 객관적 소송·단체소송

단체소송은 환경법의 분야에서 관계규범이 불충분하게 집행 또는 통용되고 있다는 것. 즉, 집행부전의 이유로 그 도입이 강조되고 있다.

3) 구체적 사건성

추상적인 법령의 효력이나 해석은 행정소송의 대상이 되지 않음이 원칙이며, 법령에 대하여는 구체적 규범심사만이 허용되므로 그 법령을 구체화하는 처분을 매개로 하여서만 법령의 위법성을 다툴 수 있게 하고 있음이 우리의 실정법상 제도이다(헌법 제107조, 행정소송법 제19조 등).

그리고 구체적 사항의 규율을 내용으로 하는 처분법령은 그를 구체화하는 처분을 매개함이 없이 그 자체 직접적으로 국민의 구체적인 권리의무에 영향을 미치기 때문에 예외적으로 행정소송의 대상이 된다.

외국의 경우 독일은 명령이나 조례에 대한 추상적 규범심사를 인정하고 있으며(행정법원법 제47조), 미국과 프랑스는 각각 규칙과 행정 입법적 결정에 대해서도 취소소송을 인정하고 있다. 학술·예술상의 문제 역시 법령의 적용에 의하여 해결될 수 있는 성질의 것이 아니므로 행정소송의 대상이 되지 않는다.

(2) 권력분립에 따르는 한계

1) 행정의 독자성

① 행정의 유보론

행정의 속성이나 기능양식이 존중되어야 한다. 즉, 행정의 계속성, 전문성, 실효성 등이 존중되어야 한다.

② 재량과 판단여지

재량의 남용 내지 유용이 아닌 한 원칙적으로 행정소송을 통해서는 처분의 위법성에 대해서만 심판을 청구할 수 있다.

2) 통치행위

고도의 정치성을 띤 국가행위는 사법심사의 대상에서 제외된다.

3) 부작위소송(이행소송)

① 의무이행소송(적극적 의무이행소송)

㉮ 행정청에 대하여 거부 또는 방치된 행정행위를 하여 줄 것을 구하는 내용의 행정소송이다.

㉯ 인정여부

독일의 행정법원법(제42조 제1항, 제113조 제4항 등)과는 달리 우리의 경우 명문규정이 없으므로 이에 대해 학설이 분립된다.

㉠ 소극설

현행법에 부작위위법확인소송만을 인정하였으므로 의무이행소송은 부인될 수밖에 없으며 행정소송법 제4조 제1호의 '변경'은 소극적 변경, 즉 일부취소를 의미한다고 본다. 판례도 이와 같다.

㉡ 적극설

행정소송법 제1조에서 '… 불행사 등으로 인한 국민의 권리 또는 이익의 침해를 구제하고 …'라고 명시하고 있는 점을 고려할 때, 의무이행소송을 부정한다는 것은 행정소송의 취지에도 부합하지 않는다. 따라서 앞의 변경이란 것을 적극적으로 이해하여 적극적 이행소송을 인정하는 것이 바람직하다고 본다.

㉢ 절충설(제한적 긍정설, 이 설이 현재 우리나라의 다수설이다)

원칙적으로는 부정하나

• 처분요건이 일의적으로 정하여져 있고

• 사전에 구제하지 않으면 회복할 수 없는 손해가 있으며

• 다른 구제방법이 없는 경우라는 요건을 충족하는 경우에만 인정할 수 있다고 본다.

② 부작위청구소송(예방적 부작위소송)

㉮ 행정행위를 하지 않을 것을 구하는 내용의 행정소송을 의미한다.

㉯ 인정여부

㉠ 소극설

실정법에 규정하고 있지도 않은 소송유형을 해석에 의하여 인정한다는 것은 허용될 수 없다고 본다. 판례도 같다.

㉡ 제한적 허용설

긍정적인 입장이나 권력분립원칙 및 행정청의 제1차적 판단권의 존중이라는 관점에서 일정한 제한적 요건하에 인정된다는 것으로서 다수설이다.

㉰ 결어

최소한 부작위청구소송은 인정함이 타당하며 통설은 이러한 견해를 취하고 있고 독일 내지 일본에서의 경향도 참고될 수 있다고 한다. 그러나 명문규정이 없고 또한 입법취지를 고려해볼 때 문제라고 생각되며 이러한 소송이 인정되려면 법개정을 통하는 길 밖에는 없다고 여겨진다.

4) 일반이행소송

공권에 근거하여 행정주체 등의 작위·부작위·급부·수인을 청구하는 취지의 소송 가운데 의무이행소송을 제외한 것을 의미한다. 예를 들면, 원상회복(결과제거)의 청구, 금전급부의 청구, 정보제공 등의 청구, 의사표시(명예훼손)의 철회 등이 그것이며 이는 당사자소송의 성격을 가진다고 할 수 있다.

5) 내부행위

내부행위(병역법상 신체등위판정, 운전면허 행정처분 처리대장상 벌점의 배점 등)는 원칙상 법적 통제의 대상이 되지 않는다.

7. 행정소송의 종류

(1) 성질에 의한 분류

1) 형성의 소

법률관계의 변동을 일으키는 일정한 법률요건의 존재를 주장하여, 그 변동을 선언하는 판결을 구하는 소로서 창설적 효력을 갖는 소이다. 항고소송 중 취소소송은 형성의 소로 봄이 일반적이다.

2) 이행의 소

피고에 대한 특정한 이행청구권의 존재를 주장하여, 그의 확정과 이에 기한 이행을 명하는 판결을 구하는 소이다. 원고가 주장하는 이행청구권의 강제적 실현에 이바지하고 이행청구권의 확정과 피고에 대한 이행명령의 두가지를 목적으로 하는 소이다. 그 예로는 의무이행소송, 부작위청구소송 그리고 이행명령을 목적으로 하는 당사자소송(일반이행소송)을 들 수 있다.

3) 확인의 소

특정한 권리 내지 법률관계의 존재 또는 부존재를 주장하여 이를 확인하는 판결을 구하는 소이다.

(2) 내용에 의한 분류

1) 항고소송(appeal litigation)(제4조)

행정청의 처분 등이나 부작위에 대하여 제기하는 소송이다.

① 취소소송(litigation for cancellation)(제4조 및 제2장)

행정청의 위법한 처분 등에 대하여 취소 내지 변경하는 소송이다

② 무효등확인소송(litigation for affirmation of nullity, etc)(제35조)

행정청의 처분 등의 효력유무 또는 존재여부를 확인하는 소송이다.

③ 부작위위법확인소송(litigation for affirmation of illegality of an omission)(제36조)

행정청의 부작위가 위법하다는 것을 확인하는 소송이다.

④ 무명(법정외)항고소송

위의 3가지 외에 무명항고소송이 인정될 것인가에 대해 다수설은 예시적인 것으로 보고 부작위청구소송의 무명항고소송을 인정하고 있다. 예시적 열거설이 현재 우리나라의 다수설이다. 즉, 행정소송법 제4조를 열거규정으로 해석하여야 할 논리적 필연성은 없다고 볼 때 우선 권력분립원칙과의 관련에서 문제점이 적은 작위의무확인소송 정도는 인정될 수 있을 것으로 보나 판례는 부정한다.

2) 당사자소송(party litigation)

행정청의 처분 등을 원인으로 하는 법률관계에 관한 소송 외에 그 밖에 공법관계에 관한 소송으로서 그 법률관계의 한쪽 당사자를 피고로 하는 소송을 말한다. 반드시 처분을 전제로 하거나 처분을 다툴 필요 없이 행정청의 처분 등으로 인하여 생긴 개인의 권리나 의무를 다투는 소송이다.

3) 민중소송(public litigation)

국가 내지 공공단체의 기관이 법률에 위반되는 행위를 한 경우에 직접 자기의 법률상 이익과 관계없이 그 시정을 구하기 위하여 제기하는 소송을 말한다.

4) 기관소송(agency litigation)

국가 내지 공공단체의 기관 상호간에 있어서의 권한의 존부 내지 그 행사에 관한 다툼이 있을 때에 이에 대하여 제기하는 소송을 말한다.

제2절 항고소송

제1항 취소소송

1. 서설

① 행정청의 위법한 처분 등을 취소 또는 변경하는 소송이다.

② 취소소송의 성질

㉮ 형성소송설

행정행위의 위법을 다투어 그 취소변경을 통하여 그 법률관계를 변경, 소멸시키는 점에서 형성적 성질의 것으로 본다.

㉯ 확인소송설

취소소송은 그 행정행위 당시에 있어서의 행정행위의 위법성을 확인하는 성질의 것으로 본다.

㉰ 형성소송설이 통설이며 행정소송법은 취소소송의 인용판결에 대하여 대세적 효력을 규정함으로써(제29조 제1항) 형성소송설을 뒷받침하고 있다.

③ 취소소송의 소송물

다수설은 처분 등의 위법성 내지 위법성의 배제를 소송물로 보나 소수설은 (처분 등에 의해 자기의 법률상 이익이 침해되었거나 필연적으로 침해될 것이라는) 원고의 법적 주장으로 보고 있다. 판례는 취소소송의 소송물을 처분의 위법성으로 보고 있다.

2. 취소소송의 재판관할(제9조 내지 제11조)

① 사물관할

취소소송의 제1심 관할법원(court of competent jurisdiction)은 행정법원이다.

② 토지관할

피고인 행정청의 소재지를 관할하는 행정법원이다. 다만 중앙행정기관, 중앙행정기관의 부속기관과 합의제행정기관 또는 그 장이나, 국가의 사무를 위임 또는 위탁받은 공공단체나 장이 피고인 경우에는 대법원소재지를 관할하는 행정법원으로 한다. 부동산 등에 관계되는 처분 등에 대한 취소소송은 부동산 등의 소재지를 관할하는 행정법원이다.

③ 관할법원에의 이송

3. 관련청구소송의 이송(transfer of case)과 병합(joinder)(제10조)

(1) 의의

당사자나 법원의 부담을 감경한다. 민사소송법은 동종의 소송절차에 의하여 심판될 수 있는 경우에만 청구를 병합하게 하고 있고, 청구 상호간의 관련성을 조건으로 하고 있지 않는 바, 신속성이 요청되는 행정소송에 있어서는 그 범위를 제한할 필요가 있으므로 행정소송법에는 민사소송법에 대한 특칙이 마련되어 있다.

(2) 관련청구소송의 범위

① 당해 처분 등과 관련되는 손해배상·부당이득반환·원상회복 등 청구소송
② 당해 처분 등과 관련되는 취소소송

(3) 관련청구소송의 이송

① 의의

다른 항고소송, 당사자소송, 민중소송, 기관소송에도 준용된다.

② 이송의 요건

㉮ 취소소송과 관련청구소송이 각각 다른 법원에 계속(係屬)중일 것
㉯ 이송의 상당성
㉰ 당사자의 신청 내지 직권

(4) 관련청구소송의 병합(joinder)

① 의의

당사자나 법원의 부담경감과 신속을 도모할 수 있다. 처분에 대한 취소소송에 해당처분으로 인한 손해에 대한 국가배상청구소송을 병합하는 것을 예로 들 수 있다.

② 병합의 요건

㉮ 본체인 취소소송의 적법성
㉯ 관련청구의 범위
㉰ 병합의 시기: 사실심변론종결 전
㉱ 관할법원: 취소소송이 계속된 법원

4. 취소소송의 당사자

(1) 원고(plaintiff): 소의 이익

1) 원고적격(standing to sue)

① 관계규정과 판정기준

행정소송법 제12조 가운데 '법률상 이익'(legal interest)이 의미하는 바에 대하여 격렬한 학설의 대립이 있다.

㉮ 권리구제설(권리향수회복설)로서 위법한 처분 등으로 인하여 권리를 침해당한 자만이 원고적격을 갖는다고 보는 견해이다.

㉯ 법률상 이익구제설(법이 보호하는 이익구제설)로서 법률상 이익이란 법률상 보호된 이익을 의미하게 된다는 견해이다(다수설·판례). 학설의 일반적인 경향은 보호규범의 범위를 처분의 직접적인 근거법률뿐만 아니라 관계법률로 확장하고자 하는 것으로 보이며 일부 견해는 헌법상의 기본권 및 기본원리로부터도 법률상 이익을 도출하고자 한다.

㉰ 보호가치이익설(이익구제설)로서 침해된 이익이 법률상 보호되는 이익이건 사실상의 이익이건 실질적으로 보호할 가치있는 이익이면 널리 원고적격을 인정하게 된다.

㉱ (처분의) 적법성보장설로서 당해 처분의 성질상 당해 처분을 다툴 가장 적합한 이익상태에 있는 자에게 원고적격을 인정해야 한다는 것이다.

㉲ 판례는 이익구제설을 따른 것으로 보여지는 것이 있긴 하지만 법률상 이익구제설을 취하고 있다고 여겨진다. 생각건대 공권의 확대화 경향에 따라 그 범위를 넓게 인정하는 것이 타당하다고 여겨진다.

② 법률상 이익(공권)의 확대화경향과 제3자의 원고적격

㉮ 일반론

처분의 취소를 구할 법률상 이익이 있는 자이면 누구나 제기할 수 있다.

㉯ 경업자(競業者)쟁송의 원고적격

허가영업을 경영하는 자 사이에는 상호 경쟁관계에 있더라도, 그로 인하여 불이익을 입는 자에게 원고적격이 인정되지 않으나 특허기업자간에는 인정되는 추세이다.

㉰ 경원자(競願者)소송의 원고적격

일방에 대한 허가 등이 타방에 대한 불허가 등으로 귀결될 수밖에 없는 때에는 허가 등의 처분을 받지 못한 자는 당해 처분의 취소를 구할 원고적격이 있다.

⨐ 인근주민(인인(隣人)소송)의 원고적격

종래에는 반사적 이익으로 보았으나 최근에는 법률상 이익으로 보는 추세이다.

⨓ 물건에 관한 이해관계

문화재의 지정에 있어 소유자의 의견에 관계없이 문화재로 지정한 처분의 적법성이 인정되는 등 일반적으로 원고적격이 부인되고 있다.

⨔ 소비자단체·환경단체 등

외국의 경우 인정된 사례가 있으며, 입법적으로 해결할 문제이며 법해석론의 차원을 넘어서는 문제라고 하나, 평등권을 침해하지 않는 범위 내에서 인정하는 방향으로 나아가야 할 것이다. 헌법상의 기본권으로 환경권을 인정하고 있음을 유의하여야 할 것이다. 개인정보보호법에는 제51조에서 개인정보단체소송을 인정하고 있다.

2) 협의의 소익

① 의의

권리보호의 필요라고도 하며 분쟁을 재판에 의하여 해결할 만한 현실적 필요성을 의미하고, 협의의 소익만을 소익 또는 소의 이익이라 한다.

② 인정여부

일반적으로 처분이 소멸된 뒤에는 소익이 부인된다.

판례상 소익이 부정된 예로는

⨐ 대집행완료 후의 계고처분의 취소청구

⨑ 행사일자 경과 뒤의 시위·집회신고불허가 처분 무효확인청구

⨒ 납세 후의 과세처분무효확인청구

⨓ 영업정지기간 경과 후의 정지처분취소청구

⨔ 토석채취허가기간 경과 후의 허가처분취소청구 등이 있다.

그리고 처분이 소멸된 뒤에도 학교법인이사에 대한 취임승인취소처분의 취소사건 내지 직위해제처분의 취소사건 등 소익이 인정된 경우가 있다.

③ 관련조문과 해석문제

행정소송법 제12조 제2문이 관련조문이다. 여기의 법률상 이익에 대해 명예·신용 등은 포함하지 않는다는 견해가 있고, 인격적 이익·재산적 이익·사회적 이익도 인정된다고 보는 견해가 있다.

④ 권리보호의 필요에 대한 일반원칙

⨐ 원고가 보다 간편한 방법으로 해결할 수 있을 경우에는 부인된다.

⨑ 실제적인 효용 내지 가치가 없을 경우에는 권리보호의 필요가 부인된다.

㉓ 권리남용에 해당하는 경우에는 권리보호의 필요가 부인된다.

(2) 피고(defendant)

1) 처분청

① 의의

취소소송의 대상이 되는 처분을 할 수 있는 자는 전부 여기에 해당된다. 처분 등을 행한 행정청이란 원처분을 행한 행정청과 재결청을 의미하나 재결에 대한 취소소송은 재결자체에 고유한 위법이 있음을 이유로 하는 경우에만 가능하다.

② 대통령이 처분청인 경우

각각 소속장관이 피고가 되나 졸견으로는 일정한 단일의 기구에서 이를 전담하는 것이 바람직하다고 생각된다.

③ 권한의 위임·위탁의 경우

수임·수탁청이 피고가 되고 대리관청이나 내부위임을 받은 자 등은 본인 또는 위탁청의 명의로 권한을 행사하므로 여기에 포함되지 않으나 판례는 같이 취급하고 있다.

2) 권한승계와 기관폐지의 경우

① 승계한 행정청이 피고가 된다.

② 처분이나 재결을 한 행정청이 없게 된 경우에는 그 처분 등에 관한 사무가 귀속되는 국가 또는 공공단체가 피고가 된다.

③ 취소소송이 제기된 후에 위의 사유가 발생한 때에는 법원은 당사자의 신청 또는 직권에 의하여 피고를 경정해야 한다.

(3) 피고의 경정

1) 의의

소송의 계속 중에 피고로 지정된 자를 다른 자로 변경하는 것을 말한다.

2) 피고경정이 허용되는 경우

피고를 잘못 지정한 때, 권한승계 등의 경우, 그리고 소의 변경이 있는 때 등이다.

(4) 공동소송(joint litigation)

수인의 청구 또는 수인에 대한 청구가 처분 등의 취소소송과 관련되는 청구인 경우에 한하여 그 수인은 공동소송인이 될 수 있다(제10조, 제15조). 공동소송에 관하여는 민사소송법이 준용된다.

5. 소송참가(intervention)

(1) 의의

소송의 계속중에 제3자가 자기의 법률상의 지위를 보호하기 위하여 소송에 참가하는 것을 말한다.

(2) 제3자의 소송참가(intervention of third persons in litigation)

취소소송의 원고승소판결은 제3자에게도 효력이 있으므로 제3자의 소송참가를 인정할 필요가 있다. 참가의 요건으로는 타인의 취소소송의 계속(係屬), 소송의 결과에 따라 권리 또는 이익의 침해를 받을 제3자, 신청 또는 직권으로 참가한다는 것 등이다. 참가의 절차로는 참가신청(제16조 제1항)을 하고 참가의 허부결정을 하며 참가인의 지위는 공동소송적 보조참가(민사소송법 제78조에서 규정하고 있으며 단순한 법률상의 이해관계가 아니라 재판의 효력이 미치는 제3자가 보조참가하는 경우를 말한다)와 유사하다는 것이 우리나라의 통설 및 일본에서의 유력설이다.

(3) 행정청의 소송참가

처분청 또는 재결청 이외의 행정청이 참가할 수 있도록 하는 제도이다. 참가의 요건으로는 타인의 취소소송의 계속, 다른 행정청, 법원의 인정이 그것이다. 참가의 절차는 법원의 직권, 당사자 또는 다른 행정청의 신청에 의한다. 참가행정청의 지위는 보조참가인에 준한 지위에서 소송을 수행하게 된다.

(4) 법무부장관 등의 관여

국가를 당사자 또는 참가인으로 하는 소송의 경우에는 민사소송이든 행정소송이든 법무부장관의 소송에의 관여가 인정되고 있다.

(5) 민사소송법에 의한 참가

앞에 서술한 행소규정이 참가에 대한 완결규정인지 민사소송의 참가를 허용할 것인지에 대해 논란이 있으나 가급적 넓게 인정하여 민사소송의 참가형태도 인정하는 것이 바람직하다고 생각되어 진다.

6. 취소소송의 제기

(1) 개설

1) 형식적 요건

소장(petition), 관할법원, 피고적격(standing to be sued), 전심절차, 제소기간의 준수 등이다.

2) 실질적 요건

원고적격(standing to sue), 권리보호의 자격, 권리보호의 필요 등이다.

(2) 행정심판전치주의

1) 행정심판전치주의와 임의주의

취소소송은 법령의 규정에 의하여 행정심판을 제기하지 않아도 제기할 수 있지만(임의적 전치주의), 다른 법률에(예: 국가공무원법, 국세기본법, 도로교통법 등) 행정심판을 거치도록 한 경우에는 예외적으로 행정심판을 거쳐야 한다(예외적 전치주의).

2) 행정심판전치주의의 장·단점

① 장점

국민의 권리구제의 확대(합목적성심판이 가능하다), 행정의 자기반성의 기회제공, 행정청의 전문지식의 활용, 법원의 부담경감, 시간·비용 등의 경감 등이 장점이다.

② 단점

공정성의 기대 곤란, 행정심판에서의 인용율 저조, 행정심판청구기간의 도과로 인한 행정소송의 제기 불능, 행정기관의 침묵에 따른 위험과 부담 등이 단점이다.

3) 행정심판전치주의의 내용

처분에 대하여 불복하는 일체의 행정심판을 의미한다. 항고소송중 무효등확인소송과 당사자소송에서는 적용되지 않는다. 국세기본법, 생활보호법, 자동차관리법 등 2 이상의 행정심판절차를 규정한 경우에는 명문규정이 없는 경우에는 하나만 거치면 족할 것이다.

제3자효 행정행위의 경우 판례는 구 소원법에서는 적용이 배제된다고 하였으나 현행법에서는 긍정하고 있다. 다만 이 경우 심판청구기간은 신의성실의 원칙에 비추어 제18조 제1항을 중심으로 적용하여 제3자가 처분이 있은 것을 알 수 있었던 때로부터 심판청구기간을 기산하여야 할 것이다. 그리고 졸견으로는 이러한 경우에 대한 입법이 이루어져야 한다고 생각된다. 취소소송의 형식으로 행정행위의 무효선언을 구하는 경우 구법에서는 적극설(외형설)은 취소소송의 형식을 취하는 한 행정심판전치주의가 적용된다고 한다.

4) 행정심판전치주의에 대한 예외

① 행정심판의 재결을 받지 아니하고 소송을 제기할 수 있는 경우(제18조 제2항)
② 행정심판을 제기함이 없이 소송을 제기할 수 있는 경우(제18조 제3항)

(3) 제소기간(period for filing action)(제20조)

1) 원칙

있음을 안 날로부터 90일 이내이다.

2) 특칙

처분 등이 있은 날로부터 1년이다. 다만 정당한 사유가 있을 때에는 그러하지 아니하며 정당한 사유의 존재는 원고가 소명하여야 한다.

(4) 취소소송의 대상(처분 등의 존재)

1) 처분 등의 의의

일원설은 항고소송의 대상으로 삼기 위하여 처분 개념 하에 법적 성질이 상이한 행위유형을 통일적으로 수용하려는 것은 문제가 있으며 행정작용의 유형에 상응한 다양한 행정소송유형을 인정하는 것이 더욱 현실적이라는 견해이다.

이원설(실체법적 행정행위와 쟁송법적 행정행위의 개념을 사용한다)은 다양화된 현대적 행정활동에 대하여 효과적으로 국민의 권익을 구제할 수 있다고 본다. 판례는 '항고소송의 대상이 되는 행정처분은 행정청의 공법상의 행위로서 특정사항에 대하여 법규에 의한 권리의 설정 또는 의무의 부담을 명하거나 기타 법률상의 효과를 발생하게 하는 등 국민의 권리의무에 직접 관계가 있는 행위를 말하는 것'이라고 한다.

2) 처분 등의 범위

① 사실행위

권력적 사실행위가 이에 해당하는가의 여부로서 행정소송법에 처분을 정의함에 있어 '그 밖에 이에 준하는 행정작용'이라는 것은 주로 사실행위를 그에 포함시키기 위한 것이라는 견해가 있다.

② 거부처분

행정소송법 제2조에서 거부처분을 처분의 일종으로 규정하고, 동법 제30조 제2항에 거부처분의 취소판결의 기속력을 규정하며, 동법 제34조에서 거부처분 취소판결의 간접강제를 규정하고 있는 점 등에 비추어 명백히 취소소송의 대상이 된다고 하겠다. 판례는 거부처분이 되기 위하여는 국민이 행정청에 대하여 그 신청에 따른 행정행위를 해줄 것을 요구할 수 있는 법규상 또는 조리상의 권리가 있어야 한다고 한다.

③ 일반처분

일반처분은 일반추상성을 띠고 있다고 보아 집행행위와 입법행위의 중간영역에 속하는 것으로 보는 견해도 있다. 이것도 행정행위의 한 유형으로 보는 것이 다수설과 판례의 입장이다(자동기계결정으로서의 교통신호가 그 예이다).

④ 가행정행위

일종의 특수한 행정행위라고 볼 수 있다.

⑤ 예비결정·부분허가

비록 한정된 사항이지만 행정행위로서의 법적 효과가 종국적으로 발생한다는 점에서 행정행위로서의 성질을 가진다.

⑥ 기타

최근 개정 행정소송법에서 논란이 되고 있으나 행정입법은 현재는 행정쟁송의 대상이 되지 않으며, 행정청과 사인이 대등한 지위에서 행하는 공법상 계약, 사법상 계약, 기타 사법상의 행위(국고행위)는 행정처분이 아니다. 또한 판례는 행정규칙의 처분성도 부인하고 있다.

3) 재결에 대한 원처분주의

법 제19조는 원처분주의를 취하였다. 원처분주의란 원처분과 재결 어느 것에 대하여도 소를 제기할 수 있다. 그러나 원처분의 위법은 원처분 취소소송에서만 주장할 수 있고 재결 취소의 소송에서는 원처분의 위법이 아닌 재결자체의 고유한 위법에 대하여서만 주장할 수 있도록 하는 제도를 말한다. 원처분주의의 예외 즉 재결주의를 채택하고 있는 사례로는 감사원의 변상판정, 노동위원회의 재심판정 등을 들 수 있다.

7. 소의 변경

(1) 의의

소송의 계속 후에 원고가 심판을 청구한 사항(소송물)을 변경하는 것을 말하며, 민사소송법에서는 인정되지 않는 피고의 변경과 처분변경으로 인한 소의 변경이 행정소송에서는 인정되는 점이 특색이다. 이에는 추가적 변경과 교환적 변경이 있다.

(2) 행정소송법상 소의 변경

1) 소의 종류의 변경

① 의의

취소소송을 당해 처분 등에 관계되는 사무가 귀속하는 국가 또는 공공단체에 대한 당사자소송 또는 취소소송 외의 항고소송으로 변경하는 것을 말한다. 여기에는 교환적 변경에 한하고 추가적 변경은 허용되지 않는 것으로 새겨지며, 추가적 변경은 관련청구소송의 병합적 제기(제10조 제2항)의 방법에 의할 수 있다.

② 요건 및 절차(제21조)

  ㉮ 취소소송이 계속되어 있을 것

  ㉯ 사실심의 변론 종결시까지 원고의 신청이 있을 것

  ㉰ 당해 처분 등에 관계되는 사무가 귀속하는 국가 또는 공공단체에 대한 당사자소송 또는 취소소송 외의 항고소송으로 변경하는 것일 것

  ㉱ 청구의 기초에 변경이 없을 것

  ㉲ 법원이 상당하다고 인정하여 허가결정을 할 것

  ㉳ 법원은 소의 변경을 허가함에 있어 피고를 달리하게 될 때에는 새로이 피고로 될 자의 의견을 들어야 할 것

③ 효과

소의 변경을 허가하는 결정이 있게 되면 신소는 변경된 소를 제기한 때에 제기된 것으로 보며, 변경된 구소는 취하된 것으로 본다(제21조 제4항).

④ 불복방법

법원의 소변경 허가결정에 대하여는 신소의 피고 및 구소의 피고는 즉시항고 할 수 있다.

2) 처분변경으로 인한 소의 변경

① 의의

행정청이 소송의 대상인 처분을 소가 제기된 후 변경한 때에 원고가 법원의 허가를 얻어 청구의 취지 또는 원인을 변경하는 경우이다(제22조 제1항).

② 요건

  ㉮ 처분의 변경이 있음을 안 날로부터 60일 이내에 하여야 한다.

  ㉯ 법원의 변경허가결정이 있어야 한다.

  ㉰ 행정청에 의한 처분변경으로 인한 소변경의 청구는 행정심판전치의 요건을 갖춘 것으로 본다.

③ 효과

신소는 구소가 제기된 때에 제기된 것으로 보며, 구소는 취하된 것으로 본다.

(3) 소의 변경과 처분의 근거변경

소의 변경은 소송물을 변경하는 데 대하여, 처분의 근거변경은 처분의 이유 내지 법률

적 근거를 변경하는 것이다.

(4) 민사소송법에 의한 소의 변경

행정소송법에서 인정되는 소변경의 형태는 민사소송법상의 소변경을 배척하는 취지는 아니다. 판례는 민사소송과 항고소송간의 소변경을 허용하는데, 당사자의 권리구제 및 소송 경제의 관점에서 타당하다고 본다.

8. 소제기의 효과

(1) 절차법적 효과

중복제소가 금지되며, 소송참가를 할 수 있고, 관련청구의 이송이 인정되며 집행정지결정을 할 수 있게 된다.

(2) 실체법적 효과

법률상의 기간준수의 효과가 발생한다.

9. 취소소송과 가구제(임시구제)

(1) 서설

판결은 시간이 걸리므로 잠정적 조치로서의 가구제제도가 필요하다.

(2) 현행법상의 가구제

집행부정지의 원칙(한국, 일본, 프랑스)을 취한다(제23조 제1항: 취소소송의 제기는 처분 등의 효력이나 그 집행 또는 절차의 속행에 영향을 주지 아니한다). 이는 입법정책의 문제이므로(독일은 집행정지의 원칙을 취한다) 공정력의 귀결은 아니다.

1) 집행의 정지

① 집행정지(suspension of execution)의 성질

행정작용설과 사법(司法)작용설로 나뉘나 보전소송절차적인 것으로 사법작용설로 보는 것이 타당하다고 볼 수 있을 것이다.

② 집행정지의 요건

㉮ 적극적 요건

㉠ 적법한 본안소송의 계속(係屬)

㉡ 처분 등의 존재

㉢ 회복하기 어려운 손해예방의 필요

"회복하기 어려운 손해라 함은 특별한 사정이 없는 한, 금전으로 보상할 수 없는 손해를 말하고, 이는 금전보상이 불능인 경우 뿐만 아니라, 금전보상으로는 사회관념상 행정처분을 받은 당사자가 참고 견딜 수 없거나 또는 참고 견디기가 현저히 곤란한 경우의 유형·무형의 손해를 일컫는다."

    ⓔ 긴급한 필요

    본안판결을 기다릴 여유가 없는 경우를 가리킨다.

    ⓜ 본안에 관하여 이유 있을 것

    판례는 본안에 관하여 이유없음이 명백하지 아니할 것을 집행정지의 요건으로 본다.

   ⓑ 소극적 요건

   공공복리에 중대한 영향을 미칠 우려가 있는 경우에는 허용되지 아니한다.

 ③ 집행정지의 절차

 당사자의 신청 또는 직권으로 한다(제23조 제2항).

 ④ 집행정지의 결정

  ㉮ 정지의 대상

   ㉠ 거부처분: 부인하는 것이 일반적 견해이나, 외국인의 체류기간갱신허가의 거부처분같은 것은 집행정지의 대상이 될 수도 있을 것이다.

   ㉡ 행정행위의 부관 내지 가분적 처분: 부담은 독립한 행정행위로서의 성질을 가지므로 긍정할 수 있을 것이다.

   ㉢ 제3자효 행정행위의 경우에도 가구제의 필요성이 있다.

  ㉯ 집행정지결정의 내용

   효력이나 그 집행 또는 절차의 속행의 전부 또는 일부를 정지함을 그 내용으로 하나, 처분의 효력정지는 처분 등의 집행 또는 절차의 속행을 정지함으로써 목적을 달성할 수 있는 경우에는 허용되지 아니한다(제23조 제2항 단서).

2) 집행정지결정의 취소

 집행정지결정이 확정된 후 집행정지가 공공복리에 중대한 영향을 미치거나 그 정지사유가 없어진 때에는 당해 집행정지결정을 한 법원은 당사자의 신청 또는 직권에 의하여 집행정지의 결정을 취소할 수 있다.

3) 집행정지 등 결정에 대한 불복

 즉시항고를 할 수 있다. 다만 집행정지에 대한 즉시항고는 정지결정의 집행을 정지하는 효력이 없다(제23조 제5항).

(3) 취소소송과 가처분(provisional disposition)

1) 가처분의 의의

가처분이라 함은 금전 이외의 특정한 급부를 목적으로 하는 청구권의 집행보전을 도모하거나 쟁의있는 권리관계에 관하여 임시의 지위를 정함을 목적으로 하는 가구제제도로서 민사집행법 제300조에 규정하고 있다.

2) 민사집행법상의 가처분규정의 준용여부

행정소송법 제8조 제2항의 규정으로 인해 적극설과 소극설이 대립하고 있다.

① 소극설

행정처분에 대해 가처분을 하는 것은 사법권의 범위를 벗어나는 것이다. 행정소송법 제23조 제2항은 민사집행법의 가처분에 대한 특별규정이다. 의무이행소송이나 예방적 부작위청구소송 등이 인정되고 있지 않다. 대법원판례의 견해이다.

② 적극설

사법의 본질에 반하지 않는다. 서울특별시의회의 의장, 부의장의 당선결정을 가처분으로 정지하여 그의 직권행사를 저지한 사례 및 전입학자에 대한 등교거부처분을 가처분으로 정지시킴으로써 학생들이 등교할 수 있도록 한 사례도 있다.

③ 독일의 가명령제도

독일 행정법원법 제123조는 우리의 민사집행법의 규정과 일치하고 있다. 이러한 가명령제도는 주로 의무이행소송에서 법원이 행정청에 대하여 관련 신청처분을 잠정적으로 발할 것을 명할 수 있다는 점에 그 의의가 있다.

④ 결어

사안에 따라서는 민사소송법상의 가처분제도를 활용할 필요가 있을 것이다. 즉 거부처분의 효력을 잠정적으로 배제할 필요가 있는 경우와 같이 집행정지가 실효적인 권리구제수단이 되지 못하는 경우에는 민사집행법상의 가처분제도를 활용할 수 있을 것이다(절충설).

10. 취소소송의 심리

(1) 심리의 내용

1) 요건심리

소송요건(소송이 법상 요구되는 요건)을 구비한 적법한 소송인가에 대한 심리를 요건심리라고 한다. 직권조사사항이다.

2) 본안심리

요건심리의 결과 소송요건이 구비된 경우, 청구를 인용할 것인가 또는 기각할 것인가를 판단하기 위해 본안에 대해 심리하는 것이다. 처분의 위법 여부에 대하여 실체적 심사를 행하는 것을 말한다.

(2) 심리의 범위

1) 불고불리의 원칙(nemo judex sine actore)과 그 예외

보충적으로 직권심리주의를 가미(제26조)함으로써 동 원칙에 대한 예외를 인정하고 있다. 법 제26조의 규정은 '법원은 필요하다고 인정할 때에는 직권으로 증거조사를 할 수 있고, 당사자가 주장하지 아니한 사실에 대하여도 판단할 수 있다'고 하고 있다.

2) 법률문제와 사실문제

법률문제가 심리의 범위에 포함되며, 일정사실이 법률요건에 해당하는 것인가의 판단이 중요하다.

3) 재량문제

재량행위에 대하여 취소소송이 제기된 경우 각하할 것이 아니라 법 제27조에 따라 기각하거나 당해 처분을 취소하여야 할 것이다.

(3) 심리에 관한 제원칙

1) 처분권주의

소송절차를 당사자의 의사에 일임하는 것이다.

2) 변론주의와 직권탐지주의의 가미

① 변론보충설

통설로서 보충적인 직권증거조사를 인정한 것에 불과하다고 보는 견해이다.

② 직권탐지주의 가미설

3) 행정심판기록제출명령(제25조 제1항)

법원은 당사자의 신청이 있는 때에는 결정으로써 재결을 행한 행정청에 대하여 행정심판에 관한 기록의 제출을 명할 수 있다. 이러한 제출명령을 받은 행정청은 지체없이 당해 행정심판에 관한 기록을 법원에 제출하여야 한다.

4) 주장책임과 입증책임

① 주장책임(burden of pleading)

당사자가 변론에서 주장하지 않으면 판결의 기초로 삼을 수 없다.

② 입증책임(burden of proof)

㉮ 의의

일정 사실의 존부가 확정되지 않을 때, 불리한 법적 판단을 받게 되는 당사자 일방의 불이익을 말한다. 입증책임은 '긍정하는 자에 있고 부정하는 자에게 없다'는 법언이 있다.

㉯ 입증책임분배의 기준

㉠ 원고책임설

입증책임이 원고에게 있다는 견해로서 행정의 적법성추정이 없어짐과 함께 사라진 이론이다.

㉡ 법률요건분류설(일반원칙설)

통설이자 판례이다.

㉢ 제3설(행정법독자분류설, 특수성인정설)

침익적 행정행위의 경우에는 피고인 행정청이 그 적법성에 대한 입증책임을 지며, 개인이 자기의 권리 내지 이익영역을 확장하려는 소송에서는 원고가 입증책임을 지고, 행정청의 재량의 일탈·남용에 대해서는 원고가 입증책임을 지며, 무효확인소송에 있어 무효사유에 대한 입증책임은 원고가 진다.

5) 법관의 석명(釋明; clarification)의무

당사자의 진술에 불분명한 사실이 있거나 입증을 다하지 못한 경우에 법관이 변론을 보다 완전하게 하는 것이다.

6) 구술심리주의(principle of oral pleading)

특별한 규정이 없는 한 소송절차는 구두로 진행되어야 하며, 판결도 구두변론에 근거하여야 한다는 원칙을 말한다.

7) 직접심리주의(principle of immediacy)

판결을 하는 법관이 변론의 청취 및 증거조사를 직접 행하는 것이다.

8) 공개심리주의(principle of open trial)

재판절차는 공개적으로 진행되어야 한다는 원칙을 말한다(헌법 제109조 제1문).

9) 쌍방심리주의

소송의 심리에 있어 당사자 쌍방에 주장할 기회를 평등하게 부여하는 것이다.

10) 위법판단의 기준시

① 판결시설

구체적인 행정처분의 법규에 대한 적합여부를 판단의 대상으로 하는 것이므로 이 경우의 법규는 판결시의 법규여야 한다.

② 처분시설

행정처분의 위법여부의 판단은 처분시의 법령 및 사실을 기준으로 하여 판단하여야 한다(통설과 판례).

③ 결어

처분시설이 타당하며, 계속효를 가지는 처분이나 부작위위법확인소송의 경우는 판결시를 기준으로 판단하여야 할 것이다.

11) 처분사유의 추가·변경

처분의 이유로 제시된 법적 또는 사실적 근거를 추가·변경하는 것을 말한다. 처분청이 처분시에 처분사유로 삼지 않은 새로운 사실상 내지 법률상 근거를 내세워 처분의 적법성을 주장할 수 있는지가 문제된다.

'처분의 동일성'을 해치지 않는 범위라야 할 것이다. 이러한 '기본적인 사실관계의 동일성'의 판단기준에 대하여는 제반사정을 종합적으로 판단하여야 하며 이는 사안마다 다를 것이므로 구체적으로 해결할 수밖에 없을 것이다.

참고로 신뢰보호원칙의 적용범위의 한 내용이다.

11. 취소소송의 판결

(1) 판결

법원이 법적 판단을 선언하는 것으로서 여러 가지로 분류할 수 있으나 인용판결과 기각판결로 나눌 수 있으며 기각판결의 일종으로 사정판결이 인정된다.

(2) 종국판결의 내용

1) 소송판결

소송요건을 결여한 경우 각하하는 판결(각하판결)이다.

2) 본안판결

① 인용판결

청구가 이유있음을 인정하는 판결이다.

② 기각판결

청구가 이유없다는 것을 확인하는 판결이다.

3) 사정판결

① 의의

법 제28조 제1항(원고의 청구가 이유있다고 인정하는 경우에도 처분 등을 취소하는 것이 현저히 공공복리에 적합하지 아니하다고 인정하는 때에는 법원은 원고의 청구를 기각할 수 있다)의 내용의 판결이다. 이기고도 진 판결이라고 할 수 있다. 일본에서 유래한다. 사정판결제도가 법치행정의 원리의 예외가 되는 것이므로 요건을 엄격하게 해석하여야 한다. 그리고 사정판결 아닌 다른 방법에 의한 해결이 불가능한 경우에 보충적으로만 인정되어야 하며, 불가피한 경우에도 대상적 구제조치가 반드시 병행되어야 한다.

② 존재 이유

적극설과 소극설로 나뉘나 공공복리에 이바지하려는 제도라 할 수 있다.

③ 요건

㉮ 원고의 청구가 이유있다고 인정되어야 한다.

㉯ 처분 등을 취소하는 것이 현저히 공공복리에 적합하지 아니하다고 인정되어야 한다.

④ 주장 내지 입증책임

처분의 위법성판단은 판결시를 기준으로 하여야 하며, 주장·입증책임은 행정청이 부담하여야 할 것이다.

⑤ 효과

판결주문에서 그 처분 등이 위법함을 명시하여야 하며, 소송비용은 피고의 부담으로 한다.

⑥ 원고에 대한 대상(代償)

원고는 피고인 행정청이 속하는 국가 또는 공공단체를 상대로 손해배상, 제해시설의 설치 및 적당한 구제방법의 청구를 당해 취소소송 등이 계속된 법원에 병합하여 제기할 수 있다.

⑦ 판결주문에 처분 등의 위법성을 명시하여야 한다.

(3) 판결의 효력

1) 자박력(선고법원에 대한 구속력(binding effect)·불가변력)

2) 형식적 확정력(당사자에 대한 구속력)

상소기간의 도과 등으로 상소할 수 없는 때에 판결은 형식적 확정력을 가진다.

3) 실질적 확정력 또는 기판력(preclusive effect)

① 의의

법원의 판단내용이 확정되면 당사자는 그에 반하는 주장을 할 수 없으며 법원도 그와 모순되는 판단을 해서는 아니되는 구속력을 말한다. 행정소송법에는 명문규정이 없으나 민사소송법에는 규정이 있다(민사소송법 제218조).

② 범위

㉮ 주관적 범위(subjective scope)

당해 소송의 당사자(party) 및 당사자와 동일시할 수 있는 승계인(successor)에게 미치고 제3자에게는 효력이 없다. 취소판결의 제3자에 대한 효력은 형성력에 의한 것이다.

㉯ 객관적 범위(objective scope)

판결주문 중에 표시된 소송물에 관한 판단에 대해서만 발생하는 것이 원칙이다.

취소소송의 기판력이 그 후 제기된 국가배상소송에 미치는가 하는 점에 있어서 동일설과 이질설이 있다.

동일설은 취소소송과 국가배상소송에서의 위법성을 동일한 것으로 보는 것이다.

이질설은 양자의 위법개념은 상대적으로 성질을 달리하므로 취소소송판결의 기판력은 국가배상소송에는 당연히 미치지 않는다는 견해이다.

㉰ 시간적 범위

변론종결시를 기준으로 하여 발생한다.

4) 형성력

① 의의

판결의 취지를 따라 법률관계의 발생·변경·소멸을 가져오는 효력이다.

② 취소판결의 제3자효(대세효)(제29조 제1항)

실질적 상대방인 제3자에게 미치게 할 필요가 있다. 제3자를 보호하기 위해 제3자의 소송참가 및 제3자의 재심청구를 인정한다. 독일에서는 상대효만 인정된다. 무효등확인소송과 부작위위법확인소송 및 가구제에도 준용한다.

5) 기속력(행정기관에 대한 구속력)

① 의의

당사자인 행정청과 관계행정청이 판결의 취지에 따라 행동해야 하는 의무를 발생시키는 효과(구속력)를 말한다.

②성질

㉮ 기판력설

행정청은 이후 위법한 것으로 판정한 판결을 존중하지 않으면 안된다는 원칙이다(판례).

㉯ 특수효력설(통설)

취소판결의 실효성을 담보하기 위하여 실정법이 부여한 특수한 효력이라는 견해이다.

③내용

㉮ 부작위의무(동일내용의 처분금지의무)

부작위의무는 청구기각판결에는 적용되지 않는다.

㉯ 적극적 처분의무(거부처분에 대한 기속력)

㉰ 결과제거의무(원상회복의무)

㉱ 절차위법으로 취소된 경우의 처분의무

④기속력의 범위

㉮ 주관적 범위

행정청 및 관계행정청이다.

㉯ 객관적 범위

판결주문 및 그 전제가 된 요건사실의 인정과 효력의 판단에만 미친다.

⑤기속력위반의 효과

무효설이 통설 및 판례이다.

6) 집행력 또는 간접강제(행정기관에 대한 구속력)

법 제34조 제1항에서와 같이 거부처분의 취소판결은 이러한 간접강제의 방법으로 그의 집행력을 확보하고 있는 셈이다.

12. 판결에 의하지 않는 취소소송의 종료

(1) 소의 취하

원고의 소의 전부 또는 일부를 철회하는 법원에 대한 의사표시이다.

(2) 청구의 포기·인락

행정청이나 개인은 소송물인 처분을 임의로 취소·변경할 수 있는 것이 아니고, 취소소송에서는 청구의 포기나 인락에 확정판결과 동일한 효력을 인정하기는 어렵다. 따라서 원칙적으로 청구의 포기·인락이 인정되지 않는다고 보아야 할 것이다.

청구의 포기란 원고가 자기의 소송상의 청구가 이유없음을 자인하는 법원에 대한 일방적 의사표시이다.

청구의 인락이란 피고가 원고의 청구가 이유있음을 자인하는 의사표시이다.

(3) 소송상의 화해

1) 부정설

종래의 통설이다. 행정처분의 내용은 행정청의 의사에 의해 임의로 변경할 수 없고 취소판결의 효력은 당사자가 자유롭게 처분할 수 없다는 점 등이 그 근거이다.

2) 긍정설

공익성을 이유로 제한하더라도 부정할 수는 없다. 그리고 화해를 인정하는 것이 타당하다. 또 제3자가 이를 다툴 소송상의 방법을 두면 되므로 화해를 긍정적으로 평가한다.

3) 판례와 입법안

서울행정법원은 일정한 사건에서 화해의 방식을 채택하고 있고 개정행정소송법 대법원안은 화해를 규정하고 있다.

(4) 당사자의 사망

원고의 사망 후 승계자가 없는 경우에는 소송은 종료된다.

13. 상소 및 제3자의 재심청구

(1) 상소

1심 법원의 판결에 대하여는 항소를, 항소심의 판결에 대하여는 대법원에 상고할 수 있다.

(2) 제3자의 재심청구(제31조)

1) 의의

소송의 계속중에 제3자가 법률상의 지위를 보호하기 위하여 소송에 참가하는 것이다.

2) 당사자

① 원고: 권리 또는 이익의 침해를 받은 제3자
② 피고: 확정판결에 나타난 원고와 피고

3) 재심사유

① 자기에게 책임없는 사유로 소송에 참가하지 못하였어야 한다.
② 소송에 참가하지 못함으로써 판결의 결과에 영향을 미칠 공격 또는 방어방법을 제출

하지 못한 때이어야 한다.

4) 재심청구의 기간

확정판결이 있음을 안 날로부터 30일 이내, 판결이 확정된 날로부터 1년 이내에 제기하여야 한다.

14. 명령·규칙의 위헌판결의 공고

행정소송법 제6조 제1항, 제2항(행정소송에 대한 대법원판결에 의하여 명령·규칙이 헌법 또는 법률에 위반된다는 것이 확정된 경우에는 대법원은 지체없이 그 사유를 행정안전부장관에게 통보하여야 한다. 제1항의 규정에 의한 통보를 받은 행정안전부장관은 지체없이 이를 관보에 게재하여야 한다).

15. 소송비용

패소자가 부담하며 사정판결의 경우에는 피고가 부담한다.

제2항 무효등확인소송
(litigation for affirmation of nullity, etc.)

1. 서설

행정청의 처분 등의 효력유무 또는 존재여부를 확인하는 소송을 말한다. 제소기간, 행정심판전치주의 등과 같은 제약을 받지 않는다.

2. 주요 소송요건
(1) 재판관할

피고의 소재지를 관할하는 행정법원이다.

(2) 관련청구소송의 이송과 병합(제10조, 제38조)

(3) 소송의 대상

취소소송과 같이 '처분 등'이다.

(4) 원고적격

종래의 판례는 무효확인의 소에 있어서 법률상 이익은 원고의 권리 또는 법률상 지위에 현존하는 불안·위험이 있고 그 불안·위험을 제거함에는 확인판결을 받는 것이 가장 유효적절한 수단일 때 인정되는 것이라고 하여 무효등확인소송을 보충적인 것으로 보았다. 그러나 대법원은 2008. 3. 20, 2007두6342판결에서 이를 변경하여 직접적이고 구체적인 이익이 있는 경우에는 행정소송법 제35조에 규정된 무효확인을 구할 법률상 이익이 있다고 보아야 하고 무효등확인소송의 보충성이 요구되는 것은 아니라고 하였다. 따라서 무효확인의 소의 이익은 보충성 요건에 따라 판단할 것이 아니라 소의 이익에 관한 일반원칙에 따라 판단하여야 할 것이다.

3. 소송의 심리(입증책임)

(1) 취소소송동일설

항고소송의 일종으로서 다투어지는 것이 처분 등의 적법여부인 점에서 취소소송과 다를 것이 없다는 견해이다. 취소소송보다 처분 등의 법적합성에 대한 의문이 강하다. 위법의 중대·명백성은 입증책임의 문제와는 직접 관계가 없다.

(2) 원고부담설(판례)

소송형식상의 차이가 있다. 무효등확인소송은 취소소송에 대해 예외성이 있다. 하자의 중대·명백성은 극히 예외적이다.

4. 사정판결의 가능여부

무효등확인소송에 대하여는 취소소송에 있어서의 사정판결을 준용한다는 규정이 없으므로(제38조 제1항), 무효등확인소송에 있어서 사정판결이 인정될 수 있는가가 문제시된다.

학설은, 부정설(다수설, 판례: 처분이 무효인 경우에는 존치시킬 유효한 처분이 없다. 무효등확인소송에는 취소소송의 사정판결규정을 준용하고 있지 않으므로 사정판결이 인정될 수 없다)과 긍정설(소수설: 무효와 취소는 상대적이다. 사정판결제도의 화해적 기능 때문에 원고에게 불이익하지만은 않다. 무효처분에 대해서도 기성사실을 존중하여야 할 경우가 있을 수 있다)로 나뉜다.

5. 간접강제의 가능여부

판례는 거부처분의 무효확인판결이 있는 경우 준용규정이 없으므로 재처분할 의무는 있으나 간접강제는 허용되지 않는 것으로 본다.

제3항   부작위위법확인소송
(litigation for affirmation of illegality of an omission)

1. 의의

(1) 의의

행정청의 부작위가 위법하다는 것을 확인하는 소송이다. 부작위위법확인소송에 의한 구제를 필요로 하는 행정청의 부작위는 신청에 대한 무응답이다.

(2) 성질

항고소송의 하나이며 확인소송의 성질을 지닌다.

2. 소송의 대상

(1) 부작위

행정청이 당사자의 신청에 대하여 상당한 기간 내에 일정한 처분을 하여야 할 법률상 의무가 있음에도 불구하고 이를 하지 아니하는 것을 말한다.

(2) 성립요건

① 당사자의 신청: 여기서 신청권은 형식상의 단순한 응답요구권의 의미이지 구판례와 같이 법규상 또는 조리상의 권리를 의미하지는 않는다.
② 상당한 기간의 경과
③ 처분을 할 법률상 의무의 존재
④ 처분의 부존재: 거부처분이나 무효·부존재 및 간주거부(처분이 없으면 거부처분으로 간주하는 경우)인 경우에도 부작위는 성립하지 않는다.

3. 소송요건

(1) 행정심판전치주의

행정심판전치주의의 적용에 있어서는 행정심판과 행정소송간의 관련성이 요구되는 데, 의무이행심판과 부작위위법확인소송간에는 차이점이 있기에 문제가 될 수 있다.

(2) 제소기간

행정심판의 재결서의 정본의 송달을 받은 날로부터 90일 이내에 제기하여야 한다.

(3) 관할

피고의 소재지를 관할하는 행정법원이다.

(4) 관련청구소송의 이송

행정소송법 제10조가 준용된다.

(5) 원고적격

처분의 신청을 한 자로서 부작위의 위법의 확인을 구할 법률상 이익이 있는 자만이 제기할 수 있다. 원고적격이 인정되기 위하여 일정한 처분의 신청을 한 것으로 족한가, 아니면 법령에 의한 신청권을 가지는 자에 한하는가가 문제될 수 있다. 일설은 일정한 처분의 신청을 한 것으로 족하다고 한다. 다른 일설은 앞의 견해와 같이 처분을 신청한 자이면 원고적격을 가지나 신청권이 없는 자는 결국 청구가 기각될 것이라고 한다. 그리고 원고적격과 소송의 대상(부작위)은 구별되어야 함에도 판례는 양자를 결부시키고 있다.

(6) 피고적격

부작위의 행정청이다.

4. 소제기의 효과

실체법적 내지 절차법적 효과가 발생하여 관련청구의 이송·병합규정, 소송참가규정, 제소기간에 관한 규정 등이 준용된다.

5. 소송의 심리

(1) 심리의 범위

1) 절차적 심리설

법원의 심리는 부작위의 위법성 여부에 그치고, 행정청이 행할 처분의 내용까지는 심리할 수 없다는 견해로서 통설의 입장이다. 그 근거로는 만일 실체적인 내용을 심리한다면 그것은 의무이행소송을 인정하는 결과가 되어 이를 도입하지 않고 있는 행정소송법의 입법취지에 반한다는 것이다.

2) 실체적 심리설

법원은 단순히 행정청의 부작위의 적부에 관한 절차적 심리에만 그치지 아니하고, 신청이 실체법상의 요건을 갖추고 있는지 여부까지를 심리하여 행정청이 앞으로 해야 할 처분의 내용을 시사할 수 있다는 견해이다.

3) 판례

현행법상 의무이행소송을 인정하지 않는다는 점 등을 근거로 법원의 심리는 부작위의 위법성 여부를 확인하는 데 그칠 뿐, 행정청이 행할 처분의 내용까지 행할 수는 없다고 판시한다. 즉, 절차적 심리설을 따른다.

(2) 직권탐지주의의 가미

(3) 행정심판기록의 제출명령

(4) 입증책임

원고가 처분을 신청한 사실 및 원고에게 법률상 이익이 있다는 것은 원고에게 입증책임이 있고, 상당한 기간을 경과하게 된 것을 정당화할 만한 특별한 사유의 존재에 대하여는 행정청이 입증하여야 할 것이다.

(5) 위법판단의 기준시

취소소송과 달리 판결시를 기준으로 하여야 할 것이다.

(6) 재량처분의 위법성

(7) 소의 변경

6. 소송의 종료

① 판결의 제3자효
② 판결의 기속력(적극적 처분의무만을 생각할 수 있음)
③ 기타의 준용규정

제3절   당사자소송

1. 서설

(1) 당사자소송의 의의

행정청의 처분 등을 원인으로 하는 법률관계에 관한 소송 그 밖에 공법상의 법률관계에 관한 소송으로서 그 법률관계의 한쪽 당사자를 피고로 하는 소송이다(제3조 제2호).

(2) 입법례

우리의 경우 일본의 예를 따른 것이다. 프랑스의 월권소송과 완전심리소송도 항고소송과 당사자소송의 구분과 유사하다. 독일의 경우 과거에는 항고소송과 당사자소송으로 구분하였으나 1960년의 행정법원법에서 형성소송, 확인소송 및 이행소송으로 구분하였다.

2. 당사자소송의 종류

(1) 실질적 당사자소송

1) 의의

공법상의 법률관계에 대한 소송으로서 그 법률관계의 한 쪽 당사자를 피고로 하는 소송이다.

2) 예

손실보상청구소송(형식적 당사자소송에 의하는 경우는 제외), 공법상의 채권관계에 관한 소송, 공법상의 금전급부청구소송, 공법상의 지위나 신분의 확인을 구하는 소송, 공법상의 결과제거청구소송, 환매대금증감청구, 국가배상청구소송, 전문직 공무원 채용계약 같은 공법상의 계약에 관한 소송, 공문서의 열람 내지 복사신청에 관한 소송 등을 들 수 있을 것이다.

(2) 형식적 당사자소송

1) 의의

행정청의 처분·재결 등이 원인이 되어 형성된 법률관계에 다툼이 있는 경우 그 원인이 되는 처분·재결 등의 효력을 직접 다투는 것이 아니고, 처분 등의 결과로서 형성된 법률관계에 대하여, 그 법률관계의 한쪽 당사자를 피고로 하는 소송이다. 이는 실질적으로 항고소송의 성질을 가지는 것이나 소송경제 등의 필요에 의하여 당사자소송의 형식을 취하는 점에 그 특색이 있다.

2) 필요성

불편과 불합리를 제거하기 위한 소송 기술적 고려에 의해 인정되는 것이라 할 수 있다.

3) 법적 근거에 관한 견해

① 긍정설

개별법의 근거 없이도 형식적 당사자소송의 제기가 가능하다고 보는 견해이다.

② 부정설

개별법의 규정이 없으면 소송요건이 불분명하여 현실적으로 소송을 진행하기 어렵다는 견해로서 통설이다.

4) 개별법상의 근거규정

① 특허법 등

특허법 제187조 및 제191조, 디자인보호법 제75조, 실용신안법 제33조 등에 규정되어 있다.

② 토지보상법(공익사업을 위한 토지 등의 취득 및 보상에 관한 법률)

구 토지수용법에서는 여러 가지 견해가 나뉘고 있었으나 현행법에서는 보상금의 증감에 관한 소송인 경우 '당해 소송을 제기하는 자가 토지소유자 또는 관계인인 때에는 사업시행자를, 사업시행자인 때에는 토지소유자 또는 관계인을 각각 피고로 한다(제85조 제2항)'라고 규정하여 순수한 형식적 당사자소송을 명문화하고 있다.

3. 소송요건 및 절차

(1) 소송요건

1) 원고적격

행정소송법에 특별한 규정이 없으므로 민사소송법상의 원고적격에 관한 규정이 준용된다.

2) 피고적격

국가·공공단체 그 밖의 권리주체 예컨대 공무수탁사인이 피고가 된다.

3) 재판관할

행정법원이 제1심 관할법원이 되며, 국가 또는 공공단체가 피고인 경우에는 관계행정청의 소재지를 피고의 소재지로 한다.

4) 제소기간

법령에 정하여져 있는 경우에는 그에 의하며 그 기간은 불변기간으로 하므로(제41조) 행정소송법 제20조(취소소송의 제소기간)는 당사자소송에는 적용되지 않는다.

5) 전치절차

취소소송의 전치절차(제18조)는 적용되지 않는다.

6) 관련청구의 이송(제44조 제2항)

(2) 심리절차

① 소의 병합
② 소의 변경
③ 행정심판기록의 제출명령
④ 직권탐지주의의 가미

4. 소송의 종료

(1) 소송의 기판력과 구속력

취소소송에 있어서와 같은 판결의 기판력은 발생하나 제3자효(제29조 제1항)는 당사자소송에서는 인정되지 않는다. 그러나 판결의 기속력(제30조 제1항)은 당사자소송에는 준용된다.

(2) 가집행선고

가집행선고(declaration of a provisional execution)라 함은 미확정의 종국판결(final judgment)에 확정된 경우와 마찬가지로 미리 집행력을 주는 재판이다. 국가를 상대로 하는 당사자소송에 대하여 현행법은 가집행선고를 할 수 없다(제43조)고 규정한다. 소송촉진 등에 관한 특례법상의 규정이 헌법재판소에서 위헌판단을 받았으므로 국가를 상대로 하는 재산권의 청구인 당사자소송의 경우에는 국가에 대해 가집행선고를 할 수 없게 하는 것은 평등원칙위반이라는 주장이 가능하다. 이설(異說)있다.

제4절 객관적 소송

1. 서설

행정의 적법성보장을 목적으로 하는 소송으로서 법이 정하는 경우에만 소의 제기가 가능하다.

2. 종류

(1) 민중소송(public litigation)

1) 의의

국가 또는 공공단체의 기관이 법률에 위반되는 행위를 한 때에 직접 자기의 법률상 이익과 관계없이 그 시정을 구하기 위하여 제기하는 소송을 말한다.

2) 종류

① 공직선거법상의 민중소송: 선거소송(공직선거법 제222조)
② 국민투표법상의 민중소송: 국민투표무효소송(국민투표법 제92조)

(2) 기관소송(agency litigation)

1) 의의

국가 또는 공공단체의 기관상호간에 있어서의 권한의 존부 또는 그 행사에 관한 다툼이 있을 때에 이에 대하여 제기하는 소송을 말한다. 다만 헌법재판소법 제2조의 규정에 의하여 헌법재판소의 관장사항으로 되는 소송(권한쟁의심판; adjudication on competence dispute)은 제외한다. 행정소송법 제3조 제4호의 표현이 애매하여 기관소송이 동일한 법주체 내부의 기관간의 소송만을 의미하는가에 대하여 설이 나뉜다.

여기에는 한정설과 비한정설이 있다. 한정설은 기관소송을 동일한 법주체 내부의 기관간의 소송 즉 국가기관 상호간 또는 특정 공공단체의 기관상호간의 소송으로 한정하여 파악하는 견해이다.

비한정설은 기관소송을 동일한 법주체 내부의 기관간의 소송에 한정할 필요가 없다는 견해이다.

2) 종류

① 지방자치법상의 기관소송

지방의회의 의결이 법령에 위반되거나 공익을 현저히 해한다고 판단될 때에는 당해 지방자치단체의 장은 지방의회에 이유를 붙여 재의를 요구하여, 재의결된 사항이 역시 법령에 위배된다고 판단될 때에는 재의결된 날로부터 20일 이내에 대법원에 소를 제기할 수 있다(동법 제107조 및 제172조).

② 지방교육자치에 관한 법률상의 기관소송

지방교육자치에 관한 법률 제28조 제1항, 제3항에서 상술한 지방자치법상의 기관소송과 유사한 내용을 규정하고 있다.

3. 소송절차

(1) 당사자적격

1) 원고적격

법률이 정한 자만이 제소할 수 있다(제45조).

2) 피고적격

개별법이 정하고 있다.

(2) 관할

개별법이 정하고 있으며, 대법원이 시심(제1심)이자 종심이 되는 경우가 많다.

(3) 적용법규

1) 취소소송형

취소소송에 관한 규정을 준용한다(제46조 제1항).

2) 확인소송형

무효등확인소송 또는 부작위위법확인소송에 관한 규정을 준용한다(동조 제2항).

3) 기타의 유형

당사자소송에 관한 규정을 준용한다(동조 제3항).

행정법 판례선집

1. 행정의 의의

- 대판 1961. 10. 5, 4292행상6(행정에 있어서의 공공성)

  행정주체로서의 관청이 … 경제적 활동의 주체로서 국민에 대하는 경우라 하여도 그것이 공공적 성질을 대유하여 공공의 복지와 밀접한 관계를 가지고 있는 때가 있다. 이런 경우에는 이를 사사로운 국민상호간의 관계와 동일시 할 수는 없는 것이다.

- 헌재 2004. 8. 26, 2003헌마457(흡연권의 공익상의 이유로 인한 제한)

  흡연은 국민의 건강을 해치고 공기를 오염시켜 환경을 해친다는 점에서 국민공동의 공공복리에 관계된다. 그러므로 공공복리를 위하여 개인의 자유와 권리를 제한할 수 있도록 한 헌법 제37조 제2항에 따라 흡연행위를 법률로써 제한할 수 있다.

- 대판 2006. 3. 16, 2006두330 전합(공공사업의 경제성 판단기준)

  공공사업의 경제성 내지 사업성이 있는지 여부는 공공사업이 그 시행당시 적용되는 법률의 요건을 모두 충족하고 있는지 여부에 따라 판단되어야 한다. 그리고 경제성 내지 사업성 평가와 관련하여서는 그 평가 당시의 모든 관련 법률의 목적과 의미, 내용, 그리고 학문적 성과가 반영된 평가 방법에 따라야 한다. 즉, 가장 객관적이고 공정한 방법을 사용하여 평가 되었는지의 여부에 따라 판단되어야 한다.

- 대판 2007. 5. 10. 2005두13315(공익이 판단의 근거가 되는 경우)
  산림형질변경허가는 법령상의 금지 또는 제한지역에 해당하지 않는 경우가 있다. 그렇다 하더라도 신청대상 토지가 현상과 위치 및 주위의 상황들을 고려하여 국토 및 자연의 유지와 상수원 수질과 같은 환경의 보전 등을 위한 중대한 공익상의 필요가 있을 경우 그 허가를 거부할 수 있다.

- 대판 2009. 12. 10. 2009두8359(법학전문대학원의 인가처분에 대한 사정판결 가부 – 적극)
  인가처분이 취소되면 그 입학생들이 피해를 입을 수 있는 점, 인가 취소 시 법학전문대학원 제도 자체의 운영에 큰 차질을 빚을 수 있는 점 … 그리고 교수위원이 제15차 회의에 관여하지 않았다고 하더라도 그 소속대학의 평가점수에 비추어 동일한 결론에 이르렀을 것으로 보인다. 그리하여 인가처분을 취소하고 다시 심의하는 것은 무익한 절차의 반복에 그칠 것으로 보여진다. 위의 사항을 종합할 때, 전남대에 대한 이 사건 인가처분이 위법함을 이유로 취소하는 것은 현저히 공공복리에 적합하지 아니하다고 인정된다.

2. 통치행위

- 대판 1979. 12. 7. 79초70(계엄의 선포·확대행위와 통치행위성)
  대통령의 계엄선포행위는 고도의 정치적, 군사적 성격을 띠는 행위라고 할 것이어서, 그 선포의 당·부당을 판단할 권한은 헌법상 계엄의 해제요구권이 있는 국회만이 가지고 있다 할 것이다. 그리고 그 선포가 당연무효의 경우라면 모르되, 사법기관인 법원이 계엄의 요건 구비 여부나, 선포의 당·부당을 심사하는 것은 사법권의 내재적인 본질적 한계를 넘어서는 것이 되어 적절한 바가 못된다.

- 헌재 1996. 2. 29. 93헌마186(헌법재판소의 심판대상이 되는 통치행위)
  이른바 통치행위를 포함하여 모든 국가작용은 국민의 기본권적 가치를 실현하기 위한 수단이라는 한계를 반드시 지켜야 하는 것이다. 헌법재판소는 헌법의 수호와 국민의 기본권 보장을 사명으로 하는 국가기관이다. 그러므로 비록 고도의 정치적 결단에 의하여 행해지는 국가작용이라 할지라도 그것이 국민의 기본권 침해와 직접 관련되는 경우에는 당연히 헌법재판소의 심판대상이 될 수 있는 것이다.

- 대판 2004. 3. 26. 2003도7878(통치행위의 기본권보장요청에 따르는 한계)
  고도의 정치성을 띤 국가행위에 대하여는 이른바 통치행위라 하여 법원 스스로 사법심사권의 행사를 억제하여 그 심사대상에서 제외하는 영역이 있다. 그러나 이와 같은 통치행위의 개념을 인정한다고 하더라도 과도한 사법심사의 자제가 국민의 기본권을 보장하고 법치주의 이념을 보장하고 법치주의 이념을 구현하여야 할 법원의 책무를 태만히 하거나 포기하는 것이 되지 않도록 그 인정을 지극히 신중하게 하여야 한다. 그리고 그 판단은 오로지 사법부만에 의하여 이루어져야 한다.

- 헌재 2004. 4. 29, 2003헌마814(일반사병 파병결정의 통치행위성)

  외국에의 국군의 파견결정은 … 국내 및 국제정치관계 등 제반 상황을 고려하여 미래를 예측하고 목표를 설정하는 등 고도의 정치적 결단이 요구되는 사안이다. … 현행 헌법이 채택하고 있는 대의민주제 통치구조하에서 대의기관인 대통령과 국회의 그와 같은 고도의 정치적 결단은 가급적 존중되어야 한다. 그리고 헌법재판소가 사법적 기준만으로 이를 심판하는 것은 자제되어야 한다.

- 헌재 2004. 10. 21, 2004헌마554 · 566 병합(신행정수도의 건설을 위한 특별 조치법의 통치행위성 부정)

  헌법 제130조에 의하면 헌법의 개정은 반드시 국민투표를 거쳐야만 하므로 국민은 헌법개정에 관하여 찬반투표를 통하여 그 의견을 표명할 권리를 가진다. 그런데 이 사건법률은 헌법개정사항인 수도의 이전을 헌법 개정의 절차를 밟지 아니하고 단지 단순법률의 형태로 실현시킨 것이다. 이는 결국 헌법 130조에 따라 헌법 개정에 있어서 국민이 가지는 참정권적 기본권인 국민투표권의 행사를 배제한 것이므로 동 권리를 침해하여 헌법에 위반된다.

- Luther vs. Borden 사건(정치문제는 법원의 판단사항이 아니다)

  로드 아일랜드 주에서 반란으로 수립된 정부와 종래의 정부 중 어느 정부가 합법정부인가가 문제된 사건에서 연방대법원이 어느 정부가 합법정부인가의 판단은 정치적 문제이므로 법원이 판단할 사항이 아니다.

- 미일안보조약사건(일본; 사천사건)

  미일안보조약의 합헌 여부의 판단은 재판소의 심사에는 원칙적으로 적합하지 아니한 것이다. 그러므로 일견 매우 명백하게 위법무효로 인정되지 아니하는 한, 조약의 체결권을 가지는 내각 및 그에 대하여 승인권을 가지는 의회의 판단에 따라야 한다. 그리고 종국적으로는 주권을 가지는 국민의 정치적 판단에 맡겨야 하는 것이다.

- 중의원해산사건(일본; 고미지사건)

  이러한 행위에 관한 법률상의 유효 · 무효를 심사하는 것은 사법재판소의 권한 밖에 있다고 할 것이다. 그리고 이러한 사법심사에 대한 제약은 … 사법권의 헌법상의 본질에 내재하는 제약으로 이해하여야 할 것이다.

3. 행정법

- 블랑코판결(프랑스 1873. 2. 8. 관할법원의 판결)

  공공서비스를 수행중인 사람에 의해 발생한 사고로 인해 개인에게 가해진 손해는 국가에게 귀속 지울 수 있고, 동 책임은 개인과 개인간의 관계를 규율하는 민법상의 손해배상원칙에 의해 규제될 수 없다. … 이러한 책임은 서비스의 요구와 국가와 개인의 권리의 조화의 필요에 따라 다양한 공공서비스의 특별규정에 의해 규율된다.

- 헌재 1994. 7. 29, 92헌마49병합(토지초과이득세법상의 기준시가; 본질사항 유보설)
  토초세법(토지초과이득세법)상의 기준시가는 국민의 납세의무의 성부 및 범위와 직접적인 관계를 가지고 있는 중요한 사항이다. 그러므로 이를 하위법규에 백지위임하지 아니하고 그 대강이라도 토초세법 자체에서 직접 규정해야 한다.

- 헌재 1999. 5. 27, 98헌바70(TV방송수신료의 결정이 의회유보사항인가의 여부)
  오늘날의 법률유보원칙은 … 국가공동체와 그 구성원에게 기본적이고도 중요한 의미를 갖는 영역 … 에 있어서는 국민의 대표자인 입법자가 그 본질적 사항에 대하여 스스로 결정하여야 한다는 요구까지 내포하고 있다(의회유보원칙). 텔레비전방송수신료는 대다수 국민의 기본권실현에 관련된 영역에 속하고 수신료금액의 결정은 … 본질적인 중요한 사항이므로 국회가 스스로 행하여야 하는 사항에 속하는 것이다. 그럼에도 불구하고 … 한국방송공사로 하여금 수신료금액을 결정해서 문화관광부장관의 승인을 얻도록 한 것은 법률유보원칙에 위반된다.

4. 행정법의 일반원칙

1) 비례성의 원칙(과잉금지의 원칙)

- 대판 1977. 9. 13, 77누15(제재처분이 과잉금지원칙에 위반된다는 예)
  유흥장에 미성년자를 단 1회 출입시켜 술을 제공하여 식품위생법을 위반한 데 대한 제재로서 가장 중한 영업취소로 응징한 것이다. 이는 책임에 대한 응보의 균형을 잃은 것으로서 행정행위의 재량을 심히 넘은 처분이다.

- 대판 1996. 7. 12, 96누3302(징계처분이 비례원칙에 반하지 않는 예)
  8년여를 경찰관으로 근무하면서 8회에 걸쳐 표창 등을 받은 사정을 참작할 수 있다. 그렇다하더라도 피고가 도박행위를 묵인하여 준 대가로 금 20만 원을 수수한 비위사실을 이유로 해임처분을 한 것은 경찰관의 직무의 특성과 비위의 내용 및 성질, 징계의 목적 등에 비추어 객관적으로 명백히 부당하다고 인정되지 아니한다.

- 헌재 1989. 11. 20, 89헌마102(변호사 개업지 제한규정의 위헌성)
  변호사법 제10조 제2항의 개업지 제한규정은 직업선택의 자유를 제한하는 것이다. 이는 그 선택의 수단이 목적에 적합하지 아니할 뿐만 아니라 그 정도 또한 과잉하여 비례의 원칙이 정한 한계를 벗어난 것으로 헌법 제37조 제2항에 위반된다.

- 대판 2001. 8. 24, 2000두7704(비례원칙의 판단기준)

  징계처분에 있어 재량권의 행사가 비례의 원칙을 위반하였는지의 여부를 결정해야 할 경우가 있다. 이 경우 징계사유로 인정된 비행의 내용과 정도, 그 경위 내지 동기, 그 비행이 당해 행정조직 및 국민에게 끼치는 영향의 정도, 행위자의 직위 및 수행직무의 내용, 평소의 소행과 직무성적, 징계처분으로 인한 불이익의 정도 등 여러 사정을 건전한 사회통념에 따라 종합적으로 판단하여 결정하여야 한다.

- 헌재 2003. 5. 15, 2001헌가31(노사 분쟁시 강제중재제도채택의 수단의 적합성 인정여부)

  이 사건 법률조항들이 필수공익사업장에서의 노동쟁의를 노동위원회의 직권으로 중재에 회부하였다. 그리하여 파업에 이르기 전에 노사분쟁을 해결하는 강제중재제도를 채택하고 있는 것은 그 방법상 헌법상 정당한 목적을 추구하기 위하여 필요하고 적합한 수단의 하나가 된다. 그러므로 과잉금지 원칙상의 수단의 적합성이 인정된다.

- 대판 2006. 4. 14, 2004두3854(제재적 행정처분의 재량권 일탈, 남용여부)

  제재적 행정처분이 재량권의 범위를 일탈하였거나 남용하였는지 여부는 처분 사유로 된 위반행위의 내용과 그 위반의 정도, 그 처분에 의하여 달성하려는 공익성의 필요와 개인이 입게 될 불이익 및 이에 따르는 제반사정 등을 객관적으로 심리하여야 한다. 그리고 공익 침해의 정도와 그 처분으로 인하여 입게 될 불이익을 비교 교량하여 판단하여야 한다. … 따라서 한약제인 녹용에 대하여 부적법한 수입품의 무분별한 유통을 방지하려는 공익성 필요보다 크다고는 할 수 없다. 위 폐기 등 지시처분이 재량권을 일탈, 남용한 경우에 해당하지 않는다.

- 헌재 2007. 12. 27, 2005헌바95(음주측정 거부자에 대한 운전면허의 필요적 취소)

  음주측정 거부자에 대한 운전면허를 필요적으로 취소하도록 규정함으로써 … 음주운전을 방지하고 있다. 이는 입법목적의 정당성이 인정되고 … 입법목적의 달성에 적절한 방법이다. 그리고 피해최소성의 원칙에 반한다고 볼 수는 없다. 또한 음주측정 거부자가 운전면허에 필요적으로 취소당하여 입는 불이익의 정도는 이 사건 법률조항이 추구하고 있는 공익에 비하여 결코 과중하다고 볼 수 없으므로 법익균형성의 원칙에 반하지 않는다. 따라서 이 사건 법률조항은 기본권제한의 입법한계인 과잉금지의 원칙을 준수하였다고 할 것이므로, 직업의 자유를 본질적으로 침해하거나 일반적 행동의 자유를 침해한다고 볼 수 없다.

- 헌재 2011. 6. 30, 2009헌마406(서울광장 차벽사건)

  불법, 폭력집회나 시위가 개최될 가능성이 있다고 하더라도 이를 방지하기 위한 조치는 개별적 구체적인 상황에 따라 최소한의 범위 내에서 행해져야한다. 서울광장에서의 일체의 집회는 물론 일반인의 통행까지 막은 것은 당시 상황에 비추어 볼 때, 필요한 최소한의 조치였다고 보기 어렵다. 또한 그 필요성이 있더라도 몇 군데 통로를 개설하거나 또는 집회의 가능성이 적거나 출근 등의 왕래가 빈번한 시간대에는 통행을 허용하는 등 덜 침해적인 수단을 취할 수 있었다. 그럼에도 모든 시민의 통행을 전면적으로 통제한 것은 침해를 최소화한 수단이라고 할 수 없으므로 과잉금지 원칙을 위반하여 기본권을 침해하였다.

2) 신뢰보호의 원칙

- 대판 1988. 4. 27, 87누915(실권의 법리)
  실권 또는 실효의 법리는 법의 일반원리인 신의성실의 원칙에 바탕을 둔 파생원칙인 것이다. 그러므로 … 권리행사의 기회가 있음에도 불구하고 권리자가 장기에 걸쳐 그의 권리를 행사하지 아니하였기 때문에 의무자인 상대방은 이미 그의 권리를 행사하지 아니할 것으로 믿을 만한 정당한 사유가 있게 되거나 행사하지 아니할 것으로 추인케 할 경우가 있다. 이런 경우에 새삼스럽게 그 권리를 행사하는 것이 신의성실의 원칙에 반하는 결과가 될 때 그 권리행사를 허용하지 않는 것을 의미한다.

- 대판 1994. 3. 22, 93누22517(국세관청이 회신한 경우 공적견해표명에 해당한다)
  국세청장이 훈련교육용역의 제공이 사업경영상당업에 해당(면세됨)하는 것으로 본다는 회신을 동종의 인근사업자에게 한 것은 과세관청이 공적 견해를 명시적으로 표명한 것이다.

- 대판 1998. 5. 8, 98두4061(폐기물관리 사업적정통보를 한 경우 공적견해표명에 해당한다)
  폐기물 처리업에 대하여 사전에 관할 관청으로부터 적정통보를 받고 막대한 비용을 들여 허가요건을 갖춘 다음 허가신청을 하였다. 그럼에도 다수 청소업자의 난립으로 안정적이고 효율적인 청소업무의 수행에 지장이 있다는 이유로 한 불허가처분은 신뢰보호의 원칙 및 비례의 원칙에 반하는 것으로서 재량권을 남용한 위법한 처분이다.

- 대판 2000. 3. 10, 97누13818(행정처분의 근거법령 개정시 예외적인 개정 전 법률의 적용요건)
  행정처분은 그 근거법령이 개정된 경우에도 경과 규정에서 달리 정함이 없는 한 처분 당시 시행되는 개정법령과 그에서 정한 기준에 의하는 것이 원칙이다. … 그러나 개정 전 법령의 존속에 대한 국민의 신뢰가 개정법령에 적용에 관한 공익성의 요구보다 더 보호가치가 있다고 인정되는 경우에 그러한 국민의 신뢰를 보호하기 위하여 그 적용이 제한될 수 있는 여지가 있다.

- 대판 2000. 6. 13, 98두18596(사정변경과 신뢰보호의 원칙)
  행정청이 상대방에 대하여 장차 어떠한 처분을 하겠다는 공적인 견해표명을 하였더라도 공적 견해표명 후에 그 전제로 된 사실적·법률적 상태가 변경되는 경우가 있다. 그럴 경우 그러한 견해표명은 효력을 잃게된다.

- 대판 2000. 11. 10, 2000두727(공적견해 표명이 아니라고 한 사례)
  당초 정구장시설을 설치한다는 도시 계획 결정을 하였다가 정구장 대신 청소년 수련시설을 설치한다는 도시계획변경 결정 및 지적승인을 하였다. 이럴 경우, 당초의 도시계획결정만으로는 도시계획사업의 시행자 지정을 받게 된다는 공적인 견해를 표명하였다고 할 수 없다는 이유로 그 후에 도시계획 변경 결정 및 지적승인이 도시계획사업의 시행자로 지정받을 것을 예상하고 정구장 설계비용 등을 지출한 자의 신뢰이익을 침해한 것으로 볼 수 없다.

- 대판 2001. 4. 24, 2000두5203(묵시적 표시의 판단기준 – 배우 채시라에 대한 과세사건)
  공적 견해나 의사는 명시적 또는 묵시적으로 표현되어야 한다. 그러나 묵시적 표시가 있다고 하기 위하여는 단순한 과세누락과는 달리 … 과세하지 않겠다는 의사표시를 한 것으로 볼 수 있는 사정이 있어야 한다. 그리고 이 경우 특히 과세관청의 의사표시가 일반론적인 견해표명에 불과한 경우에는 위 원칙의 적용을 부정하여야 한다.

- 대판 2001. 9. 28, 2000두8684(신뢰보호의 적용요건)
  신뢰보호의 원칙이 적용되기 위하여는, 첫째 행정청이 개인에 대하여 신뢰의 대상이 되는 공적인 견해표명을 하여야 하고, 둘째 행정청의 견해표명이 정당하다고 신뢰한 데에 대하여 그 개인에게 귀책사유가 없어야 하며, 셋째 그 개인이 그 견해표명을 신뢰하고 이에 상응하는 어떠한 행위를 하였어야 하고, 넷째 행정청이 위 견해표명에 반하는 처분을 함으로써 그 견해표명을 신뢰한 개인의 이익이 침해되는 결과가 초래되어야 하며, 마지막으로 위 견해표명에 따른 행정처분을 할 경우 이로 인하여 공익 또는 제3자의 정당한 이익을 현저히 해할 우려가 있는 경우가 아니어야 한다.

- 대판 2002. 11. 8, 2001두1512(신뢰의 보호가치성)
  행정기관의 선행조치의 하자가 상대방 등 관계자의 사실은폐나 기타 사위의 방법에 의한 신청행위 등 부정행위에 기인한 것이어야 한다. 또는 그러한 부정행위가 없더라도 하자가 있음을 알았거나 중대한 과실로 알지 못한 경우에 상대방은 신뢰이익을 원용할 수 없다.

- 대판 2003. 12. 26, 2003두1875(민원팀장이 안내한 것은 공적견해표명이 아니다)
  병무청 담당부서의 담당공무원에게 공적 견해의 표명을 구하는 정식의 서면질의 등을 하지 아니한 채 총무과 민원팀장에 불과한 공무원이 민원봉사차원에서 상담에 응하여 안내한 것을 신뢰한 경우 신뢰보호의 원칙이 적용되지 아니한다.

- 대판 2006. 11. 16, 2003두12899 전합(변리사 1차 시험 상대평가제 환원사건)
  제1차 시험을 '절대평가제'에서 '상대평가제'로 환원하는 내용의 변리사법 시행령에서 … 제1차 시험 실시를 불과 2개월밖에 남겨놓지 않은 시점에서 … 합격기준이 변경됨으로 신뢰가 크게 손상되었다. 그리고 … 개정 시행령에 의하여 상대평가제를 도입함으로써 거둘 수 있는 공익적 목적은 2002년의 변리사 제1차 시험에 적용하면서까지 이를 실현하여야 할 합리적인 이유가 있다고 보기 어렵다. … 그러므로 개정 시행령 부칙 중 제4조 제1항을 즉시 2002년의 변리사 제1차 시험에 대하여 시행하도록 그 시행시기를 정한 부분은 헌법에 위반되어 무효이다.

- 대판 2009. 4. 23, 2008두8918(요양급여대상삭제처분취소와 신뢰보호원칙)
  행정처분은 그 근거법령이 개정된 경우에도 … 처분 당시 시행되는 개정 법령과 그에 정한 기준에 의하는 것이 원칙이다. 그리고 그 개정 법령이 기존의 사실 또는 법률관계를 적용대상으로 하면서 국민의 재산권과 관련하여 종전보다 불리한 법률효과를 규정하고 있는 경우에도 그러한 사실 또는 법률관계가 개정 법령이 시행되기 이전에 이미 완성 또는 종결된 것이 아니라면 이를 헌법상 금지되는 소급입법에 의한 재산권 침해라고 할 수는 없다. 또한 그러한 개정 법령의 적용과 관련하여서는 개정 전 법령의 존속에 대한 국민의 신뢰가 개정 법령의 적용에 관한 공익상의 요구보다 더 보호가치가 있다고 인정되는 경우에 그러한 국민의 신뢰를 보호하기 위하여 그 적용이 제한될 수 있는 여지가 있을 따름이다.

3) 행정의 자기구속의 원칙

- 헌재 1990. 9. 3, 90헌마13(자기구속의 원칙의 적용)
  행정규칙이 법령의 규정에 의하여 행정관청에 법령의 구체적 내용을 보충할 권한을 부여한 경우, 또는 재량권행사의 준칙인 규칙이 그 정한 바에 따라 되풀이 시행되어 행정관행이 이루어지게 되는 경우가 있다. 그리하면 평등의 원칙이나 신뢰보호의 원칙에 따라 행정관청은 그 상대방에 대한 관계에서 그 규칙에 따라야 할 자기구속을 당하게 된다. 그리고 그러한 경우에는 대외적인 구속력을 가지게 된다 할 것이다.

4) 부당결부금지의 원칙

- 대판 1997. 3. 11, 96다49650(관련없는 기부채납의 부관과 부당결부금지원칙)
  지방자치단체장이 사업자에게 주택사업계획승인을 하면서 그 주택사업과는 아무런 관련이 없는 토지를 기부채납하도록 하는 부관을 주택사업계획승인에 붙인 경우이다. 이때 그 부관은 부당결부금지의 원칙에 위반되어 위법하다.

- 대판 2009. 2. 12, 2005다65500(부당결부금지원칙의 정의)
  부당결부금지의 원칙이란 행정주체가 행정작용을 함에 있어서 상대방에게 이와 실질적인 관련이 없는 의무를 부과하거나 그 이행을 강제하여서는 아니된다는 원칙을 말한다.

5. 행정법의 법원

1) 조약 및 국제법규

• 대판 1986. 7. 22, 82다타1372(협약이 민법에 우선하는 경우)
  국제항공운송에 관한 법률관계에 대하여는 일반법인 민법에 대한 특별법으로서 우리정부
  도 가입한 1955년 헤이그에서 개정된 바르샤바협약이 우선 적용되어야 한다.

• 대판 2005. 9. 7, 2004추10(조약의 조례에 대한 우위성)
  초중고등학교 급식에 있어서 국산 농산물의 이용을 강제하는 전라북도 의회의 학교급식에
  관한 조례안은 WTO규범의 일부를 구성하는 '1994년 관세 및 무역에 관한 일반협정
  (General Agreement on Tarrifs and Trade 1994)'에 위반된다.

2) 행정관습법

• 대판 1972. 3. 31, 72다78(지방적·민중적 관습법)
  공유하천으로부터 용수를 함에 있어서 법에 의해 하천관리청으로부터 허가를 얻어야 한다.
  그렇다 하더라도 그 허가를 필요로 하는 법규의 공포시행 전에 원고가 위 하천상보에 의
  하여 용수할 수 있는 권리를 관습법에 의하여 취득하였음이 뚜렷하다. 그러므로 위 하천
  법에 관한 법규에 불구하고 그 기득권이 있다.

• 대판 1983. 6. 14, 80다3231(행정관습법의 의의, 사실인 관습과의 구별)
  관습법이란 사회의 거듭된 관행으로 생성한 사회생활규범이 사회의 확신과 인식에 의하여
  법적 규범으로 승인·강행되기에 이른 것을 말한다. 그리고 사실인 관습은 사회의 관행에
  의하여 발생한 사회생활규범인 점에서는 관습법과 같다. 다만 사실인 관습은 법적 확신이
  나 인식에 의하여 법적 규범으로서 승인될 정도에 이르지 않은 것을 말한다.

• 대판 2003. 7. 24, 2001다48781(관습법이 부정되는 경우)
  사회의 거듭된 관행으로 생성한 어떤 사회생활 규범이 법적 규범으로 승인되기에 이르렀
  다고 하기 위하여는 그 사회생활규범은 헌법을 최상위 규범으로 하는 전체적 법질서에 반
  하지 아니하는 것으로서 정당성과 합리성이 있다고 인정될 수 있는 것이어야 한다. 그렇
  지 아니한 사회생활규범은 비록 그것이 사회의 거듭된 관행으로 생성된 것이라 할지라도
  이를 법적 규범으로 삼아 관습법으로서의 효력을 인정할 수 없다.

3) 판례법

• 대판 1996. 10. 25, 96다31307(대법원판례의 법원성)
  대법원의 판례가 법률해석의 일반적인 기준을 제시한 경우에 유사한 사건을 재판하는 하

급심법원은 판례의 견해를 존중하여 재판해야 하는 것이다. 그러나 판례가 사안이 서로 다른 사건을 재판하는 하급심법원을 직접 기속하는 효력이 있는 것은 아니다.

6. 행정법의 효력

1) 효력발생시기

- 대판 1969. 11. 25, 69누129(효력발생시기로서의 관보에 게재한 날 – 최초구독가능시설)
  관보에 게재한 날이라 함은 수신인이 그 게재내용을 알 수 있는 상태에 놓여진 것을 전제로 하는 것이라 보아야 할 것이다. 그러므로 관보가 인쇄된 뒤 전국의 각 관보보급소에 발송·배포되어 이를 일반인이 열람 또는 구독할 수 있는 상태에 놓이게 된 최초의 시기를 뜻한다.

2) 소급효금지

- 헌재 1999. 7. 22, 98헌바50·52·54·55 병합(진정소급입법이 허용되는 예외적인 경우)
  일반적으로 국민이 소급입법을 예상할 수 있었거나 법적 상태가 불확실하고 혼란스러워 보호할 만한 신뢰이익이 적은 경우와 소급입법에 의한 당사자의 손실이 없거나 아주 경미한 경우, 그리고 신뢰보호의 요청에 우선하는 심히 중대한 공익상의 사유가 소급입법을 정당화하는 경우 등에는 예외적으로 진정소급입법이 허용된다.

- 대판 1999. 9. 3, 98두7060(진정소급효와 부진정소급효)
  법령의 효력이 시행일 이전에 소급하지 않는다는 것은 시행일 이전에 이미 종결된 사실에 대하여 법령이 적용되지 않는다는 것을 의미하는 것이다(진정소급효의 금지). 그러나 시행일 이전부터 계속되는 사실에 대하여도 법령이 적용되지 않는다는 의미가 아니다.

- 헌재 2001. 2. 22, 98헌바19(부진정소급입법)
  개발이익 환수에 관한 법률 부칙 제2조는 동법이 시행된 1990. 1. 1. 이전에 이미 개발을 완료한 사업에 대하여 소급하여 개발부담금을 부과하려는 것이 아니라 동법 시행당시 개발이 진행 중인 사업에 대하여 장차 개발이 완료되면 개발부담금을 부과하려는 것이다. 그러므로 이는 아직 완성되지 아니하여 진행과정에 있는 사실관계 또는 법률관계를 규율대상으로 하는 이른바 부진정 소급입법에 해당하는 것이어서 원칙적으로 헌법상 허용되는 것이다.

- 대판 2005. 5. 13, 2004다8630(소급효금지원칙의 예외)
  법령을 소급적용하더라도 일반국민의 이해에 직접 관계가 없는 경우, 오히려 그 이익을 증진하는 경우, 불이익이나 고통을 제거하는 경우 등의 특별한 사정이 있는 경우에 한하여 예외적으로 법령의 소급적용이 허용된다.

7. 행정법의 해석과 흠결의 보충

• 대판 1978. 4. 25, 78도246(합리적 해석의 필요성)
  모든 법은 법규정의 본질을 바꾸는 정도의 것이 아닌 한도에서는 이를 합리적으로 해석함
  으로써 뒤처진 법률을 앞서가는 사회현상에 적응시켜야 한다.

• 대판 1990. 5. 11, 89누8095(조세법률주의의 해석)
  조세법률주의의 원칙상 유추해석이나 확대해석은 허용되지 않는다.

• 대판 1999. 10. 8, 99다27231(공법규정의 유추적용)
  공공사업의 시행으로 인하여 손실이 발생하리라는 것을 쉽게 예견할 수 있고 그 손실의
  범위도 구체적으로 특정할 수 있는 경우라면 그 손실의 보상에 관하여 특례법 시행규칙의
  관련규정 등을 유추적용할 수 있다고 해석함이 상당하다.

• 대판 2004. 12. 23, 2002다738210(공법규정의 유추적용)
  어민들에게 피해를 입힐 수 있는 공유수면매립공사를 시행함으로써 어민들이 더 이상 허
  가영업을 영위하지 못하는 손해를 입게 된 경우에는 … 손실을 입은 자에 대하여 보상의
  무를 규정하고 있는 수산업법 제81조 제1항을 유추적용하여 그 손해를 배상하여야 할 것
  이고 ….

• 대판 2009. 11. 26, 2009두12907(민법기간계산 규정의 적용)
  광업법에는 기간의 계산에 관하여 특별한 규정을 두고 있지 아니하므로, 광업법 제16조
  소정의 출원 제한기간을 계산함에 있어서도 기간계산에 관한 민법의 규정은 그대로 적용
  된다.

8. 공법과 사법

• 대판 1997. 4. 11, 96누17325(공물·영조물 및 공공시설의 이용)
  국공유재산의 관리청이 행정재산의 사용·수익을 허가한 다음 그 사용·수익하는 자에 대
  하여 하는 사용·수익허가취소는 순전히 사경제주체로서 행하는 사법상의 행위라 할 수 없
  다. 그리고 이는 관리청이 공권력을 가진 우월적 지위에서 행한 것으로서 항고소송의 대상
  이 되는 행정처분이다.

• 대판 1999. 6. 22, 99다7008(국고관계의 적용규정)
  국가의 철도운행사업은 국가가 공권력의 행사로서 하는 것이 아니고, 사경제적 작용이라
  할 것이므로 이로 인한 사고에 공무원이 간여했다고 하더라도 국가배상법을 적용할 것이

아니고 일반 민법의 규정에 따라야 한다.

9. 행정법관계의 당사자

* 대판 1995. 6. 9, 94누10870(공공조합의 법률관계)
  농지개량조합과 그 직원과의 관계는 사법상의 근무관계가 아닌 공법상의 특별관계이고, 그 조합의 직원에 대한 징계처분의 취소를 구하는 소송은 행정소송사항에 속한다.

* 대판 1990. 3. 23, 89누4789(원천징수의무자의 공무수탁사인여부)
  원천징수의무자는 소득세법 규정에 의하여 자동적으로 확정되는 세액을 수급자로부터 징수하여 과세관청에 납부하여야 할 의무를 부담하고 있다. 그러므로 그의 원천징수행위는 법령에서 규정된 징수 및 납부의무를 이행하기 위한 것에 불과한 것이지, 공권력의 행사로서의 행정처분을 한 경우에 해당되지 아니한다.

* 헌재 2007. 6. 27, 2004헌마262(사무의 민영화 내지 공무수탁사인)
  국가가 자신의 임무를 그 스스로 수행할 것인지 아니면 그 임무의 기능을 민간 부문으로 하여금 수행하게 할 것인지 하는 문제가 있을 수 있다. … 입법자가 당해 사무에 성격과 수행방식에 효율성 정도 및 비용, 공무원 수의 증가 또는 정부부문의 비대화 문제, 민간부문의 자본능력과 기술력의 성장정도, 시장여건의 성숙도, 민영화에 대한 사회적 정치적 합의 등을 종합적으로 고려하여 판단해야 할 사항이다. 그리고 그 판단에 관하여는 입법자에게 광범위한 입법재량 내지 형성의 자유가 인정된다.

* 대판 2009. 9. 17, 2007다2428(행정주체로서의 공공조합)
  재건축 조합이 행정주체의 지위에서 … 수립하는 관리 처분계획은 … 건축물의 권리귀속에 관한 사항과 조합원의 비용분담이라는 사항 등을 정함으로서 조합원의 재산상 권리 의무 등에 구체적이고 직접적인 영향을 미치게 된다. 그러므로 이는 구속적 행정계획으로서 재건축 조합이 행하는 독립된 행정처분에 해당한다.

10. 공권과 공의무

* 대판 1963. 8. 31, 63누101(허가기업을 반사적 이익으로 본 사례)
  공중목욕장업 경영허가는 사업경영의 권리를 설정하는 형성적 행위가 아니라 경찰금지를 해제하는 명령적 행위로 인한 영업자유의 회복에 불과하다. 그러므로 원고가 본 건 허가 행정처분에 의하여 사실상 목욕장업에 의한 이익이 감소된다 하여도 원고의 이 영업상이익은 단순한 사실상의 반사적 이익에 불과하고 법률에 의하여 보호되는 이익이라고 할 수 없다.

- 대판 1974. 4. 9, 73누173(특허기업을 법에 의해 보호되는 이익이라고 한 사례)
자동차운수사업법에서 … 면허의 기준으로 한 것은 주로 자동차운수사업에 관한 질서를 확립하고 자동차운수의 종합적인 발달을 도모하며 공공복리의 증진을 목적으로 하고 있으며 동시에 한편으로는 업자간의 경쟁으로 인한 경영의 합리화를 보호하자는 데도 그 목적이 있다. 따라서 이런 기존업자의 이익은 단순한 사실상의 이익이 아니고 법에 의하여 보호되는 이익이라고 해석된다.

- 대판 1991. 2. 12, 90누5825(무하자 재량행사청구권 - 긍정)
검사의 임용에 있어서 임용권자가 임용여부에 관하여 어떠한 내용의 응답을 할 것인지는 임용권자의 자유재량에 속하므로 일단 임용거부라는 응답을 한 이상 설사 그 응답내용이 부당하다고 하여도 사법심사의 대상으로 삼을 수 없는 것이 원칙이다. 그러나 다만 자유재량에 속하는 행위일지라도 재량권의 한계를 넘거나 남용이 있을 때에는 위법한 처분으로서 항고소송의 대상이 되는 것이다(행정소송법 제27조). 그러므로 적어도 재량권의 한계 일탈이나 남용이 없는 위법하지 않은 응답을 할 의무가 임용권자에게 있고 이에 대응하여 임용신청자(원고)로서도 재량권의 한계 일탈이나 남용이 없는 적법한 응답을 요구할 권리가 있다고 할 것이다. 그리고 원고는 이러한 응답신청권에 기하여 재량권남용의 위법한 거부처분에 대하여는 항고소송으로서 그 취소를 구할 수 있다고 보아야 한다. 따라서 임용신청자가 임용거부처분이 재량권을 남용한 위법한 처분이라고 주장하면서 그 취소를 구하는 경우에는 법원은 재량권남용 여부를 심리하여 본안에 관한 판단으로서 청구의 인용 여부를 가려야 한다.

- 대판 1992. 5. 8, 91부8(피의자의 접견교통권; 기본권에 의한 개인적 공권의 성립)
형사소송법에서 규정하고 있는 구속된 피고인 또는 피의자의 타인과의 접견권은 위와 같은 헌법상의 기본권을 확인하는 것일 뿐 형사소송법의 규정에 의하여 비로소 피고인 또는 피의자의 접견권이 창설되는 것으로는 볼 수 없다.

- 대판 1992. 5. 8, 91누13274(경원자 소송에서의 원고적격여부)
허가 등의 처분을 받지 못한 자는 비록 경원자에 대하여 이루어진 허가 등 처분의 상대방이 아니라 하더라도 당해 처분의 취소를 구할 당사자적격이 있다 할 것이고, ….

- 대판 1998. 8. 25, 98다16890(행정개입청구권)
경찰관직무집행법 제5조는 경찰관은 인명 또는 신체에 위해를 미치거나 재산에 중대한 손해를 끼칠 우려가 있는 위험한 사태가 있을 때에는 그 각호의 조치를 취할 수 있다고 규정하여 형식상 경찰관에게 재량에 의한 직무수행권한을 부여한 것처럼 되어 있다. 그러나 경찰관에게 그러한 권한을 부여한 취지와 목적에 비추어 볼 때 구체적인 사정에 따라 경찰관이 그 권한을 행사하여 필요한 조치를 취하지 아니하는 것이 현저하게 불합리하다고 인정되는 경우에는 그러한 권한의 불행사는 직무상의 의무를 위반한 것이 되어 위법하게 된다.

- 대판 1998. 12. 23, 97누5046(개인적 공권의 포기제한)
  석탄사업법 시행령 제41조 제4항 소정의 재해위로금청구권은 개인의 공권으로서, 그 공익적 성격에 비추어 당사자의 합의에 의하여 이를 미리 포기할 수 없는 것이다.

- 대판 2005. 5. 12, 2004두14229(법률상 보호되는 이익)
  법률상 보호되는 이익이라 함은 당해 처분의 근거법규 및 관련법규에 의하여 보호되는 개별적·직접적·구체적 이익이 있는 경우를 말한다.

- 대판 2005. 8. 19, 2003두9817·9824(상속인의 산림복구의무 승계여부)
  원상회복명령에 따른 복구의무는 타인이 대신하여 행할 수 있는 의무로서 일신전속적인 성질을 가진 것으로 보기 어려운 점, 산림법 제4조가 … 법에 의한 처분 등으로 인한 권리와 아울러 그 의무까지 승계시키려는 취지인 점 등에 비추어 보면, 산림을 무단형질변경한 자가 사망한 경우 당해 토지의 소유권 또는 점유권을 승계한 상속인은 그 복구의무를 부담한다.

- 대판 2006. 3. 16, 2006두330 전합(환경영향평가대상지역외 주민의 원고적격)
  헌법 제35조 제1항에서 정하고 있는 환경권에 관한 규정만으로는 그 권리의 주체·대상·내용·행사방법 등이 구체적으로 정립되어 있다고 볼 수 없다. 그리고 환경정책기본법 제6조도 … 국민에게 구체적인 권리를 부여한 것으로 볼 수 없다. 그러므로 환경영향평가 대상지역 밖에 거주하는 주민에게 헌법상의 환경권 또는 … 공유수면매립면허처분과 농지개량사업 시행인가처분의 무효확인을 구할 원고적격이 없다.

- 대판 2014. 10. 15, 2014두37658(법률에 의한 개인적 공권)
  구 건축법 시행규칙 제11조의 규정은 단순히 행정관청의 사무집행의 편의를 위한 것에 지나지 아니한 것이 아니라, 허가대상 건축물의 양수인에게 건축주의 명의변경을 신고할 수 있는 공법상의 권리를 인정하고 있다.

11. 특별행정법관계

- 대판 1982. 7. 27, 80누86(특별권력의 항고소송의 대상여부)
  동장과 구청장과의 관계는 이른바 행정상의 특별권력관계에 해당되며 이러한 특별권력관계에 있어서도 위법·부당한 특별권력의 발동으로 말미암아 권력을 침해당한 자는 행정소송법의 규정에 따라 그 위법 또는 부당한 처분의 취소를 구할 수 있다.

- 대판 1991. 11. 22, 91누2144(징계처분의 사법적 심사)
  학생에 대한 징계권의 발동이나 징계의 양정이 징계권자의 교육적 재량에 맡겨져 있다 할

지라도 법원이 심리한 결과 그 징계처분에 위법사유가 있다고 판단되는 경우에는 이를 취소할 수 있는 것이다. 그리고 징계처분이 교육적 재량행위라는 이유만으로 사법심사의 대상에서 당연히 제외되는 것은 아니다.

12. 사법규정의 준용

- 대판 1961. 10. 5, 4292행상6(사법규정의 유추적용)
  행정주체가 공권력의 주체로서 국민에 대하는 관계에 있어서는 대등한 사사로운 국민상호간의 경제적 이해를 조정함을 목적으로 하는 사법이 전면적으로 그대로 적용될 수는 없고 국가공익의 실현을 우선적으로 하는 특수성을 고려하여 법규와 법원칙이 인정되어야 할 것이다.

13. 행정법상의 사건

- 대판 1972. 12. 12, 72누149(기간계산의 초일불산입)
  기간의 계산에 관하여는 동 징계령에 특별한 규정이 없으므로 보충적으로 그 계산방법을 규정하고 있는 민법 제155조, 제157조의 규정에 따라 징계사유가 발생한 초일은 기간계산에 산입하지 아니한다.

- 대판 1985. 4. 23, 84누597(다음날에 만료되는 경우)
  국세기본법 또는 다른 세법에 국세심판 결정기간의 말일에 관한 규정이 없으므로 그에 관하여는 민법 제161조의 규정에 따라 기간의 말일이 공휴일에 해당한 때에는 그 기간은 그 익일로 만료된다.

- 대판 1996. 5. 28, 95다52383(공물의 취득시효)
  행정재산은 공용폐지가 되지 아니하는 한 사법상 거래의 대상이 될 수 없으므로 시효취득의 대상이 되지 아니한다.

14. 사인의 공법행위

- 대판 1978. 7. 25, 76누276(사인의 공법행위에는 민법이 적용되지 않는다)
  민법의 법률행위에 관한 규정은 대등한 당사자 간의 거래를 대상으로 하여 서로의 이해를 조정함을 목적으로 하는 규정이므로 형식적 확실성을 중히 여기며 행위의 격식화를 특색으로 하는 공법행위에 당연히 타당하다고 말할 수 없음은 이론이 있을 수 없는 바이다. 그러므로 사인의 공법행위인 재개업 신고는 민법의 법률행위의 규정이 규율하려는 범위 밖에 있다.

- 대판 1998. 4. 24, 97도3121(수리를 요하지 않는 신고의 경우 수리거부가 있는 경우)
  소정의 시설을 갖추지 못한 체육시설업의 신고는 부적법한 것으로 그 수리가 거부될 수밖에 없고 그러한 상태에서 신고체육시설업의 영업행위를 계속하는 것은 무신고 영업행위에 해당할 것이다. 그러나 이에 반하여 적법한 요건을 갖춘 신고의 경우에는 행정청의 수리처분 등 별단의 조처를 기다릴 필요없이 그 접수시에 신고로서의 효력이 발생하는 것이므로 그 수리가 거부되었다고 하여 무신고 영업이 되는 것은 아니다.

- 대판 1997. 8. 29, 96누6646(수리를 요하는 신고)
  토지거래신고가 법의 소정의 형식적 요건을 모두 갖춘 것이라면 시장·군수·구청장은 일단 이를 수리하여야 하는 것이고, … 위와 같이 공익적 기준에 적합하지 않는다는 등의 실체적 사유를 들어 토지거래신고의 수리 자체를 거부할 수 없다.

- 대판 2009. 2. 26, 2006두16243(수리를 요하는 신고)
  구 체육시설의 설치·이용에 관한 법률 제19조의 규정에 의하여 체육시설의 회원을 모집하고자 하는 자는 시·도지사 등으로부터 회원모집계획서에 대한 검토결과 통보를 받은 후에 회원을 모집할 수 있다고 보아야 한다. 따라서 체육시설의 회원을 모집하고자 하는 자의 시·도지사 등에 대한 회원모집계획서 제출은 수리를 요하는 신고에서의 신고에 해당하며, 시·도지사 등의 검토결과 통보는 수리행위로서 행정처분에 해당한다.

- 대판 2009. 6. 18, 2008두10997 전합(주민등록전입신고의 수리 – 형식적 심사만 가능)
  주민들의 주민등록전입신고에 대하여 행정청이 이를 심사하여 그 수리를 거부할 수는 있다. 그러나 그렇다고 하더라도, 그러한 행위는 자칫 헌법상 보장된 거주·이전의 자유를 침해하는 결과를 가져올 수도 있다. 그러므로 … 전입신고를 받은 시장·군수 또는 구청장의 심사대상은 전입신고자가 30일 이상 생활의 근거로 거주할 목적으로 거주지를 옮기는 여부만으로 제한된다고 보아야 한다.

- 대판 2010. 11. 18, 2008두167전합(건축신고불허처분취소)
  건축신고 반려행위가 이루어진 단계에서 당사자로 하여금 반려행위의 적법성을 다투어 그 법적 불안을 해소한 다음 건축행위에 나아가도록 함으로써 장차 있을 지도 모르는 위험에서 미리 벗어날 수 있도록 길을 열어주고, 위법한 건축물의 양산과 그 철거를 둘러싼 분쟁을 조기에 근본적으로 해결할 수 있게 하는 것이 법치행정의 원리에 부합한다. 그러므로 건축신고 반려행위는 항고소송의 대상이 된다고 보는 것이 옳다.

- 대판 2011. 7. 28, 2005두11784(자기완결적 신고)
  관할 행정청은 신고서 기재사항에 흠결이 없고 정해진 서류가 구비된 이상 신고를 수리하여야 하고 형식적 요건이 아닌 신고 내용이 공익적 기준에 적합하지 않다는 등 실체적 사유를 들어 이를 거부할 수 없다. … 그러므로 형식적 심사 범위에 속하지 않는 사항을 수리거부로 삼았을 뿐만 아니라 처분사유도 인정되지 않는다는 점에서 이 사건 신고에 대한 수리거부처분은 위법하다.

15. 법규명령

• 헌재 2003. 7. 24, 2002헌바82(법률의 명확성의 원칙과 판단기준)

법률의 명확성의 원칙은 '법률의 수권은 그 내용, 목적, 범위에 있어서 충분히 확정되고 제한되어 있어서 국민이 행정의 행위를 어느 정도 예측할 수 있어야 한다'는 것을 의미한다. 따라서 위임에 의하여 제정된 행정입법이 국민의 기본권을 침해하는 성격이 강할수록 보다 명확한 수권이 요구되며, 침해적 행정입법에 대한 수권의 경우에는 급부적 행정입법에 대한 수권의 경우보다 그 수권이 보다 명확해야 한다.

• 대판 2004. 7. 22, 2003두7606(포괄적 위임의 금지)

위임명령에 규정될 내용 및 범위의 기본사항이 구체적으로 규정되어 있어서 누구라도 당해 법률이나 상위법령으로부터 위임명령에 규정될 내용의 대강을 예측할 수 있어야 한다. 그러나 이 경우 그 예측가능성의 유무는 당해 위임조항 하나만을 가지고 판단할 것이 아니라 그 위임조항이 속한 법률이나 상위명령의 전반적인 체계와 취지·목적, 당해 위임조항의 규정형식과 내용 및 관련법규를 유기적·체계적으로 종합 판단하여야 한다. 그리고 나아가 각 규제대상의 성질에 따라 구체적·개별적으로 검토함을 요한다.

• 대판 2000. 10. 19, 98두6265(포괄적 위임의 금지)

국민의 기본권을 제한하거나 침해할 소지가 있는 사항에 관한 위임에 있어서는 위와 같은 구체성 내지 명확성이 보다 엄격하게 요구된다.

• 대판 2012. 12. 20, 2011두30878 전합(위임명령의 한계)

법률의 위임 규정 자체가 그 의미 내용을 정확하게 알 수 있는 용어를 사용하여 위임의 한계를 분명히 하고 있는데도 시행령이 그 문언적 의미의 한계를 벗어났다든지, 위임 규정에서 사용하고 있는 용어의 의미를 넘어 그 범위를 확장하거나 축소함으로써 위임 내용을 구체화하는 단계를 벗어나 새로운 입법을 한 것으로 평가할 수 있다면, 이는 위임의 한계를 일탈한 것으로서 허용되지 않는다.

• 대판 2016. 8. 17, 2015두51132(위임입법의 한계판단방법)

특정 고시가 위임의 한계를 준수하고 있는지 여부를 판단할 때에는 당해 법률규정의 입법목적과 규정내용, 규정의 체계, 다른 규정과의 관계 등을 종합적으로 살펴야 한다. 그리고 법률의 위임 규정 자체가 그 의미 내용을 정확하게 알 수 있는 용어를 사용하여 위임의 한계를 분명히 하고 있는데도 고시에서 그 문언적 의미의 한계를 벗어났다든지, … 그 범위를 확장하거나 축소함으로써 위임내용을 구체화하는 단계를 벗어나 새로운 입법을 한 것으로 평가할 수 있다면, 이는 위임의 한계를 일탈한 것으로서 허용될 수 없다.

- 헌재 1996. 2. 29, 94헌마213(처벌규정의 위임문제)

  형벌법규에 대하여도 특히 긴급한 필요가 있거나 미리 법률로써 자세히 정할 수 없는 부득이한 사정이 있는 경우에 한하여 수권법률(위임법률)이 구성요건의 점에서는 처벌대상인 행위가 어떠한 것일 거라고 이를 예측할 수 있을 정도로 구체적으로 정하고, 형벌의 점에서는 형벌의 종류 및 그 상한과 폭을 명확히 규정하는 것을 조건으로 위임입법이 허용되며 이러한 위임입법은 죄형법정주의에 반하지 않는다.

- 대판 1987. 3. 24, 86누656(법규명령의 행정소송의 대상여부)

  행정소송의 대상이 될 수 있는 것은 구체적인 권리의무에 관한 분쟁이어야 한다. 그리고 일반적·추상적인 법령 그 자체로서는 국민의 구체적 권리 의무에 직접적 변동을 초래하는 것이 아니므로 그 대상이 될 수 없다.

- 대판 1996. 9. 20, 95누8003(처분적 법규명령의 취소소송대상여부)

  조례(경기도 두밀분교통폐합에 관한 조례)가 집행행위의 개입 없이도 그 자체로서 직접 국민의 구체적인 권리의무나 법적 이익에 영향을 미치는 등의 효과를 발생하는 경우 그 조례는 항고소송의 대상이 되는 행정처분에 해당한다.

- 헌재 1990. 10. 15, 89헌마178(법무사법 시행규칙에 대한 헌법소원)

  법령자체에 의한 직접적인 기본권침해여부가 문제되었을 경우 그 법령의 효력을 직접 다투는 것을 소송물로 하여 일반법원에 구제를 구할 수 있는 절차는 존재하지 아니한다. 그러므로 이 사건에서는 다른 구제절차를 거칠 것 없이 바로 헌법소원심판을 청구할 수 있는 것이다.

16. 행정규칙

- 헌재 1990. 9. 3, 90헌마13(행정규칙의 자기구속성)

  4. 행정법의 일반원칙 중 3) 자기구속의 원칙 판례와 동일.

- 대판 1983. 6. 14, 83누54(훈령의 효력)

  훈령이란 행정조직 내부에 있어서 그 권한의 행사를 지휘, 감독하기 위하여 발하는 행정명령으로서, 훈령, 예규, 통첩, 고시, 각서 등 그 사용명칭 여하에 불구하고 공법상의 법률관계 내부에서 준거할 준칙 등을 정하는 데 그치고 대외적으로는 아무런 구속력도 가지는 것이 아니다.

- 대판 2016. 10. 27, 2014두12017(행정규칙의 외부효 부인)

  행정규칙은 직접적인 외부적 효과를 갖지 아니한다. 행정규칙은 행정조직 내부의 규율일 뿐 사인의 권리·의무를 규정하지 못하고, 법원도 구속하지 못한다.

- 대판 1997. 12. 26, 97누15418(법규명령형식의 행정규칙)
  당해 처분의 기준이 된 … 시행령은 … 규정형식상 대통령령이므로 그 성질이 부령인 시행규칙이나 지방자치단체의 규칙과 같이 통상적으로 행정조직 내부에 있어서의 행정명령에 지나지 않는 것이 아니라 대외적으로 국민이나 법원을 구속하는 힘이 있는 법규명령에 해당한다.

- 대판 2014. 6. 12, 2014두2157(부령형식의 행정규칙의 효력)
  구 식품위생법 시행규칙 제89조에서 … 행정처분의 기준을 정하였다 하더라도, 이는 행정기관 내부의 사무처리 준칙을 규정한 것에 불과한 것이다. 따라서 … 이는 관계행정기관 등에 대한 지침을 정하여 주기 위하여 발한 행정명령의 성질을 가지는 것이다. 그리고 대외적으로 국민이나 법원을 기속하는 힘이 있는 것이 아니다.

- 헌재 2004. 10. 28, 99헌바91(입법사항을 행정규칙의 형식으로 위임하는 것은 합헌)
  입법자에게 상세한 규율이 불가능한 것으로 보이는 영역이라면 행정부에게 필요한 보충을 할 책임이 인정된다. 그리고 극히 전문적인 식견에 좌우되는 영역에서는 행정기관에 의한 구체화의 우위가 불가피하게 있을 수 있다. 그러한 영역에서 행정규칙에 대한 위임입법이 제한적으로 인정될 수 있다(반대의견 있음).

17. 행정행위의 의의

- 대판 2000. 10. 27, 98두8964(자동적으로 결정되는 행정행위)
  지방경찰청장이 횡단보도를 설치하여 보행자의 통행방법 등을 규제하는 것은 행정청이 특정사항에 대하여 의무의 부담을 명하는 행위이고 이는 국민의 권리의무에 직접 관계가 있는 행위로서 행정처분이라고 보아야 할 것이다.

- 대판 1994. 8. 12, 94누2190(준비행위에 불과한 것의 행정처분성)
  운전면허 행정처분처리대장에 기재하는 벌점의 배점은 … 기초자료를 제공하기 위한 것이고, 그 대장상의 배점 자체만으로는 아직 국민에 대하여 구체적으로 어떤 권리를 제한하거나 의무를 명하는 등 법률적 규제를 하는 효과를 발생하는 요건을 갖춘 것이 아니다. 따라서 그 무효확인 또는 취소를 구하는 소송의 대상이 되는 행정처분이라 할 수 없다.

18. 재량행위와 기속행위

- 대판 1995. 12. 12, 94누12302(재량행위의 판단)
  어느 행정행위가 기속행위인지 재량행위인지 나아가 재량행위라 할지라도 기속재량행위인지 또는 자유재량에 속하는 것인지의 여부는 이를 일률적으로 규정지을 수 없는 것이고, 당해 처분의 근거가 된 규정의 형식이나 체제 또는 문언에 따라 개별적으로 판단하여야 한다.

- 대판 1984. 1. 31, 83누451(재량의 남용·일탈)
  재량권의 남용이나 재량권의 일탈의 경우에는 그 재량권이 기속재량이거나 자유재량이거나를 막론하고 사법심사의 대상이 된다.

- 대판 1998. 4. 24, 97누1501(구별기준에서 효과재량설을 취한 경우)
  주택건설사업계획의 승인은 이른바 수익적 행정처분으로서 행정청의 재량행위에 속하고, 따라서 그 전단계로서 … 주택건설사업계획의 사전결정 역시 재량행위라 할 것이다.

- 대판 1997. 11. 28, 97누11911(판단여지 중 비대체적 결정); 대판 2008. 12. 24, 2008두8970
  공무원 임용을 위한 면접전형에 있어서 임용신청자의 능력이나 적격성 등에 관한 판단은 면접위원의 고도의 교양과 학식, 경험에 기초한 자율적 판단에 의존하는 것으로서 오로지 면접위원의 자유재량에 속한다. 그리고 그와 같은 판단이 현저하게 재량권을 일탈 내지 남용한 것이 아니라면 이를 위법하다고 할 수 없다.

- 대판 2014. 5. 16, 2014두274(판단여지를 재량으로 보는 판례)
  보건복지가족부장관에게 예방접종으로 인한 질병, 장애 또는 사망의 인정 권한을 부여하고 있다. 이는 … 고도의 전문적 의학지식이나 기술이 필요한 점과 통일적인 해석이 필요한 점을 감안한 것으로 장관의 재량에 속하는 것이므로 인정에 관한 보건복지가족부장관의 결정은 가능한 한 존중되어야 한다.

- 대판 1992. 4. 24, 91누6634(교과서검인정의 재량성)
  교과용 도서를 검정함에 있어서 법령과 심사기준에 따라서 심사위원회의 심사를 거치고, 또 검정상 판단이 사실적 기초가 없다거나 사회통념상 현저히 부당하다는 등 현저히 재량권의 범위를 일탈한 것이 아닌 이상 그 검정을 위법하다고 할 수 없다.

- 대판 2001. 7. 27, 9두9490(재량권남용의 판단기준)
  재량권의 남용여부는 처분사유로 된 위반행위의 내용과 당해 처분행위에 의하여 달성하려는 공익목적 및 이에 따르는 모든 사정을 객관적으로 심리하여 공익침해의 정도와 그 처분으로 인하여 개인이 입게 될 불이익을 비교 교량하여 판단하여야 한다.

- 대판 2016. 7. 14, 2015두48846(재량하자의 사유)
  재량을 행사할 때 판단의 기초가 된 사실인정에 중대한 오류가 있는 경우 또는 비례·평등의 원칙을 위반하거나 사회통념상 현저하게 타당성을 잃는 등의 사유가 있다면 이는 재량권의 일탈·남용으로서 위법하다.

- 대판 2016. 1. 28, 2015두52432(기속행위와 재량행위의 사법심사 방법)
기속행위의 경우 그 법규에 대한 원칙적인 기속성으로 인하여 법원이 사실인정과 관련법규의 해석·적용을 통하여 일정한 결론을 도출한 후 그 결론에 비추어 행정청이 한 판단의 적법여부를 독자의 입장에서 판정하는 방식에 의하게 된다. 그리고 재량행위의 경우 행정청의 재량에 기한 공익판단의 여지를 감안하여 법원은 독자의 결론을 도출함이 없이 해당행위에 재량권의 일탈, 남용이 있는지 여부만을 심사하게 되고, 이러한 재량권의 일탈·남용에 대한 심사는 사실오인, 비례·평등의 원칙 위배 등을 그 판단 대상으로 한다.

19. 복효적 행정행위

- 대판 2002. 7. 26, 2000두9762(법적 근거없는 동의의 위법)
장례식장을 건축하는 것이 인근 토지나 주변건축물의 이용현황에 비추어 현저히 부적합한 용도의 건축물을 건축하는 경우에 해당하는 것으로 볼 수 없다. 그럼에도 건축허가신청을 불허할 사유가 되지 않는 인근 주민들의 민원이 있다는 사정만으로 건축허가신청을 반려한 처분은 법령의 근거없이 이루어진 것으로 위법하다.

20. 허가

- 대판 1985. 2. 8, 84누369(허가의 성질)
유기장영업허가는 유기장경영권을 설정하는 설권행위가 아니고 일반적 금지를 해제하는 영업자유의 회복이므로 그 영업상의 이익은 반사적 이익에 불과하다.

- 대판 2004. 3. 25, 2003누12837(개발제한구역 내에서의 예외적 허가)
개발제한구역 내에서는 … 이러한 예외적인 개발행위의 허가는 상대방에게 수익적인 것이 틀림이 없으므로 그 법률적 성질은 재량행위 내지 자유재량행위에 속하는 것이다.

- 대판 1996. 8. 20, 95누10877(허가신청 후 허가기준이 변경된 경우)
허가 등의 행정처분은 원칙적으로 처분시의 법령과 허가기준에 의하여 처리되어야 한다. … 그리고 허가신청 후 허가기준이 변경되었다 하더라도 그 허가관청이 허가신청을 수리하고도 정당한 이유 없이 그 처리를 늦추어 그 사이에 허가기준이 변경된 것이 아닌 이상 변경된 허가기준에 따라서 처분을 하여야 할 것이다.

- 대판 1993. 5. 27, 93누2216(허가신청에 대해 법령상 외의 사유로 거부할 수 있는지 여부)
식품위생법상 대중음식점영업허가는 성질상 일반적 금지에 대한 해제에 불과하다. 그러므로 허가권자는 허가신청이 법에서 정한 요건을 구비한 때에는 허가하여야 하고, 관계법규에서 정하는 제한사유 이외의 사유를 들어 허가신청을 거부할 수 없다.

- 대판 2016. 8. 24, 2016두35762(건축허가행위의 성질)
건축허가권자는 건축허가신청이 건축법 등 관계 법령에서 정하는 어떠한 제한에 배치되지 않는 이상 같은 법령에서 정하는 건축허가를 하여야 한다. 그리고 중대한 공익상의 필요가 없음에도 불구하고 요건을 갖춘자에 대한 허가를 관계 법령에서 정하는 제한사유 이외의 사유를 들어 거부할 수는 없다.

21. 특허

- 대판 1989. 9. 12, 88누9206(특허의 성질)
공유수면매립면허는 설권행위인 특허의 성질을 갖는 것이므로 원칙적으로 행정청의 자유 재량에 속한다.

22. 인가

- 대판 1969. 11. 11, 66누146(인가의 개념)
어업협동조합의 임원선출에 관한 행정청의 인가는 어업협동조합의 임원선출행위를 보충하여 그 법률상 효력을 완성케 하는 보충행위이다.

- 대판 1996. 5. 16, 95누4810(인가의 개념)
민법 제45조 제3항의 재단법인 정관변경의 허가는 그 법적 성격은 인가라고 보아야 할 것이다.

- 대판 1994. 10. 14, 93누22753(인가와 기본행위)
인가처분에 하자가 없다면 기본행위에 하자가 있다고 하더라도 따로 그 기본행위의 하자를 다투는 것은 별론으로 하고 기본행위의 무효를 내세워 바로 그에 대한 행정청의 인가 처분의 취소 또는 무효확인을 소구할 법률상의 이익이 있다고 할 수 없다.

23. 공증

- 헌재 1999. 6. 24, 97헌마315(행정청의 지목변경신청거부의 공권력행사여부)
피청구인의 반려행위는 지적관리업무를 담당하고 있는 행정청의 지위에서 청구인의 등록사항 정정신청을 확정적으로 거부하는 의사를 밝히는 것으로서 공권력의 행사인 거부처분이라 할 것이다. 그러므로 헌법재판소법 제68조 제1항 소정의 공권력에 해당한다.

- 대판 2004. 4. 22, 2003두9015 전합(지목변경신청 반려행위의 처분성)
지목은 토지소유권을 제대로 행사하기 위한 전제요건으로서 토지소유자의 실체적 권리관계에 밀접하게 관련되어 있다. 그러므로 지적공부 소관청의 지목변경신청반려행위는 국민의 권리관계에 영향을 미치는 것으로서 항고소송의 대상이 되는 행정처분에 해당한다.

24. 행정행위의 부관

- 대판 1995. 11. 10, 94누11866(기한의 존속기간)
  기한에 관하여는 … 그 기한이 그 허가 또는 특허된 사업의 성질상 부당하게 짧은 기한을 정한 경우에 있어서는 그 기한은 그 허가 또는 특허의 조건의 존속기간을 정한 것이다. 또한 그 기한이 도래함으로써 그 조건의 개정을 고려한다는 뜻으로 해석하여야 한다.

- 대판 1964. 6. 9, 64누40(철회권의 유보)
  취소(철회)권을 유보한 경우에 있어서도 무조건으로 취소권을 행사할 수 있는 것이 아니고, 취소를 필요로 할 만한 공익상의 필요가 있는 경우에 한하여 취소권을 행사할 수 있다.

- 대판 1997. 3. 11, 96다49650(부관의 가능성)
  수익적 행정행위에 있어서는 법령에 특별한 근거가 없더라도 그 부관으로서 부담을 붙일 수 있으나, 그러한 부담은 비례의 원칙, 부당결부금지의 원칙에 위반하지 않아야만 적법하다고 할 것이다.

- 대판 1993. 7. 27, 92누13998(기속행위와 부관)
  기속행위에 대하여는 법령상의 특별한 근거가 없는 한 부관을 붙일 수 없고 가사 부관을 붙였다 하더라도 무효라 할 것이다.

- 대판 1997. 5. 30, 97누2627(사후부관의 가부 – 제한적 긍정설)
  법률에 명문의 규정이 있거나 그 변경이 미리 유보되어 있는 경우 또는 상대방의 동의가 있는 경우에 한하여 허용되는 것이 원칙이다. 하지만 사정변경으로 인하여 당초에 부담을 부가한 목적을 달성할 수 없게 된 경우에도 그 목적달성에 필요한 범위 내에서 예외적으로 허용된다.

- 대판 2016. 11. 24, 2016두45028(사후부관의 가부 – 제한적 긍정설)
  부관은 면허 발급 당시에 붙이는 것뿐만 아니라 면허 발급이후에 붙이는 것도 법률에 명문의 규정이 있거나 그 변경이 미리 유보되어 있는 경우 또는 상대방의 동의가 있는 경우 등에는 특별한 사정이 없는 한 허용된다.

- 대판 1997. 3. 14, 96누16698(부관의 적법요건)
  재량행위에 있어서는 법령상의 근거가 없다고 하더라도 부관을 붙일 수 있는 데, 그 부관의 내용은 적법하고 이행 가능하여야 하며 비례의 원칙 및 평등의 원칙에 적합하고 행정처분의 본질적 효력을 해하지 아니하는 한도의 것이어야 한다.

- 대판 1992. 2. 21, 91누1264(부담의 행정쟁송대상)

  행정행위의 부관 중에서도 부담의 경우에는 다른 부관과는 달리 행정행위의 불가분적 요소가 아니고 그 존속이 본체인 행정행위의 존재를 전제로 하는 것일 뿐이므로, 부담 그 자체로서 행정쟁송의 대상이 될 수 있다.

- 대판 1986. 8. 19, 86누202(어업면허 유효기간의 독립 쟁송가능성 여부)

  어업면허처분을 함에 있어 그 면허의 유효기간을 1년으로 정한 경우 … 이러한 행정행위의 부관은 독립하여 행정소송의 대상이 될 수 없는 것이므로 위 어업면허처분 중 그 면허 유효기간만의 취소를 구하는 청구는 허용될 수 없다.

- 대판 1985. 7. 9, 84누604(부담 외의 위법부관에 대한 일부취소의 부인)

  도로점용허가의 점용기간은 행정행위의 본질적인 요소에 해당한다고 볼 것이어서 부관인 점용기간을 정함에 있어서 위법사유가 있다면 이로써 도로점용허가처분 전부가 위법하게 된다 할 것이다.

- 대판 2009. 2. 12, 2005다65500(부담부가의 형식 – 협약의 형식 가능)

  수익적 행정처분에 있어서는 법령에 특별한 근거규정이 없다고 하더라도 그 부관으로서 부담을 붙일 수 있다. 그리고 그와 같은 부담은 행정청이 행정처분을 하면서 일방적으로 부가할 수도 있지만 부담을 부가하기 이전에 상대방과 협의하여 부담의 내용을 협약의 형식으로 미리 정한 다음 행정처분을 하면서 이를 부가할 수도 있다.

25. 행정행위의 성립

- 대판 1977. 2. 22, 76누265(통상우편의 방법에 의한 발송)

  통상우편의 방법에 의하여 발송된 서류가 반송되지 아니하였다는 사실만으로 상당기간 내에 송달된 것으로 추정할 수 없다.

- 대판 1992. 3. 27, 91누3819(등기취급방법의 송달)

  우편법 등 관계규정의 취지에 비추어 볼 때 우편물이 등기취급의 방법으로 발송된 경우 반송되는 등의 특별한 사정이 없는 한 그 무렵 수취인에게 배달되었다고 보아야 한다.

- 대판 1996. 12. 20, 96누9799(상대방 있는 행정처분)

  상대방 있는 행정처분에 있어서는, 달리 특별한 규정이 없는 한, 그와 같은 처분을 하였음을 그 상대방에게 서면으로 고지하여야만 그 상대방에 대하여 그와 같은 행정처분의 효력이 발생한다.

- 대판 2005. 7. 28, 2003두469(서면주의)

  행정절차법 제24조 제1항이 행정청이 처분을 하는 때에는 … 문서로 하도록 규정한 것은 처분내용의 명확성을 확보하고 처분의 존부에 관한 다툼을 방지하기 위한 것이라 할 것이다.

26. 공정력

• 대판 1994. 4. 12, 93누21088(공정력의 개념)

공정력이란 행정행위가 위법하더라도 취소되지 않는 한 유효한 것으로 통용되는 효력을 의미하는 것이다.

• 대판 1972. 4. 28, 72다337(국가배상소송과 선결문제)

계고처분, 행정처분이 위법임을 이유로 배상을 청구하는 경우에는 미리 그 행정처분의 취소판결이 있어야만 그 행정처분의 위법임을 이유로 배상을 청구할 수 있는 것은 아니다.

• 대판 1973. 7. 10, 70다1439(부당이득반환청구소송과 선결문제)

국세 등의 부과 및 징수처분 등과 같은 행정처분이 당연무효임을 전제로 하여 민사소송을 제기한 때에는 그 행정처분의 당연무효인지의 여부가 선결문제이다. 그러므로 법원은 이를 심사하여 그 행정처분의 하자가 중대하고 명백하여 당연무효라고 인정될 경우에는 이를 전제로 하여 판단할 수 있다. 그러나 그 하자가 단순한 취소사유에 그칠 때에는 법원은 그 효력을 부인할 수 없다 할 것이다.

• 대판 1994. 11. 11, 94다28000(부당이득반환청구소송과 선결문제)

조세의 과오납이 부당이득이 되기 위하여는 … 과세처분의 하자가 중대하고 명백하여 당연무효이어야 한다. 그리고 과세처분의 하자가 단지 취소할 수 있는 정도에 불과할 때에는 과세관청이 이를 스스로 취소하거나 항고소송절차에 의하여 취소되지 않는 한 그로 인한 조세의 납부가 부당이득이 된다고 할 수 없다.

• 대판 1992. 8. 18, 90도1709(형사사건과 선결문제)

구 도시계획법 제78조 제1항에 정한 처분이나 조치명령을 받은 자가 이에 위반한 경우 이로 인하여 같은 법 제92조에 정한 처벌을 하기 위하여는 그 처분이나 조치명령이 적법한 것이라야 한다. 그리고 그 처분이 당연무효가 아니라 하더라도 그것이 위법한 처분으로 인정되는 한 같은 법 제92조의 위반죄가 성립될 수 없다.

• 대판 1982. 6. 8, 80도2646(형사사건과 선결문제 – 무효에 이르지 않는 한 존재를 부인할 수 없다)

허위의 방법으로 연령을 속여 발급받은 운전면허는 비록 위법하다고 하더라도, 도로교통법 제65조 제3호의 허위 기타 부정한 수단으로 운전면허를 받은 경우에 해당함에 불과하여 취소되지 않는 한 그 효력이 있는 것이라 할 것이다. 그러므로 그러한 운전면허에 의한 운전행위는 무면허운전이라 할 수 없다.

27. 불가변력

• 대판 1974. 12. 10, 73누129(행정행위의 불가변력의 의미)

국민의 권리와 이익을 옹호하고 법적 안정을 도모하기 위하여 특정한 행위에 대하여는 행정청이라 하여도 이것을 자유로이 취소, 변경 및 철회할 수 없다는 행정행위의 불가변력은 당해 행정행위에 대하여서만 인정되는 것이다. 그리고, 동종의 행정행위라 하더라도 그 대상을 달리할 때에는 이를 인정할 수 없다.

28. 행정행위의 하자

• 대판 1989. 7. 25, 88누11926(하자의 판단시점)

행정처분은 원칙적으로 처분시의 법령과 허가기준에 의하여 처리되어야 하는 것이고, 허가신청 당시의 기준에 따라야 하는 것은 아니다.

• 대판 2002. 7. 9, 2001두10684(행정처분의 위법 여부의 판단시점)

행정소송에서 행정처분의 위법여부는 행정처분이 있을 때의 법령과 사실상태를 기준으로 하여 판단하여야 하고, 처분 후 법령의 개폐나 사실상태의 변동에 의하여 영향을 받지는 않는다.

• 대판 1995. 7. 11, 94누4615 전합(행정처분이 무효가 되기 위한 요건); 대판 2009. 9. 24, 2009두2825

하자 있는 행정처분이 당연무효가 되기 위하여는 그 하자가 법규의 중요한 부분을 위반한 중대한 것으로서 객관적으로 명백한 것이어야 한다. 그리고 하자가 중대하고 명백한 것인지 여부를 판별함에 있어서는 그 법규의 목적, 의미, 기능 등을 목적론적으로 고찰함과 동시에 구체적 사안 자체의 특수성에 관하여도 합리적으로 고찰함을 요한다.

• 헌재 1994. 6. 30, 92헌바23(중대명백설의 예외)

… 그 행정처분을 무효로 하더라도 법적 안정성을 크게 해치지 않는 반면에 그 하자가 중대하여 그 구제가 필요한 경우에 대하여서는 그 예외를 인정하여 이를 당연무효사유로 보아서 쟁송기간 경과 후에라도 무효확인을 구할 수 있다.

• 대판 1976. 11. 8, 62누163(권한 없는 자의 처분의 효력)

유기장의 영업허가는 시장이 하게 되어 있으므로 허가권한이 없는 동장으로부터 받은 영업허가는 당연무효이다.

• 대판 1996. 6. 28, 96누4374(권한을 넘은 행정행위의 효력)

행정기관의 권한에는 지역적·대인적으로 한계가 있으므로, 이러한 권한의 범위를 넘어서는 무권한의 행위는 원칙적으로 무효이다.

- 대판 1969. 3. 4, 68누2101(무권한의 행위)

  유치원의 설립 … 에 관한 사항은 교육위원회의 관장사무로서 … 교육감은 교육위원회의 의결사항에 관한 사무를 처리하는 기관에 지나지 않는 것이다. 그리고 피고위원회의 교육감은 동위원회의 의결에 의한 위임을 받은 사실도 없이 … 설립을 전결로써 인가하였던 것이라는 사실들을 확정하였으니 유치원의 설립인가는 권한없는 교육감의 처분이었으니 중대하고 명백한 하자가 있는 무효의 처분이다.

- 대판 1969. 1. 21, 68누190(사망자를 상대로 한 처분의 효력)

  귀속재산을 불하받은 자가 사망한 후에 그 수불하자에 대하여 한 불하처분은 사망자에 대한 행정처분이므로 무효이다. 하지만 그 취소처분을 수불하자의 상속인에게 송달한 때에는 그 송달시에 그 상속인에 대하여 다시 그 불하처분을 취소한다는 새로운 행정처분을 한 것이라고 할 것이다.

- 대판 1975. 12. 9, 75누123(농지분배신청이 없음에도 행한 농지분배처분의 효력)

  분배신청을 한 바 없고 분배받은 사실조차 알지 못하고 있는 자에 대한 농지분배는 허무인에게 분배한 것이나 다름이 없는 당연무효의 처분이라고 할 것이다.

- 대판 1987. 9. 22, 87누383(독촉없는 압류처분의 경우)

  원고가 위 종합소득세 및 그 방위세를 납부기한까지 납부하지 아니하자 피고가 그 징수를 위하여 이 사건 압류처분에 이른 것이다. 그러므로, 비록 독촉절차없이 압류처분을 하였다 하더라도 이러한 사유만으로는 압류처분을 무효로 되게 하는 중대하고도 명백한 하자로는 되지 않는다고 판단된다.

- 대판 1990. 1. 23, 87누947(청문을 결한 경우의 효력)

  도시계획수립에 있어 도시계획법 제16조의2 소정의 공청회를 열지 아니하고 공공용지의 취득 및 손실보상에 관한 특례법 제8조 소정의 입주대책을 수립하지 아니하였다 하더라도 이는 절차상 위법으로서 취소사유에 불과하다.

- 대판 1986. 8. 19, 86누115(청문을 결한 경우의 효력)

  약종상허가취소처분을 하기에 앞서 약사법 제69조의2 규정에 따른 청문의 기회를 부여하지 아니한 것은 위법이나 그러한 흠 때문에 동 허가취소처분이 당연무효가 되는 것은 아니다.

- 대판 1970. 3. 24, 69누7240(구두로 한 예비군훈련소집의 효력 – 서면주의)

  예비군대원의 교육훈련을 위한 소집은 당해 경찰서장이 발부하는 소집통지서에 의하므로, 경찰서장이 임의로 구두 또는 타종 기타 방법으로 훈련을 위한 소집을 할 수 없다.

- 대판 1964. 5. 26, 63누136(내용이 불명확한 행위)

  행정처분은 그 유효요건으로서 그 처분의 목적물이 특정되어 있어야 할 것이고, 이것이 특정되어 있지 아니한다 할 것 같으면 그 행정처분은 무효임을 면할 수 없다.

- 대판 1984. 5. 9, 84누116(이유제시를 결한 행위)

  국세징수법 제9조 제1항은 … 신중하고 합리적인 처분을 행하게 함으로써 공정을 기함과 동시에 납세의무자에게 부과처분의 내용을 상세히 알려 불복여부의 결정과 불복신청에 편의를 제공하려는 데서 나온 강행규정이다. 그러므로 세액의 산출근거가 기재되지 아니한 납세고지서에 의한 부과처분은 위법한 것으로 취소의 대상이 된다.

- 대판 2009. 9. 24, 2009두2825(하자의 명백성)

  행정청이 어느 법률관계나 사실관계에 대하여 어느 법률의 규정을 적용하여 행정처분을 한 경우에 … 그 법률관계나 사실관계에 대하여 그 법률의 규정을 적용할 수 없다는 법리가 명백히 밝혀지지 아니하여 그 해석에 다툼의 여지가 있는 때가 있다. 이때에는 행정관청이 이를 잘못 해석하여 행정처분을 하였더라도 이는 그 처분 요건사실을 오인한 것에 불과하여 그 하자가 명백하다고 할 수 없다.

- 대판 2016. 7. 14, 2015두46598(법률규정 적용시 하자의 명백성)

  법령규정의 문언상 처분 요건의 의미가 분명함에도 행정청이 합리적인 근거 없이 그 의미를 잘못 해석한 결과, 처분 요건이 충족되지 아니한 상태에서 해당 처분을 한 경우에는 법리가 명백히 밝혀지지 아니하여 그 해석에 다툼의 여지가 있다고 볼 수는 없다.

- 대판 2009. 10. 29, 2009두12297(하자가 중대하고 명백하여 무효)

  정비구역의 지정 및 고시없이 행하여지는 시장·군수의 재개발조합설립추진위원회 설립승인은 … 하자가 중대할 뿐만 아니라 객관적으로 명백하다고 할 것이다.

29. 하자 있는 행정행위의 치유와 전환

- 대판 2001. 6. 26, 99두11592; 대판 2014. 2. 27, 2011두11570(하자의 치유와 전환의 인정여부)

  하자 있는 행정행위의 치유와 전환은 행정행위의 성질이나 법치주의의 관점에서 볼 때 원칙적으로 허용될 수 없는 것이다. 하지만 행정행위의 무용한 반복을 피하고 당사자의 법적 안정성을 위해 이를 허용하는 때에도 국민의 권리와 이익을 침해하지 않는 범위에서 구체적 사정에 따라 합목적적으로 인정해야 할 것이다.

- 대판 1992. 10. 23, 92누2844(청문의 흠결의 치유)

  … 가령 행정청이 청문서 도달기간을 다소 어겼다 하더라도 당사자가 스스로 청문기일에

출석하여 그 의견을 진술하고 변명하는 등 방어의 기회를 충분히 가졌다면 청문서 도달기 간을 준수하지 아니한 하자는 치유되었다고 봄이 상당하다.

- 대판 1989. 12. 12, 88누8869(당연무효인 행정행위의 치유가능성의 인정여부)
  징계처분이 중대하고 명백한 흠 때문에 당연무효의 것이라면 징계처분을 받은 자가 이를 용인하였다 하여 그 흠이 치유되는 것은 아니다.

30. 행정행위의 하자의 승계

- 대판 1996. 6. 28, 96누4374(선행행위의 부존재·무효인 경우 후행행위에의 승계여부)
  행정기관의 권한에는 사무의 성질 및 내용에 따르는 제약이 있고, 지역적·대인적 한계가 있으므로 이러한 권한의 범위를 넘어서는 권한유월의 행위는 무권한 행위로서 원칙적으로 무효이다. 그리고 선행행위가 부존재하거나 무효인 경우에는 그 하자는 당연히 후행행위에 승계되어 후행행위도 무효로 된다.

- 대판 1990. 1. 23, 87누947(하자승계의 부정사례 – 도시계획결정과 수용재결처분사이)
  이러한 위법을 선행처분인 도시계획결정이나 사업시행인가단계에서 다투지 아니하였다면, 그 쟁송기간이 도과한 후인 수용재결단계에 있어서는 위 도시계획수립행위의 위와 같은 위법을 들어 재결처분의 취소를 구할 수는 없다 할 것이다.

- 대판 1996. 9. 20, 95누11931(하자승계의 부정사례 – 토지의 공시지가와 개별토지가격결정)
  표준지로 선정된 토지의 공시지가에 대하여 불복하기 위하여는 구 지가 공시 및 토지 등의 평가에 관한 법률 제8조 제1항 소정의 이의절차를 거쳐 처분청을 상대로 그 공시지가 결정의 취소를 구하는 행정소송을 제기하여야 한다. 그리고 그러한 절차를 밟지 아니한 채 개별토지가격결정의 효력을 다투는 소송에서 그 개별토지가격산정의 기초가 된 표준지 공시지가의 위법성을 다툴 수는 없다.

- 대판 1996. 2. 9, 95누12507(하자승계의 긍정사례; 계고처분과 대집행영장발부 통보처분사이)
  선행처분인 계고처분이 하자가 있는 위법한 처분인 경우가 있다. 이때에는 비록 그 하자가 중대하고도 명백한 것이 아니어서 당연무효의 처분이라고 볼 수 없고 행정소송으로 효력이 다투어지지도 아니하여 이미 불가쟁력이 생겼으며, 후행처분인 대집행영장통지처분 자체에는 아무런 하자가 없다고 하더라도, 후행처분인 대집행영장발부 통보처분의 취소를 청구하는 소송에서 청구원인으로 선행처분인 계고처분이 위법한 것이기 때문에 그 계고처분을 전제로 행하여진 대집행영장발부 통보처분도 위법한 것이라는 주장을 할 수 있다고 보아야 할 것이다.

- 대판 1994. 1. 25, 93누8542(예측가능성과 수인가능성)

  … 위법한 개별공시지가결정에 대하여 그 정해진 시정절차를 통하여 시정하도록 요구하지 아니하였다는 이유로 위법한 개별공시지가를 기초로 한 과세처분 등 후행 행정처분에서 개별공시지가의 위법을 주장할 수 없도록 하는 것은 수인한도를 넘는 불이익을 강요하는 것이다. 이 경우 … 개별공시지가결정에 위법이 있는 경우에는 그 자체를 행정소송의 대상이 되는 행정처분으로 보아 그 위법을 다툴 수 있다. 또한 이를 기초로 한 과세처분 등 행정처분의 취소를 구하는 행정소송에서도 선행처분인 개별공시지가결정의 위법을 독립된 위법사유로 주장할 수 있다고 해석함이 타당하다.

31. 행정행위의 취소

- 대판 2006. 5. 25, 2003두4669(처분청의 취소시 법적 근거 필요여부)

  행정행위를 한 처분청은 그 행위에 하자가 있는 경우에는 별도의 법적 근거가 없더라도 스스로 이를 취소할 수 있다.

- 대판 1991. 4. 12, 90누9520(수익적 행정행위의 취소의 요건)

  처분청이 취소하는 경우에도 … 수익적 행정행위인 때에는 그 처분을 취소하여야 할 공익상 필요와 그 취소로 인하여 당사자가 입게 될 기득권과 신뢰보호 및 법률생활안정의 침해 등 불이익을 비교교량한 후 공익상 필요가 당사자가 입을 불이익을 정당화할 만큼 강한 경우에 한하여 취소할 수 있는 것이다.

- 대판 1996. 10. 25, 95누14190(행정행위의 하자가 수익자의 책임에 기인할 때)

  처분의 하자가 당사자의 사실 은폐나 기타 사위의 방법에 의한 신청행위에 기인한 것이라면 당사자는 그 처분에 의한 이익이 위법하게 취득되었음을 알아 그 취소가능성도 예상하고 있었다고 할 것이다. 그러므로 그 자신이 위 처분에 관한 신뢰이익을 원용할 수 없음은 물론 행정청이 이를 고려하지 아니하였다고 하여도 재량권의 남용이 되지 아니한다.

- 대판 1962. 3. 8, 4294민상1263(행정행위의 직권취소의 효과)

  행정처분 취소의 효과는 행정처분이 있었던 때에 소급하는 것이나 취소되기까지의 기득권을 침해할 수 없는 것이 원칙이다.

- 대판 1979. 5. 8, 77누61(취소의 취소 부정판례 – 과세처분의 취소의 취소)

  행정행위(과세처분)의 취소처분의 위법이 중대하고 명백하여 당연무효이거나, 그 취소처분에 대하여 소원 또는 행정소송으로 다툴 수 있는 명문규정이 있는 경우는 별론, 행정행위의 취소처분의 취소에 의하여 이미 효력을 상실한 행정행위를 소생시킬 수 없다. 그리고 그러기 위하여는 원 행정행위와 동일내용의 행정행위를 다시 행할 수밖에 없다.

- 대판 1995. 3. 10, 94누7027(취소의 취소 부정판례 – 과세처분의 취소의 취소)
  과세관청은 부과의 취소를 다시 취소함으로써 원 부과처분을 소생시킬 수는 없고 납세의
  무자에게 종전의 과세대상에 대한 납부의무를 지우려면 다시 법률에서 정한 부과절차에
  좇아 동일한 내용의 새로운 처분을 하는 수밖에 없다.

- 대판 2002. 5. 28, 2001두9653(취소의 취소 부정판례 – 병역처분의 취소의 취소)
  새로운 병역처분의 성립에 하자가 있다고 하더라도 그것이 당연무효가 아닌 한 일단 유효
  하게 성립하고 제소기간의 경과 등 형식적 존속력이 생김과 동시에 종전의 병역처분의 효
  력은 취소 또는 철회되어 확정적으로 상실된다고 보아야 할 것이다. 그러므로 그 후 새로
  운 병역처분의 성립에 하자가 있었음을 이유로 하여 이를 취소한다고 하더라도 종전의 병
  역처분의 효력이 되살아난다고 할 수 없다.

- 대판 1997. 1. 21, 96누3401(취소의 취소 긍정판례 – 이사취임승인취소의 취소)
  행정처분이 취소되면 그 소급효에 의하여 처음부터 그 처분이 없었던 것과 같은 효과를
  발생하게 된다. 그리고 행정청이 의료법인의 이사에 대한 이사취임승인취소처분(제1처분)
  을 직권으로 취소(제2처분)한 경우에는 그로 인하여 이사가 소급하여 이사로서의 지위를
  회복하게 되고, 그 결과 위 제1처분과 제2처분 사이에 법원에 의하여 선임결정된 임시이
  사들의 지위는 법원의 해임결정이 없더라도 당연히 소멸된다.

32. 행정행위의 철회

- 대판 1984. 11. 13, 84누269(철회근거불요설의 입장)
  행정행위를 한 행정청은 그 취소(철회)사유가 법령에 규정되어 있는 경우뿐만 아니라 의
  무위반이 있는 사정변경이 있는 경우, 좁은 의미의 취소(철회)권이 유보된 경우, 또는 중
  대한 공익상의 필요가 발생한 경우 등에는 그 행정처분을 취소(철회)할 수 있는 것이다.

- 대판 2004. 7. 22, 2003두7606(철회근거불요설의 입장)
  행정행위를 한 처분청은 비록 그 처분 당시에 별다른 하자가 없었고, 또 그 처분 수에 이
  를 철회할 별도의 법적 근거가 없다 하더라도 원래의 처분을 존속시킬 필요가 없게 된 사
  정변경이 생겼거나 또는 중대한 공익상의 필요가 발생한 경우에는 그 효력을 상실케하는
  별개의 행정행위로 이를 철회할 수 있다.

- 대판 1984. 11. 13, 84누269(철회권의 유보에 의한 철회)
  피고가 원고에 대해 주류판매업 면허를 함에 있어서 조건부면허를 한 것은 행정행위의 부
  관 중 취소권(철회권)의 유보로서, 그 취소사유는 법령에 규정이 있는 경우가 아니라 하더
  라도, 의무위반 또는 중대한 공익상의 필요가 발생한 경우 등에는 당해 행정행위를 한 행
  정청은 그 행정처분을 취소할 수 있다.

- 대판 1989. 10. 24, 86누2431(부담의 불이행에 의한 철회)
  부담부 행정행위에 있어서 처분의 상대방이 부담을 이행하지 아니한 경우에 처분행정청으로서는 당해 처분을 취소(철회)할 수 있는 것이다.

- 대판 2006. 3. 16, 2006두330(사실관계의 변화에 의한 철회)
  … 구 농림수산부장관은 … 사정변경으로 인하여 … 면허 또는 인가를 취소·변경할 수 있다. 여기에서 사정변경이라 함은 … 당시에 고려하였거나 고려하였어야 할 제반 사정들에 대하여 각각 사정변경이 있고, 그러한 사정변경으로 인하여 그 처분을 유지하는 것이 현저히 공익에 반하는 경우라고 보아야 할 것이다. 또한 위와 같은 사정변경이 생겼다는 점에 관하여는 그와 같은 사정변경을 주장하는 자에게 그 입증책임이 있다.

- 대판 1995. 2. 28, 94누7713(공익상의 필요에 의한 철회)
  행정행위의 발령 후에 이를 취소(철회)할 별도의 법적 근거가 없다 하더라도 공익상의 필요가 발생한 경우에는 그 효력을 상실케 하는 별개의 행정행위로 이를 취소(철회)할 수 있는 것이다(철회근거불요설과 관련).

- 대판 1990. 6. 26, 89누5713(수익적 행정행위의 철회의 제한 – 이익형량)
  면허청이 상대방에게 면허권을 주는 행정처분을 하였을 경우가 있다. 이때에는 비록 법규상의 취소권(철회권)발동사유가 발생하더라도 수익자에게 실제로 취소권(철회권)을 발동시키는 데에 취소(철회)하여야 할 공익상의 필요와 취소(철회)로 인하여 당사자가 입을 불이익 등을 형량하여 취소(철회)여부를 결정하여야 한다. 그리고 이것이 잘못되었을 경우에는 기속재량권의 남용이나 그 범위의 일탈에 해당하여 취소(철회)처분이 위법함을 면할 수 없다.

- 대판 1988. 5. 10, 87누707(수익적 행정행위의 철회의 제한 – 과잉금지의 원칙)
  주유소가 단 한번 부정휘발유를 취급한 것을 이유로 가장 무거운 제재인 석유판매업허가 자체를 취소(철회)한 행정처분은 재량권일탈이다.

- 대판 1987. 9. 8, 87누373(수익적 행정행위의 철회의 제한 – 실권의 법리 및 이익형량)
  택시운전사가 1983. 4. 5. 운전면허 정지 기간 중의 운전행위를 하다가 적발되어 형사처벌을 받았으나 행정청으로부터 아무런 행정조치가 없어 안심하고 계속 운전업무에 종사하고 있던 중 행정청이 위 위반행위가 있은 이후에 장기간에 걸쳐 아무런 행정조치를 취하지 않은 채 방치하고 있다가 3년 여가 지난 1986. 7. 7.에 와서 이를 이유로 행정제재를 하면서 가장 무거운 운전면허를 취소하는 행정처분을 하였다. 이는 행정청이 그간 별다른 행정조치가 없을 것이라고 믿은 신뢰의 이익과 그 법적 안정성을 빼앗는 것이 되어 매우 가혹할 뿐만 아니라 비록 그 위반행위가 운전면허취소사유에 해당한다 할지라도 그와 같은 공익상의 목적만으로는 위 운전사가 입게 될 불이익에 견줄 바 못 된다 할 것이다.

33. 행정행위의 실효

- 대판 1981. 7. 14,80누593(대상의 소멸로 인한 행정행위의 실효)

  청량음료제조업허가는 신청에 의한 영업이고, 원고가 그 영업을 폐업한 경우에는 그 영업
  허가는 당연실효된다.

- 대판 1990. 7. 13, 90누2284(대상의 소멸로 인한 행정행위의 실효)

  유기장의 영업허가는 신청에 의하여 행하여지는 처분으로서 허가를 받은 자가 영업을 폐
  업할 경우에는 그 효력이 당연히 소멸되는 것이다. 이와 같은 경우 허가행정청의 허가취
  소처분은 허가가 실효되었음을 확인하는 것에 지나지 않는다.

34. 행정계획

- 대판 1996. 11. 29, 96누8567(행정계획의 개념)

  행정계획이라 함은 행정에 관한 전문적·기술적 판단을 기초로 하여 도시의 건설·정비·
  개량 등과 같은 특정한 행정목표를 달성하기 위하여 서로 관련되는 행정수단을 종합·조
  정함으로써 장래의 일정한 시점에 있어서 일정한 질서를 실현하기 위한 활동기준으로 설
  정된 것이다.

- 대판 1982. 3. 9, 80누105(도시계획결정의 처분성 인정 여부)

  도시계획결정이 고시되면 도시계획구역 안의 토지나 건물 소유자의 토지형질변경, 건축물
  의 신축, 개축 또는 증축 등 권리행사가 일정한 제한을 받게 된다. 이런 점에서 볼 때 고
  시된 도시계획결정은 특정 개인의 권리 내지 법률상의 이익을 개별적이고 구체적으로 규
  제하는 효과를 가져오게 하는 행정청의 처분이라 할 것이다. 그리고 이는 행정소송의 대
  상이 되는 것이라 할 것이다.

- 대판 2002. 10. 11, 2000두8226(도시기본계획의 국민에 대한 구속력 인정 여부 – 소극)

  도시기본계획은 도시의 기본적인 공간구조와 장기발전방향을 제시하는 종합계획으로서 그
  계획에는 토지이용계획, 환경계획, 공원녹지계획 등 장래의 도시개발의 일반적인 방향이
  제시된다. 하지만 그 계획은 도시계획입안의 지침이 되는 것에 불과하여 일반 국민에 대
  한 직접적인 구속력은 없는 것이다.

- 대판 1999. 8. 20, 97누6889(환지계획의 처분성 인정여부)

  토지구획정리사업법 제57조, 제62조 등의 규정상 환지예정지 지정이나 환지처분은 그에
  의하여 직접 토지소유자 등의 권리의무가 변동되므로 이를 항고소송의 대상이 되는 처분
  이라고 볼 수 있다. 그러나 환지계획은 위와 같은 환지예정지 지정이나 환지처분의 근거
  가 될 뿐 그 자체가 직접 토지소유자 등의 법률상의 지위를 변동시키거나 또는 환지예정

지 지정이나 환지처분과는 다른 고유한 법률효과를 수반하는 것이 아니다. 따라서 이를 항고소송의 대상이 되는 처분에 해당한다고 할 수가 없다.

• 대판 1988. 5. 24, 87누388(행정계획의 절차요건)
도시계획법 … 등의 취지는 도시계획의 입안에 있어 다수이해관계자의 이익을 합리적으로 조정하여 국민의 자유·권리에 대한 부당한 침해를 방지하고 행정의 민주화와 신뢰를 확보하기 위하여 국민의 의사를 그 과정에 반영시키는 데 있다 할 것이다. 그러므로 위와 같은 절차에 하자가 있는 행정처분은 위법이다.

• 대판 1990. 1. 23, 87누947(공청회 및 이주대책을 수립하지 않은 도시계획의 적법성 여부)
도시계획의 수립에 있어서 도시계획법 제16조의2 소정의 공청회를 열지 아니하고 공공용지의 취득 및 손실보상에 관한 특례법 제8조 소정의 이주대책을 수립하지 아니하였더라도 이는 절차상의 위법으로서 취소사유에 불과하다. 그리고 그 하자가 도시계획결정 또는 도시계획사업시행인가를 무효라고 할 수 있을 정도로 중대하고 명백하다고는 할 수 없다.

• 대판 1985. 12. 10, 85누186(행정계획의 발효요건)
구 도시계획법(1971. 1. 19. 전문개정되기 전의 것) 제7조의 '고시'는 도시계획구역결정 등의 효력발생요건이라 해석된다. 그러므로 비록 도지사가 기안, 결재 등을 거쳐 정당하게 도시계획구역결정 등의 처분을 하였다 하더라도 이는 관보에 게재하여 고시하지 않은 이상(관서 게시판에 게시한 것만으로는 적법한 고시방법이라 할 수 없다) 대외적으로 아무런 효력이 생기지 않는다.

• 대판 2006. 9. 8, 2003두5426(형성의 자유의 한계와 형량하자)
행정주체는 구체적인 행정계획을 입안·결정함에 있어서 비교적 광범위한 형성의 자유를 가지는 것이다. 하지만 행정주체가 가지는 이와 같은 형성의 자유는 무제한적인 것이 아니라 그 행정계획에 관련되는 자들의 이익을 공익과 사익사이에서는 물론이고 공익 상호간과 사익 상호간에도 정당하게 비교교량하여야 한다는 제한이 있다. 그러므로 행정주체가 행정계획을 입안·결정함에 있어서 이익형량을 전혀 행하지 아니하거나 이익형량의 고려 대상에 마땅히 포함시켜야 할 사항을 누락한 경우 또는 이익형량을 하였으나 정당성과 객관성이 결여된 경우에는 위법하다.

• 대판 1994. 12. 9, 94누8433(계획보장청구권의 원칙적 부인)
도시계획법상 주민이 행정청에 대하여 도시계획 및 그 변경에 대하여 어떤 신청을 할 수 있음에 관한 규정이 없다. 그리고 도시계획과 같이 장기성·종합성이 요구되는 행정계획에 있어서 그 계획이 일단 확정된 후에 어떤 사정의 변동이 있다고 하여 지역주민에게 일일이 그 계획의 변경 또는 폐지를 청구할 권리를 인정하여 줄 수도 없는 것이다. 그러므로 원고들에게 그 주장과 같은 사유만으로는 이 사건 도시계획시설(여객자동차정류장)의 변경 또는 폐지를 신청할 조리상의 권리가 있다고도 볼 수 없다.

• 대판 2003. 9. 23, 2001두10936(계획보장청구권의 예외적 인정)
장래 일정한 기간 내에 관계 법령이 규정하는 시설 등을 갖추어 일정한 행정처분을 구하는 신청을 할 수 있는 법률상 지위에 있는 자의 국토이용계획변경신청을 거부하는 것이 실질적으로 당해 행정처분 자체를 거부하는 결과가 되는 경우에는 예외적으로 그 신청인에게 국토이용계획변경을 신청할 권리가 인정된다고 봄이 상당하다. 그러므로 이러한 신청에 대한 거부행위는 항고소송의 대상이 되는 행정처분에 해당한다고 할 것이다.

35. 행정법상의 확약

• 대판 1995. 1. 20, 94누6529(확약의 처분성 인정 여부 – 소극)
어업권면허 전에 행하는 '어업권면허 우선순위결정'은 행정청이 우선권자로 결정된 자의 신청이 있으면 어업권면허처분을 하겠다는 것을 약속하는 행위로서 강학상 확약에 불과하고 행정처분은 아니다.

• 대판 1982. 10. 26, 81누69(확약의 철회)
피고의 내부규정(국세청훈령인 재산제세조사사무취급규정)에 의한 비과세통지는 이 사건 과세처분에 의하여 철회 내지 취소된 것이라고 볼 것이다. 그리고 비과세결정 내지 그 통지가 있었다는 사실만으로써 위 부과처분이 당연무효로 될 아무런 근거가 없다.

• 대판 1996. 8. 20, 95누10877(확약의 실효)
행정청이 상대방에게 장차 어떤 처분을 하겠다고 확약 또는 공적인 의사표명을 하였더라도, 기간 내에 상대방의 신청이 없었거나 확약이 있은 후에 사실적·법률적 상태가 변경되었다면, 그 확약은 별다른 의사표시를 기다리지 않고 실효된다.

36. 공법상의 계약

• 대판 1994. 1. 25, 93누7365(공법상 계약의 의의 – 사법계약은 해당되지 않음)
지방자치단체가 구 지방재정법 … 의 규정에 따라 기부채납 받은 공유재산을 무상으로 기부자에게 사용을 허용하는 행위는 사경제주체로서 상대방과 대등한 입장에서 하는 사법상 행위이지 행정청이 공권력의 주체로서 행하는 공법상 행위라고 할 수 없다.

• 대판 1996. 5. 31, 95누10617(전문직공무원의 임용계약의 공법상 계약성)
전문직공무원인 공중보건의사의 채용계약 해지의 의사표시는 … 관할 도지사가 채용계약 관계의 한쪽 당사자로서 대등한 지위에서 행하는 의사표시로 취급하고 있는 것으로 이해된다. 그러므로 공중보건의사 채용계약 해지의 의사표시에 대하여는 대등한 당사자 간의 소송형식인 공법상의 당사자소송으로 그 의사표시의 무효확인을 청구할 수 있는 것이지, 이를 항고소송의 대상이 되는 행정처분이라는 전제하에서 그 취소를 구하는 항고소송을 제기할 수는 없다.

- 대판 1995. 12. 22, 95누4636(공법상 계약의 한 예)
  서울특별시립무용단 단원의 위촉은 공법상의 계약이라고 할 것이고, 따라서 그 단원의 해촉에 대하여는 공법상의 당사자소송으로서 그 무효확인을 청구할 수 있다.

- 대판 1995. 10. 13, 95다184(공법상 계약을 부인한 예)
  창덕궁관리소장이 1년 단위로 채용한 비원안내인들은 … 그 직무의 성질에 비추어 전문성이 요구되는 것도 아니어서 공법상 계약의 개념적 징표인 대등한 당사자 사이의 채용계약이라고 보기 어려운 점 등에 비추어 보면, 그 채용계약은 단순한 사법상의 고용계약으로 이해된다.

- 대판 2002. 11. 26, 2002두5948(공법상 계약에는 행정절차법이 적용되지 않음)
  계약직공무원 채용계약해지의 의사표시는 일반직공무원에 대한 징계처분과는 달라서 항고소송의 대상이 되는 처분 등의 성격을 가진 것으로 인정되지 아니하고, … 행정처분과 같이 행정절차법에 의하여 근거와 이유를 제시하여야 하는 것은 아니다.

- 대판 1993. 9. 14, 92누4611(공법상 계약의 쟁송절차)
  지방전문직 공무원 채용계약해지의 의사표시에 대하여는 대등한 당사자 간의 소송형식인 공법상 당사자소송으로 그 의사표시의 무효확인을 청구할 수 있다.

37. 행정지도

- 대판 1994. 12. 13, 93다49482(행정지도의 한계)
  이른바 행정지도라 함은 행정주체가 일정한 행정목적을 실현하기 위하여 권고 등과 같은 비강제적인 수단을 사용하여 상대방의 자발적 협력 내지 동의를 얻어내어 행정상 바람직한 결과를 이끌어내는 행정활동으로 이해된다. 따라서 적법한 행정지도로 인정되기 위하여는 우선 그 목적이 적법한 것으로 인정될 수 있어야 할 것이다.

- 대판 1993. 10. 26, 93누6331(행정지도의 처분성부인)
  항고소송의 대상이 되는 행정처분이라 함은 행정청의 공법상 행위로서 특정사항에 대하여 법규에 의한 권리의 설정 또는 의무의 부담을 명하여 기타 법률상 효과를 발생케 하는 등 국민의 구체적 권리·의무에 직접적 변동을 초래하는 행위를 말한다. 그리고 행정권 내부에서의 행위나 알선, 권유, 사실상의 통지 등과 같이 상대방 또는 기타 관계자들의 법률상 지위에 직접적인 법률적 변동을 일으키지 아니하는 행위는 항고소송의 대상이 될 수 없다.

- 헌재 2003. 6. 26, 2002헌마337(교육부장관의 학칙시정요구가 헌법소원 대상인 공권력의 행사인가의 여부 – 적극)

  이 사건 학칙시정요구는 고등교육법령에 따른 것으로 그 법적 성격은 대학총장의 임의적인 협력을 통하여 사실상의 효과를 발생시키는 행정지도의 일종이지만 그에 따르지 않을 경우 일정한 불이익조치를 예정하고 있어 사실상 상대방에게 그에 따를 의무를 부과하는 것과 다를 바 없다. 그러므로 단순한 행정지도로서의 한계를 넘어 규제적, 구속적 성격을 상당히 가지는 것으로서 헌법소원의 대상이 되는 공권력의 행사에 해당된다.

38. 행정사법

- 대판 1986. 6. 24, 86누171(국유재산매각행위의 행정처분성 – 소극)

  국유재산을 매각하는 행위는 사경제주체로서 행하는 사법상의 법률행위에 지나지 아니하며, 행정청이 공권력의 주체라는 지위에서 행하는 공법상의 행정처분은 아니라 할 것이다. 그러므로 국유재산매각신청을 반려한 거부행위도 단순한 사법상의 행위일 뿐 공법상의 행정처분으로 볼 수 없다.

- 대판 1982. 12. 28, 82누441(전화가입계약의 해지가 행정처분인지 여부 – 소극)

  전화가입계약은 … 영조물 이용의 계약관계로서 … 그 성질은 사법관계에 불과하다고 할 것이므로 … 전화가입계약을 해지하였다 하여도 이는 사법상의 계약의 해지와 성질상 다른 바가 없다 할 것이고 이를 항고소송의 대상이 되는 행정처분으로 볼 수 없다.

39. 행정절차

- 헌재 1992. 12. 24, 92헌마78(행정절차에 있어 헌법상 적법절차원리의 적용 여부)

  헌법 제12조 제3항 본문은 동조 제1항과 함께 적법절차원리의 일반조항에 해당하는 것으로서, 형사절차상의 영역에 한정되지 않는다. 그리고 입법·행정 등 국가의 모든 공권력의 작용에는 절차상의 적법성뿐만 아니라 법률의 실체적 내용도 합리성과 정당성을 갖춘 실체적인 적법성이 있어야 한다는 적법절차의 원칙을 헌법의 기본원리로 명시한 것이다.

- 헌재 1990. 11. 19, 90헌가48(청문의 기회가 보장되지 않은 처분의 위헌성)

  공소가 제기된 변호사에 대하여 형사상의 소추만으로 법무부장관의 일방적 명령에 의하여 변호사업무를 정지시키는 것이다. 이는 당해 변호사가 자기에게 유리한 사실을 진술하거나 필요한 증거를 제출할 수 있는 청문의 기회가 보장되지 아니하여 적법절차를 존중하지 아니한 것이 된다. 변호사법 제15조는 위헌이다.

- 대판 2013. 1. 16, 2011두30687(의견 제출절차의 위반의 효과)(동지 2016. 10. 27, 2016두41811)

  행정청이 침해적 행정처분을 함에 있어서 당사자에게 위와 같은 사전통지를 하거나 의견제출의 기회를 주지 아니하였다. 이런 경우에는 사전통지를 하지 않거나 의견제출의 기회를 주지 아니하여도 되는 예외적인 경우에 해당하지 아니하는 한 그 처분은 위법하여 취소를 면할 수 없다.

- 대판 1984. 9. 11, 82누166(훈령이 정한 청문을 결한 행정처분의 위법)

  훈령으로 정한 … 당해 건축사가 정당한 이유 없이 청문에 응하지 아니한 경우가 아닌 한 청문절차를 거치지 아니하고 한 건축사사무소 등록취소처분은 청문절차를 거치지 아니한 위법한 처분이다.

- 대판 1994. 8. 9, 94누3414(청문을 하지 않은 처분이 위법하려면 법령의 근거가 필요)

  청문을 포함한 당사자의 의견청취절차 없이 어떤 행정처분을 한 경우에도 관계법령에서 당사자의 의견청취절차를 시행하도록 규정하지 않고 있는 경우에는 그 행정처분이 위법하게 되는 것은 아니라고 할 것이다.

- 대판 1984. 7. 10, 82누551(법률의 근거 없어도 이유제시 없는 불이익처분은 위법)

  허가취소처분에는, 그 근거가 되는 법령과 처분을 받은 자가 어떠한 위반사실에 대하여 당해 처분이 있었는지를 알 수 있을 정도의 위 법령에 해당하는 사실의 적시를 요한다 할 것이다.

- 대판 1990. 9. 11, 90누1786(이유제시 없는 불이익처분은 위법)

  면허(주류판매허가)의 취소처분에는 그 근거가 되는 법령이나 취소권유보의 부관 등을 명시하여야 함은 물론 처분을 받은 자가 어떠한 위반사실에 대하여 당해 처분이 있었는지를 알 수 있을 정도로 사실을 적시할 것을 요한다. 그리고 이와 같은 취소처분의 근거와 위반사실의 적시를 빠뜨린 하자는 피처분자가 처분 당시 그 취지를 알고 있었거나 그 후에 알게 되었다 하여도 치유될 수 없다.

- 대판 2005. 7. 28, 2003두469(처분의 문서주의)

  행정청이 문서에 의하여 처분을 한 경우 … 그 문언에 따라 어떤 처분을 하였는지 여부를 확정하여야 할 것이다. 그리고 행정청이 어떤 처분을 하였는지가 분명함에도 불구하고 처분경위나 처분 이후의 상대방의 태도 등 다른 사정을 고려하여 처분서의 문언과는 달리 다른 처분까지 포함되어 있는 것으로 확대해석 하여서는 아니된다.

- 대판 2001. 4. 13, 2000두3337(행정절차법 제21조 제4항 제3호의 의미)

  행정절차법 제21조 제4항 제3호에서 말하는 '의견청취가 현저히 곤란하거나 명백히 불필요하다고 인정될 만한 상당한 이유가 있는지 여부'는 당해 행정처분의 성질에 비추어 판단하여야 하는 것이다. 따라서 청문통지서의 반송 여부, 청문통지의 방법 등에 의하여 판단할 것은 아니며 … 행정처분의 상대방에 대한 청문통지서가 반송되었다거나, 행정처분의 상대방이 청문일시에 불출석하였다는 이유로 청문을 실시하지 아니하고 한 침해적 행정처분은 위법하다.

- 대판 2004. 5. 28, 2004두1254(행정절차법 제21조 제4항 제3호의 해당여부)
  건축법상의 공사 중지명령에 대한 사전통지를 하고 의견 제출의 기회를 준다면 많은 액수의 손실보상금을 기대하여 공사를 강행할 우려가 있다는 사정이다. 이때는 사전통지 및 의견 제출절차의 예외사유인 '당해 처분의 성질상 의견청취가 현저히 곤란하거나 명백히 불필요하다고 인정될 만한 상당한 이유가 있는 경우'에 해당한다고 볼 수 없다.

- 대판 2004. 7. 8, 2002두8350(사인과의 협약으로 청문을 배제할 수 있는지의 여부)
  사인과의 사이에 청문배제의 협약이 있더라도 청문의 실시에 관한 규정의 적용이 배제되거나 청문을 실시하지 않아도 되는 예외사유에 해당되지 않는다.

- 대판 1985. 5. 28, 84누289(절차상 하자의 위법사유성)
  과세표준과 세율, 세액, 세액산출근거 등의 필요한 사항을 납세자에게 서면으로 통지하도록 한 세법상의 제 규정들은 … 강행규정으로서 납세고지서에 그 기재가 누락되면 그 과세처분 자체가 위법한 처분이 되어 취소의 대상이 된다.

- 대판 1991. 7. 9, 91누971(절차상 하자의 위법사유성)
  식품위생법 … 소정의 청문절차를 전혀 거치지 아니하거나 거쳤다 하더라도 그 절차적 요건을 제대로 준수하지 아니한 경우에는 가사 영업정지 사유가 인정된다 할지라도 그 처분은 위법하여 취소를 면할 수 없다.

- 대판 1990. 9. 11, 90누1786(절차상 하자의 위법사유성)
  세무서장인 피고가 주류도매업자인 원고에 대하여 한 이 사건 일반주류도매업 면허취소통지에 '상기 주류도매상은 무면허 주류 판매업자에게 주류를 판매하여 주세법 제11조 및 국세법 사무처리규정 제26조에 의거 지정조건위반으로 주류 판매 면허를 취소합니다'라고만 되어 있어서 원고의 영업기간과 거래상대방 등에 비추어 원고가 어떠한 거래행위로 인하여 이 사건 처분을 받았는지 알 수 없게 되어 있다면 이 사건 면허취소처분은 위법하다.

- 대판 2000. 10. 13, 99두653(절차상 하자의 효과)
  건설부장관이 택지개발 예정지구를 지정함에 있어 미리 관계중앙행정기관의 장과 협의를 하라고 규정한 의미는 그의 자문을 구하라는 것이지 그 의견을 따라 처분을 하라는 의미는 아니라 할 것이다. 그러므로 이러한 협의를 거치지 아니하였다고 하더라도 이는 위 지정처분을 취소할 수 있는 원인이 되는 하자 정도에 불과하고 위 지정처분이 당연무효가 되는 하자에 해당하는 것은 아니다.

- 대판 1990. 1. 23. 87누947(절차상 하자의 효과)
  도시계획의 수립에 있어서 도시계획법 … 소정의 공청회를 열지 아니하고 … 이주대책을
  수립하지 아니하였더라도 이는 절차상의 위법으로서 취소사유에 불과하다. 그리고 그 하
  자가 도시계획결정 또는 도시계획사업시행인가를 무효라고 할 수 있을 정도로 중대하고
  명백하다고는 할 수 없다.

- 대판 2011. 11. 10. 2011도11109(처분의 문서주의)
  행정절차법 제24조는, 행정청이 처분을 하는 때에는 다른 법령 등에 특별한 규정이 있는
  경우를 제외하고는 문서로 하여야 하고 전자문서로 하는 경우에는 당사자 등의 동의가 있
  어야 한다. 다만 신속을 요하거나 사안이 경미한 경우에는 구술 기타 방법으로 할 수 있
  다고 규정하고 있다. 이는 행정의 공정성, 투명성 및 신뢰성을 확보하고 국민의 권익을 보
  호하기 위한 것이므로 위 규정을 위반하여 행하여진 행정청의 처분은 하자가 중대하고 명
  백하여 원칙적으로 무효이다.

40. 행정공개(정보공개)

- 대판 2003. 12. 12. 2003두8050(모든 국민의 의미)
  공공기관의 정보공개에 관한 법률 제6조 제1항은 "모든 국민은 정보의 공개를 청구할 권
  리를 가진다"고 규정하고 있다. 여기에서 말하는 국민에는 자연인은 물론 법인, 권리능력
  없는 사단·재단도 포함되고, 법인, 권리능력 없는 사단·재단 등의 경우에는 설립목적을
  불문한다.

- 대판 2006. 5. 25. 2006두3049(정보가 원본이어야 하는지 여부 – 소극)
  공공기관의 정보공개에 관한 법률상 공개청구의 대상이 되는 정보란 공공기관이 직무상
  작성 또는 취득하여 현재 보유·관리하고 있는 문서에 한정되는 것이기는 하나, 그 문서가
  반드시 원본일 필요는 없다.

- 대판 2006. 11. 10. 2006두9351(군사2급비밀에 해당하는 감사결과보고서의 공개대상여부)
  … 이 사건 헬기도입사업에 대한 감사결과보고서가 군사2급 비밀에 해당하는 이상, 정보
  공개법 제9조 제1항 제1호에 의하여 공개하지 아니할 수 있는 것임이 분명하다.

- 대판 2004. 3. 18. 2001두8254(보안관찰법에 따른 통계자료의 공개대상여부)
  보안관찰법 소정의 보안관찰 관련 통계자료는 … 북한의 대남전략에 있어 매우 유용한 자
  료로 악용될 우려가 없다고 할 수 없다. 그러므로 위 정보는 공공기관의 정보공개에 관한
  법률 제7조 제1항 제2호 소정의 공개될 경우 국가안전보장·국방·통일·외교관계 등 국가

의 중대한 이익을 해할 우려가 있는 정보, 또는 제3호 소정의 공개될 경우 국민의 생명·신체 및 재산의 보호 기타 공공의 안전과 이익을 현저히 해할 우려가 있다고 인정되는 정보에 해당한다.

- 대판 2003. 3. 14, 2000두6114(사법시험 제2차 시험지 열람의 공개대상여부)
  사법시험 제2차 시험의 답안지 열람은 시험문항에 대한 채점위원별 채점 결과의 열람과 달리 사법시험업무의 수행에 현저한 지장을 초래한다고 볼 수 없다.

- 대판 2003. 8. 22, 2002두12946(회의 관련 자료나 회의록 등의 공개대상여부)
  … 학교환경위생구역 내 금지행위(숙박시설) 해제결정에 관한 학교환경위생정화위원회의 회의록에 기재된 발언내용에 대한 해당 발언자의 인적사항 부분에 관한 정보는 공공기관의 정보공개에 관한 법률 제7조 제1항 제5호 소정의 비공개대상에 해당한다.

- 대판 2003. 3. 11, 2001두6425(지방자치단체의 업무추진비의 공개대상여부)
  … 지방자치단체의 업무추진비 세부항목별 집행내역 및 그에 관한 증빙서류에 포함된 개인에 관한 정보는 '공개하는 것이 공익을 위하여 필요하다고 인정되는 정보'에 해당하지 않는다. '

- 대판 2003. 12. 11, 2001두8827(비공개사유의 입증의 정도)
  국민으로부터 보유·관리하는 정보에 대한 공개를 요구받은 공공기관으로서는 … 비공개사유에 해당하지 않는 한 이를 공개하여야 할 것이다. 그리고 만일 이를 거부하는 경우라 할지라도 대상이 된 정보의 내용을 구체적으로 확인·검토하여 어느 부분이 어떠한 법익 또는 기본권과 충돌되어 같은 법 제7조 제1항 몇 호에서 정하고 있는 비공개사유에 해당하는지를 주장·입증하여야만 할 것이다. 따라서 그에 이르지 아니한 채 개괄적인 사유만을 들어 공개를 거부하는 것은 허용되지 아니한다.

- 대판 2016. 11. 10, 2016두44674(청구인이 신청한 외의 방법으로 공개결정한 경우)
  공공기관이 공개청구의 대상이 된 정보를 공개는 하되, 청구인이 신청한 공개방법 이외의 방법으로 공개하기로 하는 결정을 하였다면, 이는 정보공개청구 중 정보공개방법에 관한 부분에 대하여 일부 거부처분을 한 것으로 보아야 하고, 청구인은 그에 대하여 항고소송으로 다툴 수 있다.

41. 개인정보보호

- 헌재 2005. 7. 21, 2003헌마282, 425(개인정보자기결정권의 보호대상인 개인정보의 의미)
  개인정보자기결정권의 보호대상이 되는 개인정보는 … 그 개인의 동일성을 식별할 수 있게 하는 일체의 정보라고 할 수 있다. 그리고 반드시 개인의 내밀한 영역이나 사사(私事)

의 영역에 속하는 정보에 국한되지 않고 공적 생활에서 형성되었거나 이미 공개된 개인정보까지 포함된다.

- 대판 2014. 7. 24, 2012다49933(개인정보자기결정권의 의의)
  개인정보자기결정권은 자신에 관한 정보가 언제 누구에게 어느 범위까지 알려지고 또 이용되도록 할 것인지를 그 정보주체가 스스로 결정할 수 있는 권리이다.

42. 행정상 강제집행

1) 서론

- 대판 2000. 5. 12, 99다18909(행정상 강제집행이 가능한 경우 민사상 강제집행 불가)
  원고는 도로관리청으로서 피고들에 대하여 위반행위에 의하여 생긴 유형적 결과의 시정을 명하는 행정처분을 하여 이에 따르지 않는 경우에는 행정대집행의 방법으로 그 의무내용을 실현할 수 있는 것이다. 그리고 이러한 행정대집행의 절차가 인정되는 경우에는 따로 민사소송의 방법으로 비닐하우스의 철거, 비닐하우스 내의 시설물과 화훼작물의 수거 등을 구할 수 없다 할 것이다.

2) 대집행

- 대판 2006. 10. 13, 2006두7096(대집행의 요건 – 공법상 의무의 불이행이 있을 것)
  토지 등의 협의취득은 … 공공기관이 사경제주체로서 행하는 사법상 매매 내지 사법상 계약의 실질을 가지는 것이다. 그러므로 그 협의취득시 건물소유자가 매매대상 건물에 대한 철거의무를 부담하겠다는 취지의 약정을 하였다고 하더라도 이러한 철거의무는 공법상의 의무가 될 수 없다. 그리고 이 경우에도 행정대집행법을 준용하여 대집행을 허용하는 별도의 규정이 없는 한 위와 같은 철거의무는 행정대집행법에 의한 대집행의 대상이 되지 않는다.

- 대판 1996. 6. 28, 96누4374(타인이 대신하여 행할 수 없는 의무는 대집행불가)
  주택건설촉진법 제38조 2항은 사업계획에 따른 용도 이외에 사용하는 행위 등을 금지하고 그 위반행위에 대하여 1천만 원 이하의 벌금에 처하도록 하는 벌칙규정만을 두고 있을 뿐, 건축법 제69조 등과 같은 부작위의무위반행위에 대하여 대체적 작위의무로 전환하는 규정을 두고 있지 아니하다. 그러므로, 위 금지규정으로부터 그 위반결과의 시정을 명하는 원상복구명령을 할 수 있는 권한이 도출되는 것은 아니다.

- 대판 1998. 10. 23, 97누157(토지ㆍ가옥의 명도가 대체성있는 행위인가의 여부)
  이 사건 계고처분의 목적이 된 의무는 그 주된 목적이 매점의 원형을 보존하기 위하여 원고가 설치한 불법시설물을 철거하고자 하는 것이 아니라, 위 매점에 대한 원고의 점유를 배제하고 그 점유이전을 받는 데 있다고 할 것이다. 그런데 이러한 의무는 그것을 강제적으로 실현함에 있어 직접적인 실력행사가 필요한 것이지 대체적 작위의무에 해당하는 것은 아니어서 직접강제의 방법에 의하는 것은 별론으로 하고 행정대집행법에 의한 대집행의 대상이 되는 것은 아니다.

- 대판 2005. 8. 19, 2004다2809(피수용자의 인도의무가 대집행의 대상인지 여부)
  피수용자 등이 기업자에 대하여 부담하는 수용대상 토지의 인도의무에 관한 … 규정에서의 '인도'에는 명도도 포함되는 것으로 보아야 한다. 그리고 이러한 명도의무는 그것을 강제적으로 실현하면서 직접적인 실력행사가 필요한 것이지 대체적 작위의무라고 볼 수 없다. 그러므로 특별한 사정이 없는 한 행정대집행법에 의한 대집행의 대상이 될 수 있는 것이 아니다.

- 대판 1994. 10. 28, 94누5144(반복된 계고의 경우 2차, 3차의 계고처분의 성격)
  행정대집행법상의 건물철거의무는 제1차 철거명령 및 계고처분으로서 발생하였고 제2차, 제3차의 계고처분은 새로운 철거의무를 부과한 것이 아니고 다만 대집행기한의 연기통지에 불과하므로 행정처분이 아니다.

- 대판 1997. 2. 14, 96누15428(계고처분시 그 내용과 범위가 특정되어야 하는가 여부)
  대집행계고를 함에 있어서는 대집행할 행위의 내용 및 범위가 구체적으로 특정되어야 한다. 그러나 그 행위의 내용 및 범위는 반드시 대집행계고서에 의하여서만 특정되어야 하는 것이 아니고 계고처분 전후에 송달된 문서나 기타 사정을 종합하여 행위의 내용이 특정되거나 대집행의무자가 그 이행의무의 범위를 알 수 있으면 족하다.

- 대판 1999. 4. 27, 97누6780(무효인 철거명령에 기한 계고처분의 효력)
  적법한 건축물에 대한 철거명령은 그 하자가 중대하고 명백하여 당연무효라 할 것이고, 그 후행행위인 건축물철거 대집행계고처분 역시 당연무효라고 할 것이다.

- 대판 2011. 9. 8, 2010다48240(대집행의 비용징수)
  대한주택공사가 구 대한주택공사법 등에 의하여 대집행권한을 위탁받아 공무인 대집행을 실시하기 위하여 지출한 비용은 행정대집행법절차에 따라 국세징수법의 예에 의하여 징수할 수 있다.

3) 이행강제금

- 헌재 2004. 2. 26, 2001헌바80,84,102,103, 2002헌바 병합(이행강제금의 대상)
  전통적으로 행정대집행은 대체적 작위의무에 대한 강제집행수단으로, 이행강제금은 부작위의무나 비대체적 작위의무에 대한 강제집행수단으로 이해되어 왔다. 그러나 이는 이행강제금제도의 본질에서 오는 제약은 아니며, 이행강제금은 대체적 작위의무의 위반에 대해서도 부과될 수 있다.

- 대판 2016. 7. 14, 2015두46598(이행강제금의 의의)
  건축법상 이행강제금은 … 상당한 이행기한을 부여하고 그 기한 안에 시정명령을 이행하지 않으면 이행강제금이 부과된다는 사실을 고지함으로써 의무자에게 심리적 압박을 주어 시정명령에 따른 의무의 이행을 간접적으로 강제하는 행정상의 간접강제 수단에 해당한다.

4) 행정상 강제징수

- 대판 1984. 9. 25, 84누201(과세관청의 공매처분이 행정처분에 해당하는가의 여부)
  과세관청이 체납처분으로서 행하는 공매는 우월한 공권력의 행사로서 행정소송의 대상이 되는 공법상의 행정처분이다. 또한 공매에 의하여 재산을 매수한 자는 그 공매처분이 취소된 경우에 그 취소처분의 위법을 주장하여 행정소송을 제기할 법률상 이익이 있다.

- 대판 1997. 2. 28, 96누1757(성업공사의 공매에 대한 피고적격)
  성업공사(현재의 한국자산관리공사)가 체납압류된 재산을 공매하는 것은 세무서장의 공매 권한 위임에 의한 것으로 보아야 할 것이다. 그러므로, 성업공사가 한 그 공매처분에 대한 취소 등의 항고소송을 제기함에 있어서는 수임청으로서 실제로 공매를 행한 성업공사를 피고로 하여야 하고, 위임청인 세무서장은 피고적격이 없다.

- 대판 1998. 6. 26, 96누12030(성업공사의 공매결정과 공매통지의 행정처분성 여부 – 소극)
  성업공사가 당해 부동산을 공매하기로 한 결정 자체는 내부적인 의사결정에 불과하여 항고소송의 대상이 되는 행정처분이라고 볼 수 없다. 또한 위 공사가 한 공매통지는 공매의 요건이 아니고 공매사실 그 자체를 체납자에게 알려주는 데 불과한 것으로 … 행정처분에 해당한다고 할 수 없다.

43-1. 행정상 즉시강제

- 대판 1997. 6. 13, 96다56115(사전영장주의의 예외 인정 여부)
  사전영장주의는 인신의 자유를 제한하는 모든 국가작용의 영역에서 존중되어야 한다. 그러나 헌법상 사전영장주의의 예외를 인정하고 있는 것처럼 사전영장주의를 고수하다가는 도저히 행정목적을 달성할 수 없는 지극히 예외적인 경우에는 형사절차에서와 같은 예외가 인정된다.

- 대판 1965. 5. 31. 65누25(실행이 완료된 후의 즉시강제에 대한 구제)
  행정상의 즉시강제 또는 행정대집행과 같은 사실행위는 그 실행이 완료된 이후에 있어서는 그 행위의 위법을 이유로 하는 손해배상 또는 원상회복의 청구를 하는 것은 몰라도 그 사실행위의 취소를 구하는 것은 권리보호의 이익이 없다.

- 대판 1992. 2. 11. 91도2797(위법한 즉시강제에 대한 항거는 공무집행방해죄에 해당않음)
  적법성이 결여된 직무행위를 하는 공무원에게 항거하였다고 하여도 그 항거행위가 폭력을 수반하는 경우에 폭행죄 등의 죄책을 묻는 것은 별론으로 하고, 공무집행방해죄로 다스릴 수는 없다.

43-2. 행정조사

- 대판 2012. 9. 13. 2010도6203(행정조사의 한계)
  경찰관직무집행법의 관계규정을 종합해보면, 경찰관은 법 제3조 제1항에 규정된 대상자에게 질문을 하기 위하여 범행의 경중, 범행과의 관련성, 상황의 긴박성, 혐의의 정도, 질문의 필요성 등에 비추어 목적 달성에 필요한 최소한의 범위 내에서 사회통념상 용인될 수 있는 상당한 방법으로 대상자를 정지시킬 수 있고 질문에 수반하여 흉기의 소지 여부도 조사할 수 있다.

44. 행정벌

- 헌재 1994. 4. 28. 91헌바14(행정형벌과 행정질서벌의 구분)
  어떤 행정법규 위반행위에 대하여 이를 … 행정질서벌인 과태료를 과할 것인가 아니면 … 행정형벌을 과할 것인가 … 는 당해 위반행위가 어느 경우에 해당하는가에 대한 법적 판단을 그르친 것이 아닌 한 그 처벌내용은 기본적으로 입법권자가 제반사정을 고려하여 결정할 입법재량에 속하는 문제라고 할 수 있다.

- 대판 1986. 7. 22. 85도108(행정형벌의 성립에 고의를 요하는가의 여부)
  행정상의 단속을 주안으로 하는 법규라 하더라도 명문규정이 있거나 과실범도 벌할 뜻이 명확한 경우를 제외하고는 형법의 원칙에 따라 고의가 있어야 벌할 수 있다.

- 대판 1965. 6. 29. 65도1(특별형벌법규에 의해 처벌되는 범죄의 성립에 고의 필요여부)
  특별형벌법규에 의하여 처벌되는 범죄에는 고의를 요하지 아니한다는 취지가 그 법규의 명문으로서 규정되었다거나 그 명문이 없다 하여도 법규의 규정 중 위와같은 취지를 명백히 확인할 수 있는 경우가 아니고서는 특별형벌규정 위반에 의한 범죄구성에 있어서도 일반 형법의 원칙에 따라 고의를 필요로 한다.

- 대판 1995. 6. 29, 95누4674(통고처분의 대상적격)

  경찰서장의 통고처분은 행정소송의 대상이 되는 행정처분이 아니므로 그 처분의 취소를 구하는 소송은 부적법하다. 그리고 도로교통법상의 통고처분을 받은 자가 그 처분에 대하여 이의가 있는 경우에는 통고처분에 따른 범칙금의 납부를 이행하지 아니함으로써 경찰서장의 즉결심판청구에 의하여 법원의 심판을 받을 수 있게 될 뿐이다.

- 헌재 2003. 10. 30, 2002헌마275(통고처분의 합헌성)

  … 이러한 점들을 종합할 때, 통고처분제도의 근거규정인 도로교통법 제118조 본문이 적법절차원칙이나 사법권을 법원에 둔 권력분립원칙에 위배된다거나, 재판청구권을 침해하는 것이라 할 수 없다.

- 대판 2016. 9. 28, 2014도10748(통고처분의 성질)

  통고처분은 법원에 의하여 자유형 또는 재산형에 처하는 형사절차에 갈음하여 과세관청이 조세범칙자에 대하여 금전적 제재를 통고하고 이를 이행한 조세범칙자에 대하여는 고발하지 아니하고 조세범칙사건을 신속·간이하게 처리하는 절차로서, 형사절차의 사전절차로서의 성격을 가진다.

- 대판 2000. 5. 26, 98두5972(면책사유로서의 정당한 사유의 의미)

  행정질서벌은 … 원칙적으로 고의·과실을 요하지 아니하나, 위반자가 그 의무를 알지 못하는 것이 무리가 아니었다고 할 수 있어 그것을 정당시할 수 있는 사정이 있을 때 또는 그 의무의 이행을 그 당사자에게 기대하는 것이 무리라고 하는 사정이 있을 때 등 그 의무 해태를 탓할 수 없는 정당한 사유가 있을 때에는 이를 부과할 수 없다.

- 대판 1983. 6. 14, 82누439(행정처분과 행정벌의 병과는 가능)

  운행정지처분의 이유가 된 사실관계로 자동차 운송사업자가 이미 형사처벌을 받은 바 있다 하여 피고(서울특별시장)의 자동차운수사업법 제31조를 근거로 한 운행정지처분이 일사부재리의 원칙에 위반된다 할 수 없다.

- 헌재 2009. 7. 30, 2008헌가10(양벌규정에 대한 위헌여부 – 긍정)

  법인의 대리인·사용인 기타의 종업원이 그 법인의 업무에 관하여 위반행위를 한 때에는 그 법인에 대하여도 해당 벌금형을 과한다고 정하는 부분이 형사법상의 기본원리의 하나인 '책임 없는 자에게 형벌을 부과할 수 없다'는 책임주의원칙에 반하므로 헌법에 위반된다(반대의견 있음).

45. 새로운 의무이행확보수단

1) 가산세

- 대판 2001. 9. 14, 99두3324(가산세의 요건)
  세법상 가산세는 … 납세자의 고의·과실은 고려되지 않는 것이고, 다만 납세의무자가 그 의무를 알지 못한 것이 무리가 아니었다거나 그 의무의 이행을 당사자에게 기대하는 것이 무리라고 하는 사정이 있을 때 등 그 의무해태를 탓할 수 없는 정당한 사유가 있는 경우에는 이를 부과할 수 없다.

- 대판 2016. 10. 27, 2016두44711(정당한 사유가 있는 경우의 가산세부과 – 소극)
  단순한 법률의 부지나 오해의 범위를 넘어 세법해석상 의의로 인한 견해의 대립이 있는 등으로 인해 납세의무자가 그 의무를 알지 못하는 것이 무리가 아니었다고 할 수 있어서 그를 정당시 할 수 있는 사정이 있을 때 또는 그 의무의 이행을 그 당사자에게 기대하는 것이 무리라고 하는 사정이 있을 때 등 그 의무를 게을리 한 점을 탓할 수 없는 정당한 사유가 있는 경우에는 이러한 제재를 과할 수 없다.

2) 과징금

- 헌재 2003. 7. 24, 2001헌가25(과징금의 합헌성)
  과징금은 그 취지와 기능, 부과의 주체와 절차 등을 종합할 때 부당내부거래 억지라는 행정목적을 실현하기 위하여 그 위반행위에 대하여 제재를 가하는 행정상의 제재금으로서의 기본적 성격에 부당이득 환수적 요소도 부가되어 있는 것이라 할 것이다. 그리고 이를 두고 헌법 제13조 제1항에서 금지하는 국가형벌권 행사로서의 '처벌'에 해당한다고는 할 수 없으므로, 공정거래법에서 형사처벌과 아울러 과징금의 병과를 예정하고 있더라도 이중처벌금지원칙에 위반된다고 볼 수 없다.

46. 옴부즈만

- 대판 1997. 4. 11, 96추138(지방 옴부즈만의 설치근거)
  합의제 행정기관인 옴부즈만을 집행기관의 장인 도지사 소속으로 설치하는 데 있어서는 지방자치법 제107조 제1항의 규정에 따라 당해 지방자치단체의 조례로 정하면 되는 것이지 헌법이나 법령상으로 별도의 설치근거가 있어야 되는 것은 아니다.

47. 국가배상

1) 국가배상법의 적용범위

- 대판 1977. 2. 8, 75다1059(특별법 우선의 원칙)

  우편법 제38조는 … 손해배상에 관한 규정에 대한 특별규정이라 할 것이다. 그러므로 우편물 취급에 수반하여 발생한 손해는 국가배상법에 의한 손해배상청구는 허용하지 아니한다고 해석함이 타당하다고 할 것이다.

2) 국가배상법 제2조의 배상책임

가. 공무원

- 대판 2001. 1. 5, 98다39060(교통할아버지의 공무원성 – 적극)

  피고(서울특별시 강서구)가 '교통할아버지 봉사활동' 계획을 수립한 다음, 관할 동장으로 하여금 교통할아버지 봉사원을 선정하게 하여 그들에게 어린이 보호, 교통안내, 거리질서 확립 등의 공무를 위탁하여 이를 집행하게 하였다. 따라서 교통할아버지 활동을 하는 범위 내에서는 국가배상법 제2조에 규정된 공무원이라고 봄이 상당하다.

- 대판 1978. 7. 11, 78다584(의용소방대원의 공무원성 – 소극)

  구 소방법 제63조의 규정에 의하여 시·읍·면이 소방서장의 소방업무를 보조하기 위하여 설치한 의용소방대를 국가기관이라고 할 수 없음은 물론 또 그것이 이를 설치한 시·읍·면에 예속된 기관이라고도 할 수 없다.

나. 직무집행

- 대판 2004. 4. 9, 2002다10691(공무원의 직무의 범위)

  국가배상법이 정한 손해배상청구권의 요건인 공무원의 직무에는 국가나 지방자치단체의 권력적 작용뿐만 아니라 비권력적 작용도 포함되지만 단순한 사경제주체로서 하는 작용은 포함되지 않는다.

- 대판 1997. 6. 13, 96다56115(입법작용의 경우)

  국회의원의 입법행위는 그 입법내용이 헌법의 문언에 명백히 위반됨에도 불구하고 국회가 굳이 당해 입법을 한 것과 같은 특수한 경우가 아닌 한 국가배상법 제2조 제1항 소정의 위법행위에 해당된다고는 볼 수 없다.

- 대판 2001. 4. 24, 2000다16114(사법작용의 경우)

  법관이 … 국가배상책임이 인정되려면 당해 법관이 위법 또는 부당한 목적을 가지고 재판하는 등 법관이 그에게 부여된 권한의 취지에 명백히 어긋나게 이를 행사하였다고 인정할 만한 특별한 사정이 있어야 한다.

- 대판 2005. 1. 14, 2004다26805(직무행위의 판단기준)
  국가배상법 제2조 제1항의 직무를 집행함에 당하여라 함은 직접 공무원의 직무집행행위이
  거나 그와 밀접한 관련인 있는 행위를 포함한다. 그리고 이를 판단함에 있어서는 행위 자
  체의 외관을 객관적으로 관찰하여 공무원의 직무행위로 보여질 때에는 비록 그것이 실질
  적으로 직무행위가 아니거나 또는 행위자로서는 주관적으로 공무집행의 의사가 없었다고
  하더라도 그 행위는 공무원이 직무를 집행함에 당하여 한 것으로 보아야 한다.

- 대판 1996. 5. 31, 94다15271(공무원의 출근행위가 직무집행에 해당하는 지 여부)
  공무원이 통상적으로 근무하는 근무지로 출근하기 위하여 자기 소유의 자동차를 운행하다
  가 자신의 과실로 교통사고를 일으킨 경우에는 특별한 사정이 없는 한 국가배상법 제2조
  제1항 소정의 공무원이 직무를 집행함에 당하여 타인에게 불법행위를 한 것이라고 할 수
  없다.

- 대판 2003. 7. 11, 99다24218(헌법재판소 재판관의 불법행위 - 긍정)
  헌법재판소 재판관의 위법한 직무집행의 결과 잘못된 각하결정을 함으로써 청구인으로 하여
  금 본안판단을 받을 기회를 상실하게 한 이상, … 잘못된 판단으로 인하여 청구인의 위와
  같은 합리적인 기대를 침해한 것이고 이러한 기대는 인격적 이익으로서 보호할 가치가 있
  다고 할 것이므로 그 침해로 인한 정신상 고통에 대하여는 위자료를 지급할 의무가 있다.

다. 직무상 불법행위

- 대판 1994. 11. 8, 94다26141(행정규칙에 따라 행한 처분과 과실인정여부)
  영업허가취소처분이 나중에 행정심판에 의하여 재량권을 일탈한 위법한 처분임이 판명되
  어 취소되었다고 하더라도 그 처분이 당시 시행되던 공중위생법 시행규칙에 정하여진 행
  정처분의 기준에 따른 것인 이상 그 영업허가취소처분을 한 행정청 공무원에게 그와 같은
  위법한 처분을 한 데 있어 어떤 직무집행상의 과실이 있다고 할 수는 없다.

- 대판 1994. 5. 27, 94다12708(공무원이 행정지시 등에 따라 사무처리를 한 경우)
  법령에 대한 해석이 어렵고 이에 대한 학설·판례조차 정리되지 아니하였으나 행정지시
  등에 의하여 실무의 취급이 확립되어 있을 때에는 공무원이 행정지시 등에 따라 사무처리
  를 한 이상 특별한 사정이 없으면 그 행정지시에 따른 처리에 과실이 없다고 할 것이다.

- 대판 2009. 5. 28, 2006다16215(손해배상의 불법행위 부정사례)
  시청 소속 공무원이 시장을 부패방지위원회에 부패혐의자로 신고한 후 동사무소로 하향
  전보된 사안에서, 그 전보인사 조치는 해당 공무원에 대한 다면평가 결과, 원활한 업무 수
  행의 필요성 등을 고려하여 이루어진 것으로 볼 여지도 있다. 그러므로 사회통념상 용인

될 수 없을 정도로 객관적 상당성을 결여하였다고 단정할 수 없어 불법행위를 구성하지 않는다.

- 대판 2011. 9. 8, 2011다34521(공무원의 중과실의 개념)
  공무원의 중과실이란 공무원에게 통상 요구되는 정도의 상당한 주의를 하지 않더라도 약간의 주의를 한다면 손쉽게 위법, 유해한 결과를 예견할 수 있는 경우임에도 만연히 이를 간과함과 같은 거의 고의에 가까운 현저한 주의를 결여한 상태를 의미한다.

- 대판 2012. 7. 26, 2010다95666(법령위반의 의미)
  '법령에 위반하여'라고 함은 엄격하게 형식적 의미의 법령에 명시적으로 공무원의 작위의무가 정하여져 있음에도 이를 위반하는 경우만을 의미하는 것은 아니다. 그리고 인권존중·권력남용금지·신의성실과 같이 공무원으로서 마땅히 지켜야 할 준칙이나 규범을 지키지 아니하고 위반한 경우를 포함하여 널리 그 행위가 객관적인 정당성을 결여하고 있는 경우도 포함한다.

- 대판 2016. 8. 25, 2014다225083(재량행사의 부작위의 위법여부 – 적극)
  소방공무원의 행정권한 행사가 관계법률의 규정형식상 소방공무원의 재량에 맡겨져 있더라도 소방공무원에게 그러한 권한을 부여한 취지와 목적에 비추어 볼 때 구체적인 상황 아래에서 소방공무원이 권한을 행사하지 아니한 것이 현저하게 합리성을 잃어 사회적 타당성이 없는 경우에는 소방공무원의 직무상 의무를 위반한 것으로서 위법하게 된다.

라. 타인에 대한 손해발생

- 대판 2004. 9. 23, 2003다49009(손해에는 정신적 손해도 포함된다)
  윤락녀들이 윤락업소에 감금된 채로 윤락을 강요받으면서 생활하고 있음을 쉽게 알 수 있는 상황이었음에도, 경찰관이 … 필요한 조치를 취하지 아니하고 오히려 업주들로부터 뇌물을 수수하며 그와 같은 행위를 방치한 것은 경찰관의 직무상 의무에 위반하여 위법하다. 그러므로 국가는 이로 인한 정신적 고통에 대하여 위자료를 지급할 의무가 있다.

- 대판 2016. 8. 30, 2015두60617(국가배상청구권에서의 타인의 권리·이익의 침해)
  국가배상책임이 성립하기 위해서는 공무원의 직무집행이 위법하다는 점만으로는 부족하고, 그로 인해 타인의 권리·이익이 침해되어 구체적 손해가 발생하여야 한다.

마. 인과관계

- 대판 1980. 11. 11, 80다1523(직무상 불법행위와 인과관계)
  군인이 자물쇠를 잠그지 아니한 실탄함에서 수류탄을 절취하여 이를 터트려서 인명을 살상하였다면 실탄함을 관리하는 군인의 과실과 이 사건 폭발 사건 사이에 상당인과관계가 있다.

- 대판 2008. 4. 10, 2005다48994(직무상 불법행위와 인과관계)

  유흥주점에 감금된 채 윤락을 강요받으며 생활하던 여종업원들이 유흥주점에 화재가 났을 때 피신하지 못하고 유독가스에 질식해 사망한 사안에서, … 소방공무원들이 시정조치를 명하지 않은 직무상 의무 위반은 현저히 불합리한 경우에 해당하여 위법하다. 그리고 이러한 직무상 의무 위반과 위 사망의 결과 사이에 상당인과관계가 존재한다.

바. 배상기준의 법적 성질

- 대판 1970. 1. 29, 69다1203(배상기준의 단순기준액설을 취한 경우)

  국가배상법 제3조 제1항과 제3항의 손해배상기준은 배상심의회의 배상금지급기준을 정함에 있어서의 하나의 기준을 정한 것에 지나지 아니하는 것이다. 그리고 이로써 배상액의 상한을 제한한 것으로 볼 수는 없다 할 것이며, 따라서 법원이 국가배상법에 의한 손해배상액을 산정함에 있어서는 같은 법 제3조 소정의 기준에 구애되는 것은 아니다.

사. 군인·군무원 등에 대한 특례(이중배상금지)

- 헌재 2001. 2. 22, 2000헌바38(이중배상금지의 합헌성)

  국가배상법 제2조 제1항 단서는 헌법 제29조 제1항에 의하여 보장되는 국가배상청구권을 헌법 내재적으로 제한하는 헌법 제29조 제2항에 직접 근거하고, 실질적으로 그 내용을 같이 하는 것이므로 헌법에 위반되지 아니한다.

- 대판 1996. 12. 20, 96다42178(보상받을 수 없는 경우의 적용)

  군인, 군무원 등 국가배상법 제2조 제1항 단서에 열거된 자가 전투·훈련 기타 직무집행과 관련하는 등으로 공상을 입은 경우라 하더라도 군인연금법 또는 국가유공자 예우 등에 관한 법률에 의하여 재해보상금, 유족연금, 상이연금 등 별도의 보상을 받을 수 '없는' 경우에는 국가배상법 제2조 제1항 단서의 적용대상에서 제외된다.

- 대판 2001. 2. 15, 96다42420(이중배상금지 규정의 취지)

  … 군인 등의 동일한 피해에 대하여 국가 등의 보상과 배상이 모두 이루어짐으로 인하여 발생할 수 있는 과다한 재정지출과 피해 군인 등 사이의 불균형을 방지한다. 그리고 가해자인 군인 등과 피해자인 군인 등의 직무상 잘못을 따지는 쟁송이 가져올 폐해를 예방하려는 것이라고 할 것이다.

아. 배상책임자

• 대판 1981. 11. 24, 80다2303(지자체의 국가위임사무에 대한 배상책임은 국가가 짐)
경기도지사가 행하는 공유수면매립에 관한 사무는 국가행정기관으로서의 사무라 할 것이므로 경기도는 그 직무상 위법행위에 대한 배상책임이 없다.

• 대판 1970. 6. 30, 70다727(국가 등의 무과실책임)
국가배상책임은 민법상 사용자로서 배상책임을 지는 것이 아니므로 선임·감독에 과실이 없다는 이유만으로써는 국가배상법상의 책임을 면할 수 없다.

• 대판 1996. 2. 15, 95다38677(공무원의 대외적 책임의 인정여부 – 선택적 청구권)
공무원이 직무수행 중 불법행위로 타인에게 손해를 입힌 경우에는 국가 등이 국가배상책임을 부담하는 외에 공무원 개인도 고의 또는 중과실이 있는 경우에는 불법행위로 인한 손해배상책임을 진다고 할 것이다. 하지만 공무원에게 경과실뿐인 경우에는 공무원 개인은 손해배상책임을 부담하지 아니한다고 해석하는 것이 헌법 제29조 제1항 본문과 단서 및 국가배상법 제2조의 입법취지에 조화되는 올바른 해석이다.

자. 배상책임과 구상

• 헌재 1994. 12. 29, 93헌바21(군인과의 공동불법행위에 있어서의 구상권제한의 위헌)
국가배상법 제2조 제1항 단서의 부분은, 일반국민이 직무집행중인 군인과의 공동불법행위로 직무집행중인 다른 군인에게 공상을 입혀 그 피해자에게 공동의 불법행위로 인한 손해를 배상한 다음 공동불법행위자인 군인의 부담부분에 관하여 국가에 대하여 구상권을 행사하는 것을 허용하지 아니한다고 해석하는 한, 헌법에 위반된다.

• 대판 2001. 2. 15, 96다42420 전합(군인과의 공동불법행위에서의 민간인의 구상권 제한)
공동불법행위자 등이 부진정 연대채무자로서 각자 피해자에게 손해전부를 배상할 의무를 부담하는 공동불법행위의 일반적인 경우와는 달리 예외적으로 민간인은 피해 군인 등에 대하여 그 손해 중 국가 등이 민간인에 대한 구상의무를 부담한다면 그 내부적인 관계에서 부담하여야 할 부분을 제외한 나머지 자신의 부담부분에 한하여 손해배상의무를 부담한다. 그리고 한편 국가 등에 대하여서는 그 귀책부분의 구상을 청구할 수 없다고 해석함이 상당하다 할 것이다.

차. 배상청구권의 소멸시효

• 대판 1995. 6. 30, 94다13435(배상청구권의 소멸시효)
불법행위로 인한 손해배상청구권의 단기소멸시효에 있어서 손해를 안 것이라 함은, 단순히 손해발생사실을 안 것만으로는 부족하다. 그리고 그 손해가 위법행위로 인하여 발생한 것까지도 알았음을 요하고, 이같은 손해를 안 시기에 관한 입증책임은 시효의 이익을 주장하는 자에게 있다.

- 대판 2016. 6. 10, 2015다217843(신의성실의 원칙과 시효주장의 제한)
  피해자가 국가배상청구를 하였을 때, 비록 그 소멸시효기간이 경과하였다고 하더라도 … 국가에게 채무이행의 거절을 인정하는 것이 현저히 부당하거나 불공평하게 되는 등 특별한 사정이 있는 경우에는, 국가가 소멸시효 완성을 주장하는 것은 신의성실의 원칙에 반하여 권리남용으로서 허용될 수 없다.

3) 국가배상법 제5조의 배상책임

가. 영조물

- 대판 1998. 10. 23, 98다17381(영조물에 해당되는가의 여부)
  이 사건 당시 설치하고 있던 옹벽은 아직 완성도 되지 아니하여 일반 공중의 이용에 제공되지 않고 있었던 이상 국가배상법 제5조 제1항 소정의 영조물에 해당한다고 할 수 없다. 따라서 이 사건 사고를 영조물의 설치상의 하자로 인하여 발생한 것이라고 할 수 없다.

나. 설치·관리의 하자

- 대판 1994. 11. 22, 94다32924(객관설을 취한 판례)
  국가, 지방자치단체는 영조물의 설치·관리상의 하자로 인하여 타인에게 손해를 가한 경우에 그 손해의 방지에 필요한 주의를 해태하지 아니하였다고 하여 면책을 주장할 수 없다.

- 대판 2013. 10. 24, 2013다208074(영조물의 설치·관리의 하자)
  영조물의 설치·관리상의 하자는 공공의 목적에 공여된 영조물이 그 용도에 따라 통상 갖추어야 할 안전성을 갖추지 못한 상태에 있음을 말한다.

- 대판 2014. 1. 23, 2013다207996(영조물의 설치 관리의 하자)
  자연영조물로서 하천은 … 하천 관리주체로는 익사사고의 위험성이 있는 모든 하천구역에 대해 위험관리를 하는 것은 불가능하다. 그러므로 당해 하천의 현황과 이용 상황, 과거에 발생한 사고 이력 등을 종합적으로 고려하여 하천구역의 위험성에 비례하여 사회통념상 일반적으로 요구되는 정도의 방호조치의무를 다하였다면 하천의 설치·관리상의 하자를 인정할 수 없다.

다. 면책사유

- 대판 2003. 10. 23, 2001다48057(영조물책임의 면책을 인정한 예)
  100년 발생빈도의 강우량을 기준으로 책정된 계획홍수위를 초과하여 600년 또는 1,000년 발생빈도의 강우량에 의한 하천의 범람은 예측가능성 및 회피가능성이 없는 불가항력적인 재해로서 그 영조물의 관리청에게 책임을 물을 수 없다.

- 대판 2000. 5. 26, 99다53247(영조물책임의 면책을 부정한 예)
  집중호우로 제방도로가 유실되면서 그 곳을 걸어가던 보행자가 강물에 휩쓸려 익사한 경우, 사고 당일의 집중호우가 50년 빈도의 최대강우량에 해당한다는 사실만으로 불가항력에 기인한 것으로 볼 수 없다.

- 대판 1967. 2. 21, 66다1723(영조물하자의 판단기준)
  그 하자유무는 객관적 견지에서 본 안전성의 문제이고 그 설치자의 재정사정이나 영조물의 사용목적에 의한 사정은 안전성을 요구하는 데 대한 정도 문제로서 참작사유에는 해당할지언정 안전성을 결정지을 절대적 요건에는 해당하지 아니한다 할 것이다.

4) 배상금청구절차

- 대판 1981. 2. 10, 80누317(국가배상심의위원회의 결정의 행정처분성 여부)
  국가배상법에 의한 배상심의회의 결정은 행정처분이 아니므로 행정소송의 대상이 아니다.

48. 손실보상

- 대판 1998. 2. 27, 97다46450(구 수산업법 손실보상청구권의 법적 성질)
  구 수산업법 제81조 제1항 제1호 소정의 요건에 해당한다고 하여 보상을 청구하려는 자는 행정관청이 그 보상청구를 거부하거나 보상금액을 결정한 경우라도 이에 대한 행정소송을 제기할 것이 아니다. 이 경우에는 면허어업에 대한 처분을 한 행정관청(또는 그 처분을 요청한 행정관청)이 속한 권리주체인 지방자치단체(또는 국가)를 상대로 민사소송으로 직접 손실보상금지급청구를 하여야 한다.

- 대판 2006. 5. 18, 2004다6207; 대판 2012. 10. 11, 2010다23210(하천법의 손실보상청구권의 법적 성질)
  하천구역 편입토지에 대한 손실보상청구권은 공법상의 권리임이 분명하고, 따라서 그 손실보상을 둘러싼 쟁송은 사인 간의 분쟁을 대상으로 하는 민사소송이 아니라 공법상의 법률관계를 대상으로 하는 행정소송절차에 의하여야 할 것이다.

- 대판 1972. 11. 28, 72다1597(보상규정이 없는 경우에 손실보상을 인정한 예)
  토지구획정리사업으로 말미암아 본건 토지에 대한 환지를 교부하지 않고 그 소유권을 상실케 한데 대한 본건과 같은 경우에 손실보상을 하여야 한다는 규정이 본법에 없다 할지라도 이는 법리상 그 손실을 보상하여야 할 것이다.

- 헌재 1990. 6. 25, 89헌마107(개발이익배제의 원칙)

  헌법 제23조 제3항의 정당한 보상은 완전보상을 뜻하는 것이나 개발이익을 보상액에서 배제하는 것은 정당보상의 원리에 어긋나는 것이 아니며, 위 토지수용법의 규정이 헌법상 정당보상의 원리에 어긋나는 것이라 볼 수 없다. 그리고 평등의 원칙이 국가가 언제 어디에서 기본권에 관한 상황이나 제도의 개선을 시작할 것인지의 선택을 방해하는 것은 아니므로 일부 토지소유자로부터만 개발이익을 환수하는 것이 합리적 이유 없는 차별이라고는 할 수 없다.

- 대판 2011. 6. 10, 2010두26213(이주대책의 성질)

  공익사업을 위한 토지 등의 취득 및 보상에 관한 법률에 의한 이주대책제도는, 공익사업 시행으로 생활근거를 상실하게 되는 자에게 종전의 생활 상태를 원상으로 회복시키면서 동시에 인간다운 생활을 보장하여 주기 위한 이른바 생활보상의 일환으로 국가의 적극적이고 정책적인 배려에 의하여 마련된 제도이다.

- 대판 2011. 10. 13, 2009다43461(사업시행자를 상대로 영업 손실 보상청구소송을 제기할 수 있는지의 여부 – 적극)

  갑 등이 자신들의 농작물 경작지였던 각 토지가 공익사업을 위하여 수용되었음을 이유로 공익사업 시행자를 상대로 구 공익사업법에 의하여 농작물에 대한 농업손실보상을 청구한 사안에서, 원심으로서는 농업손실보상금 청구가 구 공익사업법에 규정된 재결절차를 거쳐 같은 법에 따른 당사자소송에 의한 것인지를 심리했어야 함에도, 이를 간과하여 갑 등이 재결절차를 거쳤는지를 전혀 심리하지 아니한 채 농업손실보상금 청구를 민사소송절차에 의하여 처리한 원심판결에는 농업손실보상금 청구의 소송형태에 관한 법리오해의 위법이 있다.

49. 행정심판

- 대판 1995. 9. 29, 95누5332(국민고충처리제도와 행정심판)

  ① 국민고충처리제도는 … 행정소송의 전치절차로서 요구되는 행정심판청구에 해당하는 것으로 볼 수 없다.
  ② 다만, 국민고충처리위원회에 접수된 신청서가 행정기관의 처분에 대하여 시정을 구하는 취지임이 내용상 분명한 것으로서 … 이를 당해 처분청 또는 그 재결청에 송부한 경우에 한하여 … 행정심판청구가 제기된 것으로 볼 수 있다.

- 대판 2002. 5. 24, 2000두3641(제3자와 행정심판법 제18조 제3항의 '정당한 사유')

  행정처분의 상대방이 아닌 제3자는 일반적으로 처분이 있는 것을 바로 알 수 없는 처지에 있으므로 처분이 있는 날로부터 180일이 경과하더라도 특별한 사유가 없는 한 행정심판법 제18조 제3항 단서 소정의 정당한 사유가 있는 것으로 보아 심판청구가 가능하다.

- 대판 1986. 5. 27, 86누127(반복금지효의 의미)
  양도소득세 및 방위세부과처분이 국세청장에 대한 불복심사청구에 의하여 그 불복사유가
  이유 있다고 인정되어 취소되었음에도 처분청이 동일한 사실에 관하여 부과처분을 되풀이
  한 것이라면 설령 그 부과처분이 감사원의 시정요구에 의한 것이라 하더라도 위법하다.

- 대판 2001. 5. 8, 2000두6916(행정심판 오고지 규정이 행정소송법에 적용되는지의 여부)
  잘못 알린 기간 내에 심판청구가 있으면 그 심판청구는 법정 심판청구기간 내에 제기된
  것으로 본다는 취지의 행정심판법 제18조 제5항의 규정은 행정심판 제기에 관하여 적용되
  는 규정이지, 행정소송 제기에도 당연히 적용되는 규정이라고 할 수 없다.

50. 행정소송

1) 행정소송의 한계

- 대판 1987. 3. 24, 86누356(구제적 사건성)
  행정소송의 대상이 될 수 있는 것은 구체적인 권리·의무에 관한 분쟁이어야 하고 … 구
  체적인 권리의무에 관한 분쟁을 떠나서 재무부령 자체의 무효확인을 구하는 청구는 행정
  소송의 대상이 아닌 사항에 대한 것으로서 부적법하다.

- 대판 1997. 9. 30, 97누3200(의무이행소송의 부인)
  현행 행정소송법상 행정청으로 하여금 일정한 행정처분을 하도록 명하는 이행판결을 구하
  는 소송이나 법원으로 하여금 … 행정처분을 직접 행하도록 하는 형성판결을 구하는 소송
  은 허용되지 아니한다.

- 대판 1987. 3. 24, 86누1182(예방적 부작위소송의 부인)
  신축건물의 준공처분을 하여서는 아니된다는 내용의 부작위를 구하는 원고의 예비적 청구
  는 행정소송에서 허용되지 아니하는 것이므로 부적합하다.

2) 행정소송의 목적(제1조)

3) 정의(제2조)

- 대판 2009. 9. 10, 2007두20638(거부처분의 성립요건)(동지 대판 2016. 11. 10, 2016두
  44674)
  국민의 적극적 신청행위에 대하여 행정청이 그 신청에 따른 행위를 하지 않겠다고 거부한
  행위가 항고소송의 대상이 되는 행정처분에 해당하는 것이라고 하려면, 그 신청한 행위가
  공권력의 행사 또는 이에 준하는 행정작용이어야 한다. 그리고 그 거부행위가 신청인의

법률관계에 어떤 변동을 일으키는 것이어야 하며, 그 국민에게 그 행위발동을 요구할 법규상 또는 조리상의 신청권이 있어야 한다.

- 대판 2009. 1. 30, 2007두7277(건축물대장 소관청의 용도변경신청 거부행위의 처분성 – 적극)
  건축물대장의 용도는 건축물의 소유권을 제대로 행사하기 위한 전제요건으로서 건축물 소유자의 실체적 권리관계에 밀접하게 관련되어 있다. 그러므로 건축물대장 소관청의 용도변경신청 거부행위는 국민의 권리관계에 영향을 미치는 것으로서 항고소송의 대상이 되는 행정처분에 해당한다.

- 대판 2009. 9. 24, 2009두2825(환경상 이익의 원고적격)
  환경상 이익에 대한 침해 또는 침해 우려가 있는 것으로 사실상 추정되어 원고적격이 인정되는 사람에는 환경상 침해를 받으리라고 예상되는 영향권 내의 주민들을 비롯하여 그 영향권 내에서 농작물을 경작하는 등 현실적으로 환경상 이익을 향유하는 사람도 포함된다. 그러나 단지 그 영향권 내의 건물·토지를 소유하거나 환경상 이익을 일시적으로 향유하는 데 그치는 사람은 포함되지 않는다.

- 헌재 1998. 4. 30, 97헌마141(헌법상의 기본권을 고려하여 법률상 이익 유무판단)
  설사 국세청장의 지정행위의 근거규범인 이 사건 조항들이 단지 공익만을 추구할 뿐 청구인 개인의 이익을 보호하려는 것이 아니라는 이유로 청구인에게 취소소송을 제기할 법률상 이익을 부정한다고 할 수 있다. 그렇다 하더라도 청구인의 기본권인 경쟁의 자유가 바로 행정청의 지정행위의 취소를 구할 법률상 이익이 된다 할 것이다.

- 대판 2006. 6. 22, 2003두1684 전합(부령으로 정한 제재적 처분기준에 따른 행정처분이 기간의 경과로 소멸된 경우, 그 처분의 취소를 구할 법률상 이익이 있는지 여부)
  ① 다수의견: 규칙이 정한 바에 따라 선행처분을 가중사유 또는 전제요건으로 하는 후행처분을 받을 우려가 현실적으로 존재하는 경우가 있다. 이러한 경우에는 선행처분을 받은 상대방은 비록 그 처분에서 정한 제재기간이 경과하였다 하더라도 그 처분의 취소소송을 통하여 그러한 불이익을 제거할 권리보호의 필요성이 충분히 인정된다고 할 것이다. 그러므로 선행처분의 취소를 구할 법률상 이익이 있다고 보아야 할 것이다.
  ② 소수의견: 다수의견이 위와 같은 경우 선행처분의 취소를 구할 법률상 이익을 긍정하는 결론에는 찬성한다. 그러나 그 이유에 있어서는 부령인 제재적 처분기준의 법규성을 인정하는 이론적 기초위에서 그 법률상 이익을 긍정하는 것이 법리적으로는 더욱 합당하다고 생각한다. … 부령인 시행규칙은 … 위임명령에 해당하고 … 대외적으로 국민이나 법원을 구속하는 법규명령에 해당한다고 보아야 한다.

- 헌재 2001. 6. 28, 2000헌마77(원처분주의의 예외)
  재결주의는 위법한 원처분을 다투는 것보다 재결을 다투어 그 효력을 배제하는 것이 효율적인 권리구제와 판결의 적절성을 담보하는 경우에 원처분에 대한 제소를 금지하고 재결에 대해서만 제소를 허용하는 것이다.

• 대판 1993. 8. 27, 93누3356(군의관의 신체등위판정의 행정행위성여부 – 소극)
병역법상 신체등위판정은 행정청이라고 볼 수 없는 군의관이 하도록 되어 있으며 … 그에 따라 지방병무청장이 병역처분을 함으로써 비로소 병역의무의 종류가 정하여지는 것이므로 항고소송의 대상이 되는 행정처분이라 보기 어렵다.

• 대판 2012. 9. 27, 2010두3541(처분의 해당여부기준)
항고소송의 대상이 되는 행정처분이라 함은 원칙적으로 행정청의 공법상 행위로서 특정 사항에 대하여 법규에 의한 권리의 설정 또는 의무의 부담을 명하거나 기타 법률상 효과를 발생하게 하는 등으로 일반 국민의 권리의무에 직접 영향을 미치는 행위를 가리키는 것이다. 하지만 어떠한 처분의 근거가 행정규칙에 규정되어 있다고 하더라도, 그 처분이 상대방에게 권리의 설정 또는 의무의 부담을 명하거나 기타 법적인 효과를 발생하게 하는 등으로 그 상대방의 권리의무에 직접 영향을 미치는 행위라면, 이 경우에도 항고소송의 대상이 되는 행정처분에 해당한다고 보아야 한다.

• 대판 2016. 7. 14, 2015두58645(처분여부의 판단방법)
행정처분에 해당하는 지 여부는 추상적·일반적으로 결정할 수 없고 구체적인 경우에 관련 법령의 내용과 취지, 그 행위의 주체·내용·형식·절차, 상대방 등 이해관계인이 입는 불이익과 그 행위의 실질적 견련성, 그리고 법치행정의 원리와 당해 행위에 관련한 행정청 및 이해관계인의 태도 등을 참작하여 개별적으로 결정하여야 한다.

4) 행정소송의 종류(제3조)

• 대판 2006. 5. 18, 2004다6207 전합(손실보상금의 지급이나 손실보상청구권의 확인을 구하는 소송의 형태)
하천법에 의한 보상청구권의 소멸시효가 만료된 하천구역의 보상에 관한 특별법의 규정들을 종합하면 … 손실보상청구권은 1984. 12. 31. 전에 토지가 하천구역으로 된 경우에는 당연히 발생되는 것이다. 그리고 관리청의 보상금지급결정에 의하여 비로소 발생하는 것은 아니다. 그러므로 위 규정들에 의한 손실보상금의 지급을 구하거나 손실보상청구권의 확인을 구하는 소송은 행정소송법 제3조 제2호 소정의 당사자소송에 의하여야 한다.

5) 항고소송(제4조)

• 대판 2005. 4. 15, 2004두10883(항고소송의 처분의 위법판단의 기준시점)
행정처분의 취소를 구하는 항고소송에 있어서 그 처분의 위법 여부는 처분 당시를 기준으로 판단하여야 하는 것이다.

- 대판 1989. 8. 8, 88누6139; 대판 2001. 6. 12, 99두8930(일부취소판결의 허용성 – 적극)
법령의 확정 및 그 해석적용은 법관의 직책에 속하는 것이어서 당사자의 주장여부에 구애
될 것이 아니다. 그러므로 과세관청인 피고가 세율을 잘못 적용하여 그 부과처분의 적부가
다투어지는 소송절차에서 원심이 바른 세율을 찾아내어 이를 적용한 결과 피고가 부과한
산출세액보다 많은 세금을 인정하였다. 그렇다 하더라도 원고가 취소를 구하는 부과처분 중
정당한 세액을 초과하는 위법의 부과부분이 있는 경우에는 그 부과처분은 위와 같이 정당
하게 인정된 과세표준과 세액을 초과하는 범위 내에서만 위법하여 취소의 대상이 된다.

- 대판 2006. 5. 25, 2003두11988(예방적 부작위소송 허용여부 – 소극)
행정소송법상 행정청이 일정한 처분을 하지 못하도록 그 부작위를 구하는 청구는 허용되
지 않는 부적법한 소송이라 할 것이다. 그러므로 피고 국민건강보험공단은 이 사건 고시
를 적용하여 요양급여비용을 결정하여서는 아니된다는 내용의 원고들의 위 피고에 대한
이 사건 청구는 부적법하다 할 것이다.

- 대판 2009. 6. 23, 2007두18062(일부취소판결의 허용성 – 소극)
처분을 할 것인지 여부와 처분의 정도에 관하여 재량이 인정되는 과징금 납부명령에 대하
여 그 명령이 재량권을 일탈하였을 경우, 법원으로서는 재량권의 일탈 여부만 판단할 수
있을 뿐이다. 그리고 재량권의 범위 내에서 어느 정도가 적정한 것인지에 관해서는 판단
할 수 없어 그 전부를 취소할 수밖에 없고, 법원이 적정하다고 인정하는 부분을 초과한
부분만 취소할 수는 없다.

5) 사건의 이송(제7조)

- 대판 1997. 5. 30, 95다28960(행정사건을 민사소송으로 제기한 경우의 법원의 조치)
원고가 고의 또는 중대한 과실 없이 행정소송으로 제기할 사건을 민사소송으로 잘못 제기
한 경우 수소법원으로서는 만약 그 행정소송에 대한 관할도 동시에 가지고 있다면 이를
항고소송으로 소 변경을 하도록 하여 그 1심법원으로 심리, 판단하여야 한다. 그리고 행정
소송에 관할을 가지고 있지 아니하다면 당해 소송이 행정소송으로서의 소송요건을 결하고
있음이 명백하여 행정소송으로 제기되었더라도 어차피 부적법하게 되는 경우가 아닌 이상
이를 부적법한 소라고 하여 각하할 것이 아니라 관할법원에 이송하여야 한다.

6) 법 적용례(제8조)

- 대결 1992. 7. 6, 92마54(가처분 허용여부 – 소극)
민사소송법상의 보전처분은 민사판결절차에 의하여 보호받을 수 있는 권리에 관한 것이므

로, 민사소송법상의 가처분으로써 행정청의 어떠한 행정행위의 금지를 구하는 것은 허용될 수 없다 할 것이다.

- 대판 2003. 8. 19, 2003두5037(민사소송법 준용에 의한 승계)
  국가유공자에 준하는 지원을 행함으로써 … 복리향상을 도모하기 위하여 당해 개인에게 부여되어진 일신전속적인 권리이다. 따라서 같은 법 규정에 비추어 상속의 대상으로도 될 수 없다고 할 것이므로 거부처분 취소청구소송은 원고의 사망과 동시에 종료하였고, 원고의 상속인들에 의하여 승계될 여지는 없다.

- 대판 2014. 3. 27, 2011다49981(실질적 확정력의 적용)
  확정판결의 기판력은 소송물로 주장된 법률관계의 존부에 관한 판단에 미치는 것이다. 그러므로 동일한 당사자 사이에서 전소의 소송물과 동일한 소송물에 대한 후소를 제기하는 것은 전소 확정판결의 기판력에 저촉되어 허용될 수 없다.

7) 관련 청구소송의 이송 및 병합(제10조)

- 대판 2009. 4. 9, 2008두23153(청구가 인용되기 위한 당해 처분의 취소확정 필요성 – 소극)
  행정소송법 제10조의 취지에 비추어 보면, 취소소송에 병합할 수 있는 당해 처분과 관련되는 부당이득반환소송에는 당해 처분의 취소를 선결문제로 하는 부당이득반환청구가 포함된다. 그리고 이러한 부당이득반환청구가 인용되기 위해서는 그 소송절차에서 판결에 의해 당해 처분이 취소되면 충분하고 그 처분의 취소가 확정되어야 하는 것은 아니라고 보아야 한다.

- 대판 2016. 7. 27, 2015두46994(주위적 · 예비적 관계의 예)
  국가유공자 요건 또는 보훈대상자 요건에 해당함을 이유로 국가유공자 비해당결정처분과 보훈보상대상자 비해당결정처분의 취소를 구하는 것은 동시에 인정될 수 없는 양립불가능한 관계에 있다고 보아야 하고, 이러한 두 처분의 취소청구는 원칙적으로 국가유공자 비해당결정처분 취소청구를 주위적 청구로 하는 주위적·예비적 관계에 있다고 보아야 한다.

8) 선결문제(제11조)

- 대판 1972. 4. 28, 72다337(손해배상 청구를 위한 취소판결의 필요성 – 소극)
  위법한 행정대집행이 완료되면 그 처분의 무효확인 또는 취소를 구할 소의 이익은 없다 하더라도, 미리 그 행정처분의 취소판결이 있어야만, 그 행정처분의 위법임을 이유로 한 손해배상 청구를 할 수 있는 것은 아니다.

9) 원고적격(제12조)

- 대판 2014. 2. 21, 2011두29052(법률상 보호되는 이익)
  법률상 보호되는 이익이란 당해 처분의 근거 법규 및 관련 법규에 의하여 보호되는 개별적, 직접적, 구체적 이익이 있는 경우를 말한다. 그러므로 공익보호의 결과로 국민 일반이 공통적으로 가지는 일반적, 간접적, 추상적 이익이 생기는 경우에는 법률상 보호되는 이익이 있다고 할 수 없다.

- 대판 2007. 1. 25, 2006두12289(제3자의 법률상 보호되는 이익)
  행정소송법 제12조에서 말하는 법률상 이익이란 당해 행정처분의 근거 법률에 의하여 보호되는 직접적이고 구체적인 이익을 말하고 당해 행정처분과 관련하여 간접적이거나 사실적, 경제적 이해관계를 가지는 데 불과한 경우는 여기에 포함되지 아니한다. 그러나 행정처분의 직접 상대방이 아닌 제3자라 하더라도 당해 행정처분으로 인하여 법률상 보호되는 이익을 침해당한 경우에는 취소소송을 제기하여 그 당부의 판단을 받을 자격이 있다.

- 대판 2008. 8. 11, 2006두18980(상고심 계속 중의 대학교원의 정년이 지난 경우 – 소극)
  구 교원지위 향상을 위한 특별법 제9조에 의한 재심청구를 한 대학교원이 그 재심청구를 기각한 교원징계재심위원회를 상대로 하여 당해 기각결정에 취소를 구하는 행정소송을 제기한 후 그 사건의 상고심 계속 중에 나이가 이미 대학교원의 정년에 달하거나 정년을 초과하게 된 경우이다. 이런 경우에는 가령 위 기각결정이 취소되어 재임용 심사를 다시 한다 하여도 대학교원으로서의 지위를 회복하는 것은 불가능하다. 그러므로 특별한 사정이 없는 한 그에 관한 행정소송은 소의 이익이 없어 부적법하다.

- 대판 2009. 1. 30, 2007두13487(지방의회의원 제명 취소소송 중 임기만료 경우 – 적극)
  지방의회의원에 대한 제명의결 취소소송 계속 중 의원의 임기가 만료된 사항에서, 제명의결의 취소로 의원의 지위를 회복할 수는 없다 하더라도 제명의결 시부터 임기만료까지의 기간에 대한 월정 수당에 대한 지급을 구할 수 있는 등 여전히 그 제명의결에 취소를 구할 법률상 이익이 있다.

- 대판 2009. 12. 10, 2009두8359(경원자에 대한 수익적 행정처분의 취소를 구할 원고적격)
  인허가 등의 수익적 행정처분을 신청한 수인이 서로 경쟁관계에 있어서 일방에 대한 허가 등의 처분이 타방에 대한 불허가 등으로 귀결될 수밖에 없는 때 허가 등의 처분을 받지 못한 자는 비록 경원자에 대하여 이루어진 허가 등 처분의 상대방이 아니라 하더라도 당해 처분의 취소를 구할 원고적격이 있다. 그러나 명백한 법적 장애로 인하여 원고 자신의 신청이 인용될 가능성이 처음부터 배제되어 있는 경우에는 당해 처분의 취소를 구할 정당한 이익이 없다.

- 대판 2010. 6. 10, 2009두10512(경영의 불합리 방지 목적의 경업자 소송가능여부 - 적극)
  면허나 인허가 등의 수익적 행정처분의 근거가 되는 법률이 해당 업자들 사이의 과당경쟁
  으로 인한 경영의 불합리를 방지하는 것도 그 목적으로 하고 있는 경우이다. 이런 경우에
  는 다른 업자에 대한 면허나 인허가 등의 수익적 행정처분에 대하여 미리 같은 종류의 면
  허나 인허가 등이 처분을 받아 영업을 하고 있는 기존의 업자는 경업자에 대하여 이루어
  진 면허나 인허가 등 행정처분의 상대방이 아니라 하더라도 당해 행정처분의 취소를 구할
  원고적격이 있다.

- 대판 2011. 9. 8, 2009두6766(납골당 밖 500미터 내의 주민의 원고적격 - 적극)
  납골당 설치장소에서 500m 내에 20호 이상의 인가가 밀접한 지역에 거주하는 주민들에게
  는 납골당이 누구에 의하여 설치되는지를 따질 필요 없이 납골당 설치에 대하여 환경이익
  침해, 또는 침해우려가 있는 것으로 사실상 추정되어 원고적격이 인정된다.

- 대판 2016. 8. 30, 2015두60617(권리보호의 필요)
  비록 행정처분의 위법을 이유로 취소판결을 받더라도 그 처분에 의하여 발생한 위법상태
  를 원상으로 회복시키는 것이 불가능한 경우에는 원칙적으로 그 취소를 구할 소의 이익이
  없다. 다만 원상회복이 불가능하더라도 그 취소로 회복할 수 있는 다른 권리나 이익이 남
  아있는 경우에만 예외적으로 소의 이익이 인정될 수 있을 뿐이다.

10) 피고적격(제13조)

- 대판 2009. 7. 9, 2007두16608(저작권 등록처분에 대한 무효확인소송에서 피고적격)
  저작권 심의조정위원회가 저작권등록업무에 처분청으로써 그 등록처분에 대한 무효확인소
  송에서 피고적격을 가진다. 그러므로 저작권 심의조정회 위원장을 피고로 하여 저작권 등
  록처분에 무효확인을 구하는 소는 피고적격이 없는 자를 상대로 하는 것이어서 부적법하
  다.

11) 피고경정(제14조)

- 대결 2006. 2. 23, 2005부4(피고경정 허가결정에 대한 종전피고의 불복방법)
  행정소송에서 피고경정 신청이 이유있다 하여 인용한 결정에 대하여는 종전 피고는 항고
  제기의 방법으로 불복 신청할 수 없다. 그리고 행정소송법 제8조 제2항에 의하여 준용되
  는 민사소송법 제449조 소정의 특별항고가 허용될 뿐이다.

12) 제3자의 소송참가(제16조)

- 대판 2000. 9. 8, 99다26924(보조참가의 요건)
  소송사건에 보조참가를 하려면 당해 소송의 결과에 대하여 이해관계가 있어야 한다. 그리고 이해관계라 함은 사실상, 경제상, 또는 감정상의 이해관계가 아니라 법률상의 이해관계를 가리킨다.

13) 행정청의 소송참가(제17조)

- 대판 2002. 9. 4, 99두1519(행정청의 민사소송법상 보조참가 가부 - 소극)
  민사소송법 제71조에 의한 보조참가를 할 수 있는 제3자는 민사소송법상의 당사자능력 및 소송능력을 갖춘 자이어야 한다. 그러므로 그러한 당사자능력 및 소송능력이 없는 행정청으로서는 민사소송법상의 보조참가를 할 수는 없고 다만 행정소송법 제17조 제1항에 의한 소송참가를 할 수 있을 뿐이다.

14) 행정심판과의 관계(제18조)

- 대판 1982. 12. 28, 82누7(전심절차 이행여부가 직권조사사항인지 여부 - 적극)
  행정소송에 전제인 전심절차를 적법하게 걸친 여부는 당사자의 주장유무에 불구하고 법원이 직권으로 조사할 사항이다.

15) 취소소송의 대상(제19조)

- 대판 2001. 7. 27, 99두2970(적법한 행정심판청구를 각하한 재결)
  행정심판 청구가 부적법하지 않음에도 각하한 재결은 심판청구인의 실체심리를 받을 권리를 박탈한 것으로서 원 처분에 없는 고유한 하자가 있는 경우에 해당하고, 따라서 위 재결은 취소소송의 대상이 된다.

16) 제소기간(제20조)

- 대판 2008. 6. 12, 2007두16875(행정심판법 제18조 제6항이 행소제기에의 유추적용 가부 - 소극)
  행정심판법 제18조 제6항에 의하면 행정청이 심판청구기간을 알리지 아니한 때에는 같은 조 제3항의 기간 즉, 처분이 있은 날로부터 180일 이내에 심판청구를 할 수 있다고 규정되어 있다. 하지만 이러한 규정은 행정심판제기에 관하여 적용되는 규정이지 행정소송의 제기에도 당연히 유추 적용되는 규정이라고 할 수는 없다.

17) 소의 변경(제21조)

- 대판 1992. 12. 24, 92누3335(취소소송을 당사자소송으로 변경할 시 제소기간 준수여부)
  취소소송을 제기하였다가 나중에 당사자소송으로 변경하는 경우에는 행정소송법 제21조 제4항, 제14조 제4항에 따라 처음부터 당사자소송을 제기한 것으로 보아야 한다. 그러므로 당초에 취소소송이 적법한 기간 내에 제기된 경우에는 당사자소송의 제소기간을 준수한 것으로 보아야 할 것이다.

18) 처분변경으로 인한 소의 변경(제22조)

- 대판 1999. 11. 26, 99두9407(행정소송에서 민사소송법상의 청구변경이 인정되는지 – 적극)
  행정소송법 제21조와 제22조가 정하는 소의 변경은 그 법조에 의하여 특별히 인정되는 것으로써 민사소송법상의 소의 변경을 배척하는 것이 아니다. 그러므로 행정소송의 원고는 행정소송법 제8조 제2항에 의하여 준용되는 민사소송법 제235조에 따라 청구의 기초에 변경이 없는 한도에서 청구의 취지 또는 원인을 변경할 수 있다.

19) 집행정지(제23조)

- 대결 2007. 11. 30, 2006무14(행정처분에 대한 집행정지 결정의 효력시한)
  행정소송법 제23조에 의한 집행정지결정의 효력은 결정주문에서 정한 시기까지 존속하며 그 시기의 도래와 동시에 효력이 당연히 소멸하는 것이다.

- 대결 2008. 8. 26, 2008무51(행정처분의 효력정지나 집행정지를 구하는 신청사건의 판단)
  행정처분의 효력정지나 집행정지를 구하는 신청사건에 있어서는 위 조항 소정의 요건의 존부만이 판단의 대상이 되는 것이다. 그리고 행정처분 자체의 적법 여부는 궁극적으로 본안 재판에서 심리를 거쳐 판단할 성질의 것이어서 신청사건에서는 판단의 대상이 되지 아니한다.

20) 집행정지의 취소(제24조)

- 대결 1970. 11. 20, 70그4(정지기간이 지났어도 정지결정이 취소되는 경우 정지기간의 진행)
  탁주제조 정지처분의 정지기간이 그 효력집행정지결정으로 이미 지나갔다 하여도 그 정지결정이 취소되면 그 정지기간은 특별한 사유가 없는 한 이때부터 다시 진행한다. 행정처분효력정지결정으로 행정청의 지정기간이 지나갔다 하여도 그 집행정지결정은 잠정적으로 그 처분의 집행 그 자체 내지 그 처분의 효력발생을 정지할 따름이다. 그리고 그 정지결정이 취소되면 그 정지기간은 특별한 사정이 없는 한 이때부터 다시 진행한다 할 것이므로 그 집행정지결정을 취소할 실익이 있다.

21) 직권심리(제26조)

- 대판 1994. 4. 26, 92누17402(행정소송에서의 직권심리의 범위 – 변론주의 보충설)

  행정소송법 제26조가 규정하는 바는 행정소송의 특수성에서 연유하는 당사자주의, 변론주의에 대한 일부 예외규정일 뿐 법원이 아무런 제한 없이 당사자가 주장하지 아니한 사실을 판단할 수 있는 것은 아니다. 그리고 기록상 현출되어 있는 상황에 관하여서만 직권으로 증거조사를 하고 이를 기초로 하여 판단할 수 있을 따름이다.

- 대판 2011. 5. 26, 2010두28106(기본적 사실관계의 동일성 판단기준)

  행정처분이 적법한지는 특별한 사정이 없는 한 처분당시 사유를 기준으로 판단하면 된다. 그리고 처분청이 처분당시 적시한 구체적 사실을 변경하지 아니하는 범위 내에서 단지 처분의 근거법령만을 추가, 변경하는 것은 새로운 처분사유를 추가하는 것이라고 볼 수 없다. 그러나 처분의 근거법령을 변경하는 것이 종전 처분과 동일성을 인정할 수 없는 별개의 처분을 하는 것과 다름없는 경우에는 허용될 수 없다.

22) 재량처분의 취소(제27조)

- 대판 2007. 5. 11, 2007두1811(행정처분의 위법여부 판단의 기준시점)

  행정소송에서 행정처분의 위법여부는 행정처분이 행하여졌을 때의 법령과 사실상태를 기준으로 하여 판단하여야 한다. 그리고 처분 후 법령의 개폐나 사실상태의 변동에 의하여 영향을 받지는 않는다.

- 대판 2014. 10. 30, 2012두25125(행정처분의 적법여부의 기준시점)

  항고소송에서 행정처분의 적법여부는 특별한 사정이 없는 한 행정처분 당시를 기준으로 하여 판단하여야 한다.

23) 사정판결(제28조)

- 대판 2009. 12. 10, 2009두8359(사정판결제도의 위헌여부 – 소극)

  사정판결을 할 경우 미리 원고가 입게 될 손해의 정도와 구제방법, 그 밖의 사정을 조사하여야 한다. 그리고 원고는 피고인 행정청이 속하는 국가 또는 공공단체를 상대로 손해배상 등 적당한 구제방법의 청구를 당해 취소소송 등이 계속된 법원에 청구할 수 있는 점 등에 비추어 보면 사정판결제도가 법치행정에 반하는 위헌적인 제도라고 할 것은 아니다.

- 대판 2016. 7. 14, 2015두4167(사정판결의 요건에 대한 법원의 조치)

  사정판결은 처분이 위법하나 공익상 필요 등을 고려하여 취소하지 아니하는 것일 뿐 처분이 적법하다고 인정하는 것은 아니므로, 사정판결의 요건을 갖추었다고 판단되는 경우 법원으로서는 행정소송법 제28조 제2항에 따라 원고가 입게 될 손해의 정도와 배상방법, 그 밖의 사정에 관하여 심리하여야 한다.

24) 취소판결 등의 효력(제29조)

- 대판 1991. 10. 11, 90누5443(확정판결의 형성력 발생에 행정처분 취소통지 등의 요부 – 소극)
  행정처분을 취소한다는 확정판결이 있으면 그 취소판결의 형성력에 의하여 당해 행정처분의 취소나 취소통지 등의 별도의 절차를 요하지 아니하고 당연히 취소의 효과가 발생한다.

25) 취소판결 등의 기속력(제30조)

- 대결 2004. 1. 15, 2002무30(사실심변론 종결 후 사유에 의한 재차 거부)
  거부처분 취소 확정판결의 당사자인 처분행정청은 그 행정소송의 사실심 변론종결 이후 발생한 새로운 사유를 내세워 다시 이전의 신청에 대한 거부처분을 할 수 있다. 그리고 그러한 처분도 행정소송법 제30조 제2항에 규정된 재처분에 해당한다고 할 것이다.

- 대판 2011. 10. 27, 2011두14401(행정청이 다시 거부처분을 한 경우 행정소송법 제30조 2항에 규정된 재처분에 해당되는지의 여부)
  행정소송법 제30조 제2항의 규정에 의하면, 행정청의 거부처분을 취소하는 판결이 확정된 경우에는 그 처분을 행한 행정청이 판결의 취지에 따라 이전의 신청에 대하여 재처분을 할 의무가 있다. 행정처분의 적법여부는 그 행정처분이 행하여진 때의 법령과 사실을 기준으로 판단하는 것이다. 그러므로 확정판결의 당사자인 처분 행정청은 종전 처분 후에 발생한 새로운 사유를 내세워 다시 거부처분을 할 수 있고, 그러한 처분도 위 조항에 규정된 재처분에 해당한다.

26) 제3자에 의한 재심청구(제31조)

- 대판 1995. 9. 15, 96누6762(입증책임)
  자기에게 책임 없는 사유에 관한 입증책임은 그러한 사유를 주장하는 제3자에게 있다. 더욱이 제3자가 종전 소송이 계속 중임을 알고 있었다고 볼 만한 사정이 있는 경우에는 종전 소송이 계속 중임을 알지 못하였다는 점을 제3자가 적극적으로 입증하여야 한다.

27) 거부처분취소판결의 간접강제(제34조)

- 대결 2002. 12. 11, 2002무22(거부처분 취소판결의 간접강제신청에 필요한 요건)
  거부처분에 대한 취소의 확정판결이 있음에도 행정청이 아무런 재처분을 하지 아니하거나 재처분을 하였다 하더라도 그것이 종전 거부처분에 대한 취소의 확정판결에 기속력에 반하는 등으로 당연무효라면 이는 아무런 재처분을 하지 아니한 때와 마찬가지라 할 것이다. 그러므로 이러한 경우에는 행정소송법 제30조 제2항 제34조 제1항 등에 의한 간접강제신청에 필요한 요건을 갖춘 것으로 보아야 한다.

28) 무효등확인소송의 원고적격(제35조)(무효확인의 소의 보충성에 대한 신구판례)

- 대판 2001. 9. 18, 99두11752(구판례 – 무효확인의 보충성 필요 판례)
  행정처분에 대한 무효확인의 소에 있어서 확인의 이익은 그 대상인 법률관계에 대하여 당사자 사이에 분쟁이 있고, 그로 인하여 원고의 권리 또는 법률상의 지위에 불안·위험이 있어 판결로써 그 법률관계의 존부를 확정하는 것이 위 불안·위험을 제거하는 데 필요하고도 적절한 경우에 인정되는 것이다. 그리고 소유자 아닌 다른 사람이 행정청으로부터 건물에 대한 사용승인의 처분을 받아 이를 사용·수익함으로써 소유자의 권리행사가 방해를 받고 있는 경우 사용승인의 처분이 그러한 침해행위까지 정당화하는 것은 아니다. 그러므로, 건물의 소유자로서는 사용승인처분에 대한 무효확인의 판결을 받을 필요 없이 직접 민사소송을 제기하여 소유권에 기한 방해의 제거나 예방을 청구함으로써 그 소유물에 대한 권리를 보전하려는 목적을 달성할 수가 있다. 따라서 그 사용승인처분에 대하여 무효확인을 구하는 것은 분쟁해결에 직접적이고도 유효·적절한 수단이라 할 수 없어 소의 이익이 없다.

- 대판 1990. 9. 28, 89누6396(구판례 – 무효확인의 소의 보충성 필요 판례)
  행정처분의 부존재확인소송은 행정처분의 부존재확인을 구할 법률상 이익이 있는 자만이 제기할 수 있다. 그리고 여기에서의 법률상 이익은 원고의 권리 또는 법률상 지위에 현존하는 불안, 위험이 있고 그 불안, 위험을 제거함에는 확인판결을 받는 것이 가장 유효적절한 수단일 때 인정되는 것이다.

- 대판 2008. 3. 20, 2007두6342 전합(무효확인소송의 보충성 불요 판례)
  … 그리고 무효확인소송의 보충성을 규정하고 있는 외국의 일부 입법례와 달리 우리나라 행정소송법에는 명문의 규정이 없어 이로 인한 명시적 제한이 존재하지 않는다 … 행정처분의 근거 법률에 의하여 보호되는 직접적이고 구체적인 이익이 있는 경우에는 행정소송법 제35조에 규정된 '무효확인을 구할 법률상 이익'이 있다고 보아야 한다. 그리고 이와 별도로 무효확인소송의 보충성이 요구되는 것은 아니므로 행정처분의 무효를 전제로 한 이행소송 등과 같은 직접적인 구제수단이 있는지 여부를 따질 필요가 없다고 해석함이 상당하다.

- 대판 2012. 12. 13, 2010두20782 · 2010두20799 병합(무효등확인소송의 입증책임)
  행정처분의 당연무효를 주장하여 그 무효확인을 구하는 원고에게 그 행정처분이 무효인 사유를 증명할 책임이 있다.

29) 부작위 위법확인소송의 원고적격(제36조)

- 대판 1999. 12. 7, 97누17568(부작위위법확인소송의 적법요건)

  당사자가 행정청에 대하여 어떠한 행정행위를 하여 줄 것을 요구할 수 있는 법규상 또는 조리상 권리를 갖고 있지 아니한 경우에는 원고적격이 없거나 항고소송의 대상인 위법한 부작위가 있다고 볼 수 없어 그 부작위위법확인의 소는 부적법하다.

- 대판 2009. 7. 23, 2008두10560(부작위위법확인의 소)

  행정청이 위와 같은 권리자의 신청에 대해 아무런 적극적 또는 소극적 처분을 하지 않고 있다면 그러한 행정청의 부작위는 위법하다. 부작위위법확인의 소는 부작위 상태가 계속되는 한 그 위법의 확인을 구할 이익이 있다고 보아야 하므로 원칙적으로 제소기간의 제한을 받지 않는다. 그러나 행정소송법 제38조 제2항이 제소기간을 규정한 같은 법 제20조를 부작위위법확인소송에 준용하고 있는 점에 비추어 보면, 행정심판 등 전심절차를 거친 경우에는 행정소송법 제20조가 정한 제소기간 내에 부작위위법확인의 소를 제기하여야 한다.

30) 당사자소송의 피고적격(제39조)

- 대판 2000. 9. 8, 99두2765(납세의무 부존재 확인의 소의 성격 및 피고적격)

  납세의무 부존재 확인의 소는 공법상의 법률관계 그 자체를 다투는 소송으로서 당사자소송이라 할 것이다. 그러므로 행정소송법 제3조 제2호, 제39조에 의하여 그 법률관계의 한쪽 당사자인 국가·공공단체 그 밖의 권리주체가 피고적격을 가진다.

- 대판 2013. 3. 21, 2011다95564 전합(당사자소송의 적용 예)

  납세의무자에 대한 국가의 부가가치세 환급세액 지급의무에 대응하는 국가에 대한 납세의무자의 부가가치세 환급세액 지급청구는 민사소송이 아니라 행정소송법 제3조 제2호에 규정된 당사자소송의 절차에 따라야 한다.

31) 민중소송 및 기관소송의 소의 제기(제45조)

- 대판 1987. 3. 24, 86누656(추상적 법령의 행정소송 가부)

  국유재산법 시행규칙 제58조 제1항이 국유재산법 시행령 제58조 제2항에 위반하여 무효이다. 그러므로 그 확인을 구한다는 소는 행정소송법 제3조 제3항에 규정한 민중소송이고 이는 동법 45조에 의하여 법률이 정하는 경우에 한하여 제기할 수 있다.

- 대판 2004. 5. 27, 2003추68(예산삭감 조정 재의결과 제소)

  지방자치법 제98조(현행 제107조)는 지방의회의 의결이 월권 또는 법령에 위반되거나 공익을 현저히 해한다고 인정한 때에는 재의를 요구할 수 있다고 규정한다. 이 경우 법령자체에 위반되는 예산삭감의 경우에는 지방자치법 제99조(현행 제108조)에 해당하는 경우보다 그 시정의 필요성이 더한 점, 지방자치법 제99조의 규정이 이에 해당하지 않는 예산에 관련된 모든 의결의 재의를 봉쇄하고 있다고는 보이지 않는 점 등을 고려한다. 이럴 경우 예산삭감에 관한 의결도 지방자치법 제98조 제1항의 요건을 충족할 경우에는 그 조문에 의하여 재의 여부가 가능하고 지방의회가 같은 내용으로 재의결을 할 때에는 법령위반이라고 인정되는 경우 소를 제기할 수 있다고 해석된다.

전원합의체 판례선집
(선고일자순)

- 대판 1965. 4. 22, 63누200 전합(소청심의회의 결정의 준 재판성)
  귀속재산에 관한 지방관재기관의 귀속재산처리에 대한 소청심의회 결정이 원래 행정처분의 성격을 가진 것이라 할 것이다. 그러나 실질적인 면에서 본다면 쟁송의 절차를 통한 준 재판이라 할 것인 만큼 이러한 성질을 가진 소청 재결청의 판정은 일반 행정처분과는 달리 재심 기타 특별한 규정이 없는 한 재결청인 소청심의회 자신이 취소변경할 수는 없다.

- 대판 1980. 6. 10, 80누6 전합(신뢰보호원칙에서의 선행조치)
  국세기본법 제18조 제2항의 규정은 납세자의 권리보호와 과세관청에 대한 납세자의 신뢰보호에 그 목적이 있는 것이므로 … 피고가 수출확대라는 공익상 필요에서 한 건도 이를 부과한 일이 없었다면 납세자인 원고는 그것을 믿을 수 밖에 없고 그로써 비과세의 관행이 이루어졌다고 보아도 무방하다.

- 대판 1981. 1. 23, 80도2756 전합(계엄선포의 당부에 관한 사법적 판단의 가부 – 소극)
  1972. 12. 27.에 개정공포된 대한민국 헌법이 무효라고 보아야 할 근거는 없고, 대통령의 판단결과로 비상계엄이 선포되었을 경우 그 선포는 고도의 정치적, 군사적 성격을 지니고 있는 행위라 할 것이므로 그것이 누구나 일견해서 헌법이나 법률에 위반되는 것으로 명백하게 인정될 수 있는 것이면 몰라도 그렇지 아니한 이상 고도의 정치적, 군사적 성격을

갖고 있는 비상계엄선포를 가리켜 당연무효라고 단정할 수 없다 할 것이며 그 계엄선포의 당, 부당을 판단할 권한은 사법부에는 없다.

- 대판 1993. 1. 19, 91누8050 전합(수용재결처분이 무효인 경우 수용재결 자체에 대한 무효확인을 소구할 수 있는지의 여부 – 적극)
  토지수용에 관한 중앙 또는 지방토지수용위원회의 수용재결이 그 성질에 있어 구체적으로 일정한 법률효과의 발생을 목적으로 하는 점에서 일반의 행정처분과 전혀 다를 바 없으므로 수용재결처분이 무효인 경우에는 그 재결자체에 대한 무효확인을 소구할 수 있다.

- 대판 1995. 7. 11, 94누4615 전합(하자 있는 행정처분이 당연무효인지를 판별하는 기준)
  하자 있는 행정처분이 당연무효가 되기 위하여는 그 하자가 법규의 중요한 부분을 위반한 중대한 것으로서 객관적으로 명백한 것이어야 한다. 그리고 하자가 중대하고 명백한 것인지 여부를 판별함에 있어서는 그 법규의 목적, 의미, 기능 등을 목적론적으로 고찰함과 동시에 구체적 사안 자체의 특수성에 관하여도 합리적으로 고찰함을 요한다.

- 대판 1995. 10. 7, 94누14148 전합(처분의 효력이 소멸된 경우의 소익)
  일반적으로 행정처분의 효력기간이 정하여져 있는 경우 그 처분의 효력 또는 집행이 정지된 바 없다면 위 기간의 경과로 그 행정처분의 효력은 상실되므로 그 기간의 경과 후에는 그 처분이 외형상 잔존함으로 인하여 어떠한 법률상 이익이 침해되고 있다고 볼 만한 별다른 사정이 없는 한 그 처분의 취소를 구할 법률상 이익은 없다. … 행정명령에 불과한 각종 규칙상의 행정처분 기준에 관한 규정에서 위반 횟수에 따라 가중처분하도록 되어 있다고 하더라도 법률상 이익이 있다고 할 수 없다.

- 대판 1995. 11. 16, 95누8850 전합(행정처분에 대한 일부 철회의 요건)
  외형상 하나의 행정처분이라 하더라도 가분성이 있거나 그 처분대상의 일부가 특정될 수 있다면 그 일부만의 취소도 가능하고 그 일부의 취소는 당해 취소부분에 관하여 효력이 생긴다고 할 것이다. 그리고 이는 한 사람이 여러 종류의 자동차 운전면허를 취득한 경우 그 각 운전면허를 취소하거나 그 운전면허의 효력을 정지함에 있어서도 마찬가지이다.

- 대판 1996. 2. 15, 94다31235 전합(조합원 자격 확인을 구하는 소송의 성질)
  구 도시재개발법에 의한 재개발조합은 조합원에 대한 법률관계에서 적어도 특수한 존립목적을 부여받은 특수한 행정주체로서 국가의 감독 하에 그 존립 목적인 특정한 공공사무를 행하고 있다고 볼 수 있는 범위 내에서는 공법상의 권리의무 관계에 서 있다. 따라서 조합을 상대로 한 쟁송에 있어서 강제가입제를 특색으로 한 조합원의 자격 인정 여부에 관하여 다툼이 있는 경우에는 그 단계에서는 아직 조합의 어떠한 처분 등이 개입될 여지는 없으므로 공법상의 당사자소송에 의하여 그 조합원 자격의 확인을 구할 수 있다.

- 대판 1996. 5. 16, 95누4810 전합(인가처분 취소소송)

  인가처분에 하자가 없다면 기본행위에 하자가 있다 하더라도 따로 그 기본행위의 하자를 다투는 것은 별론으로 하고 기본행위의 무효를 내세워 바로 그에 대한 행정청의 인가처분의 취소 또는 무효확인을 소구할 법률상의 이익이 없다.

- 대판 2001. 2. 15, 96다42420 전합(군인과의 **공동불법행위**에서의 **민간인의 구상권** 제한)

  공동불법행위자 등이 부진정 연대채무자로서 각자 피해자에게 손해전부를 배상할 의무를 부담하는 공동불법행위의 일반적인 경우와는 달리 예외적으로 민간인은 피해 군인 등에 대하여 그 손해 중 국가 등이 민간인에 대한 구상의무를 부담한다면 그 내부적인 관계에서 부담하여야 할 부분을 제외한 나머지 자신의 부담부분에 한하여 손해배상의무를 부담한다. 그리고 한편 국가 등에 대하여서는 그 귀책부분의 구상을 청구할 수 없다고 해석함이 상당하다 할 것이다.

- 대판 2003. 2. 20, 2001두5347(공정거래법에 의한 시정명령의 명확성 정도)

  독점규제 및 공정거래에 관한 법률에 의한 시정명령이 지나치게 구체적인 경우 매일 매일 다소간의 변형을 거치면서 행해지는 수많은 거래에서 정합성이 떨어져 결국 무의미한 시정명령이 되므로 그 본질적인 속성상 다소간의 포괄성, 추상성을 띨 수밖에 없다 할 것이고, 한편 시정명령제도를 둔 취지에 비추어 시정명령의 내용은 과거의 위반행위에 대한 중지는 물론 가까운 장래에 반복될 우려가 있는 동일한 유형의 행위의 반복금지까지 명할 수는 있는 것으로 해석함이 타당하다.

- 대판 2004. 4. 22, 2000두7735 전합(교수 임용기간만료의 통지의 처분성 – 적극)

  기간제로 임용되어 임용기간이 만료된 국·공립대학의 조교수는 교원으로서의 능력과 자질에 관하여 합리적인 기준에 의한 공정한 심사를 받아 위 기준에 부합되면 특별한 사정이 없는 한 재임용되리라는 기대를 가지고 재임용 여부에 관하여 합리적인 기준에 의한 공정한 심사를 요구할 법규상 또는 조리상 신청권을 가진다고 할 것이다. 따라서 임용권자가 임용기간이 만료된 조교수에 대하여 재임용을 거부하는 취지로 한 임용기간만료의 통지는 위와 같은 대학교원의 법률관계에 영향을 주는 것으로서 행정소송의 대상이 되는 처분에 해당한다.

- 대판 2004. 4. 22, 2003두9015 전합(지목변경신청 반려행위의 성격)

  지목은 토지소유권을 제대로 행사하기 위한 전제조건으로서 토지 소유자의 실체적 권리관계에 밀접하게 관련되어 있다. 그러므로 지적공부 소관청의 지목 변경 신청 반려행위는 국민의 권리관계에 영향을 미치는 것으로서 항고소송의 대상이 되는 행정처분에 해당한다.

- 대판 2006. 3. 16, 2006두330 전합(환경영향평가대상지역 외 주민의 원고적격)

  헌법 제35조 제1항에서 정하고 있는 환경권에 관한 규정만으로는 그 권리의 주체·대상·

내용·행사방법 등이 구체적으로 정립되어 있다고 볼 수 없다. 그리고 환경정책기본법 제6조도 … 국민에게 구체적인 권리를 부여한 것으로 볼 수 없다. 그러므로 환경영향평가 대상지역 밖에 거주하는 주민에게 헌법상의 환경권 또는 … 공유수면매립면허처분과 농지개량사업 시행인가처분의 무효확인을 구할 원고적격이 없다.

- 대판 2006. 4. 20, 2002두1878 전합(과세관청의 소득처분에 따른 소득금액변동통지의 처분성 - 적극)

  과세관청의 소득처분과 그에 따른 소득금액변동통지가 있는 경우 원천징수의무자인 법인은 소득금액변동통지서를 받은 날에 그 통지서에 기재된 소득의 귀속자에게 당해 소득금액을 지급한 것으로 의제되어 그 때 원천징수하는 소득세의 납세의무가 성립함과 동시에 확정된다. 그리고 원천징수의무자인 법인으로서는 원천징수세액을 그 다음달 10일까지 관할 세무서장 등에게 납부하여야 할 의무를 부담하므로 소득금액변동통지는 원천징수의무자인 법인의 납세의무에 직접 영향을 미치는 과세관청의 행위로서, 항고소송의 대상이 되는 조세행정처분이라고 봄이 상당하다.

- 대판 2006. 5. 18, 2004다6207 전합(손실보상청구권의 확인을 구하는 소송의 형태 - 당사자소송)

  하천법 부칙 제2조와 '개정법률 3782호 하천법 중 개정법률 부칙 제2조의 규정에 의한 보상청구권의 소멸시효가 만료된 하천구역 편입 토지 보상에 관한 특별조치법' 제2조, 제6조의 각 규정들을 종합하면, 위 규정들에 의한 손실보상청구권은 1984. 12. 31. 전에 토지가 하천구역으로 된 경우에는 당연히 발생되는 것이다. 그리고 관리청의 보상금지급결정에 의하여 비로소 발생하는 것은 아니므로, 위 규정들에 의한 손실보상금의 지급을 구하거나 손실보상청구권의 확인을 구하는 소송은 행정소송법 제3조 제2호 소정의 당사자소송에 의하여야 한다.

- 대판 2006. 6. 22, 2003두1684 전합(부령으로 정한 제재적 처분기준에 따른 행정처분이 기간의 경과로 소멸된 경우, 그 처분의 취소를 구할 법률상 이익이 있는지 여부)

  ① 다수의견: 규칙이 정한 바에 따라 선행처분을 가중사유 또는 전제요건으로 하는 후행처분을 받을 우려가 현실적으로 존재하는 경우가 있다. 이러한 경우에는 선행처분을 받은 상대방은 비록 그 처분에서 정한 제재기간이 경과하였다 하더라도 그 처분의 취소소송을 통하여 그러한 불이익을 제거할 권리보호의 필요성이 충분히 인정된다고 할 것이다. 그러므로 선행처분의 취소를 구할 법률상 이익이 있다고 보아야 할 것이다.

  ② 소수의견: 다수의견이 위와 같은 경우 선행처분의 취소를 구할 법률상 이익을 긍정하는 결론에는 찬성한다. 그러나 그 이유에 있어서는 부령인 제재적 처분기준의 법규성을 인정하는 이론적 기초위에서 그 법률상 이익을 긍정하는 것이 법리적으로는 더욱 합당하다고 생각한다. … 부령인 시행규칙은 … 위임명령에 해당하고 … 대외적으로

국민이나 법원을 구속하는 법규명령에 해당한다고 보아야 한다.

- 대판 2006. 11. 16, 2003두12899 전합(변리사 1차 시험 상대평가제 환원사건)

제1차 시험을 '절대평가제'에서 '상대평가제'로 환원하는 내용의 변리사법 시행령에서 … 제1차 시험실시를 불과 2개월밖에 남겨놓지 않은 시점에서 … 합격기준이 변경됨으로 신뢰가 크게 손상되었다. 그리고 … 개정 시행령에 의하여 상대평가제를 도입함으로써 거둘 수 있는 공익적 목적은 2002년의 변리사 제1차 시험에 적용하면서까지 이를 실현하여야 할 합리적인 이유가 있다고 보기 어렵다. … 그러므로 개정 시행령 부칙 중 제4조 제1항을 즉시 2002년의 변리사 제1차 시험에 대하여 시행하도록 그 시행시기를 정한 부분은 헌법에 위반되어 무효이다.

- 대판 2008. 3. 20, 2007두6342 전합(무효확인소송의 보충성 불요 판례)

… 무효확인소송의 보충성을 규정하고 있는 외국의 일부 입법례와 달리 우리나라 행정소송법에는 명문의 규정이 없어 이로 인한 명시적 제한이 존재하지 않는다. … 행정처분의 근거 법률에 의하여 보호되는 직접적이고 구체적인 이익이 있는 경우에는 행정소송법 제35조에 규정된 '무효확인을 구할 법률상 이익'이 있다고 보아야 한다. 그리고 이와 별도로 무효확인소송의 보충성이 요구되는 것은 아니므로 행정처분의 무효를 전제로 한 이행소송 등과 같은 직접적인 구제수단이 있는지 여부를 따질 필요가 없다고 해석함이 상당하다.

- 대판 2008. 4. 17, 2005두16185 전합(보상금의 지급에 관한 결정의 처분성 여부 – 적극)

'민주화운동 관련자 명예회복 및 보상 등에 관한 법률' 제2조 제1호, 제2호 본문, 제4조, 제10조, 제11조, 제13조 규정들의 취지와 내용에 비추어 보면, 같은 법 제2조 제2호 각 목은 민주화운동과 관련한 피해 유형을 추상적으로 규정한 것에 불과하여 그 규정들만으로는 바로 법상의 보상금 등의 지급 대상자가 확정된다고 볼 수 없다. 그리고 동법 위원회에서 심의·결정을 받아야만 비로소 보상금 등의 지급대상자로 확정될 수 있다. 따라서 그와 같은 심의위원회의 결정은 국민의 권리의무에 직접 영향을 미치는 행정처분에 해당한다. 그러므로 관련자 등으로서 보상금 등을 지급받고자 하는 신청에 대하여 심의위원회가 보상금 등의 지급을 기각하는 결정을 한 경우에는 신청인은 심의위원회를 상대로 그 결정의 취소를 구하는 소송을 제기하여 보상금 등의 지급대상자가 될 수 있다. 그리고 이와 달리 신청인이 국가를 상대로 직접 보상금 등의 지급을 구하는 이행소송을 제기할 수는 없다.

- 대판 2008. 11. 20, 2007두18154 전합(체납자에게 공매통지를 하지 않은 경우 그 공매처분이 위법한지 여부 – 적극)

국세징수법이 압류재산을 공매할 때 공고와 별도로 체납자 등에게 공매통지를 하도록 한 이유는, 한편으로는 체납자 등에게 공매절차가 유효한 조세부과처분 및 압류처분에 근거하여 적법하게 이루어지는지 여부를 확인하고 이를 다툴 수 있는 기회를 주는 것이다. 그리고 국세징수법이 정한 바에 따라 체납세액을 납부하고 공매절차를 중지 또는 취소시켜 소유권 또는 기타의 권리를 보존할 수 있는 기회를 갖도록 함으로써, 체납자 등이 감수하여야 하는 강제적인 재산권 상실에 대응한 절차적인 적법성을 확보하기 위한 것이다. 따라서 체납자 등에 대한 공매통지는 국가의 강제력에 의하여 진행되는 공매에서 체납자 등의 권리 내지 재산상의 이익을 보호하기 위하여 법률로 규정한 절차적 요건이라고 보아야 한다. 그러므로 공매처분을 하면서 체납자 등에게 공매통지를 하지 않았거나 공매통지를 하였더라도 그것이 적법하지 아니한 경우에는 절차상의 흠이 있어 그 공매처분은 위법하다.

- 대판 2009. 6. 18, 2008두10997 전합(주민등록전입신고의 수리 – 형식적 심사만 가능)
  주민들의 주민등록전입신고에 대하여 행정청이 이를 심사하여 그 수리를 거부할 수는 있다. 그렇다고 하더라도, 그러한 행위는 자칫 헌법상 보장된 거주·이전의 자유를 침해하는 결과를 가져올 수도 있다. 그러므로 … 전입신고를 받은 시장·군수 또는 구청장의 심사 대상은 전입신고자가 30일 이상 생활의 근거로 거주할 목적으로 거주지를 옮기는 여부만으로 제한된다고 보아야 한다.

- 대판 2010. 6. 25, 2007두12514 전합(행정소송 제소기간의 기산점)
  국세기본법에서 이의신청 등에 대한 결정의 한 유형으로 행해지고 있는 재조사결정은 처분청으로 하여금 당해 결정에서 지적된 사항을 재조사하여 그 결과에 따라 경정하거나 당초 처분을 유지하는 등의 후속 처분을 하도록 하는 형식을 취하고 있다. 따라서 재조사결정은 처분청의 후속처분에 의하여 그 내용이 보완됨으로써 이의신청 등에 대한 결정으로서의 효력이 발생한다고 할 것이므로, 재조사결정에 따른 심사청구기간이나 심판청구기간 또는 행정소송의 제소기간은 이의신청인 등이 후속 처분의 통지를 받은 날부터 기산된다.

- 대판 2010. 11. 18, 2008두167 전합(건축신고불허처분취소)
  건축신고 반려행위가 이루어진 단계에서 당사자로 하여금 반려행위의 적법성을 다투어 그 법적 불안을 해소한 다음 건축행위에 나아가도록 함으로써 장차 있을지도 모르는 위험에서 미리 벗어날 수 있도록 길을 열어주고, 위법한 건축물의 양산과 그 철거를 둘러싼 분쟁을 조기에 근본적으로 해결할 수 있게 하는 것이 법치행정의 원리에 부합한다. 그러므로 건축신고 반려행위는 항고소송의 대상이 된다고 보는 것이 옳다.

- 대판 2011. 1. 20, 2010두14954 전합(인·허가의제 효과를 수반하는 건축신고 – 적극)
  건축법에서 인·허가의제 제도를 둔 취지는, 인·허가의제사항과 관련하여 건축허가 또는 건축신고의 관할 행정청으로 그 창구를 단일화하고 절차를 간소화하며 비용과 시간을 절감함으로써 국민의 권익을 보호하려는 것이지, 인·허가의제사항 관련 법률에 따른 각각의 인·허가 요건에 관한 일체의 심사를 배제하려는 것으로 보기는 어렵다. … 따라서 인·허가의제 효과를 수반하는 건축신고는 일반적인 건축신고와는 달리, 특별한 사정이 없는 한 행정청이 그 실체적 요건에 관한 심사를 한 후 수리하여야 하는 이른바 '수리를 요하는 신고'로 보는 것이 옳다.

- 대판 2011. 4. 21. 2010무111 전합(집행정지 요건)
  행정소송법 제23조 제2항에서 정하고 있는 효력정지 요건인 '회복하기 어려운 손해'란, 특별한 사정이 없는 한 금전으로 보상할 수 없는 손해로서 금전보상이 불가능한 경우 내지는 금전보상으로는 사회 관념상 행정처분을 받은 당사자가 참고 견딜 수 없거나 참고 견디기가 현저히 곤란한 경우의 유형, 무형의 손해를 일컫는다. 그리고 '처분 등이나 그 집행 또는 절차의 속행으로 인하여 생길 회복하기 어려운 손해를 예방하기 위하여 긴급한 필요'가 있는지는 처분의 성질과 태양 및 내용, 처분상대방이 입는 손해의 성질·내용 및 정도, 원상회복·금전배상의 방법 및 난이 등은 물론 본안청구의 승소가능성 정도 등을 종합적으로 고려하여 구체적·개별적으로 판단하여야 한다.

- 대판 2012. 6. 18. 2011두2361 전합(비공개대상여부)
  불기소처분 기록 중 피의자 신문조서 등에 기재된 피의자 등의 인적 사항 이외의 진술사항 역시 개인의 사생활의 비밀 또는 자유를 침해할 우려가 있다고 여겨지는 경우 정보공개법 제9조 제1항 제6호 본문 소정의 비공개대상에 해당한다.

- 대판 2012. 10. 18. 2010두12347(과세처분에의 적법절차원칙 적용여부 – 적극)
  가산세는 비록 본세의 세목으로 부과되기는 하지만, 그 본질은 과세권의 행사와 조세채권의 실현을 용이하게 하기 위하여 세법에 규정된 의무를 정당한 이유없이 위반한 납세의무자 등에게 부과하는 일종의 행정상 제재라는 점에서 적법절차의 원칙은 더 강하게 관철되어야 한다.

- 대판 2012. 12. 20. 2011두30878 전합(위임명령의 한계)
  법률의 위임 규정 자체가 그 의미 내용을 정확하게 알 수 있는 용어를 사용하여 위임의 한계를 분명히 하고 있다. 그럼에도 시행령이 그 문언적 의미의 한계를 벗어났다든지, 위임 규정에서 사용하고 있는 용어의 의미를 넘어 그 범위를 확장하거나 축소함으로써 위임 내용을 구체화하는 단계를 벗어나 새로운 입법을 한 것으로 평가할 수 있다면, 이는 위임의 한계를 일탈한 것으로서 허용되지 않는다.

- 대판 2013. 3. 21. 2011다95564 전합(당사자소송에 의하여야 할 경우)
  납세의무자에 대한 국가의 부가가치세 환급세액 지급의무에 대응하는 국가에 대한 납세의무자의 부가가치세 환급세액 지급청구는 민사소송이 아니라 행정소송법 제3조 제2호에 규정된 당사자소송의 절차에 따라야 한다.

- 대판 2014. 5. 22. 2012도7190 전합(조합설립인가처분의 성질)
  행정청의 조합설립인가처분은 조합에 정비사업을 시행할 수 있는 권한을 갖는 행정주체

(공법인)로서의 지위를 부여하는 일종의 설권적 처분의 성격을 가진다. 따라서 … 처음부터 조합설립인가처분으로서 효력이 없는 경우에는 구 도시정비법 제13조에 의하여 정비사업을 시행할 수 있는 권한을 가지는 행정주체인 공법인으로서의 조합이 설립되었다 할 수 없고, 또한 이러한 조합의 조합장, 이사, 감사로 선임된 자 역시 구 도시정비법에서 정한 조합의 임원이라 할 수 없다.

- 대판 2015. 8. 20, 2012두23808 전합(법률유보원칙의 적용사항)
어떠한 사안이 국회가 형식적 법률로 스스로 규정하여야 하는 본질적 사항에 해당될 것인지의 여부는, 구체적 사례에서 관련된 이익 내지 가치의 중요성, 규제 또는 침해의 정도와 방법 등을 고려하여 개별적으로 결정하여야 할 것이다. 그렇지만 규율대상이 국민의 기본권 및 기본적 의무와 관련한 중요성을 가질수록 그리고 그에 관한 공개적 토론의 필요성 또는 상충하는 이익 사이의 조정 필요성이 클수록, 그것이 국회의 법률에 의해 직접 규율될 필요성은 더욱 증대된다고 보아야 한다.

- 대판 2015. 11. 19, 2015두295 전합(처분변경의 경우 항고소송의 대상)
기존의 행정처분을 변경하는 … 후속처분이 종전처분을 완전히 대체하는 것이거나 주요 부분을 실질적으로 변경하는 내용인 경우에는 특별한 사정이 없는 한 종전처분은 효력을 상실하고 후속처분만이 항고소송의 대상이 된다. 하지만 후속처분의 내용이 종전처분의 유효를 전제로 내용 중 일부만을 추가·철회·변경하는 것이고 추가·철회·변경된 부분이 내용과 성질상 나머지 부분과 불가분적인 것이 아닌 경우에는, 후속처분에도 불구하고 종전처분이 여전히 항고소송의 대상이 된다.

헌법재판소 결정

(선고일자순)

- 헌재 1989. 1. 25, 88헌가7(국가상대 가집행 선고 불가조항의 위헌여부 – 적극)

  소송촉진 등에 관한 특례법 제6조 제1항 중 단서(다만, 국가를 상대로 하는 재산권의 청구에 관하여는 가집행의 선고를 할 수 없다) 부분은 재산권과 신속한 재판을 받을 권리의 보장에 있어서 합리적인 이유 없이 소송당사자를 차별하여 국가를 우대하고 있는 것이므로 헌법 제11조 제1항에 위반된다.

- 헌재 1989. 11. 20, 89헌마102(변호사 개업지 제한규정의 위헌성)

  변호사법 제10조 제2항의 개업지 제한규정은 직업선택의 자유를 제한하는 것이다. 이는 그 선택의 수단이 목적에 적합하지 아니할 뿐만 아니라 그 정도 또한 과잉하여 비례의 원칙이 정한 한계를 벗어난 것으로 헌법 제37조 제2항에 위반된다.

- 헌재 1994. 7. 29, 92헌마49병합(토지초과이득세법상의 기준시가; 본질사항 유보설)

  토초세법(토지초과이득세법)상의 기준시가는 국민의 납세의무의 성부 및 범위와 직접적인 관계를 가지고 있는 중요한 사항이다. 그러므로 이를 하위법규에 백지위임하지 아니하고 그 대강이라도 토초세법 자체에서 직접 규정해야 한다.

- 헌재 1996. 2. 29, 93헌마186(헌법재판소의 심판대상이 되는 통치행위)

  이른바 통치행위를 포함하여 모든 국가작용은 국민의 기본권적 가치를 실현하기 위한 수단이라는 한계를 반드시 지켜야 하는 것이다. 헌법재판소는 헌법의 수호와 국민의 기본권 보장을 사명으로 하는 국가기관이다. 그러므로 비록 고도의 정치적 결단에 의하여 행해지는 국가작용이라 할지라도 그것이 국민의 기본권 침해와 직접 관련되는 경우에는 당연히 헌법재판소의 심판대상이 될 수 있는 것이다.

- 헌재 1999. 5. 27, 98헌바70(TV방송수신료의 결정이 의회유보사항인가의 여부)
  오늘날의 법률유보원칙은 … 국가공동체와 그 구성원에게 기본적이고도 중요한 의미를 갖는 영역 … 에 있어서는 국민의 대표자인 입법자가 그 본질적 사항에 대하여 스스로 결정하여야 한다는 요구까지 내포하고 있다(의회유보원칙). 텔레비전방송수신료는 대다수 국민의 기본권실현에 관련된 영역에 속하고 수신료금액의 결정은 … 본질적인 중요한 사항이므로 국회가 스스로 행하여야 하는 사항에 속하는 것이다. 그럼에도 불구하고 … 한국방송공사로 하여금 수신료금액을 결정해서 문화관광부장관의 승인을 얻도록 한 것은 법률유보원칙에 위반된다.

- 헌재 2002. 10. 31, 2000헌가12(행정상 즉시강제와 영장주의)
  불법게임물의 수거·폐기라는 행정상 즉시강제는 그 본질상 급박성을 요건으로 하고 있어 법관의 영장을 기다려서는 그 목적을 달성할 수 없으므로 원칙적으로 영장주의가 적용되지 않는다. 합리화할 수 있는 급박성이 없다면 행정상 즉시강제는 과잉금지원칙에 위배된다.

- 헌재 2004. 4. 29, 2003헌마814(일반사병 파병결정의 통치행위성)
  외국에의 국군의 파견결정은 … 국내 및 국제정치관계 등 제반 상황을 고려하여 미래를 예측하고 목표를 설정하는 등 고도의 정치적 결단이 요구되는 사안이다. … 현행 헌법이 채택하고 있는 대의민주제 통치구조하에서 대의기관인 대통령과 국회의 그와 같은 고도의 정치적 결단은 가급적 존중되어야 한다. 그리고 헌법재판소가 사법적 기준만으로 이를 심판하는 것은 자제되어야 한다.

- 헌재 2004. 8. 26, 2003헌마457(흡연권의 공익상의 이유로 인한 제한)
  흡연은 국민의 건강을 해치고 공기를 오염시켜 환경을 해친다는 점에서 국민공동의 공공복리에 관계된다. 그러므로 공공복리를 위하여 개인의 자유와 권리를 제한할 수 있도록 한 헌법 제37조 제2항에 따라 흡연행위를 법률로써 제한할 수 있다.

- 헌재 2004. 10. 21, 2004헌마554·566 병합(신행정수도의 건설을 위한 특별 조치법의 통치행위성 부정)
  헌법 제130조에 의하면 헌법의 개정은 반드시 국민투표를 거쳐야만 하므로 국민은 헌법개정에 관하여 찬반투표를 통하여 그 의견을 표명할 권리를 가진다. 그런데 이 사건법률은 헌법개정사항인 수도의 이전을 헌법 개정의 절차를 밟지 아니하고 단지 단순법률의 형태로 실현시킨 것이다. 이는 결국 헌법 130조에 따라 헌법 개정에 있어서 국민이 가지는 참정권적 기본권인 국민투표권의 행사를 배제한 것이므로 동 권리를 침해하여 헌법에 위반된다.

- 헌재 2004. 12. 16, 2002헌마579(청구가 없는 정보의 사전공개의무 여부 – 소극)
  정부의 공개의무는 … 정보에 대한 공개청구가 있는 경우에야 비로소 존재하므로, 정보공개청구가 없었던 경우 대한민국과 중화인민공화국이 2000. 7. 31. 체결한 양국간 마늘교역에 관한 합의서 및 그 부속서 중 '2003. 1. 1.부터 한국의 민간기업이 자유롭게 마늘을 수입할 수 있다'는 부분을 사전에 마늘재배농가들에게 공개할 정부의 의무는 인정되지 아니한다.

- 헌재 2005. 5. 26, 99헌마513, 2004헌마190 병합(개인정보자기결정권의 헌법적 근거)
  개인정보자기결정권의 헌법상 근거로는 헌법 제17조의 사생활의 비밀과 자유, 헌법 제10조 제1문의 인간의 존엄과 가치 및 행복추구권에 근거를 둔 일반적 인격권 또는 위 조문들과 동시에 우리 헌법의 자유민주적 기본질서 규정 또는 국민주권원리와 민주주의원리 등을 고려할 수 있다. 그러나 개인정보자기결정권으로 보호하려는 내용을 위 각 기본권들 및 헌법원리들 중 일부에 완전히 포섭시키는 것은 불가능하다고 할 것이다. 그러므로 그 헌법적 근거를 굳이 어느 한두 개에 국한시키는 것은 바람직하지 않은 것으로 보이고, 오히려 개인정보자기결정권은 이들을 이념적 기초로 하는 독자적 기본권으로 헌법에 명시되지 아니한 기본권이라고 보아야 할 것이다.

- 헌재 2010. 2. 25, 2008헌바6(헌법 제23조 제3항의 정당한 보상의 의미)
  헌법 제23조 제3항에 규정된 정당한 보상이란 원칙적으로 수용되는 재산의 객관적인 재산가치를 완전하게 보상한다는 이른바 완전보상을 뜻하는 데, 토지의 경우에는 그 특성상 인근 유사토지의 거래가격을 기준으로 하여 그 가격형성에 미치는 제 요소를 종합적으로 고려한 합리적 조정을 거쳐서 객관적인 가치를 평가할 수밖에 없다.

- 헌재 2011. 10. 25, 2009헌바140(이행강제금의 의의)
  건축법 제108조, 제110조에 의한 형사처벌의 대상이 되는 행위와 이 사건 법률조항에 따라 이행강제금이 부과되는 행위는 기초적 사실관계가 동일한 행위가 아니라 할 것이므로 이런 점에서도 이 사건 법률조항이 헌법 제13조 제1항의 이중처벌금지의 원칙에 위반되지 아니한다.

- 헌재 2012. 10. 25, 2011헌마429(권력적 사실행위와 비권력적 사실행위의 구별방법)
  일반적으로 어떤 행정청의 사실행위가 권력적 사실행위인지 또는 비권력적 사실행위인지의 여부는 당해 행정주체와 상대방과의 관계, 그 사실행위에 대한 상대방의 의사·관여정도·태도, 그 사실행위의 목적·경위, 법령에 의한 명령·강제수단의 발동가부 등 그 행위가 행하여질 당시의 구체적 사정을 종합적으로 고려하여 개별적으로 판단하여야 한다.

- 헌재 2013. 10. 24. 2012헌바368(헌법 제75조의 의의)

  헌법 제75조는 법률이 대통령령에 입법사항의 규정을 위임할 경우에는 법률에 미리 대통령령으로 규정될 내용 및 범위의 기본사항을 구체적으로 규정하여 둠으로써 행정권에 의한 자의적인 법률의 해석과 집행을 방지하고 의회입법과 법치주의의 원칙을 달성하고자 하는 것이다.

- 헌재 2014. 3. 27. 2011헌바42(처벌규정의 위임 요건)

  법률에 의한 처벌법규의 위임은 죄형법정주의와 적법절차, 기본권보장 우위 사상에 비추어 바람직하지 못한 일이다. 그러므로 처벌법규의 위임은
  첫째, 특히 긴급한 필요가 있거나 미리 법률로써 자세히 정할 수 없는 부득이한 사정이 있는 경우에 한정되어야 하고,
  둘째, 이러한 경우일지라도 법률에서 범죄의 구성요건은 처벌 대상인 행위가 어떠한 것일 거라고 예측할 수 있을 정도로 구체적으로 정하고,
  셋째, 형벌의 종류 및 그 상한과 폭을 명백히 규정하여야 한다.

- 헌재 2015. 6. 25. 2014헌바404(국가의 사경제주체성)

  국가가 심판대상조항에 기하여 사인의 부동산을 시효취득하는 것은 공권력을 행사하여 우월적 지위에서 강제적으로 취득하는 것이 아니라 사인과 대등한 사경제주체의 지위에서 취득하는 것이다. 또한 소유자에 대하여 아무런 보상이 이루어지지 않는 것은 취득시효제도 자체의 속성이지 그 점유자가 국가인 경우에 특유한 문제가 아니다.

- 헌재 2016. 5. 26. 2015헌바263(신뢰보호원칙의 근거)

  신뢰보호원칙은 법치국가원리에 근거를 두고 있는 헌법상 원칙으로서, 특정한 법률에 의하여 발생한 법률관계는 그 법에 따라 파악되고 판단되어야 하고 과거의 사실관계가 그 뒤에 생긴 새로운 법률의 기준에 따라 판단되지 않는다는 국민의 신뢰를 보호하기 위한 것이다.

- 헌재 2016. 10. 27. 2013헌마576(행정계획의 헌법소원 대상성)

  행정계획이 헌법소원의 대상이 되는 공권력의 행사에 해당하는 지의 여부는 해당 계획의 구체적 성격을 고려하여 개별적으로 판단하여야 한다 … 구속력 없는 행정계획안이나 행정지침이라도 국민의 기본권에 직접적으로 영향을 끼치고 법령의 뒷받침에 의하여 그대로 실시될 것이 틀림없을 것으로 예상되는 때에는 예외적으로 헌법소원의 대상이 된다.

- 헌재 2016. 10. 27. 2015헌바360(입법사항을 고시 등으로 위임할 수 있는지 – 적극)

  헌법 제40조·제75조·제95조의 의미를 살펴보면, 국회가 입법으로 행정기관에게 구체적인 범위를 정하여 위임한 사항에 관하여는 당해 행정기관이 법 정립의 권한을 갖게 되고, 이

때 입법자가 그 규율의 형식도 선택할 수 있다고 보아야 한다. 그러므로 헌법이 인정하고 있는 위임입법의 형식은 예시적인 것으로 보아야 한다. 따라서 법률이 일정한 사항을 행정규칙에 위임하더라도 그 행정규칙은 위임된 사항만을 규율할 수 있으므로, 국회입법의 원칙과 상치되지 않는다.

• 헌재 2016. 12. 29, 2015헌바229(필요적 행정심판전치의 예외적 인정 경우)
  조세부과처분, 도로교통법상의 처분 등과 같이 대량·반복적으로 행해지는 처분으로서 행정의 통일을 기해야 할 필요가 있거나, 행정처분의 특성상 전문적·기술적 성질을 가지는 것 등에 대해서만 예외적으로 개별법률에서 필요적 행정심판전치주의를 채택하고 있다.

• 헌재 2017. 9. 28, 2016헌가20(포괄위임금지원칙 위반여부)
  … 심판대상조항은 포괄위임금지원칙에 위배되지 아니한다. 다만 입법론적으로는 하위법령에 규정될 기술상 기준의 내용을 예시적으로 열거하거나 기술상의 기준의 범위에 관하여 구체적으로 설명하는 방식으로 법률을 정비하여 위임의 범위를 보다 명확하게 하는 것이 바람직하다.

핵심정리

〈행정상 법률관계의 종류〉

행정상 법률관계	행정조직법 관계 (내부효)	행정조직 내부관계	
		행정주체 상호간의 관계	
	행정작용법 관계	공법관계 (행정법관계, 외부효)	권력관계 – 일반(특별)권력관계
			관리관계(비권력행정관계)
		행정상 사법관계 (광의의 국고관계)	협의의 국고관계(조달·영리작용)
			행정사법관계

〈행정의 행위형식〉

행정의 행위형식	공법적	사실행위, 단순 행정작용			
		법적행위	내부관계	구체적 ———————— 개별지시	
				일반·추상적 ————— 행정규칙	
			외부관계	구체적	쌍방적 : 공법계약
					일방적 : 행정행위
					일방적 : 기타 의사표명
				일반·추상적	법규명령
					자치법규
	사법적	국고행정 · 행정사법			

<법규명령과 행정규칙의 비교>

구분		법규명령	행정규칙
공통점		일반적·추상적 규범으로서 행정의 기준이 되는 규범	
차이점	권력의 기초	일반 통치권	감독권 또는 특별권력
	근거	헌법, 법률의 근거 필요	법률 근거 불요
	법규성 유무	있음(외부효)	원칙적으로 없음(내부효)
	법형식	헌법이 예정한 대통령령·총리령·부령(원칙)	사무관리규정이 예정한 고시·훈령 등의 형식의 행정규칙
	구속력	양면적 구속력	일면적 구속력
	위반의 효과	위법	원칙적으로 위법이 아님
	재판규범성	인정됨	인정되지 않음
	형식	법령 등 공포에 관한 법률 적용	법령 등 공포에 관한 법률 적용 없음
	효력발생 요건	공포됨으로써 비로소 효력 발생	공포가 효력발생요건이 아님

<행정행위의 내용>

행정행위	법률행위적 행정행위	명령적 행위		하명
				허가
				면제
		행정적 행위	상대방을 위한 행위	설권행위(특허)
				변경행위
				탈권행위
			제3자를 위한 행위	보충행위(인가)
				대리행위(공법상 대리)
	준법률행위적 행정행위			확인
				공증
				통지
				수리

※ 최근 이러한 분류에 대해 회의적임. 다만 대안이 없음.

〈무효와 취소의 구별실익〉

구분	무효	취소
행정행위의 위법성의 승계	위법성이 항상 승계됨	선후 행정행위가 하나의 법적 효과를 목적으로 하는 경우에만 인정
소송형태	무효확인심판과 무효확인소송	취소심판과 취소소송
출소기간의 제한	출소기간의 제한 없음	단기의 제기기간 내에 제기해야 함
공정력, 불가쟁력	인정 안됨	인정
하사의 치유	인정	인정 안됨
선결문제와의 관계	민사소송인 부당이득반환청구소송에서 선결문제로서 무효를 확인받을 수 있음	민사소송인 부당이득반환청구소송에서 선결문제로서 효력을 부인할 수 없음
사정재결 및 사정판결	인정 안됨	인정
간접강제와의 관계	인정 안됨	인정
공무집행방해죄	불성립	성립

〈쟁송취소와 직권취소와의 구별〉

구분	쟁송취소	직권취소
기본 성격	회고적 적법상태의 회복	미래지향적 행정목적의 실현
취소권자	재결청, 법원	처분청, 감독청
취소 사유	추상적 위법성	위법사유의 구체적 내용이 개개의 구체적 행정목적 위반
취소의 대상	주로 침해적 행위	주로 수익적 행위
취소권의 제한	원칙적으로 제한이 없음	신뢰보호의 원칙상 제한되는 경우 있음
취소 기간	법정되어 있음	법정되어 있지 않음
취소의 내용	적극적 변경 불가, 다만 행정심판의 재결에 의한 취소의 경우에는 가능	적극적 변경 가능
취소의 효과	원칙적으로 소급효가 있음	원칙적으로 소급효가 없음

〈행정의 실효성 확보수단〉

행정강제	행정상 강제집행	대집행	전통적 수단
		집행벌(이행강제금)	
		직접강제	
		행정상 강제징수	
	행정상 즉시강제	대인적 즉시강제	
		대물적 즉시강제	
		대가택 즉시강제	
행정상의 제재	행정벌	행정형벌	
		행정질서벌	
	기타 수단	금전상의 제재 − 과징금, 가산세, 가산금, 부당이득세	새로운 수단
		비금전상의 제재 − 명단의 공표, 공급 거부, 관허사업의 제 한, 취업제한, 행정행위의 철회(정지)	

※ 행정조사 − 자료획득작용

〈행정구제제도의 종류〉

사전구제제도	행정절차		
	청원, 민원처리, 옴부즈만제도		
사후구제제도	손해보전제도	손해배상	
		손실보상	
	결과제거청구권		
	행정쟁송제도	행정심판	
		행정소송	

<행정심판과 행정소송의 차이>

구분	행정심판	행정소송
판정기관	행정기관	법원
판정절차	서면심리주의의 원칙	구두변론주의의 원칙
쟁송대상	위법 및 부당행위	위법행위만 해당
적극적 판단	인정(의무이행심판)	불인정(통설·판례)

<행정소송의 종류>

주관적 소송	항고소송	법정항고소송	취소소송
			무효등확인소송
			부작위위법확인소송
		무명항고소송	의무이행소송
			예방적 부작위청구소송
	당사자소송	실질적 당사자소송	
		형식적 당사자소송	
객관적 소송	민중소송		
	기관소송		

<판결의 종류>

판결		중간판결		
	종국판결	소송판결	각하판결	
		본인판결	인용판결	형성판결
				(확인판결)
				(이행판결)
			기각판결 (사정판결 포함)	

〈판결의 효력〉

형성력: 대세적 효력 있음		
기속력	소극적 효력: 반복금지효	
	적극적 효력	원상회복의무
		재처분의무
		재처분의무의 실효성 확보: 간접강제제도
기판력(실질적 확정력)		

찾아보기

참고문헌

· 권영성, 「헌법학원론」, 법문사, 2010
· 길준규, 「행정법총론」, 법영사, 2015
· 김남진·김연태, 「행정법 Ⅰ」, 법문사, 2017
· 김동희, 「행정법 Ⅰ」, 박영사, 2017
· 김동희, 「행정법요론」, 박영사, 2010
· 김철용, 「행정법입문」, 고시계사, 2010
· 김철용·최광율, 「주석 행정소송법」, 박영사, 2004
· 김학세, 「행정소송의 체계」, 일조각, 1998
· 류지태·박종수, 「행정법신론」, 박영사, 2013
· 박균성, 「행정법론(상)」, 박영사, 2017
· 방동희, 「처분론」, 한국학술정보, 2010
· 박윤흔·정형근, 「행정법강의(상)」, 박영사, 2009
· 법제처, 「알기쉬운 법령 정비기준」, 2009
· 이상규, 「영미행정법」, 법문사, 2010
· 이상규, 「신행정법론(상)」, 법문사 1997
· 이상윤, 「영미법」, 박영사, 2014
· 정남철, 「행정구제의 기본원리」, 법문사, 2015
· 허 영, 「한국헌법론」, 박영사, 2017
· 홍정선, 「신 행정법입문」, 박영사, 2017
· 홍정선, 「행정법원론(상)」, 박영사, 2017
· 홍정선, 「행정법 특강」, 박영사, 2017
· 염야 굉저, 서원우·오세탁 공역, 「일본행정법론」, 법문사, 1996
· 原田尙彦, 行政法要論, 學陽書房, 2004
· H. Maurer, Allgemeines Verwaltungsrecht, C.H.Beck, 18Auflage, 2011
· Wade·Forsyth, Administrative Law, Oxford 2000
· Wolff·Bachof·Stober·Kluth, Verwaltungsrecht Ⅰ, C.H.Beck München, 13Auflage, 2017

| 저자 소개 |

약 력

우신고등학교 4회 졸업
연세대학교 행정학과 졸업(행정학사)
연세대학교 대학원 법학과 졸업(법학석사)
연세대학교 대학원 법학과 졸업(법학박사)

前, 건국대·광운대·단국대·동국대·서울여대·연세대·한국외대 등 강사 역임
現, 명지전문대학 행정과 교수(2001~)
　　한국공법학회 전임 부회장
　　한국행정법학회 이사
　　한국토지공법학회 부회장
　　한국헌법판례연구회 이사
　　한국입법정책학회 부회장
　　한국지방자치법학회 부회장
　　한국환경법학회 부회장

저작물

· 최신 개정판 「법과 사회」, MJ미디어, 2015(공저)
· 「지방자치법주해」, 박영사, 2005(공저)
· 행정법상 공익개념에 관한 고찰(석사학위논문)
· 지방자치단체에 대한 국가의 행정적 관여의 법적 연구(박사학위논문)
　외 다수

간추린 행정법요론

초판발행   2018년 2월 28일

지은이   김기진
펴낸이   안종만

편 집   조보나
기획/마케팅   장규식
표지디자인   조아라
제 작   우인도·고철민

펴낸곳   (주) 박영사
             서울특별시 종로구 새문안로3길 36, 1601
             등록 1959. 3. 11. 제300-1959-1호(倫)

전 화   02)733-6771
f a x   02)736-4818
e-mail   pys@pybook.co.kr
homepage   www.pybook.co.kr
ISBN   979-11-303-3158-4 93360

copyright©김기진, 2018, Printed in Korea

* 잘못된 책은 바꿔드립니다. 본서의 무단복제행위를 금합니다.
* 저자와 협의하여 인지첩부를 생략합니다.

정 가   27,000원